復旦哲學·中國哲學文獻叢書

拾貳

東亞《家禮》文獻彙編

朝鮮篇 ⑤

主編
吴震 [日]吾妻重二 [韓]張東宇

上海古籍出版社

禮疑類輯卷之十四

喪禮

父在母喪諸節

父在爲母服見五服條中爲本宗服條

父在母喪杖即位當否

問：「《禮》曰『爲長子杖，則其子不以杖即位』，又曰『庶子不以杖即位，避嫡子也』，然則父在爲母杖者，亦不以杖即位乎？」玄以規。尤庵曰：「以已上二款揆之，則爲母杖者，亦當避父，而未見明文，不敢質言。」

父在母喪練出繼追服練祥并論

問：「父在母喪，至十一月而練，子則既練其服，而姪孫仍其衰絰，何其重者輕，而輕者反重耶？」姜碩期。沙溪曰：「三年之喪，特爲父而屈，祥禫之制，布升之數，自與期服迥別，詎以練變之節，而還有反輕之疑乎？」

又曰：「父在爲母，雖十五月而畢喪，然實具三年之體，故十一月而練者，實當期年之數也，不可謂以月計者而算閏也。」答同春。

南溪曰：「練祭，主人雖不在家，然祭不可廢，似當用攝行之禮，即所謂使某代告者也。」答李彦純。

問「出繼族父者遭所後母喪，其練祥當以公文到日計日定行，而凡父在母喪，其練祥其父皆已主行」云云。成遠徵。遂庵曰：「練祥其父已行，子何可再行，計其日數設虛位哭而除之，通行之例也。」

父在母喪祥服與大祥冠服條參看

冶谷曰：「期之喪杖而行練祥禫者，惟父在爲母爲妻二者而已，其服制既同，而其練祥禫也，父皆主之，則節文之間，子何敢不同於其父也？宋因唐制，子爲母終三年，而程張二夫子尚欲墨其衰於周期之後，則我國之遵古制除衰矣，而反白其冠，以自異於其父，而以見於其父乎？且夫爲妻爲祥爲禫，則其既祥之冠，必與子同云云。愚意依舊用草笠或黲笠，無所不可。」

父在母喪祥後饋奠當否

問：「横渠先生曰：『父在母服三年之喪，則家有二尊，有所嫌也。處今之宜，但可服齊衰一年外，可以墨衰從事，可以合古之禮、全今之制。』朱子曰：『卒哭即祔，更立木主於靈座，朝夕奠就之，三年除之。』退溪先生曰『父在爲母除服者，朝夕祭時，用玉色團領，或以爲未安，欲着白布衣』云云。」安之泰。寒岡曰：「盧履冰云云，以此觀之，父在母喪而除之後，决不得仍存几筵矣。但三先生之言既如彼，則據禮既撤朝夕祭者，孝子之心恐有所不能已者。古之君子或有設遺像終身上食者，况父在而母之神主别置一處，古有其言，則子於心喪之内，几筵則雖撤而就别處，仍略上朝夕之食，或近於合古禮、全今制，庶無慊於孝子從厚之情。」按盧履冰説見下。

問「父在母喪十三月大祥後，或有不撤几筵，至三年仍行上食」云云。姜碩期。沙溪曰：「據朱子説，非不以盧履冰議爲善，但不敢違時王之制耳。《家禮》不著父在爲母期，亦此意也。今

《國制》改用古制，則正朱子之所欲從，復何所疑？今俗或祥後不撤几筵，固非矣，或有仍服三年者，亦或有出後子爲本生親服三年者，尤可駭。此皆《禮經》之罪人。孝子至情，寧有窮已，先王制禮不敢過耳。」

《儀禮·喪服》「父在爲母期」傳曰：「何以期也？至尊在，不敢伸其私尊也。」○盧履冰曰：「禮，父在爲母一周除靈，三年心喪。」又曰：「祖父母安存，子孫妻亡没，下房筵几，亦立再周，甚無謂也。」○朱子曰：「盧履冰議是，但今條制如此，不敢違耳。」按唐武后表請父在爲母終三年服，宋朝因之不改，故云。○又曰：「喪禮須當從《儀禮》爲正，如父在爲母期，非是薄於母，只爲尊在其父，不可復尊在母。」○《國制》：「父在爲母十一月而練，十三月而祥，十五月而禫。」

又問「退溪云用白布衣終三年」云云。沙溪曰：「祥後祔廟，《禮》有明文，朝夕祭所服，非所當議。退溪恐或從俗而言之耳。」

愚伏曰：「古禮則不然，而但朱子答學者書曰『今禮几筵必三年而除』，只得依此。」

同春曰：「爲父降母實天地之常經，禮義之大綱，何可以從俗之故，而必欲終三年不撤饋食，廢先王之正禮，違朱子之明訓，使天地之常經，禮義之大綱，或有所不得其正耶？」答權諰。

尤庵曰：「今人既據《儀禮》及《國典》『父在爲母十一月而練，十三月而祥，十五月而禫』，則是已行三年之喪矣，豈有三年既畢，而復行上食之理乎？」答閔元重。

南溪曰：「朱子之論，統指卒哭後上食而言，且宋朝時王之制，不論父之在否，而服母三年，則固無怪乎此也。退溪云云，亦爲時俗所行而發。然今《國制》爲父在母喪杖期，故沙溪諸先生欲據此以準《儀禮》之文、朱子之意者，朱子嘗以盧履冰杖期之説爲是。自是正禮。蓋既十一月而練，十三月而祥，十五月而禫，則恐難再設饋食如他喪，此非薄於母也，尊在於父，不得不爾。今之盡三年上食者，情也，非禮也。禮之所在，情或不能相及，唯在孝子擇而行之如何耳。」答沈倪。

問：「父在爲母期喪後朔望殷奠。」鄭湁。南溪曰：「既已徹几筵，入廟之後，還奉廳事，行朔望殷奠，恐亦未安。」

陶庵曰：「今俗父在母喪者，往往有祥禫後不撤几筵不哭而饋食者，此則無識之甚者。禮律至嚴，安敢容從厚二字於其間耶？」答張性中。

父在母喪禫

問：「父母在者，爲妻不禫，則其子亦因此不禫乎？」玄以規。尤庵曰云云。詳見妻喪諸節條。○下同。

陶庵曰云云。答李載亨。

祖喪中父在母喪禫見喪變禮并有喪條中父喪中妻喪練祥禫條

父在母喪除服後服色見心喪雜儀條中心喪服色條

父在母喪除服後受吊見心喪雜儀條中心喪中受吊條

父在母喪禫後書疏再期後禫日前自稱并論

問：「父在母喪者，十五月禫後與人書札，似不當稱疏。」黃宗海。沙溪曰：「自稱曰心喪人，古有其文也。」

南溪曰：「爲人後者，與父在母喪，雖同是心喪，而輕重自別。然父在母喪小祥後持心喪者，恐亦不可稱疏。蓋以祥禫已盡，所持者心喪耳，爲人後者，本是不杖期，小祥之前，依俗例稱疏，猶爲未安，况於心喪後耶？」答金栽。

陶庵曰：「答狀中如祗奉几筵等語去之，奄經下或祥或禫，隨其時而爲辭而已。」答金樂道。

問：「父在母喪，雖過再期，而禫月之前，似不可以常人自處，凡諸書札仍稱心制，如何？」

吴益升。同春曰："來示似然。"

父在母喪禫後拜墓之節

南溪曰："十五月過禫後，心喪之人須請於嚴親，往依墓下，日日只行哭拜，朔望則歸行祠堂參禮，庶幾得之。雖與國俗廬墓及朱子所行事同而義異，蓋彼則盡蔽於三年之全體，此則獨伸於祥禫之餘哀。誠以禫後新主入廟，孝子情無依泊之處，而先賢亦有三年後上墓行哭者故耳。"答俞㰒。

父在母喪再期行事之節

南溪曰云云。答閔瀠。○詳見父在母喪吉祭及復吉之節條。

問："父在母喪再期行事哭泣之節，當一如祥事歟？節目似有異於忌禮。"吴益升。同春曰："似當只依忌禮，然三獻辭神之哭，恐情理禁不得。"

父在母喪喪畢當禫之月行事之節

問："父在爲母心喪者，至二十七月之期，虚度亦似未安。"安應昌。旅軒曰："就其月中或丁或亥，以吉祭設行，似可。」

尤庵曰：「父在母喪喪畢之後，當禫之月，略行哭禮，存行禫之義，可也。」答金九鳴。

陶庵曰：「尤庵略行哭禮之論雖委曲，而設位亦恐未安。愚意則持心制以終禫月，禫月既盡，來哭於墓前除之，似爲穩當。」答金樂道。

父在母喪吉祭及復吉之節

同春問：「父在母喪十五月禫後，當行吉祭否？」沙溪曰：「吉祭乃四時祭外之別祭，蓋喪三年不祭，故喪畢而合祭於祖廟，仍行遞遷之禮也。若父在母喪，則父爲主，以朱子答竇文卿書觀之，雖妻喪廢家廟四時正祭，而以答范伯崇書觀之，雖父母喪亦似不廢，當更詳之。妻喪中家廟正祭如果不廢，而妻喪又是祔位，無遞遷之禮，則喪畢後吉祭似無義，恐不當設。」朱子答竇、范兩説，見喪中行祭條總論中沙溪答同春説。

慎獨齋曰：「既曰心，本非服也，何變除之有？若除於再期，則心制果除於再期乎？禫月丁日猶之可也，而終不若待吉祭之期而復常，無事於變除而自爲變除之爲當也。」答崔碩儒。

陶庵曰：「沙溪答同春書云云，尊家未必能於妻喪三年内仍行時祭，則喪畢後吉祭之設，烏可已乎？」

問：「父在母喪，既行禫祭於十五月，固不可再行於二十七月，則當於何日復吉耶？禮有禫後踰月而行吉祭復吉之制，此亦倣而行之耶？」姜碩期。沙溪曰：「來説得之。」

尤庵曰：「心喪人云云，古禮復寢聽樂，必在踰月吉祭之後，則斷以二十七月者，似甚未安。來諭以次月朔日云者，似當矣。然《禮記》有近某日之文，則吉祭不必在朔日也，似當於是月上旬或丁或亥擇一日爲復常之節，則用意宛轉，似合古意。」答同春。

又曰：「復常之期，當於吉祭月中或丁或亥，或宜祭祀日，略擬於心，以爲此日當行吉祭，以此爲節，似不爲無所據矣。望日參後復常，亦何不可也？既涉其月，則或早或晚，俱無所妨矣。」答尹明遇。

陶庵曰：「復常之説從尤庵説，不害爲加於人一等之義耳。」答金樂道。

南溪曰：「心喪本非如斬衰功緦之服煞分節度，似不必有變除之節也。且既從三年之文，則當以二十七月禫祭爲準矣。第閔判書鼎重曾遭母喪，以此質於愼齋，愼齋答云：『終不若待吉祭之期而復常，無事於變除而自爲變除之爲當。』蓋雖父在母喪，亦宜於二十七月禫期後遇時祭之日，倣吉祭行之故也。此與《問解》不行吉祭條不相妨。此説甚精。然則再忌之無入哭及變服，尤可見也。」答閔灤。

又曰：「慎齋所謂『心本非服，何變服之有』者，正得其義。」

又曰：「若除於再期，則心制果盡於再期乎？兩言極爲〔二〕從《問解》所教，稱於本生之號及稽顙等文，何如？」尤庵曰：「『書疏稱喪人，恐亦太重。據朱子説，則雖本生親，亦稱伯叔矣。』第伯叔無心喪，而本生則有之，此是與伯叔不同處也，然則所稱亦當稍異耶？」

又曰：「此等式例，既不見於禮典，則以服制爲準者，猶不爲無據，而庶免汰哉之誚。若於不重不輕之間，只稱喪人，雖似穩便，然後生行禮，必當有所據，而創制儀式，非盛德者不敢，則今誰敢作爲此例以爲程度也？故前日所對，只以本生伯叔之例爲説，此於人情雖似不安，然常聞聖人言『先王制禮，行道之人，皆不忍也』，如取人心之皆安，則將不勝其厚矣。且於本生既用此禮，則於此亦無不可用之嫌，而比之倣於父在爲母之例，此爲稍近矣。」答南溪。〇下同。

又曰：「《問解》中喪人之稱，略考古今書，未有見焉。凡禮家所定書式，孤哀、服人之外，便無他稱，則恐只當於二者之間，捨此則用彼而已。」

南溪曰：「書式當以服制爲之節度者，殊未喻其意。《大典》養父母齊衰三年，己之父母在

〔二〕整理者按：此下疑有闕文。

及父歿長子則降服期，其齊衰三年則與爲母同，其降服期則與父在爲母杖期大同小異。愚所以於疏式欲倣父在爲母稱哀稱疏之例者，實從齊衰三年服制而言也。其降服不從杖期，而從不杖，極涉可疑。然既已定著《備要》，非後人所能輕改，而又難直用其文，故只就父在爲母之例不稱哀，而稱喪人，庶幾無所嫌礙矣。大抵鄙意若不用《大典》養父母之制則已，如用之，以父母之名，齊衰三年之服，而自同服人，可乎？若元無《問解》稱喪人之義則已，如有之，以養父母之喪，而不爲推行，將行於何地也？」答尤庵。

養妣服中改葬養考之服見喪變禮改葬服條

妻喪諸節

妻喪去冠當否見易服條中重服人去冠當否條

爲妻服見五服爲本宗服條中夫爲妻條

妻喪遣奠祝

問：「永訣終天之語，亦可用於妻喪乎？」李君顯。寒岡曰云云。詳見遣奠諸節條。

妻喪題主妹主并論

問：「妻亡無後及妹在室成人而死，題主時屬稱旁題。」金誠一。退溪曰：「書亡室某封某氏，而不書旁題，亡欲代以故字。無封則稱鄉貫。其於妹也亦然，以右例書故妹云云，而無旁題。旁題乃尊敬之禮，不宜施於此等也。」

沙溪曰：「朱子稱亡室，丘氏稱亡妻，周元陽《祭録》稱嬪，當依朱子所定。」答姜碩期。
尤庵曰：「亡室之書既有朱子之訓，何敢違也？退溪説似不敢從。」答李選。

妻喪虞卒哭主祭見立喪主條中父在父爲主條

妻喪虞卒祥禫諸祝

問夫爲妻虞卒哭等祭祝文。李君顯。寒岡曰：「弊家曾於虞卒哭祥禫等祭改祝辭曰『日月不居，奄及初虞，夙夜疚懷，悲念不寧』，他祭皆倣此。」

妻喪練 未參練祭設位變除并論

同春問：「或云十一月服練之制，乃父在爲母之禮，夫之爲妻不當爾也。此説亦有據否？」

沙溪曰：「或説誤，《禮經》諸説可考。」

《雜記》云：「期之喪十一月而練，十三月而祥，十五月而禫。」鄭注云：「此謂父在爲母，爲妻亦伸。」

疏云：「夫爲妻年月禫杖亦與母同。」

尤庵曰：「妻喪實具三年之體段，故練杖祥禫四者，只是一串事。今以不杖而不禫，則獨行練祭，恐是半上而落下。竊謂《小記》注説，恐不得爲定論也。然既不得攻破注説之明文，則只得依此行之，不至爲全無所據也。」答具時經。

南溪曰：「夫爲妻亦是三年之制，則練祭變除，恐與孝子無甚異。」答李時春。

遂庵曰：「夫爲妻服練，則首絰亦當去矣。」答鄭必東。

問爲妻十一月小祥擇日之禮。沙溪曰：「《家禮》大小祥用初再忌祭，故卜日一節無所施，只於禫有卜日之儀，而禫者吉祭，故先命以上旬之日。若夫爲妻小祥用十一月而祭，則其祭日卜如禫儀，而先命以下旬之日，似宜。」

《曲禮》：「凡卜筮日，旬之外曰遠某日，旬之内曰近某日。喪事先遠日，吉事先近日。」注：「今月下旬筮來月上旬，是旬之外日也。喪事，謂葬與二祥。是奪哀之義，非孝子所欲，但不獲已，故〔卜〕先從遠日而起，示不宜急，微伸孝心也。吉事，謂祭祀冠昏之屬。」

又曰：「父在爲母與爲妻實具三年之體，故十一月而練者，正當期年之數也。不可謂以月計而算閏也。」《喪禮備要》。

問：「先妣練祭，家親係官遠道，不能來參，家親有變除之節，只可設靈位而行之乎？亦當備奠具而行之乎？」李弘淵。愼獨齋曰：「尊大人雖未參，練祭何可闕也？尊大人則設虛位而祭之几筵，祝則『尊大人使子某敢告于』云云，可也。」

妻喪禫

沙溪曰：「按《小記》『宗子母在爲妻禫』，則有非宗子其餘適庶母在，爲妻并不得（杖）〔禫〕也。《小記》又云『父在爲妻以杖即位』，鄭玄云：『庶子爲妻。』然父在爲妻，猶有其杖，則父殁母存，有杖可知。此是杖有不禫者也。《小記》又云『庶子在父之室，則爲其母不禫』，若其不杖，則《喪服》不杖之條應有庶子爲母不杖之文，今無其文，則猶杖可知也。前文云『三年而後葬者』但有練祥而無禫，是有杖無禫。此二條是杖而不禫。賀循又云『婦人尊微，不奪正服，并厭其餘哀』，如賀循此論，則母皆厭其適，適子、庶子不得爲妻杖也，故宗子妻尊，母所不厭，故特明得禫也。詳見《通解續》。」《家禮輯覽》。

問：「禫祭下注『父在則嫡子爲妻不杖，不杖則不禫，父歿母存則杖且禫』。又曰『非宗子而母在則杖而不禫』云。宗子而母存者，尚且禫焉，則非宗子而母在者，何以不禫乎？」李尚賢。同春曰：「宗子事體尊重，故母雖在，得爲妻杖且禫也，非宗子則有壓降之義耳。」

問：「父母在者爲妻不禫，則其子亦因此而不禫否？」玄以規。尤庵曰：「父在爲妻不杖期，古有其禮矣。然《家禮》不論父在與父亡，而通爲杖期，杖則禫矣。今之行禮者，若一遵《家禮》，則無此疑矣。」

陶庵曰：「不論父在與否，爲妻杖期者，《家禮》之文也。父在之適子爲妻不杖不禫者，疏家之説也。愚意欲從《家禮》也。」答李載亨。

父喪中妻喪練祥禫見喪變禮并有喪條

妻母喪葬前妻喪練祭

問「亡妻練祭在妻母葬前」云云。李明煥。陶庵曰：「以生人之情觀之，似亦未安，而於禮則未有所據。凡祭一以主祭者爲主，令尊以服則緦也，以新喪言之，則既殯也，以死者言之，則又是葬後以神道事之者，俱無不可行之義。」

妻主別處之説見祭禮班祔條

妻主入廟

尤庵曰「考廟東壁下權祔」云云。答宋衡弼。○詳見祭禮班祔條中權祔條。○下同。

問：「支子只奉遞遷之主，妻喪祥後，當祔新主於五代祖母之龕否？抑權安於東序乎？」鄭澮。南溪曰云云。

問「亡妻神主權祔禰廟告辭」云云。權燮。遂庵曰云云。

問：「妻喪題主，當以亡室，而祔於宗家時，以宗子改題耶？」宋淵源。遂庵曰云云。詳見大祥祔廟條中班祔神主改題入廟條。

妻忌祝辭見祭禮忌祭告祝之節條中諸親忌祝有無之辨條

長子喪諸節

爲長子服見五服爲本宗服條中父爲長子條

長子喪居處服食諸節

尤庵曰：「爲長子斬衰之節，既曰斬衰，則當與父喪無異。然國法不許解官，則居處飲食及其他百爲，亦當有與父喪異者矣。」答全瑜。

又曰：「世人知禮者，爲長子服斬，而出入時以麤生布爲衣，而着布裹笠，以絞麻爲帶。」答玄以規。

問：「尤庵曰着布裹笠云云，所謂布即指白布耶？」徐永後。陶庵曰：「布則是白布，而今俗罕用。」

問「父爲長子三年者有杖」云云。梁處濟。南溪曰云云。詳見治喪具成服之具條中杖條。

長子喪中祭祀見喪中行祭條

殤喪諸節

爲殤服見五服條

殤絰不絞見治喪具成服之具條中首絰要絰條

殤喪雜儀 自始死至埋主○計月不滿下殤者不立主并論

問：「《備要》引《開元禮》曰『殤喪不復無含』，夫程朱之論，既曰當立神主，則不復無含，恐未安耶？且無贈耶？」李尚賢。同春曰：「喪成人者，其文褥；喪不成人者，其文不縟，即是《儀禮》傳文。據此，則喪殤之禮，恐不必太備。」

問：「《開元禮》曰『三殤之喪，始死浴及大小斂與成人同，長殤有棺及大棺，中殤、下殤有棺，靈筵祭奠進食葬送哭泣之位與成人同，其苞牲及明器，長殤三分減二，唯不復魂，無含，事辦而葬，不立神主，既虞而除靈座』云，此禮今世不用乎？抑或有他禮可據者耶？」洪霶。沙溪曰：「凡殤不立神主，程朱以前之事，《家禮》自八歲皆立神主矣。朝夕奠上食虞後，撤几筵，則皆依《開元禮》，而祔於祖廟，似宜。」

又曰：「三殤之作主班祔已載於《家禮》，今人自不行之耳，寧不可行乎？」答姜碩期。

問：「禮，六七歲兒不言有棺，而雖二三歲兒藁梩掩之，於情不忍。」尹明相。南溪曰：「今無塈周之法，數歲兒喪，或以小木棺葬者，似可推行。」

尤庵曰：「殤主粉面，父爲主，則當書曰亡子某神主云矣。《開元禮》『三殤不立神主，既虞而除靈座』，既曰既虞而除靈座，則其無卒祔祭可知矣。據《家禮》，則當立神主，視《開元禮》則稍備，無乃亦有卒哭與祔耶？未可知也。」答宋奎濂。

南溪曰：「殤喪，古禮無此節目，至《開元禮》而有葬虞之文，至程子有立主之義。今只當行其有據者而已，卒哭祔祭，似難率易，而獨虞祭，證以《禮經》既虞之説，並行三次，不至於甚未安矣。○雖不敢直行祔祭，殤主入廟，恐當有告禮行事之節。」答金壽增。

又曰：「殤喪節目，以《開元禮》大意觀之，虞祭以前似與長者之喪略同。然其間又有以中下二殤異於大殤者，誠亦不無斟酌。玄纁以上七條，皆爲喪葬之備制，况翣扇之必以大夫士，玄纁之有君贈，非如告先塋遷柩及遣奠以下之不可全廢者，似當并在減殺之例矣。」答農巖。

尤庵曰：「未成人銘旌，女子則書以某娘，男子則書以某秀才云，則庶乎相稱矣。」答或人。

又曰：「在室女子銘旌，世俗皆書某氏，神主亦然，然神主粉面書亡子名，則女子亦當書名矣。第東俗甚諱女子名，恐難猝變。」答玄以規。

南溪曰：「未成之人自不無差等，若年十五以上，能知文字有行業者，恐當曰秀才某君之柩，若十五歲以下無文者，或稱某貫某童子之柩亦可云，雖非古禮，恐義起而無甚害故也。」答宋奎炳。

又曰：「殤年女子之神主，世俗書以處女某氏云，捨此他無可稱者矣。」答沈梯。

陶庵曰：「題主則只書名不妨，然恐莫知其爲殤亡孫，下添一童字如何？《禮記》有童汪踦之文，此爲可據。」答李秉常。○下同。

又曰：「凡例既略如成人，則翣扇玄纁之減去，用玄石説似可。然若不欲全減，則玄纁猶勝於翣扇耶？」

問：「尤庵曰『當立神主，則視《開元禮》稍備，無乃亦有卒哭與祔耶』云云。」李秉常。陶庵曰：「尤庵『無乃亦有』之云，蓋有持難之意，然殤主當入廟，則入廟者恐不可無祔祭，既有祔祭，則又不可無卒哭。」

浦渚曰：「既虞而除靈座，果似太簡，祭之終三年，亦似過，或於除喪之後除之，如何？」答趙克善。

愼獨齋曰：「殤喪撤靈座，虞後則太遽，似當有變通之制，以待服盡而撤之，似可。」答崔碩儒。

尤庵曰：「殤喪上食似當斷以《開元禮》，而但《開元禮》殤儀太薄，以《家禮》祭及兄弟之子之文觀之，則葬後便祔，恐不如《開元禮》之促也。第無明文，未知如何則可也。」答尹文舉。

又曰：「長兒撤几筵，據禮則當在於服盡之日，或初期之日，而其慈氏至情，不欲遽撤於三年之内，則亦不宜强拂，當諭之以禮，不聽則任之而已。」答朴世輝。

又曰：「喪無三年者，不得爲二祥，在三殤則猶可，成人無後者，亦當然耶？忌祭亦以故差過，而又全然無事，雖在三殤，亦有所不忍，追後擇日，略倣二祥行之，或佼於人情耶？然似涉義起，不敢質言。」答尹拯。

問：「程子曰『下殤之祭，父母主之，終其身；中殤之祭，兄弟主之，終其身；上殤之祭，兄弟之子主之，終其身；成人而無後者，兄弟之孫主之，終其身』，又《曾子問》云『凡殤與無後者祭於宗子家』，則程子之言與曾子不同，何耶？」朴廷老。寒岡曰：「三代之時，宗法甚嚴，故《曾子問》所謂殤與無後者祭於宗子，實爲得禮之正。而在今時，家法有不能如古禮，則不得不如程子之言爲之矣。」

問：「程子曰『下殤之祭，終父母之身』，殤主之祔於廟者，其父母死，則當出廟而埋之乎？」崔碩儒。愼獨齋曰：「也是如此。」

同春問「亡兒今八歲，似是下殤，而《通典》殤喪計月之説不翅詳備，計月則亡兒不滿下殤矣。但程朱之論，皆無計月之説」云云。愼獨齋曰：「三殤之分等定制，非但程朱之論，實出於《儀禮》，當依此而行之。第念小兒立主，不無後來難處之患，貴兒之殤，既在疑似之間，恐不設之爲當。墓前一虞後，仍於其處埋置魂帛，如何？」

爲人後者本生親喪諸節

生父母喪去冠脱網巾見易服條中重服人去冠當否條

聞生父母喪儀節

問：「爲人後者爲生父母奔喪則三袒，而未奔喪則一袒乎？」崔愼。愼獨齋曰：「居喪之禮，與在家兄弟無異，而爲位，則似當一袒矣。」

爲本生父母服見五服條中爲人後者爲本生親服條

爲本生舅姑服見五服條中妻爲夫黨服條

本生親喪位次哭泣之節

沙溪曰：「爲人後者於本生父母之喪，亦以服次爲主。雖未安，禮當然也。服雖盡，參祭則當隨兄弟而哭。」答黄宗海。

本生親喪出入服色

問：「本生喪出入當着何笠？」李文載。愼獨齋曰：「當着蔽陽子。」

尤庵曰：「爲本生親不杖期，《禮》有明文，杖而稍削之，益無所據。○世俗或着布網巾，而加蔽陽子者，此或不背於人情，而既無明文，不敢質言。」答閔泰重。

又曰：「兒子於其私親着蔽陽子及布直領，此等從俗亦無妨。」答韓如琦。

本生親題主

問：「出繼子者於本生父母之喪，不得已主祀，則祝辭屬稱何以書之？」姜碩期。沙溪曰：「當依程子、朱子之言，以顯伯叔父稱之，而自稱從子。」

伊川《代彭中丞思永論濮王稱親疏》曰：「濮王，陛下所生之父，於屬爲伯；陛下，濮王出繼之子，於屬爲姪。此天地大義，生人大倫，如乾坤定位，不可得以變易者也。」○問先儒爭濮議。朱子曰：「此只是理會稱親。當時蓋有引戾園事，欲稱皇考者。」又問：「稱皇考是否？」曰：「不是。」《語類》。○朱子代劉玶述玶之兄珙之行狀，末段有曰「從弟玶謹狀」，蓋珙與玶是子羽之子，而玶出後於子羽之弟子翬，故朱子以從弟稱之。

又問：「出繼者於所生親生時既不以伯叔父母待之，獨於死後何可以伯叔父母稱之？」沙溪曰：「不可無名稱，又不可以父稱之，則禮當如是，不可更容他議。」

尤庵曰：「本生祖先當以所後屬稱稱之矣。」答宋炳夏。

又曰：「爲人後者，專意於所後，其意甚嚴。蓋本不可二，而統不可貳故也。程子嘗稱濮議曰『仁廟，陛下之皇考；陛下，仁廟之嫡子。濮王於屬爲伯，陛下於屬爲姪。此天地大義，生人大倫，如乾坤定位，不可得以變易也。苟亂大倫，人理滅矣。』朱子曰：『所後父與所生父相對，其子喚所後爲父，終不成又喚所生父爲父？』此道理既如此，程朱明訓又如此，則何敢兩皆稱父而并推其恩典哉？況贈職官教必書其父子之名，今吕令既不敢以父子書之，則當書以叔姪耶？清江家事有所不敢知，必有曲折，然不可援以爲證，以破古經及程朱之訓矣。」答李端夏。

問：「出繼人之於本生親喪稱以伯叔父母，已有程朱之訓。若父之兄弟只兄弟而已，而所後父爲昆、生父爲弟，則當書以仲父耶？叔父耶？」趙宗溥。陶庵曰：「出繼人之爲本生親喪題主，終非别嫌之義，此外無可變通者耶？若不得已而爲之，則恐當稱仲父而去旁題也。」

本生親祔祭所後喪中本生親喪祔祭并論

寒岡問：「先妣祔祭，仲兄當爲主人，而仲兄所後父服未除，當服斬衰主祭，祝文稱孤子否？」退溪曰：「然。」

問：「崑壽出繼從伯父之後，今遭本生母喪，又遭所後父喪，本母祔祭，崐壽當以宗子主之，祝板當書曰『孝曾孫孤子某，使再從弟孤哀子某，適于顯曾祖妣某封某氏，祔以孫婦某封某氏』云云，又於本母前曰『從姪孤子某，使再從弟孤哀子某，薦祔事于從叔母某封某氏，適于曾祖妣某封某氏』云云否？與舍弟並告于本母，而曰『從姪某，使再從弟某』云云，於情意極爲未安，不知何如？」鄭崐壽。退溪曰：「祔祭四稱謂雖極未安，然捨此無他道理，無他故實，可作稱謂，只得如是。」

問：「家兄出爲大宗後，今遭本生親喪，祔祭告亡者自稱當如何？」申永植。尤庵曰：「生父母於所後長，則稱伯矣，伯叔季一從原序，而自稱以從子無疑矣。」

本生親喪慰答書式

沙溪曰：「爲人後者爲本生父母喪，稱喪人而已，不可稱孤哀也。人之爲吊書者，亦只以喪人待之，不可稱大孝至孝也。」答黄宗海。

尤庵曰：「《問解》中喪人之稱，古今書籍未有見焉。凡禮家所定書式，孤哀、服人之外，更無他稱，則恐只當於二者之間，捨此則用彼而已。」答南溪。

又曰：「兒子與人書式當如何？程朱斷定以伯叔母，似不敢違。故如閔孝維重氏，則慰兒子書純用此例，或云稱以生親或私親，或改疏爲狀，改哀前爲服前，似穩云。此雖入俗眼，而有違程朱，奈何任便？諸公則只入於吊善書稱以僉哀，此則悖倫甚矣。兒子所答，亦當從程朱之儀。」答尹宣舉。

南溪曰：「當稱狀上伯叔父母，服次稱喪次似宜，第其辭語，則不無斟酌從重處矣。」答李行泰。

又曰：「答人慰書，曾見壯洞伯金相稱禍延私親，此似穩當。」答俞櫶。

遂庵曰：「爲人後者爲本生父母喪書疏中，人之慰之者稱以『尊本親某官府君某封夫人』，喪人答辭稱以『禍延本生考妣』，此今日見行之規，未知於禮如何也？」答蔡徵休。

又曰：「昔在華陽見高察訪晦在本親喪，答先生慰書曰『家門不幸，叔父奄忽違背』云云，多士在坐，莫不駭笑，先生曰：『勿駭笑，此似得禮。』又見同春先生吊人本生親喪曰『尊本親某官府君』云云。二先生書式亦自不同，此在後人擇而行之。」答李畬。

問：「本生親於所後父爲兄，則稱伯父，爲弟，則稱季父乎？」金光五。遂庵曰：「伯季之稱，隨其行列之序，可矣。」

農巖曰：「以禮意，則當云伯母或叔母、季母，或云生母，無妨耶？所云生母，恐當云本生先母。」答朱逢源。

陶庵曰：「慰人本生親喪，鄙人則一遵尤翁遺式，用伯叔父母例。蓋以近來喪紀大壞，不貳斬之義尤晦，此防不可不嚴也。」答沈潮。

又曰：「答人慰狀只當書以期服人姓某狀上而已，文字間不必變改。」答趙宗溥。

本生親喪練禫

南溪曰：「出後之人於其所生父母，只得爲期服，然則所生母練祭及禫祭，出後子無可參之義，當於大祥日即初期大祥。直受心喪之服而已。」答金洪福。

問：「所後親喪中值所生親之禫，則不可參祭耶？」姜碩期。沙溪曰云云。詳見喪變禮并有喪條中所後喪中遭本生親喪持服行禫之節條。

本生親喪除服後服色見心喪雜儀條中心喪服色條

本生親喪除服後受吊見心喪雜儀條中心喪中受吊條

本生親改葬時吊服見喪變禮改葬條中吊服加麻之類條

親喪中出繼改服之節見喪變禮追喪條

所後喪中遭本生親喪奔哭成服之節見喪變禮并有喪條

所後喪中爲本生親喪持服行禫之節上同

本生親喪中行所後家練祥禫吉上同

本生親喪中行所後家祭祀之節

問：「本生服中告廟時，當用期服例，以黲巾白衣行之耶？」尹舜舉。 慎獨齋曰：「心制重於期服，黲巾白衣似未安，喪巾布深衣行之如何？」

南溪曰：「爲所生母之服，在禮只是不杖期，由此言之，於所後之祭，非但饌品不減、祝辭如常而已，躬自行祭無疑。」答閔濼。

又曰：「比世禮説甚詳，絶無爲人後者居本生喪而入繼後廟之制，恐只是以服斷也。然則雖本生喪，期年之内，可以《要訣》之意，準行繼後廟之祭無疑，况於伸心喪以後乎？蓋所謂墨衰及使服輕者入廟云者，皆指當喪之人爲自己先祠而言，非爲爲人後者入繼後廟而言。故今人所行，自不覺其爲本生重，而爲繼後輕，殊未安也。然期制以前，猶可以横渠之『廢時祀，使竹監弟代行』之説自諉矣，至於伸心喪後，則既爲之玄冠素服黑帶，正是《要訣》所謂服中行祀之服，然則更將何俟，而不一循常行之禮乎？」答申琓。

又曰：「居常服色，似當降于兄弟，以時服冠蔽陽子着生布直領帶而已。視常服人加麤。然則入繼後廟之時，又當從輕着黄草笠白布直領淡黑布帶以行之，倣常服入廟之制及墨衰之意。似無大未安者。」答李華相。

遂庵曰：「本生喪中入所後廟服色，門下所定布巾布深衣入廟行事，於心頗自安，於時俗不駭。若黄草笠雖是中古重服人所着，而草笠亦有麤細之不齊，或涉華美。近來則服人着此者絶稀，反不如平凉子也。」答芝村。

陶庵曰：「本宗祭祀何敢以私喪擅有減殺耶？葬後期服，祭如平時，出後者雖以喪人自處，實則期服故也。」答盧以亨。

出繼子祭本生親見祭變禮

無後本生親班祔見祭禮班祔條

出嫁女本生親喪諸節

出嫁女爲本生親服見五服條

出嫁女本生親喪計聞訃日除服當否見喪變禮追喪條

父母喪中在舅姑側受吊之節見離喪次諸節條中服人不在喪次者受吊條

父母喪中歸夫家諸節見居喪雜儀條中大小喪練後葬後婦家之節條

出嫁女親喪練祭無變除

問云云。閔維重。同春曰云云。詳見五服變除條中服期者十一月練祭無變除條。

服中出嫁

尤庵曰：「女大功未盡而出嫁，恐當依未練而出則三年之例送之，而不可徑除也。」答金榦。

出嫁女喪畢後服色

牛溪問：「出嫁女期喪畢月，欲製淡甘察蓋頭、淡甘察髮縰、白布長衣，以易喪服而哭之，以此居心喪，未知此制無大悖否？」龜峰曰：「來示未穩，何得更制喪服？只宜不服華盛而已。」

遂庵曰：「父在母喪禫後適人女子服色，衣用白，裳用玉色，士大夫家通行之規。」答蔡徵休。

妾子本生親喪諸節

妾子爲本生親服見五服條

承重妾子爲所生母喪服色

尤庵曰：「庶子承重者爲其母緦，則其服極輕。然禮既許心喪三年，則與凡緦有間，其居處飲食一與諸兄弟無異，則其出入時服，亦當與凡緦有異。嘗見世人以麤布爲衣，着蔽陽子，雖未知其必合於禮，而恐爲得宜。」答玄以規。

問「庶子爲父後者，爲其母緦，成服時着布網巾布直領」云云。愼克泰。陶庵曰：「服緦仍心喪以終三年，既有明文，其間小節目自當斟量，而至於布網巾直領，無或過否？」

庶孽婦人銘旌稱號見銘旌條

妾子所生母題主

同春問「庶子祭其母當何稱」云云。沙溪曰云云。詳見祭禮妾子諸禮條中承重妾子祭其母條。

同春曰：「當書亡母，以別於嫡母。庶子之子，則宜稱其父母爲考妣。改題其祖母，則依舊稱亡祖母可矣。」答李尚賢。

南溪曰：「所生母只當稱亡母，若以退溪亡字未安之意爲拘，則以故字代之亦可。」答朴泰崇。

妾孫爲其祖母服盡後主祥禫見大祥條中服盡後主祥禫條

妾子承重者其母葬前行祭當否

問：「妾子承重者，遭其母喪，而其嫡父母忌辰在於葬前，則祭祀何以爲之？」宋奎濂。尤庵曰：「承重妾子，其母葬前，凡先世祭祀，當依『同宮，則雖臣妾，葬而後祭』之文廢之矣。葬後，則渠是緦服人，行之自如常矣。若是異宮，則雖葬前，似無不可行之義矣。嫡父之説未安。」

師友喪諸節

師喪舅師兼服及師之親與妻無服并論

栗谷曰：「師則隨其情義淺深，或心喪三年，或期年，或九月，或五月，或三月。」《擊蒙要訣》。○下同。

又曰：「師喪欲行三年期年者，不能奔喪，則當朝夕設位而哭，四日而止。若情重者，不止此限。○師友雖無服，月朔會哭亦同。」

問：「師喪或三月、五月、九月、期、三年者，不食肉，不參宴樂，而素衣黑帶乎？」金公直。栗谷曰：「然。」

尤庵問：「師喪何無定制？服之當如何？」沙溪曰：「《禮經》及諸儒説可考。」

《檀弓》：孔子之喪，門人疑所服，子貢曰：「昔者夫子之喪顔淵，若喪子而無服。喪子路亦然。請喪夫子若喪父而無服。」○王肅曰：「禮，師弟子無服，以吊服加麻臨之，哭之於寢。」○曹弁敏問：「吊服加麻者，幾時而除？」鄭稱答：「凡吊服加麻者，三月除之。」○蜀醮周曰：「雖服除，心喪三年。」○庾蔚之曰：「今受業於先生者，皆不執弟子之禮，惟師氏之官，王命所置，故諸王之敬師，國子生之服祭酒，猶粗依古禮，吊服加麻，既葬除之，但不心喪三年耳。」○張子曰：「聖人不制師之服，師無定體，如何是師？見彼之善，而己效之，便是師也。故有得其一言一義如朋友者，有相親炙而如兄弟者，有成就己身而恩如天地父母者，豈可一概服之？故聖人不制其服，心喪之可也。孔子死，吊服加麻，亦是服也，却不得謂無服也。」○程子曰：「師不立服，不可立也。當以情之厚薄、事之大小處之。如顔、閔於孔子，雖斬衰三年可也，其成己之功，與君父並。其次各有淺深，稱其情而已。下至曲藝，莫不有師。豈可一概制服？」○丘氏曰「宋儒黄榦喪，其師朱子吊服加麻，制如深衣，用冠絰。王柏喪，其師何期服深衣，加帶絰，冠加絲。武柏卒，其弟子金履祥喪之，則加絰于白巾，絰如緦麻，而小帶用細苧。黄王金三子皆朱門之嫡傳，其所製之師服，非無稽也。後世欲服師之恩義者，宜準之以爲法」云云。○《擊蒙要訣》云云。見上。

慎獨齋曰：「出入衣服當用白色，或綿或布，不可用華盛，與恒人同也。首則加麻，腰亦有帶，期九月五月三月，亦當加麻也。」答申炅。

尤庵曰：「吊服加麻，此所謂無服之服也，所謂心喪也，除此而復心喪云者，尋常未曉其説也。期九月而飲酒食肉，則心喪之意安在？此不如量其力而只三月可也。」答朴世義。

又曰：「師服以單股環絰，及白布巾，并着白布衫，謂之吊服加麻。帶則或布或綿，皆無所妨。」答尹明遇。

又曰：「師服若自量月數，未盡之前，不飲酒不食肉，居處於外，一如子爲父母心喪之制，則婚禮何可冒行乎？不然，而只如緦小功，服之後無所變於常，而徒廢此婚禮，則恐是半上落下之義也。赴舉與否與此同，先賢議論，開録于後。」答金益煋。

程子曰：「祖父母喪須是不赴舉，今法雖無明文，爲士者祖父母期服内，不當赴舉。」〇今師服若準祖父母期服，則當準程子説矣。〇李晦叔問：「爲長子三年及爲伯叔兄弟許赴舉，不知赴舉時，還吉服耶？」朱子曰：「此等事只得遵朝廷法令，若心不自安，不欲赴舉，則勿行可也。」〇今師服若準伯叔兄弟期服，則亦當如朱子説矣。

問：「丘《儀》引勉齋、魯齋、仁山喪師之服，《備要》亦引之，而無所折衷，未知沙溪之喪先生之服之也如何？」李尚賢。同春曰：「昔歲先師之喪，只倣丘《儀》而爲之，但有未詳備者，吊服加麻而已，無冠與衣裳帶絰也。」

南溪曰：「兄嘗以兩師一善一否，而不知取捨之衷爲言，弟敢以寒岡所處於退溪、南冥者奉告。然自古及今，絶無這等事例，而其能相近者如此，安可不以此量度比較而處義其中乎？如朱子之斥象山甚矣，楊敬仲以下亦多以書尺質問，况於所師之人，其可輕有取捨耶？夫師弟之義，《檀弓》所記，固以極至者言，以該其餘矣。以程張所論言之，服師者有如父母兄弟朋友之例云者，固已和心喪三年在其中大義之相關，推此可知。然則恐難以其情義淺深之說，遂直爲師獨異於君父也。苟爲然者，當服期年以下，皆不得與此，是將目之以師弟，而不爲左右就養，不爲無犯無隱，不爲服勤至死，只管量服功緦而已。古今天下豈有如許道理？而欒子所謂生三事一者，其爲偏枯不仁甚矣。然則爲師之服雖異，而事師之義實同，不待顔、曾之於孔子，而分義之嚴已明也。」答尹拯。

又曰：「師服，《禮經》與程朱少異，大抵《禮經》從重處而言，程朱就其中分輕重，要皆不可廢。然愚意師生之義，不當隨服制而漸降，蓋如庶人服國君三月，然其君臣之義，未嘗與公卿大夫異故也。白巾單股絰固所謂吊服加麻矣，若其爲師當法之制，則可以金仁山諸公所處，斟酌行之也。」答崔瑞吉。

又曰：「師服之制，嘗考成一說，蓋以冠絲武或白巾緦絰帶白布深衣爲之。」答梁處濟。

遂庵曰：「老先生葬時，門人白布巾加練麻環絰，素服加練布夾帶矣。」答成爾鴻。

陶庵曰：「師服一以三年爲準，固合於事一之義。然先儒參酌降殺之論，蓋亦似度其可行之者而行之者也。雖無制服，此當預定，於加麻之日，臨時裁處，恐不成道理。解官則自古無聞，豈以伸三年者方可爲，而三年絶無而然耶？」答朴聖源。

問：「女婿服舅服而兼師服，則服何服耶？」李徹夏。陶庵曰：「舅服緦也，師喪三年也。雖若有輕重，而緦則正服也，三年則心喪也。正服則先王所制，宜不敢以私恩私義有所通變。愚意則服正服以終其月，其後則素服素帶以自伸其情義，似宜。然勉齋，朱門嫡傳也，不服以舅，服以師，見於丘氏説矣。唯就此兩端而裁擇之也。」

南溪曰：「君則已爲斬衰之服，而其親與妻又有臨上之義，故不得不爲之從服。師則只有心喪之制，而其親與妻又無養育之恩，故不得爲之服喪。嘗見卞春亭祭鳳陽夫人，其辭甚戚，而李師善妻亦爲栗谷心喪，此則秉彜之心，猶有所存，蓋春亭及李公乃圃隱、栗谷之門人也。」答金克成。

居憂中遭師喪 見居喪雜儀條

朋友喪處以師友之間并論

栗谷曰：「友則雖最重，不過三月。」《擊蒙要訣》。

龜峰曰：「尊兄云『友則雖最重，不過三月』，如此斷定似亦未安。古禮於師服自三年以下，不定月數者，甚有其意。師友一體，愚意以爲師之合行心喪三年，義同生我者，是真所謂師也，自其下則皆是友服也。友亦情義輕重，甚有等級，何可以一定論哉？」答栗谷。

栗谷曰「月朔會哭」云云。詳見師喪條。

問：「朋友之喪，或七日或五日不食肉，則白衣居外寢可乎？」栗谷曰：「然。」

問：「朋友相爲服，如之何？」李惟泰。沙溪曰：「《禮經》及先儒説可考。」

《喪服傳》「朋友麻」注：「朋友雖無親，有同道之恩，相爲服緦之絰帶。《檀弓》曰：『群居則絰，出則否。』其服吊服也。」疏：「群，謂七十二弟子相爲朋友。在家居止，則爲之絰，出家行道則否。孔子之喪，二三子皆絰而出，是爲師出行亦絰也。凡吊服，直云素弁環絰，不言帶，或曰有絰有帶，吊服既着衰，首有絰，不可着吉時之大帶，明矣。首言環絰，則有帶未必如環，但五分去一，爲帶糾之矣。」○《記》：「朋友皆在他邦，袒免，歸則已。」注：「謂服無親者，當爲之主，每至袒時，袒則去冠，代之以免。已猶止也，歸有主則止也。主若幼少，則未止。《小記》曰：『大功者主人之喪，有三年者，則必爲之再祭，朋友虞祔而已。』」疏：「或共遊學，皆在他國而死者，每至可袒之節，則爲之袒而免，與宗族五世袒免同。歸則已者，謂在他國袒免，爲死者無主，歸家自有主，則止不爲袒免也。」○朱子曰：「經但云『朋友麻』，則如吊服而加麻經耳，然不言日數。至於祭奠，則温公説聞親戚之喪者，當但爲位哭之，不當設祭，以其神靈不在此也。此其大概如此，亦當以其厚薄長少而爲之節，難以一定論也。」

尤庵曰：「禮，爲朋友吊服加麻，吊服似以今之素衣當之，麻者以練麻單股爲環絰，而加於首矣。然今世有難行者，只素帶三月，亦可以伸情矣。」答朴世振。

同春曰：「吊服加麻者，三日而除之，一説既葬除之云。今於明朔除之，留其服爲送葬之用，似穩。且吾輩於此老當處以師友之間，更加數月心哀，使半於前喪，恐當。」此老指慎獨齋。○與尤庵。

問「親朋死於旅館，則飯含之節，朋友似當爲之，而慎齋以爲難行」云云。李光國。遂庵曰：「天王之喪，宗伯飯含，朋友主喪於旅館，有何難行之義？」

問「大忌正齋日聞切親或相切之友訃音」云云。李簭。寒岡曰：「切親有服則當廢祭而奔哭，無服而情切，則祭畢別爲位以哭，情不甚厚，而聞訃累日，則亦不必追哭。」

問：「曾子曰『朋友之墓，宿草不哭』，今在遠地，練後吊，則猶且不哭乎？」吴允諧。沙溪曰：「曾子之説雖如此，若情厚則哭之何害？亦人情之所不能已也。」

尤庵曰：「朋友之墓有宿草，是期年後也。古人於朋友期年前，則至其墓必哭矣，期年後則未也，故其立言如是矣。然身病地遠，期年始至其墓，則亦何可不哭？」答朴是曾。

退溪曰：「朋友之喪非至親之比，則恐不必先至墓，況既葬返魂之後，几筵爲重，奠於几筵而兼行吊爲當。若三年已過，當就墓，不可就人家廟而行之也。」答金富倫。

禮疑類輯卷之十五

喪禮

國恤

服制總論

尤庵曰："《五禮儀》君服之制，誠甚苟簡。至宣廟朝諸賢更變舊制，嗣聖以衰服終喪，以布衣冠爲視事服，此則可謂一洗千古之謬矣。惟臣下服，只以布帽布團領麻帶爲禮，既非喪服，又非公服，真所謂茅纏紙裹者也。聖考喪，賤臣建議請依朱子說，群臣同服衰服，時大臣李景奭極力攻之，遂不行。今年改葬時，賤臣又請群臣同以細衰麻成服，而朝議紛紜，只右相金壽興力以爲可行，而竟不行，殊可嘆也。"答高處中。

臣民居國恤諸節童子服并論

退溪曰：「所疑麻帶布帶，《家禮》《五禮儀》齊衰皆用布帶，則恐當用布也。燕居只白衣，布木皆不妨，帶或絛或布，皆用白冠，則疑卒哭前布裹笠，卒哭後易白騣網巾，則雖布裹紗帽中不易，但段�頭不可不易。凡華盛之物皆去故也。笠纓用白布木之類，似無妨。鞋履宜用白，出入服京官皆著衰服，外官恐與京官不異也。馬裝諸具中華盛者權處之，或易故件，或雖塗裹，恐亦無妨。出入別制生布直領，似無妨。」答安東府官。

尤庵曰：「下玄宮時，自上亦無望哭禮，至孝考時始行之，甚得禮意矣。士庶人從而行之，恐亦不害於從厚之義也。至於朔望及虞，則恐涉拖長矣。卒哭有變除之節，似難於私處行之也。《五禮儀》卒哭後士庶人變着黑帶云者，竊意朱子議卒哭後有白衣皂巾青帶之文，蓋華制常着色衣，故以白衣爲變常之服，而以皂巾青帶爲漸吉之制也。我國則常着黑笠白衣色帶，若變白笠，則與常時無異，只變帶而不變笠也。然此等事只在一時禮官之低仰，真所謂手分世界中現化出來者，爲士民者只得從之而已。示諭或以祭服成服云者，豈具衰裳絰帶冠，如朱子所定耶？此雖至當之論，然莫或有乖於從周之義耶？嘗聞花潭亦嘗如是云，豈亦打乖法門耶？○國恤卒哭後，生徒當着黑帶，著在《五禮儀》矣。然私喪三年，則國家許伸其私，而至於期以下，則既頭着君服之白笠，豈可腰帶私服之布帶乎？似當純用君服矣。且《五禮儀》亦有可疑，以宋制觀之，則使之皂巾青帶，蓋頭既皂巾，故腰可以繫青帶矣。白笠黑帶恐是《國制》未備而然也，蓋創《國制》者，見朱子青帶之文，故爲黑帶之制，而又國朝士人亦既與朝官同，故白笠則終不得變。一身之上，一吉一凶，甚違於朱子皂巾青帶之意矣。後聖有作，則恐必變而通之也。至於私服中黑笠布帶之諭，誠然矣。然此亦豈合於禮者？不過時俗然也。然好禮之家，則必着巾笠黲色者，略與黑笠有異矣。」答朴重繪。

又曰：「古者君服只在百工及畿内之民，今則無論上中下人皆有服，成服前不食肉，可也。」答琴鳳儀。

牛溪問：「國喪，非朝士而行素，當如何？以成服爲節則太早，以卒哭爲節則太遠，《家禮》因變除之節，而爲之禮，則成服卒哭之間，亦無可據之節。」龜峰曰：「行素一節，非有官者，當以情意氣力爲視，自卜遲速，只恐尊兄既一謝命，非如僕凡民之爲比也。示《家禮》中因變除用酒肉之節，於無服之地，恐不可尋也。當以義起，必欲卒哭後則太晚，而過君喪三月之服，宜於服成日後，自酌其宜而止耳。」

問：「國恤葬前，爲士者亦當食素否？」洪禹徵。尤庵曰：「《書》曰『百姓如喪考妣三年』，然朱子曰：『所謂方喪者，豈曰必使天下之人寢苫枕塊，飲水食粥，泣血三年，真若居父母之喪哉？』據此二説，行禮者自可量宜而行之矣。」

問：「先輩嘗以聞訃日計數成服。」俞得一。南溪曰：「計日成服固正法也，然《禮》有小功以下與主人俱成之文，又國家大禮似不當續續成服，若非袍幞之人，同日行禮，恐未爲不可矣。」

問：「庶民於葬前朔望會哭。」李時春。南溪曰：「國恤非私喪，惟行其禮令所存及士夫所通行者而已，何可率易獨行之乎？禮令所存，如服制白笠衣帶終三年之類。士夫所通行，如發引時在畿内者赴哭之類。」

問「國恤後朔望，居既僻遠於官府，不能如誠往還」云云。姜宰望。遂庵曰：「山中浄潔處望哭近合禮意。」

又曰：「月朔會哭時，如無設位，似無拜禮。」答金鼎凝。

南溪曰：「《禮經》『臣爲君斬衰三年，庶民齊衰三月』，其分殊矣。今混爲白衣冠三年之制，然食肉復寢之節，恐當自視《禮經》制服之義而酌處之，俾無失其厚者可也。蓋大夫士雖直行三年，無不可者，庶民雖只以其服爲斷，猶有所據，故不必立定一制也。」答李時春。

又曰：「國葬前山栖恐無害。」答閔以升。

又曰「退溪於國恤不輓親舊」云云。答農巖。○見私喪葬禮諸節條。

問：「禮曹節目不言童子，雖年長而未冠者，皆不服君服，而只用素帶乎？」金鼎凝。遂庵曰：「童子有大小，既是年長，雖未加冠，與恒人何異？」

國恤奔哭 緬禮并論

松江問：「恭懿殿奄棄長樂，僕適以姊喪到洛下，既非前銜，欲入高陽宫成服赴闕，則凡百多有所礙。某頃以一書具道盛意於浩原，浩原答云：『國母喪較輕，不可以此呈身躡朝班也。』司馬公遇神宗喪，疑於赴闕，明道勸入臨，亦爲世道，此足據依云，未知如何？」龜峰曰：「司馬公是在洛時也，不可以是爲證，尊侯若在南鄉則是矣。今以私喪來在洛下，嫌於進退，遭國喪，晏然於十里之地，不一赴闕，殊失情禮。以前銜例成服於闕門外，似合義。」

南溪曰：「《通典》有奔大喪條，其說甚備，蓋出於《穀梁傳》《五經通義》等書。魏時禮官議奔喪禮，有除喪而歸哭於墓者，皆聽哭於陵。東晉成帝恭皇后山陵，司徒王濛議立奔赴之制，請南極五嶺，非守見職，周年不至者，宜勑注黄紙，有爵士者削降。萬里外以再周爲限。雖在父母喪，其責不異。詔如濛所上施行。《大唐元陵儀注》又有『宗子五等以上，不限遠近，同赴山陵』之文。以此觀之，仁祖朝駁論梁學士，曼容。未爲不可也。至於伊川以草野微末之官，亦赴宣仁山陵，而退溪於文定王后喪，身在宰列，終不赴臨，恐爲未盡於義。」答尹拯。○下同。

又曰：「朱子不赴高宗之喪者，方在辭官之際，非所謂無事，則恐不當引證也。惟退溪之於文定，牛溪之於仁順、仁聖，誠如來諭。然牛溪起草野，官才中士，而退溪位至宰列，區區前日之疑，所以在此而不在彼也。大抵《通典》所論，乃爲大喪發者，至於后妃之喪，遠外之臣，容有不能同者。退溪之意，似亦有見於是。栗谷於仁順喪，在坡州，赴臨，於仁聖喪，在海州，終不赴國葬，後始入都，亦只以慰上在疚爲言，恐此亦遠外之義，終有不敢曉者耳。然伊川之赴山陵，亦是后妃之喪，而西崖、寒岡皆不得遵守師門舊説，次第赴哭，蓋以其義有所不安故也。」

又曰：「山陵緬禮，揆以古義，恐無必爲趍會之端。至於野哭塗泣，要各自伸其追慕者，又難以例局也。」

國恤在外成服除服之節

西厓曰：「成服事《五禮儀》既以文書到日爲言，當待公文之至，次第舉行。但今則方伯遠在海邊，文書之至未知何日，而聞訃之後，凡百禮節不容晏然如舊，而哀情在中，亦抑不行亦似未安，不知何以處之然後可合於情禮，而無違於《國典》也。如鄙生者，以罪廢之臣，不敢與於公庭成服之列，則於事本無所拘，而又不必等待他人。故初四日得府吏之傳，即出江舍，西望號哭，其後第六日又出江舍，變服而已，此乃生自處之道，不可例論於他人也。」答吴大源。

南溪曰：「方上章辭命，雖曰近畿，稱號居住，自係外臣，又非如常仕之人，可以入臨而無妨，方赴維楊府成服。」以前銜生進服色成制。○答林泳。

又曰：「國恤所據之禮，承教以朱子官舍之説爲重，謹聞命矣。《語類》有出榜告示之文，其首乃曰『君喪士庶亦可聚哭，但不可設位』，此似許其聚哭而不許其設位也。退溪事自謂地主不與官次，有難獨行成服於殿牌，故姑倣朱子望闕謝恩之例，如是行之，意亦可見矣。嘗見士人不能徒步奔赴，合數村同行望哭成服之禮，誠不允於官舍之説矣。然若以非官舍爲拘，全不望哭成服，恐尤未安。無乃《語類》所記，亦可聚哭者，指此等處而言耶？然則似不可一概斷定。」答尤庵。

又曰：「不得入官府者，只可望闕哭拜而已，成服亦然。至於晨暮望哭之節，恐不敢私行。」答李時春。

退溪曰：「當初成服，既於殿牌行之，今之除服，亦於初行處行之爲當。若然，則早朝着衰服入庭跪，執事上香，俯伏哭，不拜。出就次，改服入庭，四拜而出，如此似爲合禮。然若就府内，則只依上官所爲，可也。吾則阻水不得出書堂，只於東廳行之私家哭禮，未安。只入庭俯伏而出，他皆如右爲計。」寄李寯。

罪廢中及宥敘後居國恤之節 未署經前并論

西厓曰：「生方在罪廢之中，今此國恤固無伸情之路，退陶先生於乙巳亦在削職之中，而仁廟發引之日，不得入班次，獨出郊外望哭行禮。雖無國命，而可以義起也。昨日未免依此出江舍哭臨四拜。○白笠當用何色？或可以生布裹之，以別於士庶否？以生冒勛猶在故耳。○笠色但言用白，而無布裹之文，然帽笠不容異色。以布裹帽者，亦以布裹笠無疑矣。國法既云前銜三品以下白笠云云，三品前銜猶用白，則無職之人豈敢用布？兹用稍細布裹笠，而白其色，使與生布有別。衣則草野之人布衣乃本分，故以六七升布爲直領，如俗所謂深衣樣，使別於平時之服。蓋生上從士夫之例，則不敢，下欲與士庶人同於無服，則不忍，故如此爲之。」與鄭琢。

又曰「云云，聖意非以迷臣爲無罪也，特以當初行遣太重，而歲月已久，故許復官銜，使與罷散者一般而已。諸人書曰『雖在革職之中，當來哭於山陵之日』，僕甚惑焉。朝廷之禮至嚴，無服無班次者，何得以情爲諉而妄進耶？如僕者初不得成服，但與士庶同變素服而已。假使更有敘命，服不當追成，其於入班行禮尚有阻礙，當何以處之耶？禮曹傳關内有前銜宰樞會哭於路祭所之語，罷散之人，既不可權着布帽，無冠服，而冒入宰樞之列，千萬無理」云云。答金昌遠。

又曰：「所謂謝前者，五品以下官既肅拜，而未署經不敢供職者，謂之謝前。國恤内卒哭，凡舉哀及他會皆重，與平時公務不同，故不得以謝前不出。若卒哭後，則否也。」答鄭琢。

南溪曰：「城外散班，無論遠外之臣，罪黜之蹤，一皆聚哭，其來已久，恐不當直造陵下也。至於下玄宫時，有難闕外行禮，如在京士民例，則雖來待陵下，行禮後即歸鄉居，亦可矣。」答趙持謙。

并有君父喪總論

問：「國恤中遭私喪。」李惟泰。沙溪曰：「《禮經》頗有處此之禮，而古今異宜，惟在斟酌遵行之如何耳。」

《禮記》：曾子問曰：「君未殯而臣有父母之喪，則如之何？」孔子曰：「歸殯，反于君所，有殷事則歸，朝夕否。大夫，室老行事，士則子孫行事。」注：「殷盛之事，謂朔望及薦新之奠也。室老，家相之長也，以大夫士在君所殷事之時，或朝夕恒在君所，則親喪朝夕之奠，大夫使室老攝行，士則子孫攝也。」小注：「虞氏曰，人君五日而殯，故可歸殯父母，而往殯君也。若臨君殯，則歸哭父母，而來殯君，殯君訖，乃歸殯父母也。」○「君薨既殯，而臣有父母之喪，則如之何？」孔子曰：「歸居于家，有殷事，則之君所，朝夕否。」曰：「君既啓，而臣有父母之喪，則如之何？」孔子曰：「歸哭而反送君。」注：「有殷盛之事，則往君所，朝夕不往哭。啓，啓殯也。歸哭，哭親喪也。反送君，反送君之喪也。」○「君之喪既引，聞父母之喪，如之何？」孔子曰：「遂既封窆而歸，不俟子。」注：「遂，遂送君柩也。不俟子，不待孝子反而已先反也。」○「父母之喪既引，及塗，聞君薨，如之何？」孔子曰：「遂既封，改服而往。」注：「《雜記》云，非從柩與反哭，無免於堩。此時孝子首着免，乃去免而括髮，徒跣布深衣而往，不敢以私喪之服喪君也。」○「大夫士有私喪，可以除之矣。而有君服焉，其除也，如之何？」孔子曰：「有君喪服於身，不敢私服，又何除焉？於是乎有過時而弗除也，君之喪服除而後殷祭，禮也。」曾子曰：「父母之喪不除，可乎？」孔子曰：「先王制禮，過時不舉，禮也。」注：「君重親輕，以義斷恩也。君服除，乃得爲親行二祥之祭，以伸孝心。以其禮大，故曰殷也。假如此月除君服，即次月行小祥之祭，又次月行大祥之祭。若親喪小祥後遭君喪，則他時君服除後，唯行大祥祭也。然此皆謂適子主祭而居官者。庶子居官而行君服，適子在家自依時行親喪之禮。他日庶子雖除君服，無追祭矣。」

問：「《曾子問》『庶子居官而行君服，嫡子在家自依時行親喪之禮』，從古禮，則無官者可以行祭，而《國制》卒哭後始許行之，若此之類，當何從？」崔碩儒。愼獨齋曰：「當從時王之制。」

尤庵曰：「《禮記》所謂嫡子自依時行親喪之禮云者，此嫡子是庶人也。古禮庶人服君喪，但齊衰三月，則無不可行親喪之義矣。我國則士大夫家無論有官無官，皆服三年，則事體與古不同矣。」答沈之漢。

又曰：「國恤時不禁私喪成服，此與古者有官者朝夕君所者有間矣。」答閔泰重。

又曰：「《曾子問》適子庶子居官云云者，以古者君喪居官者皆在君所，故其禮如此矣。後世則皆以親喪爲主，皆在私次，則不可以古禮之文，而兄弟有所異同也。」答李碩堅。

南溪曰「夫子所論并有君親之喪者，其不敢私服，及互行殷祭之義，則實係變禮之大者。而今皆一切廢之，蓋其本出於漢文短喪之制。爲君則因此而益輕，爲親則因此而益重，已成歷代通行之規，其難以一人之見直行古禮亦審矣。但自君子處之，必有就中斟酌服行之道，以附於聖人愛禮存羊之義，有不可已」云云。答李世弼。

遂庵曰：「曾子問曰：『君未殯而臣有父母之喪，則如之何？』孔子曰：『歸殯反于君所。』以此推之，國恤雖未成服，私喪成服，無不可行之義矣。」答李頤材。

王妃喪私親喪輕重

松江問：「小君喪，異國君當行祥祭云，如何？」龜峰曰云云。詳見下私喪練祥條。

南溪曰：「士大夫於其君及小君之喪，服雖有殊，義則大同，然則其於君親并喪輕重可知矣。惟今之庶民有不然者。禮，庶民爲國君齊衰三月，而於小君無服，安可以《國制》白衣冠之故比隆於私親三年之喪耶？」答李時春。

問：「雖是國恤，既爲從服之期，則以此而廢三年之變除，豈是禮意？」崔奎瑞。南溪曰：「此非有禁令而然，臣子於大喪在殯之日，其義自不得行祭如常故也。君母之喪，雖與伯叔兄弟同是服期，既有公私尊卑之分，則豈敢比并而爲説耶？」《禮》雖有視君之母與妻比之兄弟之説，此以飲食一節言，非指服制大體也。

私喪中國恤成服

尤庵曰：「古禮以君服爲重，故有君服在身不敢服私服之文。然古今異宜，只當於君喪成服時，暫着君服，而還持私服，此則京中士夫之通禮也。」答李碩堅。

同春曰：「重喪中遭輕喪者，亦必制其服而哭之。况方喪重制，是何等大節目，而諉以私服在身，古今異宜，遂廢不服耶？」答趙錫胤。

南溪曰：「君喪不敢服私喪之禮，今皆已廢。蓋嘗思之，漢文遺詔短喪之後，天下不服君喪，而只服父母喪，故因以成俗。今既爲幞袍斬衰三年之制，雖未能一準古禮，恐不宜以此仍循謬規。」

問：「《雜記》謂不敢以私喪之服喪君，觀此則固不可哭以衰絰矣。然亦不可全然脱卸，以中衣孝巾哭之，及其成服，别具蔽陽子布深衣布帶，不悖於禮耶？」李時春。南溪曰：「在喪服中者，未詳其成服之制，然略如來示，恐或得宜。」

芝村曰：「喪人服色，兩宋先生皆亦以白笠成服爲宜，而近多以平凉子爲之，概取其易辨，且於喪人服色相近故也。近聞或以私服常着，或以平凉子麻帶爲私居出入服，而杖亦去之，云此則未有。先儒所論私服是凶服，比君喪白笠麻帶，其輕重相懸。今乃捨重而取輕，不着凶服，與無故人一樣自處，豈不大段不安耶？」答金昌集。

問：「大夫士私喪三年内遭君喪，則似當入公府成服，而凡民在喪者，亦當成服於公府歟？抑與鄉鄰相會而成服歟？」吴益升。同春曰：「似皆不妨，然以朱子説觀之，庶民皆入公府爲宜耳。」

國恤中居私喪雜儀服人常持服并論

問：「在家持私服，出外着君服。」李時春。南溪曰：「此身爲大夫士者之事，如此行之，恐爲斟酌得宜之道。」

遂庵曰：「國恤中持私喪者，平凉子繩帶有何所妨？但私喪之杖去與不去，《禮》無明文，不可臆説。」答金鼎凝。

問：「受吊等事仍前勿廢耶？」崔奎瑞。南溪曰：「無可疑。」

問：「有期功之服者，國喪成服後，因着白帶耶？抑着私帶耶？」柳貴三。南溪曰：「雖儒士，既爲國家白衣冠之制，則不可着私服矣。」

問：「國恤中遭期大功私喪，未葬前帶布帶以居，無妨否？」沈潮。遂庵曰：「身服斬衰而着期大功布帶，決知其不可。」

私喪中遭國恤饋奠行廢用素當否

問：「私喪三年内遭君喪，則君喪未成服前，其上食及殷奠皆當并廢耶？凡民則似與大夫士有異，只廢殷奠，而上食則可行歟？」吴益升。同春曰：「似然。」

又問：「《國制》國恤卒哭前不許大小祀，則雖私喪饋奠，似不敢行，而以《曾子問》殷事則歸朝夕則否之語見之，則雖國葬前，可以行饋奠，未知何所從歟？」同春曰：「《曾子問》可據。」

南溪曰：「成服前罷朝夕上食，亦似太過。蓋非同室父母兄弟之喪，則難乎行此也。」答李時春。

尤庵曰：「祭時用素，不敢質言。然國恤葬前用肉，恐未安也。自虞祭以後，則事之以神道，故先儒之説以爲當用矣。然嘗見慎老於國恤成服後祭於沙溪而用肉，曰：『家親雖在世，八十之年，必無葬前行素之理云矣。』門人以爲疑，則答曰：『此亦誠信不欺之道也云矣。』」答李墀。

問：「生人國恤行素，若謂之可，則未葬之親，亦未可遽以神道待之，葬前用素，似亦不悖。」李時春。南溪曰：「父母喪若在殯，則其義或然否？第與喪中死者事體不同，不敢質言。」

國恤中私喪葬期

問：「大行王妃喪已於崇陵有虚左之位，私家行葬亦無拘礙否？」俞命賚。尤庵曰：「因山未定前，私家不可行葬云者，正如嘉禮時禁婚之義耳。如今日則恐無不可。」

南溪曰：「國恤未葬前不行私葬，或曰臣子之義，不可先行；或曰因山未卜，故不可行；或曰國恤卒哭前停大中小祀，故不得行，然於禮令别無禁斷之事矣。曾子問曰：『父母之喪既引，及塗，聞君薨，如之何？』孔子曰：『遂既封，改服而往。』如此者正指其大夫士而言，無所難處，况爲庶民者乎？惟未及引者，未有明文。然愚意恐亦可以先輕後重之義，依禮而謹行之。蓋以禮令既無所禁，祭祀節目又係凶禮，實與所謂停大中小祀者，無甚相妨。而第此前後國恤時，士大夫家守之甚嚴，今亦不敢質言。」答李時春。○下同。

又曰「國恤葬祭諸禮」云云。詳見國恤中私喪練祥條。

國恤中私喪葬禮諸節

問：「國恤中祠后土時，當以國喪服白衣冠行之耶？」尹明遇。尤庵曰：「來示似得。」

南溪曰：「土神祭雖曰外神，恐無當國恤而着黑服之理。」答李時春。

問：「國恤時大夫引葬用彩轝，未安。」李墀。尤庵曰：「素轝與否，未見明文。然以親喪中死者葬禮準之，則此有可據者，大概自斂襲衣衾以至旌翣，皆當以素，然後轝亦可用素矣，不然則爲斑駁之歸矣。」

問：「用彩轝行事服。」李時春。南溪曰：「後世既難用不敢私服之義，則行葬服色非可深泥。」

問：「葬用挽，雖當國恤之初，似無所嫌。」李墀。尤庵曰：「挽詞是哀死之語，與尋常歌詞不同，用之恐無妨。」

南溪曰：「曾見退溪於國恤初喪絶不作詩，栗谷《語録》又云：『先生當恭懿殿喪，以身有衰服，不挽親舊，大歸喪且不會葬。』當時意以爲此必晚年定論，正當可法者，兹不欲破戒。」與農巖。

遂庵曰：「挽幅，他人則酬應者多，而鄙人不爲之矣。」答蔡徵休。

國恤中私喪返魂儀節

南溪曰：「反魂時儀物云者，自是俗規，不干於禮，况當國恤時耶？反哭在路時，期功之人，不宜服本服以從。蓋君臣禮嚴，與在家行禮不同義故也。」答李挺英。

尤庵曰：「嘗聞於先師，喪中死者不當用素旌素轝，據此，則反魂亦可知也。第今俗必用珠簾彩轎，此則本非禮意。雖微國哀，亦可廢之矣。只以靈車，奉主而歸，有何未安？但靈車亦不可太華，略示其變，則似安於心。」答金壽恒。

國恤中私家虞卒哭與國恤中私喪練祥條參看

問：「國恤中私家虞卒哭。」李徵明。尤庵曰：「先賢之説無一定可據者，今條列于後。○一説以爲禮有君喪服於身，不敢服私服，又何除焉？既曰不敢服私服，則又不敢行私祭。愚以爲此實古禮不可行於今者，且此古禮正指公卿大夫常在公朝者言，非泛指士民而言也。○一説以爲國喪行葬者，衣衾銘旌大轝皆用華鮮者，則獨廢祭祀，不亦過乎？且《五禮儀》所謂大中小祀皆廢者，指國家而言，非指私家也。愚以爲凡此數説皆有所據，然國家於私喪祭祀皆無禁令，而只是爲臣子者全用常禮，有不敢安於心，故不能不有所損節。先師所謂國恤卒哭後可行私喪大小祥者，似是酌中之論。今日所論虞卒哭，未知與大小祥輕重如何？葬前既不可行二祥，則虞卒哭似亦不可行。然二祥則於古必卜日行之，然則二祥之退行，自無所妨，而虞則是安神之祭，既葬而不能安神，則於人子之情誠有所不忍者。故愚於前日敢爲似可行之説，而然亦不敢專用常禮，故以爲略依渴葬例，卒哭則退行於國葬卒哭後，以示變常之意，似或不甚悖也。」

南溪問：「云云，《曾子問》既有『父母喪既引，及塗，聞君薨，遂之』之文，已與『大夫之祭，鼎俎既陳，聞君薨，廢』之説不同，而朔日月半之殷事，亦且互舉，則其以在下先輕之喪，必待其君五月之葬而後乃葬者，似無其理。既行其葬而不行虞卒，亦知其必不然也。蓋《喪服小記》雖有『既葬而不赴虞，及父母之喪偕，先葬者不虞祔，待後事，其葬服斬衰』之文，恐非如此之類者。誠爲以不敢私服之義推之，則其於親喪輕包重特之制有難擬議，而又曰主人皆冠，則類非以君之服而廢赴虞明矣。大抵有官者之禮，終無的證，不敢爲説，而至於無官之人，於其祥祭之重且吉者，猶當依時行禮，而於其虞卒之輕且凶者，顧反不行，以致更與朱子所謂三月許昏之義不啻背馳，無甚義意矣。且如二祥之説，則又有其由，既非適子之居官，又非時祭廟祭之吉禮。愚意恐其亦無必以無官之卑分，而不行奪情之喪祭之理矣。若其有官者之禮，必欲更加參酌，則似當以退溪之不行節祀、栗谷之專廢忌墓爲法，而葬與虞，姑依赴葬赴虞之説以行之，或用既葬不赴虞之例，而退行於卒哭後，以附朱子選人以上之義者，庶幾得夫尊卑吉凶之衷，而亦與《備要》二祥未知其必不行之説合矣。若曰退、栗雖有有官無官之别，不至如此盡行虞祥云，則有一焉，先正所論只在時忌墓，而不及於虞卒者，豈亦非所謂吉凶之分，而惟栗谷引祥乃殷祭之説，則是以有官者言矣。蓋今日雖無官者，亦爲不敢全行時忌墓之吉祭，則是又豈非爲臣子者不敢自處其薄，而實與國家所行有異處耶？《續考禮答問》有曰『小君喪之與君喪，固有輕重，今國祭亦廢，而大夫家於都下，敢行三獻私祭於國有殯之日，情義未穩』，此乃答鄭松江者，而與栗谷所論爲一事矣。詳其語意，似亦但以大夫爲重矣。尤庵曰：『有君喪不敢私服等説，雖是古禮，非後世之所可引用者。』栗谷所論官之高下，蓋倣古禮爲之隆殺者而爲言，豈不是正當道理？然我國官制，未能如古卿大夫士等級之井井不亂，自三公以至百執事，皆用一等例。如古則惟達官以下無杖，而今則大小官皆無杖之類。既於此不能分别其高下，而獨欲分别於前銜三品以下至士庶者，不亦疏乎？且如堂上僉使用高官例，直提學之罷散者，反以堂下之故，而下同於書吏，則豈不舛哉？今所引退、栗之説雖如此，亦未見其高下之分明區别，未知自何品爲高官，自何品爲卑官也。大抵今日主上雖以内喪之故，國家大中小祀一皆舉行，而自爲臣子者言之，方持齊衰之服，而梓宫在殯，一用常時祭祀之禮，竊恐有所未安也。蓋以《曾子問》言之，則君喪如彼其重也，後世雖不能如此，豈不可略示其變乎？古禮於等級雖甚截然，然圻内百姓尚服齊衰三月，則今日未仕之士夫，獨不得比於圻内百姓乎？我朝先賢之論亦多異同，均無一定之論，與其失於薄，寧不當失於厚乎？且以私情言之，當二祥者，略設於忌日，待國葬畢後擇日行二祥，則其於私親亦未爲不厚也。古人有喪期無數者，今以國喪加服私喪數月，亦未見其甚乖於人情也。」

南溪曰：「鄙意無論有官無官，當行葬禮，但有官者退行虞祭以下於卒哭後，無官者雖仍行可也。」答俞得一。

又曰：「虞卒一依喪禮行之，如以爲未安，則依《小記》既葬而不報虞之文，營葬立主，而先告其由，退行諸祭於大喪卒哭後，不無所據。抑《小記》又有所謂報葬則報虞卒哭又俟三月之説，雖稍不襯於哀家所遭，今若只行三虞，而退卒哭及祔於大喪卒哭之後，其於安私神、重國恤之道，似乎兩宜。」答李徵明。

陶庵曰：「近聞朝家新式大小祥許行於因山前，則葬時卒哭與祔固無可論，而先儒引《禮》所謂報葬則報虞卒哭必俟三月之説，只行三虞而退卒祔於因山後者，亦有定論，唯在酌量而取捨之也。」答鄭觀濟。

國恤中私喪練祥與國恤中私喪虞卒哭條參看

松江問："國恤卒哭前大祥祭，揆以古禮，固難行矣。然今不可一遵古禮，如何？"龜峰曰："古禮爲君母不杖期，而臣妻無服，《記》云於所祭有服則不祭，哀侍先夫人則當享，而哀侍則似難行矣。今國恤在殯，雖祥祭，都下士夫之家似難行矣。《家禮》之祥，忌日也，忌日略行奠禮，告不得行祥之由，用古禮卜日，行祥於卒哭後，似無妨。"

又問："國恤卒哭後，祫祭與時祭猶可行否？"龜峰曰："古禮則不可行，國法若曰行之，則姑宜從法。"

又問："如古禮，則國哀未除，不得行私喪二祥，明矣。然今人行不得，亦忌日略行奠禮，又卜日行祥雖古意，似難行，如何？某以在服中，國法不得服，國哀似有別也。尊季氏以私喪祥祭，并有喪皆行，而惟君喪不得行，以小君喪異國君，當行祥祭云，此論如何？"龜峰曰："小君國君雖服有輕重，同是國服，且今國法卒哭前不得行祭，以大夫違法而行，不可。如曰卜日行祥，又有未穩，則祥日告文并告以國恤不得備三獻禮之意，設奠脱衰，如何？家國異禮，小君服雖輕，行祥於殯日未安。"

沙溪曰："《國制》國恤卒哭後大小祀皆許行之，私喪二祥未知其必不可行。"《喪禮備要》。

問：「以《曾子問》問答之意見之，則君服除，然後可以除私服，而以《喪禮備要》引《國制》之語見之，則當除於國葬卒哭之後，於古於今，當何所從？」吳益升。同春曰：「《備要》所論，意非偶然。」

又問：「《備要》并引《國制》與古禮，概言除私喪之節，而不言凡民大夫士分別之義，何歟？」同春曰：「今時之制，難可異同。」

又曰：「君喪私服之禮，《曾子問》論之詳矣。君服盡後次月行練，次月行祥，然亦皆謂適子居官，若適子在家，自依時行親喪之禮云云。古禮固如此矣，但古禮則卿大夫士庶人君服較異，故士庶在家，自當行二祥之祭，今則通士庶皆服三年，二祥之行，實似未安。雖后喪卒哭前大小祀皆廢者，既是時制，則二祥之祭恐未安。若一遵古禮，則古今又異，甚有所闋者。或謂國恤卒哭前，值練祥之日，則依忌日禮略行之，卒哭後擇日行練祥變除之節，似或得宜。」答權諰。

南溪問云云。尤庵曰云云。詳見上私喪虞卒條。

尤庵曰：「國喪未葬前私家祭祀，自有先賢定論，今不容更議，而惟是今日則以内喪之故，論議多歧。然鄙意則梓宮在殯，期制在身，臣民自不敢遽同於國家，且以人情言之，初期再期之日，略設庶羞以伸情禮，而於國葬後擇日行二祥，用意宛轉，公私無憾，何必於疑文難斷之中，遽自處於其薄乎？蓋古者喪期無數，雖誤加數月，何害於義？饋奠之又加數月，亦是伸情之一端也。」答李世龜。

又曰：「父在母喪者，因國恤不得行練祥禫於其月，則當依《禮記》陳氏說，國葬後次月而練，又次月而祥禫，既過時，則不祭矣。文元先生之初忌，適值仁穆聖妃之喪，慎齋考禮退行矣。今聞尼尹必欲相反，國葬前使其門孽娶文元公門孽，而凡練祥，雖在葬前，必使行之矣。慎齋嘗曰此是疑禮，疑而引之，加服父母喪，有何所害？疑而短之，必欲急急脱服者，是何心哉？此言厚善，而可謂順孝子之心矣，老僕當從此說矣。」答芝村。○以上無論有官無官退行練祥之說。

問：「以《備要》退行二祥之故，無論有官無官，皆不敢除喪，恐失禮意。古則以君喪服於身，故不敢祭，而今則以不敢祭之故，反不除私服。私服當除而不除，君服當服而不服，有官者則失君重親輕以義斷恩之義，無官者則失適子在家自行親喪之禮，進退無所據矣。然則如之何而可？」曰：『古者君喪亦具衰麻，故除私喪而服君喪，無不安於心矣。今則君服只白衣白笠而已，故持私喪者，不容去衰麻而着白衣，此實古今之異也。然則無官有官，皆當於再期除喪，而有官者則用退行殷奠之禮，於國葬後，更設祥祭，無官則用自行親喪之禮，仍行祥祭，而若以全然無變於平常爲未安，則亦依上文虞祔之例，或殺其禮，以一獻行之，無妨矣。如此，然後通於古今，適於情禮，而君臣父子貴賤隆殺之節，可以無所妨奪矣。』曰：『《禮》曰三年之喪，既潁，其練祥皆行。君喪乃三年之喪也，何可以無官而行練祥於葬前耶？』曰：『不然，古禮無官者服君之喪齊衰三月，今禮雖以白笠終三年，而至許昏娶於葬後，則所謂義之至而情或有不至者也，惡可一以三年之喪例之也。』曰『古者喪期無數，親喪雖加數月之服，何害於孝，而必欲除之耶？此以孝子之心言之耳，非所以論禮也。禮只言當除與不當除，豈問孝子之情願耶？從厚之説，則亦有可言者。久服親喪，固厚於恩，而不服君喪，不亦薄於義耶？設令如中仁二廟繼陟之時，則私喪幾至於更加一年，而君喪則漫不之服，恐無是理也』云云。」尹拯。南溪曰：「退、栗兩賢所論國恤之制，明有有官無官之别，而自《備要》以來及於尤丈，無所分别。曰我國士庶以下，皆爲君服白衣冠三年，其於國恤葬祭之節，自當與宰相同，非愚所能曉也。蓋白衣冠之制，於禮無當，爲今之道，所宜參考禮制，斟酌得宜，以補世教，而乃欲遂因白衣冠之制，使士庶服君凡事上同於宰相，此豈平允之理耶？所論諸説，皆與鄙見相同，但鄙則主有官無官，高明則主不服君服，似少參差矣。」

又曰：「高見所主急就君服之意，可謂超出近世諸儒之説矣，然其間煞有難平處。蓋以古禮推之，似是并有君親喪者，專服君服，而往來祭奠於親喪。雖未知當時必爲問政行事，而其通行無礙於公私，可見也。今則國家條制必計其人行禫之期，而後付官，付官而後，或供職，或陪祭，方爲服君。服之人雖急就君服，有不可得矣。蓋三品以下，只是白衣冠之制，本異於古所謂君服者，三品以上，自有衰服，其所輕重固非盡出於尊君之義，亦不可謂之不服君服，與其脱服而在家，無寧姑全親喪，而終就君服，猶無掣肘也。」答尹拯。

又曰：「國恤練祥之禮，尤丈以爲《國制》自公卿至士庶，既以白衣冠終喪，則卒哭之前，皆當廢祭。愚則以爲《國制》之白衣冠，雖不可不遵，至於葬祭，必依《禮經》注説自依行親喪之義。及考退溪、栗谷有有官無官之論，使有官者練祥卒哭前當廢，無官者雖卒哭前當行。蓋所謂有官者，指百官有衰服及前銜堂上官亦服衰服者，非指曾霑一命之類也。律以正義一命之類，當入有官者無疑。然《國制》如此，亦無奈何矣。但栗谷於鄭松江以直提學居憂時，使勿行祥祭，已與《禮》注有官無官之義少異，而沙溪之喪，慎齋以前持平居憂，不行練祭，尤丈則尤以慎齋爲明證矣。頃年亡子大祥適在仁敬王后卒哭内，鄙以《禮經》、退、栗之論争之甚力，尤丈乃謂是欲薄於君親，其言極不安，遂退行喪祭矣。大抵此事鄙意斷欲行之，而栗、沙以後諸論如此，故亦不敢直行，然《禮經》之義，終必不可廢矣。」答李時春。

又曰：「大中小祀之説，鄙亦以國家祀典看矣。《備要》始有國恤卒哭後大小祀皆許行之之文，有若大小祀本指士夫而言者，遂成轉誤。然栗谷、龜峰皆言卒哭前不當舉殷祭，蓋指三獻之禮也。嘗竊推之，諸賢所見，皆泥於注疏中以二祥爲殷祭之文，不察其所謂三獻，雖似過盛，實乃喪祭之禮，非如經文所謂殷祭，乃吉祭之禮，必待除君喪然後祭之者，仍欲倣行於卒哭後，遂有此論耳。以此言之，雖君父卒哭之前，恐無不可行之義。」答崔奎瑞。○下同。

又曰：「國恤葬祭諸禮，初誤於注疏，以殷祭爲二祥，而謂其必當行於君服既除之後者，再誤於栗、龜諸賢，以《國制》卒哭擬之於君服除後者，三誤於《備要》，不分有官無官，而遂爲一時通行之禮者，以至於此，其弊有不可言。然國有大殯，時祭决不可矣。山陵廢祭，臣子之家，不可獨舉節祀矣。忌祭雖行，終亦不過於一酌矣。此皆前後諸賢因心起義，庶幾有以自安於臣子之分者。而至於凶禮如葬如練祥，固有歲月定限，著於禮法，又非吉禮之比，則恐無不行之義。蓋葬在卒哭後，則以匹夫而行天子之禮矣；練祥在卒哭後，則或有數年不脱衰絰之患矣，其可乎哉？又曰：『略祭除服一節，宋龜峰及尹子仁皆有此説。』愚意不然，練祥者，人子送終之大祭也，壓於國恤，不行正禮，而獨自脱衰，其於孝子之情，喪禮之本，果何如耶？」答李時春。○以上分别有官無官之説。

問：「父在母喪當練月遭君喪，則俟國葬後不行練事而行大祥歟？」吴益升。同春曰：「次日行練，次日行祥，禮也。」

國恤中并有私喪練祥

問：「今以國恤，祖考祥祭當行於卒哭後，妻喪練祭又當卜日於其後而行之乎？」李秀衡。

尤庵曰：「先後祥練少無相妨之義，隨所卜日行之可也。」

國恤中練祥退行者本祥日行事之節與喪變禮追服條中追服退祥者本祥日行事條參看

尤庵曰：「國恤卒哭後，擇日行練，既有連山已行之規，几筵未撤前，朝夕哭上食何可廢乎？然行忌之日不可虛過，當略設而哭之。有服之人，於此時皆可除服也。雖出繼出嫁之人，似無異同矣。」答李箕洪。

同春曰：「依殷奠禮行於厥明，慎獨所行然也。」答吴益升。

南溪曰：「若不行祥，則再期之日，當行單酌之奠，如《要訣》所謂服中行之者，可也。祝則又當告以有國恤不敢行之意。」答崔奎瑞。

問：「主婦則當偕主人除喪，而庶母則亦可先除而不待祥耶？」崔奎瑞。南溪曰：「當與主人同時除服。」

又曰：「喪家雖不行練祭，降服正服之兩期，則恐無不除之理。」答柳貴三。

國恤中私喪禫吉除私喪時服色及國忌日行禫并論

尤庵曰：「國葬卒哭前，禫月已過，則祥祭後仍不禫而復常，禫月猶未過，則雖與祥同月，亦可行之，蓋古禮則祥禫自同一月矣。」答李碩堅。

又曰：「國恤卒哭前，不可行禫祭。既卒哭後，亦不可退行，《禮記》所謂過時不祭，正指此也。只於當禫之月或丁或亥之日設虛位哭而除禫服，此禮家通行之變例也。」答或人。

又曰：「若當禫而禫者，則是日脱私喪白笠，着國喪之笠矣。」答芝村。

同春曰：「國家卒哭當行十月，而兄家禫期恰在其月，須於卒哭後即卜日行祥禮，於中旬卜日行禫事，恐合宜。」答趙錫胤。

南溪曰：「禫雖吉祭，皆在三年喪祭之内，雖與君喪同爲白笠素服，亦與《禮經》所謂輕包重特之義無異。君服雖重，今人既以親喪爲主，則反似輕矣。過禫之後仍行君喪，方爲允當矣。」答崔奎瑞。

又曰：「行禫雖於祥後，未滿一朔，若與有行小祥於十四五月，而到二十五月依例行大祥者相參，則其義甚明。」答李世龜。

問：「禫服笠則白而網巾用騣，乃時俗之通例也，而方當國喪，白笠騣巾與民人之服色無別，似乎不安，網巾以白布爲之，宋龜峰之言如何？」尹宣舉。慎獨齋曰：「以白布代騣網巾似當。」

問：「國恤中私喪禫祭時乍着吉服耶？直以白衣冠行之耶？」沈潮。遂庵曰：「國恤中私喪禫祭當廢。」

退溪曰：「禮，君服在身，則雖親喪不得成服者，以君服爲重，不得以私喪之服加於其上故也。今此禮雖難舉行，然舉國皆縞素，己獨爲親喪黑笠黲服，豈可爲乎？故愚意以爲白笠白衣行之可也。」答金施普。

遂庵曰：「既無禫，則似當以禫月初丁爲復吉之限矣。然今日之無禫，只爲國恤内不可服吉故耳。士子則自祥日已服《國制》布麻，而婦人雖着微吉之服，無妨也。」答李箕鎮。

牛溪曰：「禫祭是喪祭之餘，哭泣行事，雖值國忌，何可不行之有乎？」答韓瑩中。

尤庵曰：「國恤卒哭後，太廟以下，大祭祀皆行之。私家吉祭，似無不可行之理矣。况吉祭猶是喪餘之薦，與常時大祀有間，益無所嫌矣。」答宋炳文。

國恤中私家改葬服行虞之節

尤庵曰：「古禮有君喪服於身不敢服私服，然古今異宜，不可不暫着私服以臨之。」答尹明遇。

又曰："國恤中士夫葬事既無禁令，於禮意亦無所害，而但葬後例有殷祭，此則非惟禁制所拘，正當宗廟山陵停享之時，臣子之心亦所難安。若因此而葬後廢虞，於人子之情亦有所不忍，此便是難處者。雖行虞祭，而降殺行之，如退溪忌祭之説，則或似無妨，而此無明文，難可杜撰耳。抑有一説，遷葬而虞自是丘《儀》，如朱子説，則遷葬無虞，而只於葬畢奠於墓而哭之而已。所謂奠者，只是常時參禮之比，則似無未安之義矣。如今士夫家遷葬後，不用朱子説，而從丘氏《儀》，雖是從厚之義，而亦似未安。故愚答人之問，雖常時遷葬，必以朱子説爲主矣。"答李敏章。

國恤中私家大小常祀東宮喪中私家祭祀并論

退溪曰："墓祭忌日雖似未安，似不可廢，故不上冢，只於齋舍設素饌，暫以白衣冠行之，似無妨。時祭則不可以素饌行之，卒哭前權宜停廢似當，卒哭後烏帽行之爲當。"答李楨。

又曰："卒哭前未可上墓，其就廟如節祀之禮，有官者恐亦不可行也。"答寒岡。

又曰："古禮國之内喪，與國君喪亦有間，故今兹服内倣《家禮》墨衰行奠之例，暫借白衣冠躬自行之，才訖，返初服。"答金就礪。

栗谷曰：「卒哭前祭祀可行與否，無《禮》文可考。墓祭忌祭雖無分別，但忌祭一年一度，其日恝然無事，是所不可忍也。墓祭則卒哭後亦有節日，故不必行也。如珥，則卒哭前忌墓兩祭俱廢矣，如兄則無衰服，略設一奠，不備殷奠，無妨也。卒哭前朔望參，則非祭禮也，依常例行之，何妨？節祀略設奠于墓前無妨，卒哭後時祭，當依常例。」答牛溪。

牛溪問：「國喪卒哭之前大小祀并停，故國家陵寢香火亦絶，然則人民在畿甸之内者，如正朝寒食等節祀，可以祭其先墓乎？此義殆未安，而亦無見於《禮經》。時祭，吉祭也，雖非朝官，服衰者固不敢行也。至於朔望參忌祭，亦可略設時物，行奠獻於家矣。以此推之，墓祭亦可倣此，而以陵寢廢祭，臣民獨舉爲未安。嘗見《禮記》被私喪而服君喪者，不敢行練祥之祭，俟君喪畢卜日追行，無官者不在此類，然則朝官與士民固異。然畿甸之士，又與居遠方者不同。目見陵寢廢祭而舉先墓之節祀，亦有未安乎？」龜峰曰：「國喪卒哭前大小祀并停云者，《五禮儀》本意則是舉國家之大小祀也。於士庶無行廢之定，草野民庶當以古禮爲準。禮，國君齊衰三月，君妻君母無服，但禮於所祭有服，則不得行祭，所祭之祖考若有官，而於禮陟懿殿當有期喪，則祭似難行，惟朔望參，朱子『身有重衰者，亦欲使輕服入廟行之』，則所祭雖有服，而奠之行無疑矣。且朱子於廢祭一事，深以爲重，於古禮之斷然不可行處，每眷顧欲行之，則忌祭今欲薄設，只行奠禮，而告文并告國喪在殯之由，墓祭亦欲如忌祭之儀，惟魚肉卒哭前國禁，恐不可用也。

朔望之只設酒果，又當如禮，無所損益，行又何嫌？禮有等殺，父或有廢，子或行之，君或有止，臣或爲之，何可以陵寢之廢爲難行哉？國既無禁，推古禮，斷以朱子之意，茲欲不停焉。」

松江問：「國恤卒哭後祫祭與時祭猶可行否？」龜峰曰云云。詳見上私喪練祥條。

問「從古禮，則無官者可以行祭，而國恤卒哭後，始許行之」云云。崔碩儒。愼獨齋曰：「當從時王之制。」

同春曰：「聞沙溪先師每遇國恤，節祀墓祭并廢，惟忌祭設素饌單獻云，此豈非酌變之宜？而又疑事神與事生有異，祭子於父喪之內，先儒尚云當用肉，况今國恤成服之後，生者則酒肉自如，獨於祖考而設素饌，莫或有未安也耶？」答權諰。

問：「國恤卒哭前，家廟朔望參禮，則雖小祀，乃是吉事，行之未安歟？」吴益升。同春曰：「似然。」

尤庵曰：「國葬前祭祀，朱子於此未有商定。本朝先賢互有異同之論，亦有先後自相參差，後學莫適所從。然朔望參不廢之意，則無不相符。鄙意則以爲如朔望都廢則已，如曰不廢，則忌墓之致哀，其視朔望小節不可同日而語矣。略具饌品，稍如朔望而行之，恐無不可也。」答南溪。

又曰：「忌祭，先賢只言大葬前略行而已，更不分公除前後，今未敢質言其如何，然揆以孝子之心，則恐不忍於是日都無事也。」答李箕洪。

又曰：「國葬前私家忌祭不用祝，是先賢定論也。只減饌品，而普同一獻，以示變於常時也。降神之節，則當只如常祭耳。」答李湛。

又曰：「退溪所謂不上冢而行於齋舍者，所以示變也。古有嫡子去國，支子望墓爲壇而祭之之禮，退溪之説或略引此變禮耶？且以神道待之，當自葬後始，子孫死已久，而其祭猶不用肉，則恐於神之之義有相違耳。國恤初喪元不許祭，而又禁屠殺，故雖不得已而祭之，而不敢不變常，故有不肉之義耶？此等不敢質言，且妄意，則栗谷之分士與朝官，有所難行者，自古禮以至朱子議，則臣下以高下居君戚，自有等殺，本朝則不然，雖士人，大王喪白衣白笠三年，王后喪白衣白笠期年，則與朝士無異，其服無異，而其祭不同，果是十分無疑者耶？且士人所祭祀代數一如大夫，而至於君喪，則曰我非朝士，而有所異同，或有所未安也。〇國恤卒哭後，大小祀皆許行之，以一許字觀之，則似指私祀也。」答朴重繪。

又曰：「退溪、栗谷有略行之説，不分大王與内喪，且自臣子言之，則難可等次矣。」答俞命賚。

又曰：「只當依退、栗説略設以行，而上墓則決不敢矣。墓下既有屋子，則修掃行禮，有何不可？若以不潔爲嫌，則除地於墓側，亦可。至於朔望，則其禮尤略。雖是卒哭前，似無大嫌矣。」答金鎮玉。

又曰：「薦新是小祭祀，故朝家行之。朝家行之，則士大夫家亦無不可行者，然似亦當殺於常時矣。」答閔維重。

又曰：「國恤中祭祀，無服色借吉之制，只當以時服行事。聞鄉校則借吉，書院則用白衣白巾云。據此，則私家祭祀，亦可知矣。且既云時祭，則祭物何可略備，只不受胙一節，異於常日時祭云矣。」答閔泰重。

南溪曰：「忌祭一款，無官者略設行之，有官者當廢，乃栗谷之説。所謂有官者，以袍帽成服而言，栗谷其時亦已廢祭矣。鄙家先忌亦在月末，而既有所考，情禮雖切，勢當不得行矣。」答李泰壽。

又曰：「諸賢雖有忌墓祭可行之説，然退溪答金而精、李剛而兩説，皆非大喪正禮。愚謂此處不但當以有官無官分之，亦可以吉禮凶禮分。蓋忌墓祭雖曰行於哀諱墟墓之間，不比時祭之純吉，然其必在於吉禮之内，如二祥之必入於凶禮，則無疑。以及朔望參，恐當以栗谷之論爲正。但雖士庶，恐不當上墓。節祀亦當用退溪説。」答尹拯。

又曰：「私喪三年内，墓祭自是喪祭，恐無不可行之義。但若上墓，則吉凶難辨，殊無爲山陵不敢顯行之意矣。愚意哀侍既是無官之人，雖未葬前，亦不必全闕單獻之奠。然則莫如並兩位設行於齋舍内，而單獻三獻先後之制亦依前行之，爲得其宜。或有別葬非先塋者，其亦不宜上墓，則同栗谷。龜峰雖有無官者當上墓之説，愚意此一節，恐不如退溪之曲盡，故決欲從之。前日仁敬王后公除後，士夫墓祭，尤丈則依舊行於齋舍。鄙則上墓以單獻爲節，未知果無大悖否也？」答李世龜。

問：「朔參俗節何以分其行廢耶？」尹拯。南溪曰：「朔望、俗節無大分別。第朔望自是逐月常行之制，所設不過酒果而已。俗節則既爲節序燕樂之辰，又其所設時食二味之屬，實乃小減於時祭者。故退溪之説，似亦出此。此所以有異也。」

又曰：「俗節可以減饌行之。」答俞得一。

又曰：「國恤卒哭前祭祀，參以諸先生所論，退溪、栗谷以有官無官爲節者，此最可據而行也。有官者朔望參當行，俗節及時忌墓祭姑廢，忌祭或行。無官者朔望參俗節當行，忌墓祭當用一獻禮，墓祭或亦齋舍内行之。皆親行之，但時祭亦不可行。蓋雖曰《五禮儀》廢大中小祀皆指國家而言，然有官者身服衰麻，無官者目見陵廟廢祭，終有所不能自同於平時故耳。」

遂庵曰：「忌祭則是喪餘之日，略設單獻而行之，似無所嫌。四名日則厥初因燕樂而取義，似乎吉禮也，國家既停山陵之享，則雖廢之，可也。墓直行祭出於退溪不得已之論，然人家墓直之居於墓前者少，其家净潔尤少。愚意略設如茶禮行於家廟，猶勝於全廢耶？參禮尤是略之略者，不成爲祭祀，行之無妨。」答李志逵。

芝村曰：「忌祭，退溪、牛、栗雖云或行或廢，兩宋謂當略設，若從多，則當從略設之論。至若栗谷有官無官之論，則今有不可行者。其時則從《國制》，堂上前銜以袍帽麻帶成服，此即服衰，故謂之有官而當廢；堂上正三品前銜以下至儒生，只以白衣冠終三年，故謂之無官而當行。今則自公卿大夫士至儒生一體服斬，前銜既衰絰，儒生亦麻帶，皆可謂服衰。有官無官之論，雖使先生當之，必不更舉矣。」答金昌集。

退溪曰：「東宫禍變云云，服制則内外百官四日成服，七日而除，其他士庶人則無服，以未嘗臨莅，而德惠不及於民庶故也。惟於禮曹啓單子内有禁屠殺一日之文，然此亦指都城内而言，非指外方也，則外方士人之家，過六七日後，舉行廟祭，恐無不可也。若如宴會等事，葬前決不可爲耳。」答琴蘭秀。

國恤中私家冠禮

尤庵曰：「《禮》有因喪冠之文，國恤成服時冠之可也。若於國恤葬後行之，則其節文未有所考。」答郭始徵。

問：「成王嗣立，既葬而朝于祖，以此觀之，或因葬時而冠，恐不爲無據。」尹拯。南溪曰：「將冠而遭國恤者，固當因成服而冠矣。不然，當待卒哭之後。只冠者借吉而行之，參以昏禮等數，尤無不可也。至於葬時云者，只是成王之事，何與於今日士大夫，而欲據之耶？」

問「君喪三年之内冠禮」云云。黄宗河。遂庵曰：「冠禮不在於朝家分付，《家禮》父母無期以上喪者可行，況斬衰乎？」

國恤中私家昏禮

尤庵曰：「以《朱子大全》爲據，則祔廟之後許承議郎以下，小祥以後許朝請大夫以下，大祥後許中大夫以下，各借吉三日，中大夫以上，並須禫祭，然後行禮云云。未知宋之承議朝請等官，與本朝官職高下如何耳？大概祔廟是指卒哭後，然則卒哭後官卑者行禮，亦或有據耶？慎齋之意，則以爲斬衰在身，寧有服斬而嫁娶者云爾。今議婚之人，若是官卑，而又今日與大王喪有異，若待服盡，則大善，而服雖未盡，準之以承議以下，則或不至大戾耶？此實大節目，不敢輕易論説，以犯不韙之罪。去歲殷孫再娶，在其前妻三年内，心有不安，呈禮曹，得其批，然後乃敢行禮。今此人亦稟於禮曹而行之，則庶幾其不惑矣。」答俞命賚。

問：「《五禮儀》無論貴賤，悉於卒哭後許昏，恐太無分別。今當略依朱子説爲節目，士吏以今之校生庶族當之，選人以今之生進學生當之，承議郎以今之通德郎以下當之，中大夫以今之通訓以下當之，太中大夫以上以今之通政以上當之，如此，則庶乎適厚薄隆殺之宜，而不疑於可行矣。」尹拯。南溪曰：「朱子所論臣民嫁娶之説，豈不正正堂堂，行之無弊，而若非朝家變通而頒行之，則亦難自下斟酌而創制。愚意只當依《五禮儀》處之，唯其士夫之識禮者，各量其職秩事理，必使通合於朱子説，然後行之，則公私兩無所礙，此以禮揆典之大體也。」

問「婿至門主人出迎，今當國喪，婿雖借吉，主人借吉未安」云云。李端夏。南溪曰：「昏禮雖許借吉，恐只爲婿婦而言，蓋祭重於昏，而今士大夫家雖行時祭，不可遽變白衣冠，况於昏禮耶？」

禮疑類輯卷之十六

喪變禮

聞喪

聞親喪未見訃書

問："在外而聞父母喪者，傳聞若自的徑，則遲待訃書，不爲發喪，於情果如何？"姜再烈。

遂庵曰："只憑流播之言，何可輕易發喪，雖甚罔極，當俟的報。"

生死交傳處變

寒岡曰："賢庶弟隨從事陷於西師之敗，然其生其死既不可知，則不得不處之以死，而爲之禮也。仄聞西敗，家屬或具棺虛殯，云其是否不敢知，而設位成服，則恐不得不爲也。"答許洞。

問：「仲兄以斥和陷於北庭矣，去年夏被殺云，而率去奴持復衣而來，設魂帛以奠之，未及作主，生存之説又至，傳者非止一再，雖未可盡信，間或有可信者。又有走回人自言目見生存者，而不忍以傳聞之説，遽撤已設之神位，姑遲作主，以待後報之，如何？今者再期已迫，而更無此外尤信之言，吉凶交傳，不知何據？廣詢諸人，則或曰凶報出於傳聞，吉報亦出於傳聞，奈何捨吉而取凶？况吉報稍信於凶報者乎？初聞凶報而設位，祭之常也。今聞吉報而撤去之，處變之道也，撤之何疑？或曰此言則然矣，今以傳聞而撤之，後若不聞生死之報，則終無神而祭之之日，不若及今作主，以爲善後之計。未知此兩説，何者爲得？」尹柔。愼獨齋曰：「所示兩項説俱極詳盡，而考之古禮，既無證據，求之人事，亦難取斷。而竊以臆見言之，則吉凶之説，俱出傳聞，始凶後吉，則似當從吉，而必得的報，方可即吉。既以發喪，再期將迫，雖有吉報，不能全信，以不能全信之吉報，撤再期將迫之几筵，非但事勢之未妥，或有後日之狼狽。愚意則姑以吉報置之疑信之間，仍存几筵，更待的實之報，雖過再期，亦非失禮。若木主之造，既已遲延，今有吉報，不必造作，姑以魂帛終三年，而待的報，處之恐未晚也。」

聞親喪易服易服見喪禮本條

沙溪曰：「按此當有被髮一節，而《家禮》不見，蓋蒙上文初終之儀也。」《喪禮備要》。

聞親喪未奔哭婦人未奔哭并論

南溪曰：「爲位者并椅子及主人位次而言也，盛水則俗規，不可行。」答柳貴三。

問：「《家禮》聞喪變服之下無成服二字。」申湜。　沙溪曰：「聞喪變服，豈至聞後第四日之久乎？必落成服二字無疑。」

又曰：「按變字疑成字之誤，又按丘《儀》次日變服，第四日成服，當以是爲據。」《家禮輯覽》。

遂庵曰：「奉使死於他國，而其子不得越境奔喪，則其成服似在見柩之後，若返櫬無期，遲速難知，則此如《禮》所謂未奔喪之人先爲成服，勢不得不然。」答姜再烈。

尤庵曰：「死於他所而子孫皆赴，則婦人獨在家者，設位朝夕哭如男子，至於柩至，然後始去之矣。」答李遇輝。

出使聞親喪

尤庵曰：「《春秋傳》曰：『大夫以君命出，聞喪徐行不反。』〇『喪謂父母喪。』何休注：『不反，重君命也。徐行，爲君當使人追代之。』又曰：『君使人代之可也。』以此言之，雖聞父母之喪，不反可知。以上皆疏説。○經曰：『歸，使衆介先，衰而從之。』○此謂雖聞父母喪，已至所使之國，則不敢廢使事。然不忍顯然趍步往來，其在道路，使价謂副使也。居前，歸又請反命，已猶徐行隨之，君納之乃朝服。反命，出公門，釋服，哭而歸。○據此數條，則含君命者，雖父母死，不敢反，則今之不反之説者，似有據。然未知古今經傳或有當反之證耶？」答金萬基。

聞諸親及無服喪

問：「聞祖父母之喪，或袒或否？」成文憲。南溪曰：「聞喪成服，一依初喪之禮，則逐節成祖者爲是。」

問：「聞母妻黨之訃，哭之當於何所？有吊者亦當受之耶？」沙溪曰：「《禮經》所論可考。」

《奔喪》：「哭父之黨於廟，母妻之黨於寢，師於廟門外，朋友於寢門之外，所識於野，張帷。凡爲位不奠。」○《檀弓》：「妻之昆弟爲父後者死，哭之適室，子爲主，袒免哭踊。夫入門右，使人立於門外告來者，狎則入哭。父在，哭於妻之室，非爲父後者，哭諸異室。」注：「父，在己之父也，爲父後，妻之父也。門外之人，以來吊者告，若是交遊習狎之人，則徑入哭之，情義然也。」疏：「子爲主者，甥服舅緦，故命己子爲主，受吊拜賓也。夫入門右者，謂此子之父，即哭妻兄弟者。」

問：「聞遠兄弟之喪，既除喪而後聞免袒成踊，免袒之節止於幾日耶？」梁處濟。南溪曰：「除喪而後袒免成踊，示變也，雖不成服，或以四日爲限耶？以袒免之親所行推之，似亦然也。」

問：「降而無服者，不當爲位而哭耶？」沙溪曰：「《禮經》所論可考也，雖元無服者，分厚之喪，亦當爲位而哭。」

《奔喪》：「無服而爲位者，唯嫂叔及婦人降而無服者麻。」注：「婦人降而無服，謂姑姊妹。在室者緦麻，嫁則無服也，哭之亦爲位。麻者，吊服而加緦之環絰也。」

問：「爲位哭時有伏哭不拜者，有哭而拜之者。」尹寀。尤庵曰：「既曰爲位，則拜之或可，而《家禮》無之，恐當以《家禮》爲正。」

親喪中聞外喪

問：「有服之喪告于几筵而哭之否？」洪友周。尤庵曰：「按孔子曰『兄弟，吾哭諸廟』，此可爲來示之證矣。」

問：「《雜記》有殯聞外喪條注謂『改重服着新死未成服之服』云云，何其與父喪未葬不敢服母服之義不同耶？」李時春。南溪曰：「未成服之服，即指免絰之類，中衣則恐不可去矣。與葬母不同者，此猶未成服故也。」

發引及臨葬時聞喪

退溪曰「妻喪在途而聞兄弟之喪」云云。詳見并有喪條中臨葬遇喪條。○下同。

問「有爲人後者，於所後葬時，上山後未及下棺，本生母訃至」云云。李心濟。陶庵曰云云。

在官次聞諸親喪舉哀之節路次不哭并論

寒岡曰：「衙舍自是私室，舉哀恐無妨。路中及馬上非舉哀之所，還家設位爲之無妨。路左幽僻處，亦恐近野哭。」答李潤雨。

尤庵曰：「哭於僧舍，非朱子説，乃温公説，朱子引之於《家禮》矣，此蓋當時法令有不得於公廨舉哀之文，故有此例也。今守令則有衙舍，何可捨此而哭於他所乎？若監司諸使臣，則常館於客舍，而客舍有殿牌，則其行祀舉哀，皆有所不敢者矣。」答李選。

聞訃後計入棺日成服

靜觀齋曰：「只以常道言之，則某日入棺與否，在京無路，即知唯當以聞訃第四日成服，而但此則與常道不同。既有撥，便既知其未及入棺，而徑自成服，大非禮文本意，退行於明日似當。」答李徵明。

冠婚遇喪見冠變禮昏變禮條

臨祭遇喪見祭變禮臨祭有故條

奔喪

奔喪被髮之非

沙溪曰：「《奔喪》云：『奔喪者未及殯，先之墓，哭盡哀。括髮。遂冠，歸。』注：『不可以括髮行於道路也。冠謂素委貌。』括髮而行尚云不可，今俗奔喪者或被髮而行，甚非也。」答黃宗海。

奔喪所着出繼子所着并論

尤庵曰：「奔喪者《家禮》四脚巾，而《儀節》用白帽，各是一制，而今人兼用之，則誤矣。」答或人。

南溪曰：「冠及上服以素委貌布深衣而言，委貌，古冠名也，《家禮》改素委貌以四脚巾矣。○男子則四脚巾，女子則未聞，其爲人後者，似亦只用白㔶頭之屬。」答柳貴三。

問「《奔喪》易服條白布衫繩帶，而不別言父母」云云。崔徽厚。遂庵曰：「奔母喪似亦用繩帶。」

到家後諸節

尤庵曰：「入門變服，如始死之變服也。坐哭又變服，如小斂時變服也。其曰如大小斂者，謂此也。其曰亦如之云者，其變服節目如大小斂時所行也。然上文只有小斂變服，而大斂則無之，此可疑耳。」答或人。

河西曰：「又變服如大小斂亦如之，亦如之者，柩東西向坐哭盡哀也。」

問：「變服如大小斂，大斂則元無變服之事，無乃大字衍耶？」鄭尚樸。南溪曰：「《禮》所謂於又哭括髪袒成踊，於三哭猶括髪袒成踊也，恐非可疑。」

問：「《奔喪》有易服之節，而此言入門始去冠者，何也？」柳貴三。南溪曰：「考《禮經》，無就東方去冠之説，豈指袒括髪一節而言耶？」

沙溪曰：「按《奔喪》既除喪而後歸亦括髪，據此成服而奔喪者，恐當有括髪之節。」《喪禮備要》。

問「既葬則先之墓」云云。姜碩期。沙溪曰：「既葬先之墓，爲體魄也，然家近墓遠，則何必過家不入，而先之墓乎？河西曰『已成服者亦然』，亦然者，歸家詣靈座前哭拜也。」

主人奔喪與在家兄弟先後成服之節

問：「入棺之明日成服，禮也，而主人奔喪而到家三日，故不同日成服，待其明日同主人成服，何如？然則上食差退，未安。」李奎彬。陶庵曰：「奔喪之主人日滿自可成服，兄弟之在家者，則先爲成服，恐無害於義，既成服矣，上食豈有差退之事耶？」

所後喪中遭本生親喪奔哭成服之節見并有喪條

新婦未及見舅姑而赴舅喪

問：「婦未及見舅姑而舅没，婦成服而來歸，則入哭日亦有奠菜之禮否？廟見，祝改曰『子婦某氏聞喪來哭，敢薦酒果之奠于皇舅某官』，不甚悖否？姑之前似亦有禮物，而既非常時，則闕之何如？」朴尚淳。南溪曰：「新婦三月奠菜之説，自是《儀禮》文，第念吉凶婚喪之際，其分甚嚴，苟以人情俗例行奠於始哭之日，則容或可矣。必欲以此爲禮，恐未的當。且赴舅初喪，何論見姑之常禮乎？」

出嫁女奔哭

寒岡曰：「百里不奔喪之説，恐不合今日用，得許令奔哭，俾伸爲人女子之情，如何？」答安夢尹。

南溪曰：「女子之嫁在千里者，未見有不奔喪之義，豈因《小學》不百里奔喪之語而然耶？《雜記》曰『婦人非三年之喪，不踰封而吊』，然則所謂不百里奔喪者，指期服以下而言也。苟未及此者，省墳時用素服，似宜。」答羅斗甲。

服人奔喪成服之節

問：「齊衰以下奔喪，若服未成，不能即日成服，則所着冠帶，當如在途時耶？」崔季昇。寒岡曰：「服未成之前，當依初喪之禮，豈必拘在途之服？」

遂庵曰：「奔期功之喪，到門外先去冠，出於鄉俗，豈有其義？」答蔡徵休。

牛溪問：「凡奔喪之人已成服後，則到家後四日成服，禮也。若及小斂前，則亦當待四日乎？抑同在家之人成服乎？《家禮》只言成服後儀節而不言其餘，意其初終奔喪之人，當不計四日，而從喪主成服也。」龜峰曰：「奔喪人成服之禮，雖載於《家禮》，然未詳悉。《儀禮經傳》奔喪條『未服麻而奔喪，及主人之未成經也，疏者與主人皆成之，親者終其麻帶經之日數』，注云：『親者大功以上，疏者小功以下。疏者及主人之節則用之。其不及者，亦自用其日數云。』從《儀禮》如何？」

又曰：「尊兄所述《擊蒙要訣》喪制章云『親戚之喪，若他處聞訃奔喪，則至家即成服，此即字未合古禮奔喪條』云云，其禮等級如是分明，而兄合親疏泛言曰即成服，甚無據。朱子《家禮》又無捨古禮即成之文也，而强欲引而如此看，雖承傍據爲説，亦未敢信也。」答栗谷。

同春問：「《備要》『奔喪者至，而值主人成服之時，小功以下則直與主人成之』云，主人雖已成服，亦當即成服耶？」沙溪曰：「主人成服已過，則小功以下，亦當四日後成服也。」

南溪曰：「《雜記》曰『未服麻而奔喪，及主人之未成絰也，疏者與主人皆成之，親者終其麻帶絰之日數』，注曰：『小功以下謂之疏，疏者值主人成服之節，與主人皆成之。』《備要》亦以此附入奔喪條，愚意則不然，經文所謂與主人皆成之者，正爲其行能及小斂之前，故與主人俱成其帶絰云爾，若或行遲在於小斂之後，則其自全日數，與親者無異矣。蓋《禮》注既以皆成之成遂作成服之成，以有其説，而《備要》又採之，世多以是爲準，恐與經意逕庭。」答尤庵。

追喪

親喪追服變除用聞訃成服兩日之辨 計日計月計閏當否并論

尤庵曰：「喪服當從聞訃日計之，成服雖後於聞訃數月之後，亦不可據此爲斷也。」答或人。

又曰：「聞訃在亡月，則只計月數，而行練祥於亡日，以應十三月廿五月之文例也，但《朱子大全》有計日月之文，故人家以此日字而疑當計日，此亦有所據，未知當以幾百日爲斷也？或云當以聞訃日爲定云，此等論議，不敢臆决。」答朴世振。

問：「今年正月初一日人死，而晦日聞訃，則明年正月初一日除服何如？」朴世振。尤庵曰：「聞訃之日在親死之月，則當於其死日行練祥矣。」

沙溪曰：「《大全》答曾無疑曰：『在今練祥之禮，却當計日月實數爲節，但其間忌日却須別設祭奠，始盡人情耳。』按此適子爲然，庶子聞喪在後，則變除之節亦計日月實數哭而行之，不敢祭耳。」《喪禮備要》。

問：「愼齋曰云云。」李之濂。同春曰「在禮凡喪變除，但以月爲計，未聞有計日」云云。詳見親喪追服與在家兄弟先後變除之節條。

又曰：「成服雖晚，練祥之禮，却當計聞訃之日爲實數，似無疑。」答姜碩期。

南溪曰：「《大全》所謂於禮聞訃便合成服者，非謂聞訃之日却爲成服也，乃謂聞訃時，旋當於第四日成服之意也。然則遠近間已有聞訃之日矣，何不令於此日行練祥祭，而反令行祭於太晚成服之日耶？蓋古禮卜日而行練祥，《家禮》乃於忌日行祭，今之欲於聞訃日行練祥，亦將以聞訃日比擬於忌日而行祭也。其意固有所在，但此既非《家禮》元定忌日，又非朱子酌定成服之日，只以無明文之聞訃日爲主，未知何如此，區區所未能明決處。」答尹世紀。

又曰：「某氏之家喪出於二十四日，主人到家乃後三日，其爲練祥之節固異乎尋常，苟或同朔之內，得其日數稍寬，筮遠行事，猶無所礙。今者不然，其所成服又在明月之初吉，則尤爲難平。若以《小記》之義推之，忌日即行殷奠，成服之日，只受練服，稍似穩當，然抑嘗考朱子之説，其答曾無疑書，『當時自是成服太晚，固已失之於前，然在今日練祥之禮，却當計成服之日至今月日實數爲節，但其間忌日却須别設祭奠，始盡人情耳』。準此主人在外奔喪者，其行練祥自當以成服爲限，但此更有一層難平之節，其喪出於四月，而兩歲之中有小有大，若今晦日正滿成服，本期又不踰親亡之月，此似可用；然以日則然，以月則又未滿十三月練之數，夫期以統月，月以統日，是月固不可没，而固反有重。愚實不知其當竟何從也？抑有一於此，以朱子之説推之，練祥只計其間日月實數，不復筮日。然今既輾轉至是，又失成服之本期，竊恐其於五月五日丁未設小祥祭，并受練服，庶幾古人筮日致嚴之意，方爲得正。」答南二星。

問：「《問解》變除條當以死日爲準云云，則在外聞喪者，其聞喪日即死日也。除服當以聞喪日爲限，而朱子答曾無疑書曰云云，以此觀之，後滿後除者，當以到家成服日爲限。」閔鎮綱。

遂庵曰：「曾無疑之兄作官於萬里地，無疑聞其客死，未見文字，不敢發喪，製喪服以待矣。久後始見訃書，即爲成服，故朱子所答如彼矣。玄石不知無疑家曲折，以爲朱子之常訓如此，而勸人計成服實數。老先生曾以玄石之言爲不然，劄疑論之矣。」按朱子答曾説見上南溪説中。

陶庵曰：「日月實數爲節，固是朱子正論，而尤庵以爲聞訃在亡月，則只計月數，而行練祥於亡月，此亦一道，然以孝子之心言之，只當從朱子説。」答楊應秀。

又曰：「興姪闋服事，尤庵所論，蓋謂奔喪在於同月，則不必退行，此與朱子計日之論略異，然先正之論如此，不妨遵用。」答閔昌洙。

問「宋別坐時烈曰云云，若從成牛溪宋龜峰兩先生說，而從聞訃月計之，則似計閏月也。計閏則練月適當先丈殉義之月，而似用初忌日行禮也」云云。李憬。慎獨齋曰：「朱夫子之計成服，即兩先師之計聞訃也，何可執言措語之偶異，而致疑於四個日之間乎？自喪至此不計閏，凡二十七月者，《家禮》正文也，何以有計閏之言耶？雖從聞訃之說，豈必計閏乎？既從聞訃之說，復以初忌行練祭，則安在其計聞訃乎？」

親喪追服與在家兄弟先後變除之節與追喪禫祭條參看○嫡子未除服前諸子已受吉者常居之服并論

問：「聞親喪於數三月之後，始爲奔哭，則其成服固後於在家兄弟，不可與在家兄弟同時變除否？」姜碩期。沙溪曰：「變除之節，朱子已有定論。」

朱子曰：「親喪兄弟先滿者先除，後滿者後除，以在外聞喪有先後。」

同春問：「聞親喪於數三月之後者，不可與家人同時除服，故有練祥再行之論。主喪者則固然矣，雖諸子亦可再行練祥歟？祝辭措語亦恐難便，若於十三月之朔奠告辭變服，則如何？

且兄弟異服練祥各行，亦禮之大變。若聞喪之遲至於數三月之久，則不得不如是，若一二月則與家人同時變服，亦不至悖禮否？」沙溪曰：「朱子答學者曰『承喻令兄喪期，於禮聞訃便合成服。當時自是成服太晚，固已失之於前。然在今日練祥之禮，却當計成服之日至今月日實數爲節，但其間忌日，却須別設祭奠，始盡人情耳』，今詳朱子此言，則一月之內從後成服者，雖未及期，當與兄弟同行練祥之制。若過數月，別設祭奠爲宜。雖諸子，以長子之名書祝告其由，行祭何妨也。」

慎獨齋曰：「若宗子在家遭喪，則依禮以第二忌日行大祥之後，奉主祔于祖龕追到，諸子計日，只設位而除之。若宗子在外追到，則亦計日設祥祭除服，初再期日，設忌祭而已。諸子在家者，雖日數已滿，姑遲之，偕宗子除之無妨。○後見《儀禮》有先滿先除之文，俟宗子偕除者，不必然也。」答金之白。

尤庵曰：「長子聞喪差後，而在家諸弟其服先滿，則當先除矣，此則朱先生說然也。諸弟於初期再期設祭，如常時忌日，而除其服云者，老峰說是矣。但初期再期，長子亦無不參祭之理，其告辭當備言以長子之故而退行二祥之曲折，似有委曲之意矣。至於禫祭，則諸弟只當於其月擇日設位哭而除，長子亦當於當禫之月哭而除之而已，蓋禫祭則有過時不祭之文，故不可追行也。」答鄭德雨。

又曰：「主婦不得與主人同時除，則須待後日設位除之耳。」答康用錫。

問「慎齋先生言宗子在外聞喪而變除之節，若十餘日相先後，則在家者，隨宗子偕除無妨」云云。李之濂。同春曰：「在禮凡喪變除，但以月爲計，未聞有計日者。在外聞訃在於踰月之後，則練祥退行固也。若在同月之内，則古人練祥卜日而進退行之，要不出是月而已。今何必創爲計日之禮，有所先後爲哉？」

問「兄弟三人成服，各有先後，長子聞喪最在後」云云。李萬挺。南溪曰：「先滿先除者，禮也。同時變除者，情也。固當以禮爲正，然古禮小祥必卜日而祭，今雖退期同除，恐無大妨。」

問：「兄弟成服差一日，當計日差一日脱服耶？」姜櫟。南溪曰：「此禮所争在於一日之差，揆以人情似當同時而除，然非但朱子先滿先除後滿後除之文甚明，《雜記》又有大功以上必滿日數而後成服之説，以此推之，服之成既異日，則其除也，恐無必當同日之義。愚意異日者爲是。」

問云云。鄭澔。南溪曰云云。詳見追喪禫祭條。

又曰：「在家諸子當除服者，練祥則固以忌日行除，而但雖受吉。嫡子未過練祥之前，則服色等節略依心制規模，以俟其大期，如何？」答鄭澔。

遂庵曰：「喪期但計月數，古禮及《家禮》皆然。大小祥用忌日，後世所起也。今者聞喪與在家兄弟同在一月之内，則似不可以日字少差，而異其變除也。」答宋相琦。

陶庵曰："古禮練祥之月卜日而祭，而先滿先除之文，出於《儀禮》，恐非指同月聞訃者而言。庶子聞喪若與適子同月，則適子練祥時偕除似當。先正意皆如此。"《四禮便覽》。

母子聞喪各有先後變除之節

愼獨齋曰："諸孤聞訃只遲二日，則日數不多，以再忌爲祥無妨。若尊嫂氏則踰月聞喪，不可徑脱，只可參祭而已。諸孤不可從母而加服一月，諸孤亦不可從母而減服一月，必也嫂氏過再期更滿一月，然後擇日别設祥祭而脱衰也。"答尹柔。

出嫁女本生親喪計聞訃日除服當否

陶庵曰："出嫁女一款云云，期服固無計日之事，祥日同諸服人變除，似爲得之。然而既與他期服有别，滿日乃除，恐亦一道。"答閔昌洙。

病中遭親喪者練祥之節

遂庵曰："病重不得通訃，則當以聞訃日行練祥。今既以喪服加乎病人身上，則此是承訃之日，必待奔哭之日而行練祥，似無其義。」答宋茂錫。

追服退祥者本祥日行事前期告由之節

南溪曰：「小祥退行於適子成服之日，初忌日奠時，告辭當曰：『今日當行小祥，因孤子某成服，最後勢將退行，敢告。』」答尹世紀。

陶庵曰：「祥祭只當以聞訃日過行，初期日單獻無祝，前一日告由，不可無也。措語録呈『某罪逆凶釁，不克終孝，昨年聞訃在於七月二日，將以是日退行小祥，而明日諱辰，且行一奠之禮，彌增罔極。謹告』，因朝上食告之爲可耶？」答李渭載。

問「出後人當待發喪日，將行練事，初期日單獻，不可無告辭」云云。金樂道。陶庵曰：「今以顯考初期之日，禮當行練事，而孤子某以昨年十月成服月滿之後，始可追行。今日則敢用一獻，略伸情禮。謹告。」

追喪除服前上食當否

尤庵曰：「長子未行大祥，則其於几筵未可遽撤云者，來示然矣。但如中原，則或於三年垂畢之時，有始聞喪者矣。若然，則其几筵之設，當至六年耶？此甚可疑。而於古未有所考。」答鄭德雨。

南溪曰：「喪之再期雖過，嫡子方在練衰之中，祥祭前朝夕上食之不得遽撤，恐無可疑。」答鄭澔。

遂庵曰：「主人聞喪於二十四五月，乃追服喪也。神主已入於祠堂，朝夕朔望之薦，何可既撤而復行？只喪人自處，如三年之内矣。」答郭守熀。

喪期後滿者朝夕哭儀

陶庵曰：「興姪云云，朝夕之哭，先滿已除者，元無可論，不必隨人而爲之如何。渠若於服未盡之前來處墓幕，朝夕展省，及期入往，則尤似無窒礙之端矣。」答閔昌洙。

追喪禫祭兄弟先滿者并論○設位哭除與并有喪條中前喪禫祭行廢條參看

南溪曰：「逾月無禫之説，固出於三年而葬者必再祭之義，然此本爲全過喪期者而言，若其喪出未久而追服者，則恐無因此不禫之理，故《開元禮》亦曰『未再周葬者，二十五月練，二十六月祥，二十七月禫』，其義殊極明白矣。」答趙泰東。

尤庵曰「禫祭則諸弟只當於其月擇日設位哭而除」云云。答鄭德雨。○詳見親喪追服與在家兄弟先後變除之節條。

問「或曰練祥兩節，則嫡子追服之期雖未滿限，在家諸弟用忌日式行祭變除可也，至於禫時，則與練祥節次不同」云云。鄭澔。南溪曰：「嫡子追服行禫之期未至，而諸弟只爲己之先行變除，別設祭奠，似非禮意。抑有一焉，《曲禮》卜日條有『喪事先遠日，吉事先近日』之文，以此推之，禫雖吉事，嫡子尚在練服中，而大祭未至，其哭除之節退行下旬之日，以伸情理，恐或得宜。」

沙溪曰：「若兄弟行禫，則追服之人，不可參吉祭。」答姜碩期。

問：「父母喪過一月後，追聞成服者，大祥之次月，方始釋麻，至禫月亦不可與在家兄弟同參，而必待踰月耶？蓋踰月而禫非古禮，則同參抑無妨否？」蔡徵休。遂庵曰：「禫者吉祭也，不當闋服者，何可同參？嘗見人家遭此事者，以凶服哭拜於外庭或門外矣。」

主人追服者徑行祥禫退月服吉

問「先妣喪事出於五月晦日，而家親翌月初二日聞訃，諸議以初期行祥，故禫祭亦於祥後間一月過行，終歸於失儀，不可無補填之道，欲以服吉之節退一月行之」云云。趙攸。遂庵曰：「凡喪父在父爲主，喪出五月晦，而主人之聞訃在六月初二日，則當以六月初二日行祥祭，既以六月行祥，則禫祭當在八月，退月服吉之示，深得補填之義，與朱子近厚之訓暗合矣。」

立後追服之節變除并論

問立後於葬前後或練前後追服之節。申湜。沙溪曰：「袒括髮成服當一依初喪，祭告其由，所後神主亦當改題，詳見《通典》，録在于下，司馬操之言爲是。」

《通典》：何承天問：「婦人夫先亡，無男，有女已嫁，婦人亡未周，宗從之兒乃繼其後。今既更制廬杖，未知當及亡月一周便練，爲取出後日爲制服之始？」荀伯子答：「出後晚異於聞喪晚税服也，應以亡月爲周，不以出後日爲制服之始。假使甲有婦及男女，甲死，甲兒持重服，已練，甲兒復死，甲弟乙方以子景後甲，景已爲伯父持周年服訖，便更制二十五月服，甲婦女不合先景除服，何容持三周服耶？」司馬操難：「爲人後者，盡禮於彼，致降於此，所以全受重之道，成若子之義，豈不父子之名定於受命之辰，加崇之恩起於辭親之日，大義昭然，無厭奪之變。」論云：『甲死，甲兒持服，已練，甲兒死，甲弟乙方以子景後之，景無緣爲伯持周服畢，復更制二十五月服。』難曰：『景以甲練後方來後甲，彼喪雖殺，我重自始，更制遠月，於義何傷？且昔以旁尊，服不踰齊，今爲其子，禮窮於制，事乖義異，深淺殊絶，豈宜相蒙，共爲三年。』論云：

『甲婦女無緣持三周服，又不合先景除服。』難曰：『甲婦女二周終訖，何事三周？吉凶有期，何必顧景？』論云：『或疑甲服垂除，而景出後，景應服斬，旬日而除，意謂延待除服而出後。』難曰：『景不及甲始喪，蓋由事趣，且喪位無主，骨肉悼心，既爲置後，宜及三年之内，豈得持疑以俟吉，視再周之徒過哉。』論云：『甲死，婦女持服再周，弟乙二子遠還，以景後甲，景弟丁爲伯父追周，景以出後之故，更居緦縞，旬日以除，舛錯淺深，不復是過。』難曰：『乙之子景今來後甲，既不可與弟丁同税周服，又不可暫居緦縞，旬日而除，則景於甲之喪終闕微服。親爲甲子，反不如丁有周月之制，處之於三年之地，而絶之於一日之哀，待吉之義，於此爲躓。』論云：『甲婦女無緣避此凶居，別卜吉宅，又不可婦女歌於内，繼子哭於外。』難曰：『甲婦雖復縗麻去身，號咷輟響，然素服襂居，與代長戚，夫何圖于吉宅，何務於謳歌云云。』」

問「立後於三年之内」云云。崔碩儒。　愼獨齋曰：「未立後之前已題主，則喪中改題似爲重難，喪畢後改題可矣。祥祭則妻不可主，再忌日別設祭奠，不用祝，脱服而已。所後子則更制遠日以終三年，而祥禫之祭，擇日行之可也。」

問小祥後立後追服。金得洙。　尤庵曰：「當服三年，禫則過時不舉，《禮》有明文，改題當在三年後吉祭時矣。」

尤庵曰：「朱子答曾無疑説似有曲折，以成服太晚之説觀之，則疑無疑於日月久後始爲成服，而中間難以指的某日爲聞訃之日矣，故不得已而以成服爲節矣。今此奎煌之事，則異於是。

蓋既以公文來到之日爲聞訃之日，凡人練祥，皆從聞訃日計之矣。此何獨不然？○假如親喪在正月，聞訃在二月二十八九日，成服在三月初，則當從二月計之，而至來年二月行練乎？當從三月計之，而至來年三月而行之乎？以是例之，則處此無難矣。」答宋奎炫。

又曰：「喪後繼後者，從啓下文書到家日爲聞訃日，四日成服，其練祭亦以翌年文書來到月擇日行之。其初期日則以常時忌日例行祭，而告其退行練事之由，大祥亦然矣。喪家如有服期者，則自當於初忌日脱服耳。」答宋基學。

問：「或曰，若追喪於小祥後，則服至大祥除之，而服心喪以至於翌年忌日永除可也。或曰，追喪於小祥後者，宜自成服日計其月，以至二十五月而除服可也。或曰，追喪者必服三年，則三年之内，不宜徒服其喪，每月朔望設行朔祭可也。或曰，追喪者自成服日計月數，以至小祥大祥之期服練服禫皆如常禮，又至禫月之期，略行禫儀，而後除之可也云云。過禫後即從禮入主祠堂，而臨祭時，出主行之耶？抑將仍設舊几筵行朔望祭，而到追喪盡後，始入祠堂耶？」朴浩遠。南溪曰：「代服者，曾有服喪之人在前，故或遠或近，可以通計爲三年，而即除之矣。今此追喪與此大異，既制重服於練後，則其不可徑行祥禫，而徒服在身也明矣。姑揆以或者之後説，似不背於追喪本意。蓋練祥等祭，自當以主祭者爲重，則今之再期不過爲忌日奠獻之類，又何論於神主出入與否耶？」

遂庵曰:「喪中立後者,以公文到日發喪,十三月而練,廿五月而祥,廿七月而禫,當依禮行之。亡日則不須略設,亦當備行忌祭之儀,而亡者之妻是日變除,間一月亦自行禫矣。」答成爾鴻。

問:「出繼者父在母喪追服練祥。」遂庵曰云云。詳見喪禮父在母喪諸節條中練條。

立後後告廟之節

問:「立後一款亦爲告廟,則服輕者代行耶?喪人如自爲之,則以何服將行耶?」元夢翼。

南溪曰:「使服輕者代祭,乃橫渠説。然朱子既以墨衰入廟,栗谷又言今之喪人可以俗制喪服行祀,所引俗制喪服,乃布直領孝巾,别具布帶服色,則非無可據矣。第葬前方專於新喪,無入廟行祭之事,恐當待卒哭後,喪人親行告禮於家廟矣。」

立後後改題之節

問:「葬後始立後,當於成服日兼行題主奠,而改題之。亡人之家翁神主前,以侍養子名旁題矣,亦當同時改題。」朴浩遠。南溪曰:「題主一節,固當於成服日爲之,告祝節目,亦依題主本文,至於繼後,父及祖先神主,并當於吉祭時改之。蓋侍養子及他子孫旁題,雖不安於繼後奉祀之後，然此方守重制喪未畢，而先舉其禮，尤似太遽也。○告辭云『繼子某今已成服，敢以改題之禮』云云，蓋當初發喪時，必有攝主預告之事，若猶未也，則似當先行此禮，方成次第矣。」

又問：「旁題尚存前，待養子之名亦未安，刮去以待吉祭時改題。」南溪曰：「前期刮去旁題一節，《禮》既無文，事亦太簡。」

立後追服者喪出再期後撤几筵當否與追喪除服前上食條參看

南溪曰：「追後者練祥之禮，《禮經》無所著，唯《通典》司馬之論，乃以更服三年爲定，《問解》從而是之，捨此誠無他道矣。但不言几筵亦隨服而終三年與否，此殊可疑。然凡喪練祥禫大祭，必以長子主祭者爲準，故兄弟在家行喪，而主祭者在外追服之節，不以死者忌日爲練祥，而反以追服者成服之日行之，其大體可見也。禮有正文有旁照，不得正文，則只以旁照推之。以此愚意欲處此禮，則不得不以右兩條通考而酌行之而已。」答趙泰東。

問云云。朴浩遠。南溪曰云云。詳見立後追服之節條。

遂庵曰：「若於練後立後，而以公文到日爲始服之制，則雖過大祥，不可撤几筵，而死者之妻雖盡三年，似不可遽除其服，此甚難處矣。几筵未撤，朝夕哭泣，而遽爲即吉，實爲未安。當以不除爲是，然難處如此，故吾以爲喪出未久，則當立後，已久，則姑待終喪徐爲立後可也。」答成遠徵。

問：「三年内立後，則服制未盡，而喪期先盡，撤几筵一節，何以爲之？」金知光。農巖曰：「几筵若撤，則雖衰麻在身，而哭泣無所，且將來練祥之節，亦有難處。然而三年之外，仍存几筵，朝夕上食，在鄙意終覺未安。」

問：「三年内追後立後者，再期過後几筵之撤不撤，《禮》無明文，最是難處。潮嘗以爲几筵雖不撤，上食則當廢。蓋几筵既撤，則哭之無所，上食則古禮卒哭後已罷，四年五年因行，恐無其義也。似聞門下以爲上食亦不可廢，未知果然否？近來一議論以爲几筵亦不可不撤，只於舊日几筵所設處，設虛位朝夕哭，臨練祥禫，則奉神主出就于位行之。而其意三年入廟，神道之常，服喪三年，子道之常，皆禮之大閑，各盡其常，不可踰越云爾。此説似好。宋士能則以爲几筵撤後，當廬墓終三年，此説又如何？」沈潮。陶庵曰：「《禮疑》素所蓄疑，而未敢决者，上食亦不敢廢云云，似由於几筵難於遽撤之言，而亦頗爽誤。所示一説雖差好，而未見有援據，更欲熟量而取捨，未知果如何也。」

又曰：「小祥後立後者，前雖已行小祥，其爲後之子，更當行小大祥，伸三年矣。主人既行三年，則三年之内，不可撤几筵。几筵尚在，則上食與否，非可問也。然三年仍行上食爲未安。廣加搜訪，得一二條，以示陽智。吴姓人遭此變禮者，使之撤上食矣。」答李灌。

問：「追後立後者，過祥後撤几筵與否，有尤庵、農巖之論。尤庵則曰：『中原則或於三年垂畢之時，有始聞喪者，然則几筵之設，當至六年耶？』農巖則以爲三年外仍存几筵，終覺未安。農巖之論，直是此事，而尤庵説亦可旁照，未知如何？」沈潮。陶庵曰：「立後者過祥後撤几筵，係是變禮之大者，累年商量，才以几筵先撤爲斷矣。兩老之論如此，其或不悖否？」

立後追服兩喪者成服先後

問「有人有子無子而死，後子婦又死，小祥後其舅又死，至是又定繼後孫，成服當以服之輕重爲次耶？或言當以喪之先後受服」云云。李濰。陶庵曰：「繼子之服所後家，當以公文來到日發喪，母與祖發喪既在同日，則其死之先後，非所可論，當比類於一日内并有喪之例矣。成服先後，考《問解》可見。」

《問解》：問：「祖父母與父母同死襲斂成服。」答曰：「喪在一日内襲斂，當先祖後父，成服亦然。」

親喪中出繼改服之節服中出繼本服仍遂并論

尤庵曰：「父喪中出爲人後者，若是練前，則當即日改服不杖期，若在練後，則當即日除服。

蓋父不可以一刻貳也，與女子出入事體大不同矣。此如君臣之義，天命未絶，則雖一刻之間猶爲君臣，當日命絶，則便爲路人，此間不容髪處也。」答尹拯。

又曰：「繼後子見啓下公文之日，即君命移天之日，即當以期服降其所生。蓋君命不可覆，而覆，逆也，謂不可以方服所生父而覆逆也。父不可貳。《通典》雖有五服皆定於始制之日之文，然以《禮記》『女子未練而出則三年，自期年而三年也。既練而出則已，此《通典》所謂皆定於始制之日也。未練而反則期，謂將三年而復期也。此亦從其初定之義也。既練而反則遂之』之文此亦自期而三年也。觀之，則其上下二條，不從初定之義甚明。女子外成猶且如此，况此深抑之使同，本疏相報之義耶？」《喪服》「爲人後者爲其父母報」疏曰：「言報者，深抑之使同，本疏相報故也。」蓋此言報者，其生父母爲其出繼子服大功，而其子爲所生服期，似若本疏，而彼爲大功，故不得已報以期者然，蓋不如此，則嫌於以所生爲父母故也。○答閔鼎重。

南溪曰：「或本親及所繼父皆在三年之内，則似當即告本親几筵以除衰之由，又告所繼父以制斬之意，改題行禮，尤不容少緩。」答朴世堂。

同春問：「有人服期大功而出後者，當依禮降一等乎？」沙溪曰：「不然，《通典》已論之。」

庾蔚之曰：「五服皆定於始制之日。女氏大功之末可嫁，既嫁，必不可五月而除其服，男子在周服之内，出爲族人後，亦不可九月而除矣。是知凡服皆以始制爲斷，唯有婦人於夫氏之親，被義絶，出則除之。」

南溪曰：「立後啓下之後，即當告祠改題，雖告祠之後，其本親服似當仍遂。蓋不惟《通典》所謂而已，如《喪服小記》『既練而反，則遂之』之文，皆可旁按也。」答朴世堂。

期功以下稅服當否

同春問：「《小記》『生不及祖父母諸父昆弟，而父稅喪，己則否』注：『稅者，日月已過，始聞其死，追而爲之服也。此言生於他國，而祖父母諸父昆弟皆在本國，己皆不及識之。今聞其死，而日月已過，父則追而服之，己則不服也。』祖父母至親，而以己之在遠不及識，不稅其喪，揆諸情理，終有所未安。無乃鄭注或失本意？」沙溪曰「《小記》說固可疑也，《通典》張亮果有」云云。

北齊張亮云：「小功兄弟居遠不稅，曾子猶嘆之，而況祖父母諸父兄弟恩親至近，而生乖隔，而鄭君云『不責人所不能』，此何義也！生不及者，是己未生之前已没矣，乖隔斷絶，父始奉諱居服而已否者。尋此文義，蓋以生存異代，後代之孫，不復追服先代之親耳。豈有并代乖隔便不服者哉？」

又問：「小功稅服則以小功，而降在緦者，亦稅否？」沙溪曰：「《檀弓》及《小記》注詳之。」《檀弓》：曾子曰：「小功不稅，則是遠兄弟終無服也，而可乎？」注：「若是小功之服不稅，則再從兄弟之死在遠者，聞之恒後時，則終無服矣，其可乎？」疏：「此據正服小功也。馬氏曰：『曾子於喪道有過乎哀，是以疑於此，然小功之服，雖不必稅而稅之者，蓋亦禮之所不禁也。』」○《喪服小記》「降而在緦小功者，則稅之」注：「降者，殺其正服也。如叔父及嫡孫正服期在下殤，則皆降服小功。如庶孫之中殤，以大功降而爲緦也。從祖昆弟之長殤，以小功降而爲緦也。如此者皆追服之。《檀弓》曾子所言小功不稅，是正服小功，非爲降也。凡降服者，重於正服。」

又問：「稅服是指服期已過而始聞者耶？抑垂盡而聞必滿月數耶？」沙溪曰：「古人論之，詳具于下。」

晉元帝制：「小功緦麻，或垂竟聞問，宜全服，不得服其殘月。」○賀循曰：「不稅者，謂喪月都竟乃聞喪者耳。若在服内，則自全五月。」○徐邈答王詢云：「鄭玄云『五月之内，則追服』，王肅云『服其殘月，小功不稅，以恩輕故也』。若方全服，與追何異？宜服餘月。」○宋庾蔚之謂：「鄭、王所説雖有理，而王議容朝聞夕除，或不容成服，求之人情，未爲允愜。」

遂庵曰：「《檀弓》曰：『小功不稅，則是遠兄弟終無服，其可乎？』據此，則雖緦小功，亦當稅服。」答金光五。

出繼後所後家諸親追服當否

陶庵曰：「出後於人而在於所後祖父母喪期年之内，則其追服與否，實是變禮之難處者。

唯稍可證者，《喪服小記》：『生不及祖父母諸父昆弟，其父税服，己則否。』鄭注云：『生於他國，而祖父母昆弟皆在本國，己皆不及識之。今聞其死，而日月已過，則父則追而服之，己則不服也。』北齊張亮駁之，其説曰『生不及者，是己未生之前已没』云云。以此兩説旁照，則今此所後祖父之喪，在於己未及出後之前，則或可以己未生前已没之事爲準，且未出後而在本生家者，便可與生於他國一例看，則税服恐無所據。至於期年服盡，出後則尤無可論。」答鄭陽元。○下同。

又曰：「來示己之不爲追服，不在於生他國，而在於日月之已過，與所後孫出後於期年未過之前者有間云者，似然矣。然雖在他國，而祖孫天屬之恩，固自在也，故聞訃於日月未過之前，則當追服。而至若所後孫，則未出後之前，元非祖孫之親，近則有服，遠則無服，出後之後，祖孫之義方定，雖在期年未過之前，恐無追計日月必滿期年之理矣。《尤庵集》有人問出後於人而所後家子死未久，所後子追服與否，則尤庵亦舉鄭注、張説爲證，不許追服。此可以旁照否？死而無後者，期年之内取人爲子，而其子亦有子，此亦當從父税服己則否之例矣。今此所後子設令於葬時已爲出後，則是在本服未盡之前，禮貴别嫌，義在重統，不可不即日改服期年。而今則本服已盡，只當以未生前已没爲準。此兩段似若矛盾，而實不然。彼則改服也，非税服也，此則既無可改之服，又無當税之文，恐只得從一否字而已。」

尤庵曰：「出後於人而所後家子死未久，則所後子追服與否，只有一事可以證援者，《小記》云云，北齊張亮云云。并見上期功以下稅服條中沙溪説。今此所後家之子死在於己之未及出之前，則當以己未生之前已没之例準之矣。鄭注雖爲張所駁，然其所謂生於他國之説，亦可爲今日之證矣。」答朴光一。

南溪曰：「繼後外祖之服，恐不當追服，何者？所謂有君命便成父子者，正指所繼父母而言。若其正服之列，必爲告祠改題之後，方可稱親受服。今日既未及行此大節於繼後父，則將以何義先服外祖？且外祖亡在前，而告祠在後者，恐不可直以諸親聞訃稍後之例，追成其服，蓋其亡時與己未及成親故也。」答朴世堂。

出嫁後夫黨諸親追服當否

遂庵曰：「女子嫁而夫黨已有喪者，婦之從服大功，如夫之祖父母伯叔父母衆子婦孫與兄弟之子女，是於夫皆爲重制，自不得娶婦，若緦小功，則元無追服之事。人家之未見追服者，良以此也耶？」答權燮。

親喪久後追服之非

退溪曰：「追服，朱先生以爲意亦近厚，觀亦近二字，其非得禮之正，明矣。既非正禮，則又豈可立法而使之通行耶？蓋既失其時，而從事吉常久矣，一朝哭擗行喪，已不近情，其於節文亦多有窒礙難行處故也。」答金就礪。

問「人有爲父母追喪者」云云。安之泰。寒岡曰：「此是無於禮者之禮，不敢爲説，或世俗徑情之人，遇忌日制喪服，服之哭泣，薦奠一如初喪，此豈可舉以爲禮而教人者乎？」

尤庵曰：「追服未服之喪，未之前聞。古今未伸至情者何限？則自我作古，未知如何？且哀省事以後即以行此，則雖曰非禮，而或諉於徑情，至於今日，則益無所據矣。且徑情二字，聖人以爲夷虜。○前日徑情之語，蓋孔聖少孤，至不知父墓所在，而未聞有追服之禮，今欲出於聖人之外，故敢呈妄見。」答尹以健。

又曰：「尹氏子於所後父死後數十年，而始爲之子，則是與生不及祖父母不税之義同，恐當以改葬禮處之。」答閔鼎重。

南溪曰：「追喪之説，自古聖賢未嘗開此一路，爲後人定制，惟篤孝不學之人，往往徑情而直行，非君子所貴也。」答金相殷。

陶庵曰：「追喪三年，《禮》既無文，先儒亦無許之者，今不可輕議。」答沈柱國。

代喪

父有廢疾子承重

尤庵曰：「父有廢疾，其子承重，此於《鄭志》雖據天子諸侯而言，以朱子所論觀之，則此實自天子以至於庶人之達禮也。嘗記昔年有人説《通典》『父死未殯而祖亡，則服祖以周，蓋不忍死其親，而遽服承重之服也』。父既死而猶如此，則況今父在，而遽忍以廢疾代服其服乎？此説亦自有理。然先師沙溪先生嘗以《通典》説爲未安，而以爲如此，則是無祥禫，其可乎？然則《通典》之説，恐未得爲定論也。又嘗有問於朱子者，曰：『七十老而傳，則適子適孫主祭，如此則廟中神主，都用改換作適子適孫名奉祀，然父母猶在，於心安乎？』朱子曰：『此等也難行，且得躬親耳。』然朱子嘗有告廟文曰『行年七十，衰病侵凌，筋骸弛廢。已蒙聖恩，許令致事，所有家政，當傳子孫。而嗣子既亡，藐孤孫鑑，次當承緒，又以年幼，未堪跪奠。今已定議，屬之奉祀，而使二子埜、在，相與佐之』云云。此二段雖與今日事微不同，然亦可以相照而處之矣。大概此事事體至重，愚意以爲閔氏家具此事情呈于禮曹，禮曹議于朝廷，定爲一代典禮，則事尤完備。」答閔鼎重。○下同。

又曰：「朱子曰：『三年之喪，齊疏之服，飦粥之食，自天子達於庶人，無貴賤之殊。而《禮經》敕令，子爲父，適孫承重爲祖父，皆斬衰三年，蓋適子當爲父後，以承大宗之重，而不能襲位以執喪，則適孫繼統而代之執喪，義當然也。』此實今日朴和叔大證《語類》答沈僩之問，雖有且得躬親之答，然《大全》又有老傳告廟之文，則又不可以《語類》爲定論也。然朱子嘗論宋朝祧廟議曰『今太上聖壽無疆，方享天下之養，而於太廟遽虛一世，略無諱忌，此何禮也』云云。所謂太上即廢疾之光宗也。今適孫雖代父承重，而至於題主，遽以祖孫稱之，則是預虛考位，正如朱子之所譏也。此便難處。或云只代其喪，而題主則以父主之云，如此則似爲穩便。然於古既無明文，朱子嘗言義起之事，非盛德者不能行之，今誰敢自謂盛德，而便於其間斟酌創制乎？」

又曰：「題主雖以適孫而遞遷當俟廢疾人身後云者，玄石之論似得矣。如此則朱子所謂遽虛一位之嫌，又不須論矣。蓋以朱子所行者揆之，則奉祀雖傳於孫鑑，而先代二主一時并遷於朱子易簀之前，不敢謂其必當如是也。然事體至重，亦不敢斷然爲一定之説矣。」答閔光益。

又曰：「云云，此書朱子討論喪服劄下方所書跋語。似無一毫悔其前劄之意。其曰方見父在承國於祖之服云者，所以證夫前劄所謂適子不能執喪，則適孫代之之説也。其曰心常不安者，以其無明白徵驗也。其曰學之不講，其害如此者，以其未曾見鄭説，而只以禮律人情大義而答問也。其曰此事終未有決斷者，不敢自信己説，而歸功於古人之心。蓋皆德盛禮恭、信而好古之意也，又是聖人欲徵杞宋之義也，曷嘗有自悔前言之端耶？大概鄭氏雖只記天子諸侯之禮，而奏劄則兼貴賤而言之也。若以奏劄傍照，則鄭説亦可通於庶人也。借曰奏劄異於鄭説，然後學之所從違，則必有所在矣，況復以相證，而不相悖耶？」答南溪。

南溪曰：「劄朱子之討論喪服劄。所謂禮經敕令，即周家宋朝通上下之定制，而其代之執喪一段，實夫子之所斟酌義起者。觀其嫡子大宗之文，蓋比士庶不啻的確，而次第説入寧宗所處違失喪制，上去仍請追正，則正是推用嫡孫承重之服，亦所謂禮律人情大意者也。第以本條初不著於禮令，似涉義起，故姑未有以折人人之口，而心且不安。及得趙商問諸侯父有廢疾，不任國政，不任喪事，而鄭答以天子諸侯皆斬之文，以爲是雖非統論此禮者，而尤足以明證寧宗承重斬衰之義。始乃特書奏藁以識之，非欲因此悚然改圖，並與前日通上下代服之意，而盡廢焉。則當初所論嫡孫承重，禮律大義自在無疑，然則後之當處變者，又不得不以劄子爲據。此實今日閔家之禮所由本也。議者徒見此劄本爲寧宗代服而發，又書後所引《鄭志》，只有天子諸侯皆斬之説，而所謂心常不安，學之不講，其害如此，若無鄭康成，此事終未有決斷，云者不一其書，故便以此爲主。而其代之執喪一段，或謂此爲初間未定之論，難於遵用，或謂只是泛論大義，不可以辭害意，必通於士庶。然則夫子當初所論劄意，其矇禮乖倫，交涉虛妄，亦已甚矣。何不於書後末端，更下一轉語，直破前非，以曉來裔，而當説不説，反作模糊蔽遮之態，有同世俗庸夫者耶？且此劄意若曰國統存亡係於代服與否，不可不行，則所謂專指天子之説，或亦有據。今寧宗已即大位，別無他虞，而劄子所陳，實以嫡孫承重之義爲主，則古今天下，又安有子爲父、嫡孫爲祖父承重者，宜於國而不宜於家者耶？」上尤庵。○下同。

又問：「主喪主祭初無輕重意，謂若果代服則行，當以此題主矣。及得先生兼引夫子告廟一段，益無可疑。蓋《語類》雖有且得躬親之説，而既舉老傳之禮，則所謂廟中神主，都用改作適子適孫名者，勢當如此也。其抵趙尚書書，又與胡伯量問答不同，恐此只是主於遽祧僖祖而言如何，抑老傳代服二者，其禮自異耶？遞遷一節，鄙意以爲凡有所遷者，必有所祔。今祔一主，而因以代數並遷二主，揆之情禮，俱似不安。故曾有云云，亦蒙印可矣。近方考得《大全》答胡伯量書，其中正説此意，循序陞遷，不以夫子存否爲間者，其與代服題主之意，合成一串，似益明的，甚悔前言之不審也。第朱鑑既奉宗祀，則受之固當與其高曾著代入廟，而至於晦庵龕次，抑姑闕之耶？」尤庵曰：「改題遞遷，未有明白證據，只以老傳爲旁照之案。而朱子所答胡伯量説，似是明證。然伯量所問，只是叔姪問以叔姪，而答以祖孫固亦有是理，而朱子小孫，亦有諸叔，無乃朱子之意，亦以叔姪耶？○今日爲閔氏計者，莫若姑祔新主於廟，以待好禮之人掌曹之日，稟而行之，則或庶幾寡過矣。抑有一說。古今禮訟無如宋之濮議，而朱子以王陶、蔣之奇、伊川之論皆未爲允當，而終之曰其後無收殺，只以濮國主其祀，可見天理不由人安排。今日事，亦恐自有如此道理也。」

南溪曰：「或以爲《圖式》《儀禮喪服圖式》之作在劄子後，而廢疾承重之服，不著於本宗服圖，只載於天子諸侯服圖者，爲代服不通士庶之證，亦似有據。第此本係三山所謂草具甫就，有未及證定之恨者，誠難一一爲準。而且以愚意反覆其體例本末，則只是以記疏補《喪服》，又以後儒之説明記疏之義而已，未嘗别添一條於其間。然則廢疾承重之載於天子諸侯，自仍補服常例，而其不著於本服者，意義曉然，恐尤未可爲或説之明證也。」

又曰：「今之議者，不勝噂喈，然究其大趣，則亦不過兩塗。其以爲代服之義不通士庶者，略論於前矣。其以爲人情所不忍者，愚且直之。《禮》曰『喪有無後無無主』，又曰『以恩則父重，以義則祖重，所貴乎有子有孫者，以其主喪主祭，尊正統而當大事也』。今欲以父在廢疾之故，期服攝主，自同於旁親朋友之類，不及乎祥禫祔遷之節者，能安於其心乎？況其己既不得執喪，又使其子不爲代服，以至亡父喪祭無異於無後無主之例，而不得夫以恩以義之禮者，能安於其親之心乎？父在承重，固甚不忍，只拘平常之情理，不於此時而順親之心，代祖之服，以盡處變之大義，可謂孝乎？其與代父喪服之不安者，孰重孰輕？孰大孰小？是以朱子每論此事，必舉禮律人情爲言。既告於君，又辨於門人，冀其重祖之義，成父之孝，而未嘗以代父服喪爲深不忍。由此而論，今日所謂人情者，其亦與夫子之意背馳矣。抑有一喻。《儀禮》《家禮》並無爲小宗立後之文，而惟於程朱志碣文字，因事略見而已。夫父子天性也，出後大義也，以小宗而易父子事絶於代服，以志碣而當條制文微於奏劄，然而世俗之人，心恬於彼，目駭於此者，徒以見聞習尚然爾。」

又曰：「以《儀禮》宗子之文證諸《大全》奉祀之説，雖祧遷一節，似更明白，皆有着落。」

又曰：「崔令公，而栗丈以爲若但天子諸侯行代服，而士庶人皆不得行者，是使天子諸侯以天下爲重，而輕其父也，可以破朱劄異同之論。」

又曰：「近觀《宋史·禮樂志》，寧宗既以嫡孫承重服喪三年，到禫祭時，御史胡紘建言太上已於宮中行服，而陛下服重，是所謂喪有二孤，斷不可。吏部葉翥等以爲宜倣方喪之制，遂稟太后，止不爲禫矣。史臣乃以朱子書奏藁後引爲定論，而胡紘傳論明以使君父短喪斥之。觀此然後始知《綱目》所謂行三年喪，《年譜》所謂皆只據其首尾一款而言，又知古今論議之未嘗不同，而卒有所定也。」

又曰：「閔氏《疑禮》云云，老傳之禮抓隍稀闊，孰不爲疑。千數百年間，惟鄭康成、朱夫子斷然行之，然其見於經者，不過致仕也，傳家也，衰麻在身也，不與賓客也，四種而已。我夫子於戊午十二月乞致，明年四月準請，六月告廟傳家事，而又爲客座咨目，不復加禮於賓客，次第行之，沛然無所疑。若曰行此三種，而獨以人情不忍當廢衰麻一節，則愚亦不敢領信也。」答尹拯。

又曰：「自有此禮以來，論者必以衛輒父子參互其間，使人惶怖。蓋輒之據國拒父，多少不順，已成萬世爲人子者之戒。而至於宋寧之尊父即祚，較其扤隉，猶當爲輒之次矣。然而夫子之處輒必曰正名，而不肯仕衛，晦庵之處寧宗，怡然赴召，論事勸講，無有所不盡者，何也？豈不以寧宗之心，初不求位，而輒之惡，忍於以兵拒父耶？苟或不然，其與衛之君臣，又何所擇耶？寧宗時，留正主監國，趙如愚主内禪，而朱子以爲權而不失其正。至明丘瓊山、近日尹希仲反是。留正之義，與今所謂當用攝主者，蓋一義也。而況匹夫之禮，本無與此，而論者比而督之，殊亦太甚矣。至於盛喻以父視廢疾之子，可與無子同，而以子視廢疾之父，不敢與無父同，推以比諸衛輒之祖孫，惟此無子無父云者，恐是大段生事。愚請冒昧陳之，夫禮之爲用，所以本天理順人情，使天下之人篤信而謹守之者也。蓋當先王制義之初，固有尊卑貴賤之分，爲其輕重隆殺之節者矣。及其立之於經，具之於傳，注行之於後世，則安有爲父則可爲子則不可之禮哉？今姑以所引《喪服》『適子有廢疾，不堪主宗廟，立適孫爲後』二者推之，則閔氏之孫，不可謂不爲祖後，審如議者之論，而不得服其祖通喪，則是亦不可謂爲後，然則又安有制此祖以爲爲後爲之服期，而孫不得爲爲後不爲之服斬之禮者哉？而況爲人後者，受重於大宗，至疏遠也，猶以尊服服之，乃於爲祖後者，受重於祖，至尊而親也，反使不得服其通喪，則未知於所謂天理人情，尤當何如也？蓋父爲長子三年，父卒而爲祖父後者亦三年，然於適子廢疾而降服期，非以爲無適子也，以其不得傳重也；於父有廢疾而猶服祖斬，非以爲無父也，以其爲祖後也。且如以適子廢疾，而遂移其宗於第二長者，謂之無適子亦可也；父有廢疾，而直以己承祖之統，不更爲之服斬立廟，則謂之無父亦可也。今欲以只準父卒爲祖之文，克盡適孫承重之服者，必律以無父之罪，而比禰祖之衛輒，無乃太過，而爲無事而生事耶？」答申啓徵。

同春曰：「數十年前，僕亦作此見解，厥後有一士友，力言帝王家事不可輒引爲證，且《通典》諸儒之論，以爲父死未殯而祖死，則其子以其父未及殯如在也，不忍服其祖以斬，只服本服云，況其父雖廢疾，尚生存，則何忍遽服承重服也，只宜以本服攝事爲是。其言似爲有理，不欲仍主前見，且考朱子書奏藁鄭説天子諸侯之服皆斬之文，方見父在而承國於祖之服云云，則所謂與帝王家事不同云者，亦不爲無理，如何？不敢質言。」答閔鼎重。

遂庵曰：「父有廢疾，子不可任自傳重，然至於祖父喪，則不可不服斬。」答金光五。

陶庵曰：「廢疾者使適子代服，既有朱子定論，更無可疑，但乙卯後尤庵爲群凶所構誣，而此事又其一端，玄石亦坐此削版，自此以後，爲世忌諱，鮮有行之者。然當此變故者，果能的知禮意之不可容已，凶論之不足撓奪，則誰禁而莫之爲乎？只當説與此道理，令其人量處而已。

至於題主，玄石主此論，而尤庵是之矣，然未知其時閔家果行得否也？」答楊應秀。

父死喪中子代服

退溪曰：「母喪身死其子代喪之疑，考之前籍，未有可擬。然以事理言之，甲者所謂祝文及奉祀之類，皆當以長孫名行之，所以不可不追服，此恐不易之理也。乙者所謂其子已服，其孫不追服，雖似近之，其奈喪不可不終三年，而又無無主之喪，其於祝文，不可無名而行之。又《禮》無婦人主喪之文，則冢婦主喪之説，又不可行也。」答李湛。

又曰：「父死服中而子代喪者，其始死後諸禮，父皆已行之，但未畢喪而死耳。故其子則只當代父而行其未畢之禮而已，不當再行其父已行之禮，此必然之理也。然則其成服之節，但於朔望或朝奠告于兩殯所以代喪之意，仍受而服之，乃行奠，似爲當也。」與李宗道。

同春問：「祖喪未葬，又遭父喪，則長孫當追服其祖三年否？」沙溪曰：「《儀禮經傳通解》之説可據，但亡在練後，則只伸心喪云者，未知恰當否也。」

《通解》曰：本朝石祖仁言，祖父中立亡，叔從簡成服從亡，祖仁是嫡長孫，欲乞承祖父重服。博士宋敏求議曰：「子在，父喪而亡，嫡孫承重，禮令無文。《通典》晉人問：『嫡孫在喪中亡，疑於祭事。』徐邈曰：『可使一孫攝主而服本服期。』何承天曰：『既有次孫，不得無服，但次孫先已制齊衰，今不得便易服，當須中祥乃服練。』裴松之曰：『次孫本無三年之道，宜爲喪主終三年，不得服三年之服。』司馬操駁之，謂二説無明據，其服宜三年。大凡外襄終事，内奉靈席，爲練祭祥祭禫祭，可無主之者乎？祖仁名嫡孫，不承其重，而乃曰從簡已當之矣，而可乎？按《儀禮》：『女子嫁，反在父之室，爲父三年。』注：『遭喪而出者，始服齊衰，期，出而虞，則以三年之喪受。既虞而出，則小祥亦如之。既除喪而出，則已。』杜佑號通儒，引其義附前問答之次，况徐邈、裴松之之説，已爲操駁之，是服可再制明矣。又喪必有服，今祖仁宜解官，因其葬而制斬衰，其服三年。後有如其類而已葬者，用再制服。通歷代之闕。」詔如敏求議。○又曰：「今服制令，嫡子未終喪而亡，嫡孫承重，亡在小祥前者，則於小祥受服，在小祥後者，則申心喪，并通三年而除。」嫡孫爲祖母及爲曾高祖後者爲曾高祖母準此。

又曰：「按嫡子凡追服祖父者，父亡在期内而已服未除，則因變服節，未葬之虞，既葬之卒哭，期之練，宜成斬衰，以盡餘月。若亡在期後而已服已除，則宜用女適人被出。已除本宗服，不得追服云者，似然矣。然以嫡孫而不復制服，則祥禫無主，可乎？古人之議雖不可輕改，畢竟未安。」《家禮輯覽》。

又曰「云云，三年之中，人子不忍死其親之意，爲母爲祖宜無異同」云云。《喪禮備要》。○詳見并有喪條中父喪中母亡服母條。

愚伏曰：「杜氏《通典》明言父爲嫡居喪，而亡子不得傳重。蓋謂父既持服，今於新死之日，即代其喪，則是爲死其親，情有所不忍也。至其不可一日無主之説，則《通典》又言小祥前自有期服，當以本服奉饋奠，練後以素服行之，亦不至闕事云。此説似爲可據。又《儀禮經傳通解》嫡子兄弟未終喪而亡者，嫡孫承其重，亡在小祥前者，於小祥受服，亡在小祥後者，中心喪，并通三年而除云。其可從尤無疑。禮以服已成而中改爲未安。故女子子嫁反在室爲父母三年，未練而反則期，既練而反則遂之。上云『小祥前則小祥受服，小祥後則申心喪』者，即此義也。據此，則小祥前以本服執事，練時受以三年練服，乃爲得禮之變矣。」答洪鎬。

尤庵曰：「《通典》何承天之説，以爲當須中祥乃服練云，恐此説爲可行無礙也。」答尹宣舉。

又曰：「老先生嘗以只伸心喪之説爲大不安。蓋代父承重是《禮經》之大節目，且祖喪練後不可不祭，如祭，則當服何服？故必如老先生之説，然後節節理順矣。且父喪成服之後，適值朔望，則可以服祖，若朔望相遠，則其間祭祖時，當服何服？以此知服父服後，不待朔望，而即服祖服之説爲得也。」答鄭纘輝。

同春曰：「《喪服圖式》嫡子未終喪而亡，嫡孫承重，因其葬謂承重之葬。而再制斬衰，亡在小祥前，則於小祥受服云云。蓋無時不得變服，必待受服之節故也。李君承重其曾祖母，則當以此爲據無疑。唯其祖母承重，則又是變之變者，其父子初既未及成服，則今於成服時承重者，直成齊衰三年之服，與其父服偕成之。雖與禮意微不同，無乃於事情爲宜，而不失權變之道耶？」

答或人。

南溪曰："祖喪父亡代服之節，《圖式》宋敏求議既以因其葬而制斬衰爲言，朱子又於請寧宗承重劄亦倣此意，則固當用此爲準矣。惟退溪於答宗道孫書言當於朔望朝奠行之，以此頃年朝家當仁宣王后追服時，遵用此禮。然今喪家方在未葬之前，則自依宋議、朱劄而處之，恐爲允當。"答金構。

遂庵曰："祖母承重成服不可遲延，父喪成服即服承重之服，何待朔望乎？"答姜再烈。

問"祖母大祥前四日，伯父棄世，從弟代喪受服，將在於祥日既過之後"云云。韓譽朝。遂庵曰："父喪成服前不可行祖妣大祥，成服後，即服承重服。大祥則退定於虞後似宜。未大祥前尊季父徑先脱服，未安。雖遲數月，祥祭時，與宗孫一時脱服，似合情禮。"

問"舍兄追服前喪之節，或云因朔奠而當受服，或云後喪成服後四日乃可受服"云云。沈億。農巖曰："尤齋嘗論此事，以爲當於後喪成服之翌日受服云，以義推之，似當如此。不然則當從四日之説，若所謂因朔奠者，則恐無意義。"

芝村曰："既以代服爲定，則依退溪説，因朝奠行之無妨。"答李頤命。

陶庵曰："代服一節自是變禮，故《家禮》不載，而人家之遭此變者，當哀遑急遽之際，未易善處云云。蓋喪不可一日無主，父或廢疾未能執喪，或未終喪而亡，其子之爲父代服，斷不可已也。《通典》賀氏雖有父死未殯而祖亡，則服祖以周之説，而其後因宋敏求議以再制斬衰爲令，父喪中祖死者亦可代服，則祖喪中父死者，尤豈有可論耶？」《四禮便覽》。

又曰：「父喪成服之日，仍即爲祖制服，在練後亦如之矣。」答楊應秀。

又曰：「體莫嚴於廟，而丘墓爲輕，受服爲何等大節，而其可捨重而取輕耶？受服之布生練與否，此既是代父而終其喪者，以并通三年之文觀之，只當以練後制處之。然則首絰一段，亦無可問也。」答閔遇洙。

問「祖喪三年内父死，則其孫當代主其祀，但神主不可仍其舊題」云云。姜碩期。沙溪曰：「改題恐宜在喪畢後，不敢死其親之意也。」

父在母喪而子死者其子代服當否

問：「有父在母喪未葬而死者，其子當代服否？代服之義，只爲喪不可無主矣。此亡者生時已以父在之故，雖是兄弟之長，而不敢主喪，則其子亦不當代服耶？」閔翼洙。陶庵曰：「杖期條嫡孫父卒祖在爲祖母，是則以承重也。苟非承重，則是當入於不杖期條矣。以此義推之，恐亦不可不代服也。」

又曰：「適孫父卒祖在爲祖母，既入於杖期條，則其爲承重無疑。是亦祖未嘗不爲之主也。代服固與承重小異，而猶可以此義推而用之。至於父在母喪未葬而死者，則不爲代服云云，於《禮》無見，愚意於此持難，蓋此也。」答閔翼洙。

父喪中遭祖父母喪代服當否

同春問：「父喪未殯遭祖父母喪，則當何服？」沙溪曰：「《通典》父未殯，服祖以周，愚以爲只服期年，則是無祥禫，可乎？然古人之言如此，不敢輕議。」

《通典》：賀循《喪服記》云：「父死未殯而祖父死，服祖以周；既殯而祖父死，三年。此謂嫡子爲父後者也。父未殯服祖以周者，父尸尚在，人子之義，未可以代重也。」○庾蔚之曰：「父喪内祖父亡，則兼主二喪，立二廬。爲父喪來吊，則往父廬；爲祖喪來吊，則往祖廬。」○虞喜曰：「服祖但周，則傳重在誰？」庾蔚之曰：「父亡未殯，同之平存，是父爲傳重正主，已攝行事，事無所闕。」○徐邈曰：「大功者主人之喪，猶爲之練祥再祭，況諸孫耶？若周既除，當以素服臨祭，依心喪以終三年。」

又曰「云云，三年之中，不忍死其親之意，爲母爲祖宜無異同」云云。《喪禮備要》。○詳見并有喪條中父喪中母亡服母條。

愚伏曰：「賀循之言，雖未有先賢折衷之論，求之情理，似爲合當，遵行不妨。」答吳允諧。

問：「父未殯而服祖以周者，果無未安者乎？假如祖死於未殯之前，而祖母死於既殯之後，則一兩日之間，而服制懸絶，尤似未安。《家禮》既泛稱父卒承重，今不必論殯未殯，以起難處之端也，如何？」崔是翁。南溪曰：「《家禮》雖泛言父卒承重，則爲祖父，《通典》賀循諸儒已爲未殯已殯之説，勉齋黃氏亦載《儀禮通解續》，金沙溪《問解》又以不敢輕議爲言，則今難不從其文也，假令以已殯之故，而服祖母三年，禮意如此，恐無奈何矣。」又答崔是翁、金楺見并有喪條中父喪中母亡服母條當參看。

遂庵曰：「服祖以周，賀循之説如此，則期年後几筵當撤，祥禫亦廢。此豈情理？愚意賀説恐不可從也。」答金光五。

陶庵曰：「未殯則周，固有賀循之説，而此非先王所定之禮，不無可疑。夫喪不可一日無主，若服祖以周，則周之後祖喪便無可主之人。是雖出於不忍死其親之意，而父亡之後，不得代其躬而盡三年之制，亦非所以順親之心。此於天理人情至爲未安。愚意則父喪中祖死者，無論殯與未殯，皆服三年，恐爲正當底道理。」答柳乘。

嫡孫死喪中無後庶孫代之

同春問：「嫡孫持重死於喪中而無後，庶孫代之，不悖於禮耶？」沙溪曰：「《通典》論之頗詳，可考也。但庾蔚之云，猶父爲嫡居喪，而亡孫不傳重，分明是引古證今之語，而未詳其來歷，可疑，更詳之。《喪服圖式》所論與庾説不同，見祖喪父死代服條，以此遵行恐宜。」

徐邈曰：「今見有諸孫，而祖無後，甚非禮意。禮，宗子在外，則庶子攝祭，可依此使一孫攝主，攝主則本服如(古)〔故〕。禮，大功者主人之喪，猶爲之練祥再祭，况諸孫耶？若周既除，當以素服臨祭，依心喪以終三年。」宋江氏問：「甲兒先亡，甲後亡，甲嫡孫傳重，未及中祥，嫡孫又亡，有次孫，今當應服三年否？」何承天曰：「甲既有孫，不得無服三年者，謂次孫宜持重也。但次孫先已制齊衰，今不得便易服，當須中祥乃服練居堊室耳。昔有問范宣云，人有二兒，大兒無子，小兒有子，疑於傳重。宣答，小兒之子應服三年。亦粗可依。」裴松之答何承天曰：「禮，嫡不傳重，傳重非嫡，皆不加服，明嫡不可二也。范宣所云次孫，本無三年之道，無緣忽於中祥重制，如應爲後者，次孫宜爲喪主，終竟三年，而不得服三年之服也。」何承天與司馬操書論其事，操云：「有孫見存，而以疏親爲後，則不通，既不得立疏，豈可遂無持重者？此孫豈不得服三年耶？嫡不傳重，傳重非嫡，自施於親服卑，無關孫爲祖也。」庾蔚之謂：「嫡孫亡，無爲後者，今祖有衆孫，不可傳重無主，次子之子居然爲持重，范宣議是也。嫡孫已服祖，三年未竟而亡，此重議已立，必是不得卒其服耳。猶父爲嫡居喪而亡，孫不傳重也，次孫攝祭，如徐邈所答。何承天、司馬操并云接服三年，未見其據。」

代喪後告兩殯之節

問：「父死服中，其子代喪，則代喪之意，必告於其祖與父之殯，告之當於何日？告辭何如？」梁處濟。南溪曰：「父亡在葬前，告在啓殯，在葬後，則告在小祥前一日。其辭只當臨時量爲之。」

代喪後改題之節

問：「祖喪三年内其父死，則其孫當代主其祀矣。但神主不可仍其舊題，當於何日改題乎？」姜碩期。沙溪曰：「改題恐宜在喪畢後，不敢死其親之意也。然無經可據，不敢以爲是也。」

陶庵曰：「祖喪中父死，不敢不代爲承重之服，而至於改題，則留待喪畢後吉祭，恐爲允當。」答盧以亨。

禮疑類輯卷之十七

喪變禮

并有喪 并有重喪輕喪并論

父母及祖父母偕喪襲斂入棺先後

問：「祖父母與父母偕死，則襲斂將何後先？若從先輕後重之禮，則承重孫於祖父母與父母何重何輕耶？」姜碩期。沙溪曰：「襲斂與窆葬有異，不可以先輕後重爲拘，當以尊卑爲主，而先祖後父也，然古禮無據，不敢以爲是。」

問云云。姜碩期。沙溪曰「喪在一日内，襲斂當先祖後父，若父喪差先一二日，則當以先死爲先」云云。詳見下成服先後條。

問：「偕喪襲斂以尊卑爲主，而父死未襲而祖死，亦可以尊卑爲主耶？」閔泰重。尤庵曰：

「若是同日，則當先尊後卑矣。」

問：「一日之内并遭祖與父喪者，襲斂先祖而後父，則入棺亦先祖後父乎？」金光五。遂庵曰：「似然。」

承重孫并有祖喪母喪飯含

問：「承重孫遭祖喪，其夕母喪又出，於十里地奔喪矣。母喪無他兄弟，十里之間有難往來并主兩喪。」李心濟。陶庵曰：「祖父喪側，既有叔父一人，則襲斂諸事亦可主張行之，而至於飯含之節，承重孫當主之，相去不過十里，則其勢亦足推移行之也。」

父母及祖父母偕喪成服先後

問：「祖父母與父母同死，襲斂諸事當先祖後父，而成服一節，若從《通典》父未殯服祖周之説，則父喪三年之制爲重。設令祖先死，似不可先服祖服矣。但有諸父在，則決不可以渠之父母喪未成服，而退行於第四日之後也。此間禮節實有所難，何以爲之？」姜碩期。沙溪曰：「喪在一日内，襲斂當先祖後父。若父喪差先一二日，則當以先死爲先也，成服亦然。若祖喪差先，則諸父諸兄諸孫，不可拘於承重孫，退日成服也。宗孫在父母喪，被髮或括髮之時，則不可遽成祖父母之服，而殺其哀也。待父母喪成服日，先祖後父，似爲得也。然此等禮皆以臆説，未知是否。」

問：「内喪未成殯，而外喪出，入棺則先内喪，而成服則先外喪。外喪成服訖，仍行内喪成服。」閔翼洙。陶庵曰：「入棺成服之先後，似如來示。」

立後追服兩喪者成服先後見追喪條

輕喪中遭重喪成服先後

尤庵曰：「兩日之内兄與父次第亡，則當待父喪成服之日，先成父服，而次成兄服也。據先生答姜博士問，則似當如此。然姜博士問，則舉祖父母與父母，故老先生以先祖後父爲答矣。今此問，則兄與祖有間，兄雖先死，似不敢先成其服矣。」答或人。

問「長子死未成服，父母没」云云。李東耈。南溪曰：「沙溪云待成服日，先父而後子爲當。然恐當更觀日子遠近及受服者輕重，而酌處之也。」

所後喪中遭本生親喪奔哭成服之節

退溪曰：「重喪既成服，在途恐只以重喪服行，而至彼行變成之禮，似可。蓋重喪遭輕喪，當其事則服其服，既事反重服云，則重服爲常故也。○就哭位時，不得已脱去衰服而就位，自此至成服中間，恐不可間間還着衰服入前喪次之理，須待成服，還脱而入前次矣。」答禹性傳。○按本文首云鄭君重遭大禍，又禹性傳問目中云發喪，則當别設哭位，就哭位時仍着衰服乎云云。衰服下以所後斬衰注之，然則新喪似指本生親矣。

父死喪中子代服見代服條

父喪中遭祖父母喪代服當否上同

父喪中母亡服母

同春問：「父死未殯而母死者，其亦以父尸尚在，而不服三年歟？母喪將周而父死，猶不得爲母申三年服歟？」沙溪曰：「先儒説可參考而酌處之。」

《儀禮經傳通解》：「父卒則爲母。疏：直云父卒爲母足矣，而云則者，欲見父卒三年之内而母卒，仍服期，要父服除而母死，乃得伸三年，故云則以差其義。」○《通典》：庾氏問徐廣曰：「母喪已小祥而父亡，至母十三月，當伸服三年，猶厭屈而祥也？」答曰：「按賀循云：父未殯而祖亡，承嫡猶周，此不忍變在也。故自用父在服母之禮，靈筵不得終三年也。」○庾蔚之云：「諸儒及太始制，皆云『父亡未殯而祖亡，承祖嫡者不敢服祖重，爲不忍變於父在也。況父在之日母亡已久，寧可以父亡而變之乎』。」○杜元凱曰：「若父已葬而母卒，則服母服，至虞訖，服父之服，既練，則服母之服，父喪可除，則服父之服以除之，訖，而服母之服。」按疏説雖如此，而揆之情禮，終有所未安。若父死未殯而母死，則未忍變在，猶可以父未殯服祖周之説推之，而服母期也。如父喪將竟，而又值母喪，亦以父喪三年内，而仍服期，果合於情理乎？杜説則似無服期之意，未知如何。

沙溪曰：「按《通典》賀循云『父死未殯而祖父死，服祖以周。徐邈云：「周既除，以素服臨祭，依心喪以終三年。」既殯而祖父死，三年』，又按《經傳通解》宋敏求議曰『子在，父喪而亡，嫡孫承重，禮令無文。大凡外襄終事，内奉靈席，爲練祥禫祭，可無主之者乎？當因其葬，而再制斬衰，服三年』，詔從之。『今服制令，云嫡子未終喪，而亡在小祥前，則嫡孫承重者，於小祥受服。在小祥後，則申心喪并通三年，而除之。』又按《喪服》『父卒，則爲母』，疏：『父卒三年之内，而母卒仍服期要，父服除，而母死乃得申三年云。』此蓋三年之中，人子不忍死其親之意，爲母爲祖宜無異同，而一則再制斬衰，一則仍服期。《經傳通解》皆録而并存之，當何所適從耶？此是大節目，不敢輕議，姑附其説，以備參考。」《喪禮備要》。

又曰：「近者洪校理霶并有父母喪，愚謂父卒三年之内而母卒，仍服期十一月，小祥十三月，大祥十五月，禫祭脱衰心喪，古禮然矣，人誰有非之者？洪答曰：『母喪既練之後，肆然脱衰，遽然心喪，揆諸情理，終有所不忍焉者。朱夫子所謂古禮固難行，恐指此等處而發也。』洪之所言，亦近情義，未知如何？」《家禮輯覽》。

愚伏曰：「服母以期，乃是屈於父在，千萬不得已而奪情耳。若以賀循之論，比類而降服，則恐於心不安，寧從禮疑從厚之説，無乃爲得耶？」答吴允諧。

尤庵曰：「父喪中爲母期之疑，終未能釋然。今所諭此年父死，明年母死者，母之期尚在父喪未没之前，則猶有厭屈之義矣。若是明日父喪當畢，而今日母死，則亦當期，而期盡之後，便爲無服之人耶？此不可不深思也。且經所謂『父卒，則爲母三年』云者，正欲以見父在則不敢三年之意而已。而以此一則字生出父喪未除母死之説者，非常情所及。故雖勉齋載之於《續解》，終不敢以爲必然而信之也。」答南溪。

同春曰：「更考《儀禮》本文，則所謂父喪三年内母死，則仍服母期者，非《喪服》本經，乃疏家説也。此説極可疑。父若未葬或未殯而母死，則不敢死其父，而服期猶之可也。若父已葬而母死，則待父以神道者，亦多有之，豈獨於母喪而有厭不得伸其情乎？况父喪將畢而母死，則數月之後，父服已闋矣。猶以爲厭於父，而服母以期，求之情禮，寧有是理？○又考《通典》有云『父母同日卒，其葬先母後父，皆服斬衰。其虞祔先父後母，各服其服，卒事，反服父服。若父已葬而母卒，則服母之服，至虞訖，反服父之服，既練，則服母之服，父喪可除，則服父服以除之，訖，而服母之服』云云，據此，則分明服母三年，何嘗仍服期耶？但俱非先賢折衷之論，難可的從。唯母喪已練而父亡，則厭屈之義猶在云云，此語亦出《通典》，恨未及禀證。」

南溪曰：「父喪中祖亡母亡服制異同之義，《備要》以爲不敢輕議，然愚嘗思之，《通典》及注疏之説，雖同出於不忍死其親之義，然若以父身而推之，祖則父之所重，故雖既殯之後，子必服以三年，母則父之所輕，故雖三年之内，子必服以期，其義則然也。但沙溪已以杜元凱之説爲主，參以今日人情事勢，亦有難以直行其説者，兹亦不敢質言。」答崔是翁。

又曰：「《備要》於祖承重注曰『此是大節目，不敢輕議。姑附其説，以備參考』，於爲母注曰『不敢輕議，姑存其説』，《問解》『父喪中母死』注曰：『杜説則似無服期之意，未知如何。』大抵疏義之説，雖或未允，實演經文之義。自黄、楊大儒以來，未之有改，備載《通解》。而況沙溪三説，雖置疑貳於其間，終亦不敢爲決辭，則其又誰敢捨彼而從此耶？」答金楺。

問：「父喪葬前遭母喪，則爲母不得三年耶？」成爾鴻。遂庵曰：「然。」

陶庵曰：「父喪中母死者，其服最爲可疑云云。蓋《儀禮》父卒則爲母之文，本自明白，而賈氏因一則字，曲爲解釋，以爲父服除而母卒，然後乃伸三年。沙溪、尤庵兩先生既以爲可疑，與其泥滯於可疑之疏説，毋寧直依經文之爲寡過。若一依經文，則父先卒而母後死者，雖一日之間，亦可以申三年，未知果如何也。」《四禮便覽》。

母喪中父亡仍服母期題主及練祥告辭並論

同春問「父死未殯母死」云云。沙溪曰云云。詳見父喪中母亡服母條。

尤庵曰：「父在服母，既定爲之期，何忍以父亡而遽伸之耶？其仍服期，而十一月練，十三月祥，當如《通典》諸説矣。若父亡於母葬之前者，則其題主以亡室，似無其義，未知如何？雖題之以妣，而練祥仍如父在，恐不相妨耶？若然，則其題主及練祥時，具由以告，事方宛轉。」答南溪。

問：「櫟等先母棄背，繼遭先考之喪，而喪既在一月之内，及至窆葬，又復同日，其他禮制俱無先後異同之節。然先君服亡母，期服者至數十日，則其於不忍變在之義，當從庾氏、徐氏之説，而《家禮》中既無明白可據之文，何以則可耶？」姜櫟。南溪曰：「徐、庾之説，固爲此事明據，而其源出於《儀禮通解續·喪服》『父卒三年内母死仍服期』之説。蓋其説既以尊父爲主，又經朱子之印證，則雖於《家禮》無所別現，而恐無不可準行練祥之理。第葬後題母主時，若以顯妣，則似與今日以父在爲母之義準行練祥者，不無逕庭。恐當於練祭前日因上食，措辭告以依禮文行練祥之意於妣位，然後其於幽明常變之際，可絶遺憾。若考位，則生時已知其意，又無行祭事，似不必告。」

静觀齋曰：「父在時母喪，成服日既以期制服之，則不得申重服，較然矣。」答南溪。

陶庵曰：「父在母喪，其父雖病，未能主喪，而其没在於母喪成服前，則數日之間，猶有知也。其子爲母服期，於禮當然，豈有可疑之端耶？」答金樂道。

問「人有父母同日死者，其母死於朝，其父死於日中，當依父在母喪禮耶」云云。辛聖任。陶庵曰：「雖數時之頃，終是母死於父在之時，唯當一依禮律而已，誰敢斟酌通變於其間耶？」

又曰：「告辭，前喪几筵，則曰『先考不幸，以某年某月某日棄諸孤，禮律至嚴，不敢不仍用父在母喪之制，將於某月某日，孝子某替行練祥。敢告』，後喪几筵，則曰『先妣初忌，隔以數日，題主既以亡室，則禮當十一月而練，將以某月某日，孝子某代行練事，罙增罔極。敢告』。」答閔宗修。

父母偕喪設几筵持服

同春問：「前喪練後遭後喪几筵，當合設於一處耶？服則常持何服？」沙溪曰：「《禮》有明據，可考而行也。」

《曾子問》：「并有喪，自啓及葬不奠，反葬，奠而後辭於殯。」注：「從啓母殯之後，及至葬，柩欲出之前，惟設母啓殯之奠，不於殯宫爲父設奠，故云及葬不奠，謂不奠父也。及葬母而反，即於父殯設奠，告語於賓以明日啓父殯之期。」○《士虞禮》：「男男尸，女女尸。」疏：「虞卒哭之祭，男女别尸。」○《司几筵》云：「每敦一几。」鄭注云：「雖合葬及同時在殯皆異几，體實不同。祭於廟同几，精氣合。」右異几筵。

○《喪服小記》：「父母之喪偕，先葬者不虞祔，待後事，其葬服斬衰。」注：「其葬母亦服斬衰者，從重也。以父未葬，不敢變服也。」○又曰：「斬衰之麻與齊衰之麻同，皆兼服之。」注：「絰殺皆是五分去一，斬衰卒哭後，所受葛絰，與齊衰初死之麻絰大小同。兼服之者，謂居重喪而遭輕喪，服麻又服葛也。」○《間傳》：「斬衰之喪，既虞卒哭，遭齊衰之喪，輕者包，重者特。」注：「卑可以兩施，而尊者不可貳。」疏：「斬衰受服之時，而遭齊衰初喪，男子所輕者腰，得著齊衰腰帶，而兼包斬衰之帶；婦人輕首，得著齊衰首絰，而包斬衰之絰，故云輕者包也。男子重首，特留斬衰之絰；婦人重腰，特留斬衰之腰帶，是重者特也。」○《通典》：杜元凱曰：「若父已葬而母卒，則服母服。至虞訖服父之服，既練則服母之服，父喪可除，則服父之喪以除之，訖而服母之服。」右持重服。

同春曰：「云云，雖同奉一堂同時行奠，亦須各設床卓，中間用帷屏以隔之，以存異几之義，異時練祥等祭，亦無相閡難便之事矣。」答或人。

問：「偕喪者先葬母，而必服斬衰者，以父未葬，故不變服也。然則母殯，雖各設，而父喪未葬之前，不可服母服而哭之乎？」黄宗海。沙溪曰：「《小記》之説分明，今不可違也。」

《喪服小記》：「父母之喪偕，先葬者不虞祔，待後事，其葬服斬衰。」注：「葬先輕而後重。先葬，葬母也。不虞祔，不爲母設虞祔祭也。蓋葬母之明日，即治父葬，葬父畢虞祔，然後爲母虞祔，故云待後事。祭先重而後輕也。其葬母亦服斬衰，從重也。以父未葬，不敢變服也。」

慎獨齋曰：「後喪在殯，宜常服後喪服侍於殯側，至前喪祭奠，服其服而將事。」答尤庵。

尤庵曰：「父未葬以前，則不敢他服。雖葬母之時，亦服父服，況於饋奠，可服母服耶？父母異殯，《禮》有明文。」答或人。

問：「斬衰之喪遭齊衰之喪，則輕者包重者特之義，可得聞耶？」閔泰重。尤庵曰：「《家禮》無此文，而古禮有之。男子重首，則所謂輕者，是腰也。父喪小祥，男子不去父之腰絰，而兼服母之腰絰，故曰輕者包。首絰則除之，而只服母之首絰，故曰重者特。然此與《間傳》之説不同，似當參考。」

又曰：「并有喪常持重服，此禮家之大經也。然斬衰練後，則亦當有變。《間傳》曰云云，蓋古禮卒哭有變服之節，今當以小祥準古之卒哭而行之也。夫并有喪，雖常持重，而男子腰帶、婦人首絰則當兼服輕服之帶與絰也。如此，則諸説之異同，皆無所窒礙。第今世無有行此者，則或恐駭俗也。」答徐文淑。

又曰：「禮，并有喪不變服，但據父喪斬衰未葬前而言。今某氏所遭兩皆齊衰，則似當依《家禮》之文而行之矣。」答黃欽。

《家禮》曰：「凡重喪未除而遭輕喪，則制其服而哭之。月朔設位，服其服而哭之。據此，則雖在重喪之側，猶且服其輕服，況於輕服喪次，可不暫服其服乎？是知不變服者，只據斬衰葬前而言也。」

又曰：「父喪未葬不敢釋其服，而服輕服，禮也。然《家禮》成服條下明言『重喪未除遭輕喪，則制其服而哭之』，此通葬前葬後而言也。據此，則似與前說有異。然成服時暫着輕服，與着輕服行祭者有異。然則兩說或可相備，而不相妨耶？」答尹宷。

又曰：「喪人當常在父殯，統於尊故也。」答李碩堅。

問：「前喪練後，又遭後喪，反哭後，當服何服而行祭乎？」沙溪曰：「《喪服小記》『麻同皆兼服之』，注曰：『麻葛兼服也。』《小記》之文意，蓋斬衰已經卒哭，則改着首腰絰之葛。又遭母喪齊衰，則首仍斬之葛，腰着齊之生麻絰帶，故曰麻葛兼服之也。今則不行卒哭葛絰之制，只行小祥練服之制。小祥已去首絰，則當用齊衰之麻絰，腰絰則依《小記》之說，用齊衰之生麻帶也云。」姜碩期。同春曰：「《小記》之意固然，更考《間傳》云云。以此推之，男子斬衰既練者，首已無絰，則應用後喪齊衰之絰，腰帶則齊斬兩施之；婦人斬衰既練，腰已無帶，則應用後喪齊衰之帶，首絰則齊斬兩施之，似合於禮意。《間傳》說，《喪服圖式》亦首録之，遵用似無疑。」按《間傳》説見上沙溪答同春條中。

南溪曰：「父母偕喪，未吉祭合櫝之前，當各服其服，先後行祭事，雖煩而義則正矣。」答柳貴三。問「古禮卒哭而受葛，故包特於卒哭之後，而《家禮》省之。尤庵以爲當移之於練後，然受服於斬衰之後，而除之於練服之前，如罪姪今日所遭者，并此包特一款，而亦無所施。名爲期年，而實無一日之服矣。妄意卒哭變葛之去，於《家禮》者，只是從俗省之。今欲援據古禮變葛於卒哭之後，而行包特之制，至於齊衰受葛之後，則雖無包特之義，亦可略倣其意，而兼服二絰，或不至大悖禮律」云云。金敏材。陶庵曰：「輕包重特之説，本爲斬衰卒哭受葛後遭齊衰者而設。哀家則齊衰未成服之前，又遭斬衰，雖於葬後，豈有麻葛包特之可論耶？尤庵練後包特之説，特以小祥準古之卒哭，而其義則與《間傳》無異矣。夫并有喪者，常持重服，而於輕者，亦當祭而服其服，則壓屈之中，亦容其自伸之道。孝子之心雖無窮，大義爲重，何得以驅使古禮，以售其己見耶？」

承重孫并有父母及祖父母喪持服書疏自稱并論

寒岡曰：「父喪既葬後，遭承重齊衰之服，則未葬前服齊衰，既葬後服斬衰，有事於祖母几筵則服齊衰從事，或合權宜。」答任屹。

同春問：「承重者居祖母喪，既而母亡，則何服爲重？而書疏自稱云何？」沙溪曰：「《通典》有所論，可考而行之。」

《通典》晉雷孝清問曰：「爲祖母持重，既葬而母亡，服制云何？別開門，更立廬不？言稱孤孫，爲稱孤子？」范宣曰：「按禮應服後喪之服，承嫡居諸父之上，一身爲兩喪之主，無緣更別開門立廬，以失居正之意。至祖母練日，則變除居堊室，事畢反後喪之服。禮無書疏稱孤子孤孫之文，今代行之，合於人情。稱孤孫，存傳重之目。宜(幸)〔卒〕祖母訖服，然後稱孤子。」○庾蔚之曰：「二喪共位，廬堊室雜處，恐非適時之禮。謂宜始有後喪，便別室爲廬，兼主二喪。」○杜元凱曰：「若父已葬而母卒，則服母服，至虞訖，服父之服，既練，則服母之服，父喪可除，則服父之服以除之，訖，而服母之服。」按祖母既葬而母未葬，則當服母服，母喪已葬，則還服祖母服，祖母服既練，則還服母服，母服既練，則還服祖母服，祖母服既除，則還服母服以終喪。與父母偕喪持重服條參考。惟稱號則不可隨服變改，祖母禫前當稱哀孫。

又曰：「昔年人有并遭祖與父喪者，問以何服爲重而常持乎？韓鳴吉伯謙以父服爲重，愚以爲俱是斬衰，而祖父尊，當以所尊爲重，論辨不決矣。今見《通典》諸説，愚見果不虛。然《通典》與《間傳》《家禮》，互有異同，姑并存于右，以備參考。」《家禮輯覽》。

問：「祖母與父偕喪，當服何服？」朴光一。尤庵曰：「昔年從兄時瑩之孫彝錫遭此變禮，其葬時士友多會，如美村諸人亦來，論議紛然。蓋以服則斬重而齊輕，以理則是齊也是爲父而代者也，且《大傳》曰『自仁率親，等而上之至于祖，名曰輕。自義率祖，順而下之至于禰，名曰重』，一輕一重，其義然也，夫喪禮多以義斷者矣。又一人之説，以爲《禮記》論并有喪之祭曰『先重而後輕』，今此兩喪之祭，以何爲重而先之乎？以此兩端持疑不決而罷矣。其後彝錫常持齊服，若於其心有所未安，而出於自然之天理，則此乃無於禮而得其中者耶？然終不敢決定其得失也。」

又曰：「代父服祖，則其常持祖服者，乃所以順父之孝心也。」答李樿。

南溪曰：「并有父喪祖母喪，而常服某制者，《禮》無其説，惟《通典》杜預有父母喪互服之説，而沙溪引之，以爲母喪祖母喪互服之斷。今於父與祖母之喪，勢當以此斟酌之而已。蓋祖母卒哭以前，當服新喪之服，卒哭以後，則俱是小祥前，當還服舊喪之服，以此量處，庶合禮意。」答金克誠。

遂庵曰：「并有祖母與父喪，先師嘗以爲當服祖母承重服，但父死未葬前，雖並有喪，常服斬衰之説，載於《禮記》，父葬前則服父服爲可耶？未敢質言。」答郭守煥。

父喪未殯妻亡服妻

遂庵曰：「適子於父喪未殯遭妻喪者，依父在之例，不杖於妻喪，揆以古義，似當然矣。然未見明文，不敢質言。父喪未葬，雖行妻奠，不可脱斬衰，父葬後祭於妻，服其服而哭之，祭妻訖，還着斬衰，是通行之例也。」答李莢。

重喪中主輕喪

問：「大功之喪，無主者可以主喪，而方服重喪，則如之何？」崔碩儒。慎獨齋曰：「雖服重喪，似可主喪，而拜賓之禮不可行。」

新喪成服前前喪上食當否廢朝夕哭并論

同春問：「人有父母喪未畢而死，則其成服前，父母朝夕祭當廢否？」愚伏曰：「禮，君薨則祝取群廟之主，而藏諸祖廟，卒哭而後，各反其所。釋之者曰，象生者爲凶事而聚集也。以此推之，則未殯前朝夕上食，不得已當廢矣。」

又問：「愚伏曰云云。」見上。沙溪曰：「愚伏説是。」

尤庵曰：「或人所後與本生親是大功之親，則其喪當相爲之三不食矣，當據此廢三時上食矣。然老先生嘗言喪中死者葬前用素饌，自虞以下當用常饌。蓋自虞以後，則以神事之故也。

據此，則今或人私親死於所後葬後，則上所謂廢三上食者，亦不必然，似當使無故者攝行之矣。」答金益煋。

又曰：「孫兒輩饋奠之疑，以《雜記》聞外喪入奠之文推之，似無不可行之義。但《雜記》所言是父母葬前，而孫輩所遭是葬後，則似或不同，故疑之耳。然他無可據之文，故已令奠其母耳。用素只欲順死者之心矣，亦無所據，當依常例耳。」與同春。

問：「喪中遭昆弟子姪之喪，雖異宮，未殯前朝夕上食，亦當廢之否？」尹升來。遂庵曰：「似不當廢。」

新喪葬前前喪上食用素當否

同春問：「先考喪中祭先妣，當用肉否？」沙溪曰：「神道有異，不妨用肉也。退溪所論甚合情禮，但喪中死者異於是，凡奠物，死者餘皮之物用以爲奠也。若初死以魚肉奠之，非事死如事生之道，朝夕奠及上食用以蔬菜，至虞祭始以神事之，用肉饌，似可也。昔年問於鄭道可，其意亦然。」

尤庵曰：「先正云，祖父喪遭父喪者，葬前用素於父殯，自虞以後，則薦肉。蓋自虞以後，則神之之故也。今此家父虞已過，則似當用肉，而但祖喪在殯，則似有難言者矣。曾見慎齋於文元公小祥時，遭仁穆王后國恤，成服前用素於几筵云。亡親無恙，則雖年衰，亦當行素於成服前矣，亦不以已經虞祭，而全不用素。此等無明文處，只可參酌情文而行之耳。」答尹明遇。

又曰：「朝夕祭既曰象生時，則父母葬前用素，亦恐合於人情。」答閔鎮厚。

同春曰：「父母喪三年之内子死，則葬前用素，虞後用肉，即先正之論。蓋虞後，則以神道事之也。卒哭既過，神事已久，而始有父母喪，則象生用素，恐或未安。」答徐晉履。

問：「子喪小祥後其父死，則其子朝夕上食時用肉，如何？」洪益采。遂庵曰：「子先死而既經小祥，則以神道事之久矣。此異於居喪而死者，葬前用肉，恐無不可。」

問：「父母之喪在殯，如昆弟死，而同宫未殯，則不可以肉饌饋父母之奠乎？」崔碩儒。慎獨齋曰：「饋奠之饌，似當用素。」

問：「内喪未成殯而外喪出，欲於内外喪上食并用肉。」閔翼洙。陶庵曰：「内喪上食之用肉，恐涉未安。雖有齊體之義，自是所天之重，先儒正論，如有酌量者則已，不然不妨從厚，如何？金君亮行云使亡人在，則必食素，其在象生之道，無可疑者，此言亦有理。」

喪中死者祭奠用素當否見喪中身死條

并有父母及諸親喪饋奠行事之節與改葬條中兩喪几筵行饋奠條參看

尤庵問："并遭父母喪後，喪殯後，似當舉朝夕祭于考之几筵，而主人既未梳洗，則當使人攝之，而主人只拜哭，祭畢，歸奠于母殯耶？"慎獨齋曰："來示得。"

同春曰："葬前喪人不澡潔前喪饋奠不可親行，唯立於位而哭，使子弟奠酌似宜。"答李憬。

問："曾祖母祖父几筵奠獻之禮，葬父畢虞祔，然後始爲親行耶？"或人。南溪曰："若諸叔持服者在，待父葬畢，始行奠獻恐宜，蓋亦未遑澡潔故也。"

又問饋奠四處几筵。南溪曰："惟當一循次第行之，雖有早晚之異，其勢然也。"

問："亡伯母即先妣之姪也，設几筵于一家，祭奠當何先後？"李時春。南溪曰："似當先祭伯母。"

新喪葬前前喪墓祭當否

同春問："三年未畢，而一家有喪，則舊喪墓祭與他祭并停耶？抑喪內祀事停廢未安，略設爲當否？」慎獨齋曰：「孝子不忍死其親，故雖當并喪之日，不廢前喪之奠，以此而言，則前喪墓祭，似亦可行。而離殯行祭，非苦塊者所安，况練祥既廢於同宫，則墓祭獨異於練祥乎？凡禮者必可通行於彼此，不可宜於此而不宜於彼也。若别葬新山，則似可設祭，祔葬先壠，亦可獨祭乎？謂是别葬，而欲爲獨祭，則是果通行之禮乎？愚意則姑依他位停廢似當。」

問：「卒哭前大小祭祀，固當準禮廢之，而今日吾家，則廟中朔望參雖廢，而祖妣几筵殷奠，則未嘗廢。然則正朝節祀壽洞山所，則不當廢耶？若不廢，則只當以一獻行之矣。」閔遇洙。陶庵曰：「誠如所示。」

并有父母喪朝祖時朝几筵

尤庵問：「并遭父母喪，葬時朝祖於祠堂，遂朝於夫之几筵，而後行耶？」慎獨齋曰：「來示得。」

并有父母及祖父母喪發引先後

問：「發引時何喪當先歟？」裴尚龍。寒岡曰：「恐府君當先。」

同春問：「父母喪偕在途及下棺，將何先後？」沙溪曰：「在途，父先母後；下棺，則先母柩。」

愚伏曰：「葬是奪情之事，故先輕。今同日而葬，則既於奪情之義無取，而先發輕喪未安。議者之寧欲先發重喪，以應男先之義，亦不爲無見。然聖人既明言先輕後重，則有不可違易。況啓殯之際，先啓輕喪，視載既訖，而後還啓重喪之殯，雖時刻之間，猶有尤不得已於重喪之意，行乎其間。發引在途，至山下棺，莫不皆然。恐當從《禮經》之文爲是。」答金浄遠。

尤庵曰：「發引不同日，則先母後父矣。若同時在道，則當先父後母矣。生死無間，豈有男女同行，而女先於男之理乎？」答或人。

同春問：「并有父喪與祖母喪者，其發引及葬時，以何喪爲輕，而先之耶？以服則父喪爲重，以義則祖母爲重，誠難處。寒岡云『父喪當爲輕，發引時亦先行』云，未知果爾否？」慎獨齋曰：「以倫序言之，則寒岡之言似是，而《禮經》先後之訓，既以奪情言之，父喪祖母喪，又異於并有父母喪，未知如何？」

問祖父及先人兩喪在途時先後。南磐。南溪曰：「偕喪之禮，在道則先重後輕，當以祖考喪柩在前。」

承重孫并有父母及祖父母喪先後葬

尤庵曰：「《禮》曰：『葬先輕而後重，祭先重而後輕。』《小記》注：『先葬母，明日即治父葬。葬父畢虞祔，然後爲母虞祔。』○孔子曰：『喪先輕後重，并有父母喪則先葬母。其奠也，先重後輕，禮也。奠則先父。自啓及葬不奠，其先葬母也，惟設母啓殯朝廟大奠，不爲設奠也。行葬不哀次。行葬之時，不得爲母伸哀於所次之處。反葬，葬母而反。葬而後辭於賓，遂修葬事。既反即於父殯告辭賓以啓父之期，遂修營葬父之事。其虞也，先重後輕。』如虞祭偶同，則異行，而先父後母。○此蓋葬是奪情之事，故先母後父；祭是伸情之事，故先父後母。今以承重孫言之，則未知祖母與父孰爲輕重，然以服言之，則有齊斬之别，或可以此斷之耶？至於虞祔之祭，則《春秋傳》有子雖齊聖不先父食之文，據此，則似不可先母而祭子矣。然則祭先重之説，似難用於今日矣。略有一説可據者，《禮》曰：『同宮，則雖臣妾，葬而後祭。』今承重孫，雖或先葬祖母，而父喪在殯，則似當待父葬畢後先行祖母虞祔矣。然亦無明文，不敢質言。○贈及題主等事，均是虞祔前所行之禮，不可以父未葬而有所礙矣。」答閔鼎重。

又曰：「同時發引，則先父柩，是老先生之説也。葬時整柩衣銘旌等事，皆係葬具，則似當先母矣。」答黃世禎。

又曰：「贈是伸情之事，其先重後輕可知。」答尹寀。

祖孫及母子偕葬

問祖孫同日永窆下棺虞祭先後。李成己。杇淺曰：「孔子所謂先輕後重之説，本爲父母偕喪而發，非所擬於祖孫。然若論其葬之先後，則不得不依此行之也。鄭先生嘗論父與妻同時死者之葬，亦以此爲言，則先父而葬者，有何不可？」

南溪曰：「母子一時俱葬，恐不可以夫妻并有喪先輕後重論，當以尊卑爲序也。」答李時泰。

父母偕葬題主先後

尤庵曰：「父母同日窆，則當先題重喪之主，虞祭亦先行之矣。蓋葬是奪情之事，故雖先母後父，而題主則是伸情之事，故先父後母耳。」答閔泰重。

父母偕葬返魂

尤庵曰：「考妣偕喪，雖同日題主，返魂時當可異車。」答韓如琦。

臨葬遇喪

問：「有爲人後者，於所後葬時，上山後未及下棺，本生母訃自百餘里外而至，則當止下棺而奔哭耶？待下棺後奔哭耶？」李心濟。陶庵曰：「既是出後之人，則本生親即爲期服，語其情理，雖不可與他期服比論，而身方主喪，適又臨葬，以大義斷之，則輕重自别。待其下棺始爲奔哭，恐爲得禮之正。然聞凶之後，雖未敢即時奔赴，亦當思所以粗伸情事。《禮》云『有殯聞外喪哭之他室』，此或可以旁照否？」

退溪曰：「妻喪在途，而聞兄弟之喪，此等事古無明文，臆説爲難，恐遇此變者，固當奔兄弟之喪。然若妻喪無人幹護，不可以成葬，則至妻喪掩壙，而後奔，其或可也。」答李叔平。

問「遭母喪，將祔于父墓，既穿壙，而又遭妻喪」云云。吴再挺。尤庵曰云云。詳見重喪中遭輕喪者重喪虞卒祔條。

問：「樂道母葬方近，而家親纔遭重制葬事，退定甚難，虞卒當退否？」金樂道。陶庵曰：「期服成服前，實爲未安。然送終大事，異於平時，祀事退期亦難，似不得。不過行而既葬之後，虞祭又安可不設耶？然主喪之人，如以身有重制，未成服而備祭儀，爲尤未安，則虞祭其子代行，祝辭以父使子爲辭可耶？虞祭繫於葬，此事只當論葬事之當退與不當退也。」

父母及祖父母偕喪虞卒與改葬條中新舊喪合窆行虞條參看

尤庵曰「葬先輕而後重，祭先重而後輕」云云。答閔鼎重。○詳見承重孫并有父母祖父母喪先後葬條。

又曰：「先葬父後祖母不虞祔待後事，《禮》有明文，更無可疑。初虞亦是虞也，何可與再虞三虞異同也？初虞不行於葬之日中，誠爲未安，然所重有在，何可徑情直行也？」答南宮迪。

南溪問：「不虞祔云云，經文并舉祔祭者，非必待父虞祔畢後始行母之虞祔。參之情理，行母初虞於幾句之後，殊非安神本意。玆欲捨《集説》而從《通解》，第葬日行父虞，明日行母虞，又明日行父再虞，次第倣此，則并失《家禮》遇剛遇柔之義，何以處也？」静觀齋曰：「陳澔澤之説，果是硬看不虞祔三字而然也。《通解》疏有先虞父乃虞母之語，既不失先重後輕之義，又無太遠未即安神之失。依來示爲之，似可。剛柔日則父三虞卒既不失剛柔，則母祭雖非剛柔之日，所重在父，以先重後輕、以重包輕之義權之，則似無所失矣。」

重喪中遭輕喪者重喪虞卒祔

問「父母喪」云云。崔碩儒。愼獨齋曰：「卒哭祔祭在於人事，虞祭急於安神，而兄弟之喪同宮未葬，似不可祭。此等處，未可容易斷言，更徐詳之。功緦之喪未殯，則不可行祭。」

問：「遭母喪，將祔于父墓，既穿壙，而主人又遭妻喪，成服適當葬日，成服後當更擇日以葬，而虞卒哭祔祭倣禮行之耶？」吴再挺。尤庵曰：「初再虞則即行，三虞卒哭祔祭則葬妻後擇日行之，而三獻之禮皆不可廢。」

并有喪卒哭小祥相值

問：「父之小祥與母之卒哭相值，則如之何？」梁處濟。南溪曰：「同日各行恐無妨。」

并有父母喪祔祭

問：「母喪祔祭有故未行，練前又遭父喪，先喪練祥，亦當退行於後喪卒哭後，而後喪則卒哭後即行祔祭，禮也。先喪喪既在先，而祔在後喪祔後，似未安。先喪祔祭雖練前與後喪同行，如何？先後喪若一日并祔，則祖考妣神主，似依忌祀并祭儀行之，而所祔先後喪神主，尚未合櫝，當各設位行之耶？」或人。尤庵曰：「前後喪祔祭，亦當依先輕後重之禮，而各行之矣。」

問「父喪葬後祔祭未行，又遭母喪」云云。洪益采。遂庵曰：「當時既未行祔祭，則到今不可不追行，來示母之卒哭明日行父之祔，翌日行母之祔，似得矣。」

祖喪中孫死祔祖

沙溪曰：「凡祔從昭穆，祖父母在，則當間一代，而祔於高祖。今者祖已死，喪雖未久，猶當祔祖，以昭穆同故也。《禮經》詳焉。」答同春。

《雜記》：「王父死，未練祥，而孫又死，猶是祔於王父。」注：「孫之祔祖，禮所必然，故祖死，雖未練祥，而孫又死，亦必祔於祖。」

南溪曰：「祔祭事，《雜記》既言『王父死，未練祥，而孫又死，猶是祔於王父』，則似不可以未三年拘也。但祖考妣新舊兩主，未及同廟，而先行合享，恐有所未安。誠如來諭，蓋無他考，經禮又不可廢其義，只當單行於祖考而已，未知如何？《五禮儀》及東人舊俗，亦有待三年而行祔者，然《問解》既言父母喪中不行祖父母吉祭，則是亦未配也，無如之何耳。」答朴弼純。

陶庵曰：「祔祭之不行於三年內，大失禮意，令弟所後祖喪未大祥之前，急宜行祔。祔之翌日，行令弟祔祭於祖喪几筵，祭畢即入祔于高祖龕東壁下。而夫新主入廟，此是大節，亦不可昧然行之。於高祖龕，亦以酒果告由，祖喪大祥後，亦祔于高祖龕西壁下。」答李命元。

所後喪中本生親喪祔祭

寒岡問「先妣祔祭，仲兄當爲主人，而仲兄所後父服未除」云云。退溪曰云云。詳見喪禮爲人後者本生親喪諸節條中本生親喪祔祭條。○下同。

問「遭本生母喪又遭所後父喪，本母祔祭」云云。鄭崐壽。退溪曰云云。

重喪中諸親喪祔祭

問：「宗子居父母之喪，未練，又當期大功祔祭，則着何服而祭歟？」崔碩儒。愼獨齋曰：「祭時服其所祔之服也。」

南溪曰：「《禮》曰：『王父死，未練祥，而孫又死，猶是祔於王父也。』是則可爲宗子方在王父喪中，而尚行其孫之祔之證。然則宗子服重而爲之祭，固在於禮，而蓋非宗子，則亦莫之行也。服色則深衣孝巾，似亦得之。」答趙得重。

又曰：「祔祭必使繼祖之宗子主之，蓋尊在於祖也。以此推之，令姪雖在衰服中，似當自稱孝孫，爲告行祔之意於祖廟，而往當祔之喪家，設紙榜行禮，恐無可疑。」答金洪福。

問「從嫂祔祭當行於祖母几筵，而弟主其祭」云云。閔翼洙。陶庵曰：「祔是爲新喪而設者，新喪五服之人，皆當各服其服，然以哀言之，緦服至輕，且是國制，恐當服本服而行之也。」

并有父母及祖父母喪練祥

練祥退行者本祥日行事之節并論○與追服退祥及國恤中練祥退行者本祥日行事條參看

問：「有人遭外艱於本月旬後，又遭内艱於閏月旬前，則其除服也，不可不先除後喪，後除前喪耶？」蔡徵休。　遂庵曰：「事勢不得不如來示矣。」

尤庵曰：「母喪練祭當待葬父虞祔後擇日行之，其初忌日，則略設單獻祭而哭之而已，祝文則闕之，而只告不行練祭之由矣。」答或人。

問：「父喪卒哭後，其月擇日行母小祥，次月行大祥，當何日行之耶？」梁處濟。　南溪曰：「練祥祭擇日當依禫祭例，用或丁或亥。」

問：「父在母喪初期將迫，未及行祥事，又遭父喪，當於父葬後行母祥，而父葬之次月，即母喪再期日，以此日行大祥，如何？」吴再挺。　尤庵曰：「父葬卒哭後，即行祥事，再期日以忌祭行之，而單獻略設，宜矣。」

問「母喪未及練，而又遭父喪，前喪祥期已至，而後喪猶未襄奉，則祥日雖無三獻變服等禮，不可無變通」云云。梁處濟。南溪曰：「依朔奠行禮時，當措辭告以因喪不得行祥之意。」

問：「以《問解》并有喪條觀之，則改題祖父母神主，當在父喪畢後，祥祭祝辭，則以嫡孫名一依《家禮》書之耶？」或人。南溪曰：「既不可以亡者爲祝，則雖未及改題，恐當以嫡孫爲主，《備要》合祭未改題，而先稱幾代孫，已有其文矣。」

并有喪前喪祥日變除之節

退溪曰：「雖重服在身，既云除服，則暫服黲服而行之，既而反喪服，不得不然也。齊衰期除服亦同。」答鄭崐壽。

沙溪曰：「前喪大祥之祭服其喪服，入哭後服大祥服，祭畢還服後喪之服，可也。雖於緦功之輕服，亦暫釋重服，而服其服，况於此乎？且大祥之服，本非吉服，又何疑乎？嚴陵方氏曰：『服其除服，而後反喪服，以示於前喪有終也。』」答姜碩期。

同春曰：「疊遭喪者前喪祥日，似當以衰服入哭，祥服承祭訖，反後喪衰服，何必更論墨衰之制耶？」答權諰。

尤庵曰：「祥祭畢，奉神主入廟後，反服後喪之服。」答朴光一。

國恤中并有私喪練祥見國恤條

親喪中期服追除當否見喪禮五服變除條

并有重喪中前喪禫祭行廢與追喪條中兄弟先後變除條參看

問：「喪出一月，禫亦在一月，未知上丁行祖母之禫，而行父之禫於亥日耶？或曰一日之內，先行祖母之禫，後行其父之禫云，何如？」寒岡曰：「若同堂偕祭，則何如？不然，先卜日行先喪之禫，次卜日行後喪之禫。」

問「斬衰已除，禫在閧月，而猶齊衰在身，纔過練祥」云云。金烋。旅軒曰：「大喪之禫，固不可以齊衰之在身而廢其事也。」

問「斬衰與承重祥日，既在同月，則禫祭亦當行於同月，禫祭先後，從祥日之先後，而次第行之耶？禫服既就吉，則後禫之前行前禫，而服禫服，雖一時權着，似未安於心」云云。鄭存謙。陶庵曰：「前禫既非過期，則安敢闕之，禫事亦當從祥之先後，而次第行之，至於同日，則不可矣。」

又曰：「前喪禫當行於後喪大祥後，雖同月内，此則無嫌矣。」答李命元。○以上禫祭當行。同春問「承重孫將行祖父之禫，又遭母喪，則當待母喪畢後行之耶」云云。沙溪曰：「喪中既不可行禫，而過時又不可追行諸父，豈可以嫡孫之故，而不脱服也？設位哭除恐當。」

又曰：「父喪中不可參祖母禫，諸叔父告辭行之，可也，當俟父喪畢後行之。承重孫父喪雖畢，祖母禫不當追行，蓋過時不禫，朱子説有之耳。」答李敬輿。○上文答宋浚吉條與此似不同，當參考。

問：「并有喪者，前喪禫祭，似不可行於後喪未除之前，然則終廢前喪之禫耶？」姜碩期。沙溪曰：「禫，吉祭也，喪中不可行也，亦所謂不忍於凶時行吉禮之意也。據朱子説，不可追行明矣。」

《語類》：問：「三年而葬者，必再祭。鄭注以爲只是練祥祭無禫。」朱子曰：「看見也是如此。」

又曰：「父喪既纔之後，方行妻之二祥，以布衣孝巾將事，禫則不可行。然其子不可以父之故，而久持祥服，至當禫日，只設位哭除之而已。其父則斬衰服盡後，依過時不祭之禮，更不祭，未知如何？此等禮是臆説無據，不敢爲是耳。」答鄭弘溟。

問「并有喪中行禫，服色則《要訣》所謂喪服可以通用，時祭猶可以喪服行之，則禫祭不可以喪服行之乎」云云。尹宣舉。慎獨齋曰：「禫是變除即吉之節，非時祭，平常家廟之祭，决不可着吉而行，又不可喪服而行。其可以禫有哭泣，而謂之比時祭有間乎？是故《雜記》既纔練祥云而無行禫之說耳。決不可以權行時祀，而喪服行禫也。長孫不能行禫，則諸叔不可以己之即吉而出主設祭也。以當禫之日別處設位而變除，似可矣。」

尤庵曰：「《曾子問》注只論二祥而不及禫者，二祥是終不可闕者，禫是淡淡乎平安意，視二祥差別，故不及耳。」答沈之漢。

同春曰：「禫則雖有哭泣之節，而其名既吉，其服亦吉，決非喪内所敢行，喪畢之後，則又過時難追。」答權諰。

南溪曰：「疊喪者之於先喪之練祥，當服其服，唯禫祭則係是吉祭，似當更詳處耳。」答金克成。

又曰：「云云，唯嘗習聞其或因喪故追行大祥於禫月，則更無行禫之義矣。鄙意行祥未禫，固爲孝子無窮之痛，苟已準禮不行禫祭，則義當於祥祭時，姑着麤黄草笠或淡黑布笠。白布直領淡黑布帶以行之，俟後仲月正祭時，時祭。始着純吉之服，方似有據。所喻俗禮於祥後或間一日及中下丁行禫即吉者，既違不再禫之禮，又失中月而禫之文，進退恐益難安。」答申銓。

又曰：「《問解》兩答中設位哭除者，終是正當。蓋無長孫，而諸叔父獨行大祭，禮節雖異，恐或未安故耳。」答權益文。

重喪中遭輕喪者重喪練祥禫行廢

問：「退溪《喪祭禮問答》爲人後者服所後母服，服闋將行禫，又遭所後母之父母喪，可行禫否？退溪曰：豈可行吉，待服盡别擇後月行之，似合情文。此説如何？」李惟泰。沙溪曰：「外祖服乃小功五月也，必盡五月服行禫，則是三年而加五也。其後若有期服，加延一年，又不幸疊遭期服，則將至四五年不脱服，豈有是理？以《禮經》諸説推之，三年喪則既顯得爲練祥，其餘喪初不舉論，殯後可練祥之意，據此可知。愚意自期以下，既殯之後，擇日行練祥禫，不須待服盡也。」

《雜記》：「父母之喪將祭，而昆弟死，既殯而祭。如同宫，則雖臣妾，葬而後祭。」注：「將祭，將行小祥或大祥之祭也。」

問「父喪中遭妻喪值父大祥」云云。尹宣舉。慎獨齋曰：「《雜記》曰『父母之喪將祭，而昆弟死，既殯而祭』云云。妻喪雖重於兄弟，而殯既異宫，則父喪祥祭，似當行之，雖禫亦可行之。」

尤庵曰：「將行祥禫而昆弟死，則殯以後祭，禮也。若祖母死，則雖亦期服，而正統之喪，實異於昆弟。然非同宫，而必待祖父母葬後而祭，則有一説焉。假如父母大祥在正月初二日，而初一日其祖父母死，則將如何？若必待三月葬後，則是父母之祥，行之於二十七月也，無乃未安耶？此甚難處，不敢質言也。至於支子異居者死，而其父母死，則於支子之子固爲期服，而支子之妻，則是三年喪也，當依『三年喪則既纇得爲練祥』之文，既纇練祥，似有據矣。然禮所謂三年喪者，正指父喪中母喪，或母喪中父喪言也，其餘則無與焉。今支子之妻，據古禮則於其舅姑正期服也，何可謂三年也？子婦之爲舅姑三年，是宋朝魏仁浦等獻議所定也。今以宋朝上以律之於古禮所謂『三年喪既纇得爲練祥』之文，則逕庭而不合矣。大抵其父母與其祖父母，既是父子，則是同宮矣，《禮》『同宮則雖臣妾葬而後祭』，今所殯既是家間，雖小祭祀，似亦不敢舉矣。」答或人。

南溪曰：「《要訣》則期大功於未葬前，雖忌墓祭，亦一獻減饌，《問解》則期以下既殯後，雖練祥禫祭，必擇日設行，此似不同。然忌日固喪之餘，自是吉祭，而練祥禮家與葬同稱，實爲喪祭。且《問解》所引《雜記》，雖爲昆弟而言，沙溪乃以期以下爲斷，準此，雖祖父母未葬前，似無不可行練祥者。」答徐宗積。

問：「婦於姑喪中遭本親喪而夫亡，無他主人而自當其室，則其姑禫祀如何？」李時春。南溪曰：「其夫雖亡，姑之禫由婦而設，則只當依例行之而已。」以上練祥禫當行。

問「衆子之子服父禫，而遭祖父母喪」云云。閔泰重。尤庵曰：「未禫而遭祖父母喪，則禫不可行矣。」

問「父母禫日遭妻喪」云云。李之老。南溪曰：「妻喪及父母喪，只有尊卑大小之等而已，若果不可行禫，則哭除節目，亦未見其有異。」以上禫祭當廢。

重喪中輕喪練祥備禮

問「孤家巨創之前薦哭婦嫂二喪，三年内祭祀例有單獻不讀祝之規，故練祀時，亦依此行之」云云。俞廣基。遂庵曰：「云云，若并有喪而當行大小祥，則禮所當備，無節略之義。」

問：「喪中行祭只一獻不讀祝，而亡弟大祥若如此，則恐不成禮。」尹敬倫。陶庵曰：「此與喪中行祭之事，不可作一例看，令弟大祥之具禮過行，恐無可疑。」

并有喪吉祭

慎獨齋曰：「吉祭乃正祭，而父子易代祖先祧遷，此何等盛禮耶？曾謂居喪墨衰而行吉祭乎？時祭或可攝行，吉祭遞遷不可攝也。」答尹宣舉。

問：「舍叔即繼高祖之宗，取家兄爲後，家兄喪逝翌月，舍叔内外同月俱歿，宗姪承重。今者喪制已畢，將行吉祭，當遞六代祖五代祖兩位神主，而改題告辭列書諸位下，若但曰『先祖考喪期已盡，禮當遷主入廟，六代祖五代祖親盡，神主當祧』云，則六代祖固於祖考喪畢後親盡矣，五代祖則不可謂之親盡於祖考喪畢後，若并言先祖考先考喪畢，則亦有所不安。告辭何以則得宜耶？」李慶章。陶庵曰：「今此吉祭，專爲祖父喪盡而設，則改題祝辭宜若但以先祖考喪期已盡爲辭，而祧位中六代祖則於祖考喪後爲親盡，五代祖則不然，其間不可無通變之道，告辭列書諸位之下，係之以『先考某官府君喪期已盡，於某年某月已祔於祖龕。今者先祖考某官府君喪期又盡，禮當并爲遷主入廟』云云爲可。」

又問：「伯父在世時，舍嫂已亡，神主亦將改題。當於告先代祝板列書告之耶？吉祭當遞遷六代祖，陞考與祖于正位矣。祫祭時於祖位，則當用新主祝，而考位則於祭曾祖祝，只以先考祔食爲辭，則世次迭遷，此是大節，而不以各祝告由，於考位極涉昧然。祫祭後以祔位陞正位，祖與考別無異同，考位亦當依祭祖考之例，別用祝板以告隮入于廟之意，然則其祝辭中喪制有期等語似不襯，未知亦何以措辭耶？」陶庵曰：「此亦當於吉祭前一日改題，而別告妣位曰『當初題主時，祖考某官府君爲主，故以其屬書之矣。今祖考喪期已畢，子某將以顯妣改題，謹告事由』云云。改題時茶禮則同設，而祖先與妣位告辭則當異板矣。改題後合位並祭，其祝辭並書考妣，而其下曰『先祖考喪期已盡，爰舉吉祭，六代祖考某官府君、六代祖妣某封某氏，五代祖考某官府君、五代祖妣某封某氏，方祧遷于長房，禮當以序，隮入于廟，時維季春，追感歲時，昊天罔極，謹以』云云爲可。」

期功服葬前重喪吉祭行否

陶庵曰：「喪餘之薦與常時時祭有間，雖期服未葬之前，苟其異宮，則未見其不可行也。」答閔翼洙。

又曰「緬之緦吉祭可行」云云。答閔昌洙。○詳見改葬條中改葬後除服前諸節條。

本生親喪中行所後家練祥禫吉

同春問：「所後喪將練而遭所生喪，或謂所生初喪，行練未安。第以『三年之喪既顈而練祥』及『父母之喪將祭，而昆弟死，既殯而祭』等語參詳，練祭似不可退，如何？」愼獨齋曰：「所生之恩固重，而已降爲期服，三年既顈之説，如是其明甚，則似不可以私情而廢當祭之祭。雖曰『遭喪未久，情所未忍』，而其間亦無別樣可行節目，今難徑情創改，奈何？」

南溪曰：「禫祭傳重爲重不可不行之説，亦於鄙見所嘗主之者也。及考沙溪凶時不可行吉禮之言，而後始以爲服雖異而情固同，似未合遽變吉常之服。今諸説皆以傳重爲重，此乃所謂以義裁恩、以禮處情者，據而行之，恐不至有妨。然其一切降殺，不顧孺慕之私心，却行平安之大祭，豈非以此服輕、彼傳重，果以爲斷案耶？然而反於吉遞遷祔之禮，乃反以所生之喪，而使諸父主祭，則是於未嘗待以有喪之意，其前後蓋已不相坐，而又何以能與乎祖統爲重之義耶？」答閔寀。

陶庵曰：「出繼者於本生親，雖自伸其心喪，而實則期服也。繼體之義至嚴且重，禫是變除之大者，吉祭則又有遞遷改題之節，所關尤大，何敢以私親之服廢閣而不之行也。本生家小祥既在於六月旬前，則以中丁過禫，而吉祭亦可行於當行之月，服色則只是一時借吉，恐無可疑也。」答尹陽來。

又曰：「出後於人者爲其本生親，雖自伸其心喪，而聖人制禮，則只是伯叔父母之服。遭親喪者，雖有伯叔父母之服，豈有不行祥禫之理乎？今之致疑者曰『伯叔父母，則無心喪一節，不可比擬』，然自伸其心喪者，情也，一斷以期服者，禮也，今於變除之大節，其可拘於情而廢於禮乎？抑將伸於公而屈於私乎？況所貴乎禮者，爲其別嫌也。苟於此等處不能一視以伯叔父母之服，則恐非所以嚴一本之義也。議者又以祥後禫前服色爲疑，然私親與所後服不可錯雜，但當待所後服盡後，方可服私親服矣。至於吉祭，則事體尤嚴重，行之無可疑。以此推之，祥禫之不可廢，蓋明矣。」答李敏坤。

又曰：「祭時服色似當用微吉之服也，吉祭實喪之餘祭，固不敢不行，而至於時祭，則權廢亦何妨。」答金樂道。

心喪中行重喪禫吉心喪人與祭并論

南溪曰：「《問解》雖有喪中不可行禫與吉祭之説，此則以方有斬衰正服者而言。今左右所持乃心喪，凡所謂心有哀戚之情，而身無衰麻之服者也。如必以此而不得行祖父三年之終祭、承重改題之吉祭，則是殆以輕哀而廢重禮，不待校證而明矣。惟當祭不着純吉之服，涖事不行受胙之節，猶不至爲自同於平常之人也。」答吕光周。

尤庵曰：「《家禮》小注引朱子説，以爲卒哭後遇四時祭日，以衰服特祀於几筵，用墨衰常祀於家廟，可也。卒哭後且如此，况心喪人已從吉服矣，其與於禫祭吉祭，有何未安之理乎？」答尹明遇。

母喪心制中遭父喪者祭母服色

問：「先妣心制未闋，先考又没，其於祭先妣也當何服？」李時春。南溪曰：「恐當以《問解》喪中祭先之服行之。」

所後喪中爲本生親喪持服行禫之節

問：「所後喪畢而本生喪期未除，則其持本生期服當在祥乎？當在禫乎？」韓如琦。尤庵曰：「私親與所後服不可相雜，當待所後服盡後，方服私親服矣。」

問：「所後親喪中值所生親之禫，則不可參祭耶？」姜碩期。沙溪曰：「禫，吉祭也，身有重喪，不可參也。如君家則長婦雖存而不在，於家君則服已盡，且無他兄弟除服者，禫祭不設似可矣。」

父喪中妻喪練祥禫

問：「主妻喪者未練祥，而遭斬衰之喪，則及其妻之練祭，當服期服，祥而亦然。但祥祭時易練服後，當服何服以卒事耶？禫祭則以重喪在身，固可廢也。但其子於十三月之祥除練服着祥冠，則及其十五月當禫之時，以其父之不主祭，己亦廢母之禫乎？抑可自攝其祭而除服乎？且此子方有祖父期服在身，今若釋期服，即禫服，則於義無據，如欲廢母之禫，而遂祖父之喪，則其除母之祥服，當在何時耶？」鄭弘溟。沙溪曰：「主妻喪者，有父喪斬衰之服，其妻之練祥，當服妻服入哭，而祭時不可着吉服，只着頭巾與布衣祭之而已。禫則父有重服，不得主祭，子不可獨行禫，至祭日只着母之祥服，入哭後脱服，又服微吉之服，哭之而已。其父雖斬衰服盡後，當依過時不祭之文，更不祭，朱子之言有之矣。此等禮是臆説無據，不敢爲是也。」

又曰云云。答鄭弘溟。○詳見并有重喪中前喪禫祭行廢條。

并有君父喪見喪禮國恤條

居憂中遭師喪見喪禮居喪雜儀條

禮疑類輯卷之十八

喪變禮

道有喪

追後喪不可解斂飯含

問「有人客死於千里之外，無飯含而襲斂，則喪人至，啓棺解斂，更爲飯含耶」云云。李心濟。

陶庵曰：「飯含之節雖重，而日久之後解斂追行，非惟勢不可爲，豈非情禮之至不忍，而大未安者耶？恐不當論也。」

大斂時追用幎握見追行之禮條

在途喪到家成服

問：「在途喪未殮殯，故兄弟過四日亦未成服，到家殮殯後一日方成服，而第念奔喪者，至家四日方成服，則此雖非奔喪之例，以兄嫂觀之，則聞喪而喪未至，亦猶奔喪而未到喪次者也。喪至之日，大斂則雖即爲之，其儀節則一依始死之禮，第四日成服，如何？」退溪曰：「當如是。」

在途成服前饋奠本家設虛位行奠并論

問：「途中不斂，未成服，而日數已過四日，不忍廢奠，將生時路次所用之物食時乃上食，是否？」金誠一。退溪曰：「當如是。」

遂庵曰：「客死他鄉，喪側無人，不能奉奠，則本家當設行於虛位。」答姜再烈。

喪中身死

喪中死者襲斂衣服喪服區處并論

退溪曰：「服中死者，襲斂用孝服，似當。然一用此服，地下千萬年長爲凶服之人，此亦情理極礙難執處。愚意襲用素服黑巾帶，小斂時着身正服亦用素，其餘顛倒用服，雜用吉服，當大斂入棺之時，孝服一具與吉服一具對置，孝服右而吉服左，似有服盡、用吉可以兩得之意，不至長爲凶服之人。」答禹性傳。

問：「喪中死者襲斂當用何服？」姜碩期。沙溪曰：「退溪及或人有説，而與鄙意不合，故嘗辨之，亦未知是否。」

退溪曰云云。見上。○又有或者曰：「禮，喪從死者，故凡襲斂大夫士各有其服，且《禮》云：『所祭，於死者無服則祭也。以其哀慽之情，與生時無少異故也。』愚以爲當襲以衰麻，斂以縞素，顛倒衣裳，則雜用吉服，至於冠絰，則高硬不安，或用麤布爲大帶及幅巾以代之，恐亦不妨。」按或者之言似有據，而終未穩當。退溪之言似合於情理，然亦不能無疑於其間也。既以生死有異，變用黑巾帶爲襲，又雜以凶服。一人之身而吉凶并用，既不爲吉服，又不爲凶服，進退無據，恨不得就質於函丈也。又如齊衰重服，斂以凶服於情近似，至於緦麻小功之輕服，及國恤中死者，亦以凶服襲斂，極有妨礙。惟以孝服隨魂帛出入，置諸靈座，以待其服盡之時，似或可也。己卯諸儒議定喪中死者襲斂皆用吉服，喪服則陳於靈床，若既葬而徹靈床，則藏於靈座之旁，以待除服之期，乃遺衣服必置靈座之意也。練祥時奠告去首經負版辟領衰，以至易服，一如生時。昔年以此問寒岡鄭道可，答曰：「來教得之也，未葬之前，則象生時，用素饌，喪服常置靈座，既葬之後，則撤喪服而用肉祭，未知如何云。」

寒岡曰：「喪服置之靈床，葬後輟之。」答李天封。

愚伏曰：「鄙意喪服只得留之生時喪次，除後去之，於象生之義爲得矣。聞西厓、寒岡亦皆如此說。」答同春。

南溪曰：「焚埋一節別無可考，第與生者之服不同，姑用《禮記》祭服弊則焚之之義，恐不至大悖也。」

喪中死者祭奠用素當否

問「亡人在母喪中，而未經大祥」云云。李君顯。寒岡曰：「初喪則不以死者待之，朝夕上食，不須用肉。」

南溪曰：「若必欲以生人之禮待死者，則素饌之外，如喪服諸具，其類甚多，何可一一追行耶？苟欲盡廢他事，而獨行素饌，則亦似未允。」答李賀朝。

問：「亡母在喪而違世，生前病重時，既以用權，故奠因用肉饌。」李綎。南溪曰：「限葬前還用素饌爲宜。」

喪中死者不行致奠

問：「平日居喪未嘗御非時別饌矣，致奠諸品，雖用素饌，亦係非時別饌，則其在象生之道，無乃未安耶？抑几筵朔望殷奠外，俗節別奠無所廢，致奠一節，亦依別奠例行之，無妨耶？」閔遇洙。陶庵曰：「葬前凡事既一以喪中禮處之，則致奠不行，恐合於象生之義也。」

嗣子未執喪

子幼攝主

問：「若有乳下兒，猶以兒名告否？」李淳。退溪曰：「兒名攝主告。」

尤庵曰：「禮，子幼則有以衰抱而行禮之儀，雖在乳下，當以其子題主。而凡祭祀時，若難於抱衰，則以其幼告於几筵，而使人攝之似宜。今日士大夫家如此者多矣。」答俞命賚。

又曰：「攝主之意，如虞卒哭等大祭祀，則須皆告之矣。雖亡者之弟攝行，其祝文頭辭，則必云孤子某幼未將事云云矣。此於《禮經》無見出之文，而曾聞人家皆如此云矣。」答梁以杞。

南溪曰：「退溪答寒岡書有攝祀事子某之説，然此則宗子未及立後故也。今者已得立後，事體與寒岡家不同，恐當用朱子兒名攝主告之説，爲祝辭曰『孤哀孫某幼，未能即禮，孤哀子某攝事，敢昭告于』云云，自虞以下，依此行之，恐當。」答元夢翼。

陶庵曰：「主祀者年幼，未可將事，則告以權攝之由而替行，何妨。三獻不可無祝。」答曹命益。

寒岡曰：「祝文中顯考及夙興夜處等語，既以兒子名書，則當用《家禮》本文無所改。」答李善立。

問：「人死而子幼者，以子名題奉祀，而攝主告之之禮，已詳於朱子答李繼善之書矣。但以兒名書祝文云云，無乃不近嬰兒所稱耶？」黄宗海。　沙溪曰：「當以兒名主之，告以攝主之意，夙興夜處、哀慕不寧等語則改用不妨。」

尤庵曰：「夙興夜處云云，既非嬰兒之事，而攝主之人若是兄弟若遠親，則亦非所宜稱。」答或人。

南溪曰：「兒名攝主告，乃退溪用朱子語者也。其祝辭似當曰『孤子某兒之定名，非乳名也。幼，不能將事，屬某親某敢昭告于顯考』云云。沙溪謂夙興夜處、哀慕不寧等語，當改用，然既以兒名告，則此處下語極難，直繼以清酌庶羞云云，恐亦無妨矣。」答李時泰。

又曰：「考《曾子問》云云，君薨，世子生，奉子以衰，以名遍告五祀山川之神，禮也。今當以此爲準，祝辭則以兒名爲告，行禮則以攝主代行，方爲大正。然此以襁褓兒論之，禮，適子若八歲以上，當室者服喪，與成人同，則今之行禮，恐當尊長持執而教導之。如哀慕不寧等語，自不必改用也。若其兒決不可將事，或不成貌樣，則亦當用上禮，而以攝行之意告於始事之際爲好。」答朴世煜。

長子病廢次子攝主病兄生子其弟還宗事并論

問：「有人遭父喪，長子則病廢不能行喪，次子專主喪事。雖然，此非主人，凡喪葬祭時，何以爲之？祝文又何以書之？」韓應南。寒岡曰：「長子雖病廢，恐不得不書長子之名。」

問：「有人生兩子，長則盲廢，次則無故，皆未及娶。其父早世，其祖以次子主其父喪，旁題亦以次子名書之，其後祖母死，其祖父仍使次孫代喪，祖父死，又代其服。盲兄娶妻生子，今至長成，其家宗祧當歸何處耶？」或人。南溪曰：「祖父生時既以權宜命次孫承重矣，非其本意也。今長孫雖廢疾，既娶生子，則理當還使主宗。兄弟相議，以此意告祖父祠堂而行之恐當。」

嫡子廢疾次子傳重當否

愼獨齋曰：「長子雖病廢，似不可傳重於次子，况長子有子，則豈謂不可傳重，而以次子奉祀耶？」答崔碩儒。

父有廢疾子承重見代喪條

無適嗣喪

爲長子立後次子不當主喪奉祀

退溪曰：「父母生存，長子無後而死，爲長子立後，而傳之長婦，此正當道理也。若不立後，漫付之長婦，則是使冢婦主祭，世或有此事，而今所辨云云者也，如何？且看人家遇此故，父母之情多牽愛次子，而欲與之，爲次子者，亦多不知爲兄立後之爲義，而欲自得之，因卒歸於不善處者，比比有之，尤可嘆耳。」答高峰。

栗谷《立後議》曰：「爲人後者爲之子，是常經通義，無子而有子，父子之倫已定，反以所生父母爲伯叔父母，則與親子無毫髮之殊，當以兄弟之序定其奉祀。故宋賢胡安國有親子，而乃以繼後子寅奉祀。父子既如此，則祖孫之倫亦定矣。如靈川副正侹既奉壽璿之祀，則其奉陽原之祀無疑矣。安嬪之祀，則先王後宮，非立宗之比，因一時特命定于河原君，亦不害理矣。若宗法，則決不可亂。今以世俗常情歸重於親子，則先王立後之本意不明，而父子爲假合之親，倫紀紊錯，所係非輕，伏惟上裁。」

同春問：「長子無後，取從兄弟或再從兄弟之子而爲後，則《國典》只爲長子之後，而其父其祖之奉祀，則傳之親子云，亦有《禮經》之可據者乎？」沙溪曰：「長子立後而不得奉祀，則禮防大毀，此法由近世一相臣之議，仍爲藉口之資，棄《禮經》不易之典，惜哉。《栗谷集》中《立後議》可考。」

安嬪長子益陽君，次子德興大院君。益陽君無子，以興寧君爲繼。宣廟朝相臣沈守慶獻議，以大院長子河原君奉安嬪之祀，厥後遂成謬例云。仁祖朝禮曹判書崔鳴吉建議，據《禮經》繼後子，令奉祖先祀如所生。允之，遂爲定式。○栗谷《立後議》曰云云。見上。

南溪曰：「殷人立次子，周人立適孫，雖曰俱是古制，而《禮經》必以長適爲主。今之繼後，亦必不得不同貫，其重可知已。以此推之，無適孫而有次子者，自當以次子姑使攝主喪祭，以待他日嫡孫立後，而始爲承重奉祀之人，乃不易之義也。程叔子事，則朱子既謂之未詳，則固非可引而爲證者。沙溪先生家則長子早死於壬辰之難，故命慎獨爲承重。慎齋又以無嫡子，故移宗於其季，又非不立嫡孫後，而命次子爲長嫡也。要之非《大典》奉祀條所謂長子欲自與妾子，則爲一宗，及長子夫妻俱没，無同議立後之地者，則第二子恐無直爲主喪承重之義矣。況於頃年沈相家事朝家所處甚嚴，爲今日一大法例，又何可以世代較遠之故，不憚冒犯行之乎？」答李濮。

陶庵曰：「今以承重孫死無子，不立曾孫，而立子或立孫，則是亡子亡孫無罪而見廢也。寧有是理？事勢雖曰切迫，禮之大經至嚴，雖有近世謬習，決不可苟從也。」答李命元。

長婦次子中主喪當否嫡孫婦次子之子并論

尤庵曰：「以同居之親者主之之文觀之，則兄弟中最長者當主之，而如此則嫌於仍奉先祀，故世俗有固避者。若然，則主婦當主之。然禮又以爲婦人主喪，終是非禮。吾意莫如急急立後，凡百皆順矣。」答宋基厚。

又曰：「金安陰震粹之喪，其次子昌錫以奪嫡爲嫌，固辭攝主，故其家不得已從其所願，而其冢婦又以姑在不敢爲主爲辭。蓋《家禮》『初喪，則亡者之妻爲主婦』，故此於道理與禮意，未知如何，而其嚴嫡之義，則得宜。然婦人無奉祀之義，此便相礙矣。第以周元陽《祭録》爲證，則亦不至無據耶？凡事，次子皆可攝行，而惟題主爲難處耳。」答閔鼎重。○以上論次子及長婦主喪皆不便。

尤庵曰：「或云以次子主之，而具由告於柩，以終當待長子妻立後歸宗之意，似好，未知如何？」答金昌錫。

問：「無嫡孫有次孫而遭祖喪者，當以期服主喪，而《問解》似有持重三年之意，未知如何？若無次孫而只有子婦與孫婦，則何婦爲主？」沈潮。陶庵曰：「次孫雖主喪，宜不敢持重三年，

《問解》説恐難從。婦與孫婦間，若不得已主喪，則似可屬孫婦。」以上論次子當主喪。○與祭變禮攝主奉祀條中長子無嗣次子攝主條參看。

問：「長子先死而父母後没，只有長婦及次子，則題主及虞祥時長婦主之耶？次子主之耶？」金光五。遂庵曰：「長婦當爲主喪。近來金昌錫、元夢翼皆禀於兩先生，而行之矣。」

又曰：「長子長孫婦以顯舅與顯大舅題主，而祭祀次子攝行，來示然矣。」答成爾鴻。○以上論長婦當主喪。

長子無嗣次子攝主在腹兒未生前攝主并論○見祭變禮攝主奉祀條

無衆子而長孫之弟攝主上同

適嗣死喪中練祥權主

問「宗人没，孽子承嫡，而葬後亦夭，其於祥事，承嫡者之妻初獻耶」云云。蔡命洪。陶庵曰：「婦人主祭是萬萬迫不得已之事，於禮未穩。亡者之姪子初獻爲可，而祭前先告以替攝之意，尤爲曲盡耶？亡者之妾則僭甚，宜不敢論也。」

妾子奉祀見祭變禮

因變故攝主見祭變禮攝主奉祀條

無後喪

有男主者婦人不可奉祀題主

同春曰：「顯辟之稱，出於千萬不得已，有兄有弟則自可主之，而祔於祖龕，得禮之正耳。」答李厚源。

南溪曰：「『大功主人之喪』疏曰：『妻不可爲主，而子猶幼少，未能爲主。』《問解》亦曰：『婦人無奉祀之義。』又曰：『若不得已，或依此題主耶？』《問解》兩條皆作疑辭。蓋以《曾子問》及朱子答李繼善者揆之，子則雖以姑幼不可爲主，而必當即以其名題主，甚明。此所謂大功主人之喪之義也。若只有其妻，則恐當用諸親題主攝行，以待立後，而不用妻。如《奔喪》父在父爲主以下及《家禮》班祔條，及《備要》題主祝必先主叔姪兄弟，而後别録皇辟之義，皆可考也。蓋所謂父爲主以下，固以待賓客爲言，與主饋奠者不同。然若無其子，則義當通用，雖妻亦然，但爲不可先於男主耳。此與服三年者，其義自異。其以《曲禮》祭夫曰皇辟之言，而至於《易》乾坤之大位，題主奉祀，豈不重難乎？然則《曲禮》之文，無乃在家諸親，皆無如周元陽所謂祭無男主，故不得已而爲此者耶？然今世俗必不安於諸親攝行，而安於妻稱皇辟，恐難抑而行之。」答鄭齊斗。○下同。

又曰：「雖以皇辟題主者，虞祔諸祭依《小記》行之，恐當。」

又曰：「題主諸親非宗子，又爲遠屬之難安，生亦念之深矣。以此言之，用皇辟之説，尤似可用。但有一説。昔年洪參判處厚家之喪，孫死有妻，而諸父居喪，興平尉之喪，無婦人而有弟，皆不得立後，及當祥禫改題之節，來問於生，生乃倣退溪答寒岡之意，謂當用諸父及弟代數親屬，改題先代神主，而但闕旁題，準《儀禮》稱子不稱孝之義，且以或姪或兄之主姑祔祖廟，準《家禮》大祥後吉祭前奉神主之制，必俟異日立後，而始爲改題，并著旁題矣。如此則先相國以上，自是士仰之曾祖位，似與彼家無異。雖其下稱顯伯父顯從兄，與彼又似難安者，是亦一條直下，以男主攝行祀事之義也。今若書顯皇辟，則三年後改題其先駙馬曰顯舅，猶有可據者。以上諸位，則雖欲盡成女主，决然推不去矣。且以直長君既稱顯辟，則必當遷入正室，既入正室，則相國先君勢當遞遷，未立後而先遞遷，又甚不便。以此推之，必先定三年後事而後可以皇辟題主，如何？但有一礙。以從姪題主，準禮練祭之後爲之祥禫，亦無可據之文。鄙意此則當旁照於《家禮》大祥條下注，不必言爲子而祭之義，蓋彼亦服盡而爲主祭故也。」

問「人有獨子獨女，其人先亡獨子，只有獨女，而亡其家，只有寡姑孀婦，一時俱没。或曰姑之神主，以姑之亡夫從子主之，婦則以亡人之幼女題主」云云。成遠徵。遂庵曰：「幼女雖是血屬，出嫁之後，不可仍主其祀，寡姑孀婦之喪，從子主之，似宜。」

無男主者婦人奉祀題主

遂庵曰：「周之法有嫡子無嫡孫，子與孫一時俱亡，則嫡子之妻，未及傳重於其婦，母喪題主當從嫡子妻爲之。」答郭守煨。

問：「人有繼後子無嗣，而先死其父與其祖，母又繼死，而在子只有婦在，父又有妻，三喪葬時，題主以誰爲之耶？」洪益采。遂庵曰：「以他家已行之事見之，三喪母皆主之，子喪亦以母主之無疑。」又答成爾鴻曰：「無男丁之主喪，只有母與妻，則似當以妻爲主。」

問「祖子孫三世一時喪出，他無子弟之可主其喪者，只有三孀」云云。成爾鴻。遂庵曰：「三孀各主其夫之喪矣。」

又問：「三喪中一喪無孀，則最尊者當兼主其喪耶？」曰：「然。」又曰：「《禮》無明文，不敢臆說。」

陶庵曰：「出後人者，又還主生親之喪，實有違於別嫌重統之義。顯辟之稱，亦是窮極盡處，萬不得已之事。二者俱苟而已。然取此較彼顯辟差爲寡過也耶？」答李崇臣。

退溪曰：「妻存無子而夫亡，未詳當何書？都下有一家書曰顯辟，蓋依《禮記》夫曰皇辟之語也，未知是否。」答李咸亨。

沙溪曰：「妻祭夫稱辟，出於《禮記》，周元陽《祭録》亦曰『無男主而婦祭舅姑者，祝辭云新婦某氏祭顯舅某官封謚顯姑某氏，妻祭夫曰主婦某氏祭顯辟某官封謚，夫祭妻曰某祭嬪某氏，弟祭無子之兄曰弟某祭顯兄某官封謚，兄祭其弟曰弟某甫』云。稱顯辟似有據，旁題，《禮》無明文。』」答姜碩期。

遂庵曰：「葬時婦人不得上山，題主祝文使人代行，如何？」答李志逵。

有本親則外孫不敢主喪

尤庵曰：「禮，喪有無後無無主，東西家里尹尚且主人之喪，况外孫乎？然若有本家之親，有所不敢焉爾。」答洪友周。

婦人喪夫黨爲主

南溪曰：「以《禮經》言之，非夫黨則雖有親者，不能主喪，似當如來示李谷城爲主矣，然則亦當曰亡從弟婦某氏云云。第退溪及尤丈皆欲不用亡字，未知其果得禮意否也？且念谷城既出後宗家，則子姪中必有方主生親家祭者，其於此喪屬親服制最近，未知竟無其人耶？若其次序先後，亦當以主喪者居前，祭則略如祠堂宗子當位伯叔父居右稍前之例，可矣。」答李世弼。

妻黨不可主喪

陶庵曰：「里尹主之一句，甚言妻黨之不可主也，何者？里任無嫌，妻黨有嫌。禮以別嫌爲義。」答尹昌鼎。

養父母題主見喪禮養父母喪諸節條

外祖考妣題主見祭變禮外孫奉祀條中外孫奉祀稱號代數條

無後諸親喪題主諸父兄弟嫂姪妹弟婦庶母

慎獨齋曰：「周元陽《祭録》以婦人題主，然此非古禮，而出於不得已也。禮，無男昆弟，則子一人杖似可。以女子子題主而不見于古，有昆弟則可以題主，而繼世有所難便，姪子不爲後者，則未可承祀。有亡者之妻則可以立後，不能立後而死，則當班祔，而以宗子題主爲當。」答崔碩儒。

問：「人家有父子俱亡，父有妻若昆弟，子有妻若三歲女子，其題主如何？」崔碩儒。慎獨齋曰：「禮無可考，而其父之主似當以其昆弟之長題之，其子之主似當以其女子子題之，未知於禮如何？」尹吉甫曰：「其父子神主，皆當以父之昆弟題之，未知如何則可也？」

南溪曰：「《備要》先書從子敢昭告于顯伯父諸條，而其末别録顯辟一條，其意可見。愚意此喪必當用左右屬稱題主曰顯叔父云云，但無旁題。期後雖除服，而亦用三年者必爲之再祭之禮，則恐無難處之端也。題主祝辭中府君敢昭告等文，當依常例添用無疑。」答朴泰崇。

又曰：「無男主然後立女主，父兄弟姪皆可爲男主，則恐可姑依班祔例，以伯氏爲題，蓋情雖弟切，而義似姪勝故耳。」答金楺。

問：「諸父諸兄則稱顯伯考府君顯兄府君，於諸弟諸姪則稱亡弟某亡姪某，如何？」柳億。尤庵曰：「當如來示。」

問「兄嫂喪」云云。成晚徵。遂庵曰：「主面稱顯伯嫂爲宜。」

問「門人之仲父無后，而伯父主宗，故題以亡弟矣。今有仲母喪，而伯父且卒，從兄移在遠地家親，今則主喪題主，何以爲之耶？其奉祀則以門人攝主者，乃仲母遺書」云云。金時準。陶庵曰：「在重宗之義，恐當以今從兄爲主，題主則以顯仲母矣。今從兄方在遠哀，姑爲攝祭，畢竟則班祔爲得。」

問妹在室成人而死題主。退溪曰云云。詳見喪禮妻喪諸節條中妻喪題主條。

問：「班祔姊妹與子弟無間，而姓氏之書有異。」李行泰。南溪曰：「朱子曰：『姓是大總腦處，氏是後來次第分別。如魯本姬姓，其後有孟氏、季氏，同爲姬姓，而各不同。』以此觀之，氏乃男子之稱也。第今專爲婦人之稱者，蓋以男子則後世有稱公稱君之例，而於婦人則不用此節，專爲其稱之由耳。然則今世婦人之稱，捨是道何爲耶？」

同春問弟妻題主。沙溪曰：「以弟婦書之爲可。」

愚伏曰：「前日賢季之主必書亡弟二字，今當書『故弟妻某郡孺人某氏』耶？於禮，庶人曰妻，妻字似未安。然無他可施穩字，而今俗通尊卑皆用妻字書之於主，雖似不雅，猶不至大不當耶？來書用婦字，此則不可。《禮》曰『謂弟之妻婦者，嫂亦可謂之母耶』，言不可稱婦也。妻字嫌於太朴，則只書故孺人云云，又如何？」答洪鎬。

芝村曰：「玄石答人問曰：『以《禮經》言，非夫黨，雖有親者，不能主喪，當曰亡從弟婦某氏云云，似以夫之從兄，而主其從弟妻之喪矣。《雜記》既曰夫黨無兄弟，使夫之族人主喪，既主喪，則題主又何疑乎？』夫黨無兄弟之言，若有兄弟，則其使主喪，尤可見矣。」答李頤命。

遂庵曰：「題主，《家禮》『親同，則長者主之』，以嫡兄爲主，恐無不可。」答閔鎮綱。

尤庵曰：「妾子之於他妾之無子者，喪即與嫡子無異，其無服無疑矣。既已無服，則何可用子喪其母之禮乎？題主則直稱小母或庶母可矣。其旁題則朱先生云『旁注施於所尊』，今兹旁注闕之似可矣。祝辭自稱若是嫡子，則稱以嫡子可矣，今兹妾子，則未知其以何稱之也？生時從俗稱以母子，則只稱子字或無妨否？朱先生嘗有妾母祔於妾祖姑之語，既行祔祭，則祫事等字，恐無不可用之理，而但哀薦二字改作薦此二字，庶或不甚悖否？凡此皆未有考，不敢質言。」答李遇輝。

無後宗子祔廟

問：「宗子無後不能繼序，而兄亡弟及，則其祔廟也，如之何？」李尚賢。同春曰：「喪畢不設吉祭，仍時祭祔廟，祝辭當製用。」

無後諸親喪祝辭

問：「無子而有兄弟姪婿，則喪葬祝文宜書何名？夙興夜處、小心畏忌等語，當何云云？」李淳。退溪曰：「其中必有主其喪者，當書其名，祝辭則當量宜改之。」

南溪曰：「告弟曰弟某，則書名無疑。聞近世知禮家於亡子神主猶不書名云，雖於弟祝，姑闕其名，容或爲斟酌得宜處耶？」答柳益文。

愚伏曰：「《禮》有嫂叔之文，而據此稱叔亦似泛然，且與今世之所呼叔父者相混，無已，則書名而不書屬，如何？」答洪鎬。

無後諸親喪撤几筵遲速

問「未娶之人」云云。趙克善。浦渚曰：「雖以成人處之，既無妻無家，則喪祭皆父兄主之，祭奠似當使子弟婢僕行之。若無子弟可行祭，無婢僕可供具，則隨力爲之，恐爲當也。以兄奉奠，初喪則可，恐決不可盡三年行之也。」

沙溪曰：「弟雖無子，卒哭後撤几筵，有所不忍。禮，妻喪期年後撤几筵，依此行之，未知如何？」答同春。

同春問：「若於期後撤几筵，則練祥之祭，雖以忌日行之，而恐不可以小祥大祥名之，其祝辭當書以初期再期歟？」沙溪曰：「只用忌祭祝文，而不必言初再期也。」

問：「沙溪曰云云。」李尚賢。○沙溪説見上。同春曰：「老先生所謂依此行之者，不過大綱説一家無後之喪，即撤几筵則不忍，至三年則似過，恐是參酌人情而有是教也。然若有幼兒或奴僕，可行三年，則行之，何可以一概論哉？」

南溪曰：「子婦既亡而過葬，則其夫饋食之禮，固當撤而不舉矣。然只隔一月而廢大祥，非惟情理有所不忍者，蓋《喪服小記》有出妻爲父母未練而返則期，既練而返則遂之之文，《集説》曰『緣已隨兄弟小祥，服三年之喪，不可廢也』，方氏曰『此所謂以仁起禮也』，其與此禮事例雖殊，而義趣較切，或可照勘商量而處之否？不敢質言。」答朴泰淳。○上同。

又曰：「《問解》有弟死無子者依妻喪期後撤几筵之説，此亦以義起之也。然則子婦亡服除後，似無仍存几筵之義。蓋本宗雖有期年之親，其義不繫於本宗故耳，如何？」

問：「無後喪，若出嫁女子來，留喪側三年上食，欲伸情理，則如之何？」蔡徵休。遂庵曰：「出嫁女期後服盡，已御於夫，何以行三年上食於本親？」

又曰：「《禮》曰『大功者主人之喪，有三年者則必再祭』，此言其妻在，則不撤几筵，而當行大小祥。只有奴僕祭三年，所未嘗聞。」答成爾鴻。

陶庵曰：「凡喪無三年者，則徑撤靈筵，其在父母兄弟之情，有所不忍。曾聞同春以婢僕爲有三年者，故前後累以此答人之問矣。此一段録呈，以俟財量。」答俞拓基。○下同。

李尚賢問云云。同春答：「云云。見上。以此段論之，弟喪是期，期年猶有可據。此則主喪是大功，只限初期，亦無所當。無寧從春翁説，自附於從先進之義耶？以禮則固無明白可行之證，然人情爲勝，終未忍遽撤，則自不得不如此矣。幸量處之。」

又曰「尤庵所論几筵撤於服盡之月，於禮得正，而春翁之説，終恐遂了，然緣情取合，不得不從此」云云。尤庵説見喪禮殤喪條中殤喪雜儀條。

長子無後班祔

沙溪曰：「長子無後而死，次子承重，則長子雖嘗承重，當班祔無疑。若帝王，則雖以叔繼姪，兄繼弟，亦有父子之道，今不可引以爲證。」答黄宗海。

愼獨齋曰：「次子有庶陞嫡，則長子之主當班祔矣。」答崔碩儒。

繼祖禰之家兄亡弟及則兄主別奉

問：「繼祖之宗，其伯父冠而夭云云。若祔于父廟，則其弟既以繼體爲正位，其兄反居于下西面，未安。」李基敬。陶庵曰：「大宗雖在遠地，如可往祔，則固好矣。不爾則止兄弟孫奉祭，雖無不可，弟兄之序，終屬大段未安。恐莫如姑奉于別房，使免彼此難處之端也。」

問「兄亡弟及，而第三子之子奉伯叔神位」云云。成爾鴻。遂庵曰：「第三子之子爲其禰立祠，則伯父神主不可同入一祠，當奉于別廟。」

無後諸親神主奉別室

問：「曾祖兄弟無主者不祭，此無可祔之位，故雖不祭，然有兄弟之子與孫，則似不可不祭。或祭之別室，如何？」沈世熙。尤庵曰：「曾祖兄弟之無所祔者，似當於喪畢後埋其主矣。然既曰『成人而無後者，其祭終兄弟之孫之身』，則其兄弟之子與孫何忍不祭？若其祔食於宗家者，則當五代祖祧去時，亦已埋安矣。」

問：「次子之子若奉祖祀，則宗子父母之主，因存于廟耶？若因存而又入奉祀人父母主，則昭穆似亂，出宗子父母，則置于何處耶？」朴廷老。寒岡曰：「此一條常所未曉，亦未有所據，以程子『繼祖之宗絶，亦當繼祖爲後』之意觀之，則亦當繼祖爲宗，而父母之主或別廟。此程子義起之意也。然既未有的據，不敢明言。」

寒岡曰：「姑姊妹之已嫁而無後者，祔于本宗家廟，於理不合，至於夫妻神主，兩邊親屬各自分去，尤不近理。」答崔季昇。

同春問：「姑姊妹女子之無後而死者，其夫黨無可祔者，則勢不得已當祔於本宗，而其夫神主，似不可同祔，當祭之何所？」沙溪曰：「祭之別室似可。」

無嗣祖妾神主

尤庵曰：「尊王考侍人既是賤人，又無嗣續，葬後作主，處之實難，然朱子既主妾祖姑之文，而以妾母不世祭之説爲可疑，似難違貳於其間矣。抑未知所謂妾祖姑者，是有子者，而其子作主書亡母，如朱子説祭至於其孫者耶？此未有所考。○又有可疑者，妾祖姑云云是古禮，而古禮『適士二廟，官師一廟』，故朱子曰如今祭四代已爲僭，然則妾母何至於祭及其孫耶？此必有説，而未有質問處，可恨。」答俞相基。

過期之禮

大斂成服不可同日 卑幼喪成服同日并論

問：「今俗或於第四五日始得入棺，其日即爲成服，此似未安。或曰『成服始爲上食，若便待明日，則上食漸遲，此所以急於成服也』，此説如何？」吴允諧。沙溪曰：「楊氏曰三日大斂，可以成服矣，不忍死其親，故必四日而後成服也。雖四日五日而大斂，人子不忍之意，與三日大斂何異？必待來日而成服，於情禮合也。不可以上食稍遲，而遽成服也。」

愚伏曰：「葬日虞，不忍一日未有所歸也，則虞祭之急而重，不啻上食萬萬，而事有不得已者，則禮許不虞以待，既有奠以依神，則上食雖遲半日，恐不至大段未安。」答吴允諧。

問：「云云，若卑幼之喪，而斂殯失時者，則可同日而成服乎？」趙克善。浦渚曰：「必俟大斂之明日而成服者，依其日數者也。雖或出其日數日子不多，則自當如此，若日數既多，則殯與成服雖同日，恐無害也。」

尤庵曰：「先王制禮，既以入棺成服爲死者生者之日，其所以分而二之者，深意存焉。今何可以入棺之進退，而合之於一日乎？」答或人。

過期不葬者練祥禫變除之節初期再期日單獻并論

問：「祥期已過，襄事未畢，則不當變服否？」李淳。退溪曰：「不變。」

又曰：「按《喪服小記》云云，見下。據此，則今之還服以送葬，未爲非也。」答金就礪。

問：「過期不葬，至於終三年，則其服制當如何？練祥祭亦何以爲之？」李惟泰。沙溪曰：

「《禮記》及《通典》諸説可考。」

《喪服小記》：「久而不葬，惟主喪者不除，其餘以麻終月數者，除喪則已。」注：「主喪者，謂子於父母，妻於夫，孤孫於祖父母，不葬不得除衰絰也。麻終月數者，期以下至緦之親，以主人未葬，不得變葛，故服麻，以至月數足而除，不待主人葬後之除也。然其服猶必收藏，以俟送葬也。」○又曰：「爲兄弟既除喪已，及其葬也，反服其服。」《開元禮》：「虞則除之。」○又曰：「三年而後葬者必再祭，其祭之間不同時，而除喪。」注：「孝子以事故不得治喪，中間練祥時月，以尸柩尚存，不可除服。今葬畢必舉練祥祭，故云必再祭也。但此二祭仍作兩次舉行，不可同在一時。如此月練祭，則男子除首絰，婦人除腰帶，次月祥祭乃除衰服。」○《開元禮》：「父母之喪周而葬者，則以葬之後月小祥，其大祥則依再周之禮，禫亦如之。若再周而後葬者，則以葬之後月練，又後月爲大祥，祥而即吉，無復禫矣。至未再周葬者，則以二十五月練，二十六月祥，二十七月禫。」注：「禫一月者，終二十七月之數。」○東晉徐靈期問曰：「親喪未葬，出適女應除否？」張憑答曰：「《禮》云『久喪不葬，主喪者不除』，又曰『主人不除』，此無緣獨施男子正嫡一人，故當總爲男女衆子耳。又無明文别言已出之女猶應除也。今論者據已服周，故謂宜從除例，然緣情處意，獨有所疑。女隨外出，降從周制，至於居喪之禮，同於重者，誠以天性難可盡奪，本重不得頓輕，何必既降盡與周同。禮者人情而已，疑則從重。若釋衰絰以處殯宫，襲吉服以對棺柩，非孝子之所安也。」○晉杜挹問：「亡婦未葬，挹服便周，既無喪主，未應得除。」徐邈答曰：「按禮，夫不應除，即於下流，多不能備禮。今且宜變，至葬反服，亦無不可之理也。」○宋庾蔚之曰：「《喪服小記》爲兄弟既除喪，及葬反服其服。女子子適人，及男子爲人後者，皆隨其服而釋除，緣其出有所屈故也。素服心喪，以至過葬。但今世輕於下流之喪，妻猶去其杖禫，不容復有未葬不除也。議者疑不得以下流之未葬，而廢祖禰之烝嘗。若事遲過於服限，亦不得停殯在宫，而饗樂在廟，吉凶相干，心所不忍。」《通典》。

同春問：「有父在母喪者，去正月遭喪，有故未克葬，十二月始襄事。今當遵《小記》及《曾子問》『次月行練，次月行祥』之節，行練於正月，似當。而初忌適在月内，仍用是日，如何？又次月當行祥事，而適值閏月，又何以行之耶？鄭氏曰：『以年數者不計閏，以月數者計閏。』據此，則用次月之禮者，實是月數，則似當計閏，而母喪雖降，元是杖期，其間月數進退不過零碎曲折，而不計閏爲大節目，如何？若不計閏而行祥於二月，則禫祭又間一月，行之於四月耶？自喪至三月，實是十五月，應爲行禫之月，當以十五月爲準，而行禫於三月耶？」愼獨齋曰：「以年數者不計閏者，其意蓋不欲遷兩期之月也。今之追祭者，既後於兩祥之期，則似當只計月數，而但本以不計閏之喪，而到此欲從數月之制，無乃未安乎？初忌本大祥之日也，似不宜相混，到正月擇吉行練，初忌行大祥祭，如何？《小記》《曾子問》之說，則是兩祥皆過者之謂也，似不必拘於此，而廢當祥之期也。一月内行兩祥，如以爲苟簡，則擇吉行練於正月，而初忌則只行祭，到二月行大祥，間月行禫，與他無異耳。」或云祥雖退，禫則當行於應禫之月。

尤庵曰：「正月當大祥者，以未葬退行小祥於正月，則二月當行大祥矣。其禫祭行於三月，則有違於間月之制矣。從間月之制，則又爲過時不祭之文，未知如何則可也？若前年十二月葬，則其月小祥，正月大祥，三月禫祭，甚順。而只以葬月行小祥爲疑，此則如何？」與或人。

問「父母之喪初期後葬」云云。閔泰重。尤庵曰：「葬畢行小祥，大祥則自用再忌之日矣。」

又問：「母喪過期不葬，則子當葬後行練，而夫則雖未葬，猶可除服否？」尤庵曰：「夫於妻亦有三年之義，似當與子同其進退矣。」

南溪曰：「《家禮》初虞後即埋魂帛，蓋用《雜記》既虞埋重之文也。以此推之，所謂虞則除之者，似指初虞而言也。服而祭，祭而除，便是除之之節。」答李時春。

陶庵曰：「雖在祥禫，過期之後，今月行葬，則來月小祥，又來月大祥，而禫則不可行矣。與子同其進退，當從尤庵説。」答徐永後。

問「退祥於禫月」云云。徐永後。陶庵曰：「若於晦日過祥事，則是日安可行禫，過是日則無禫矣。」

過期不葬者期功諸服變除之節 與上條參看

問：「遷柩時，已除服者將何服色以臨之歟？」姜碩期。沙溪曰：「期以下至緦之親，月數足而除其服，收藏之，及其葬也，反服其服，虞則除之。」

尤庵曰：「反服其服，虞則除之者，此所謂虞似指初虞，然不敢質言。」答趙復亨。

過期不葬者祭先之限 見喪禮喪中行祭條

追行之禮

大斂時追用幎握

問：「在途遭兄喪，不能備禮，幎目握手亦裁布假用，到家大殮之時，依禮作二件物事，安之於當面手處。此等事出於臨時杜撰，未知是否，如何？」金誠一。退溪曰：「逆旅倉卒，臨時杜撰，勢所不免。」

七星板追用當否

南溪曰：「此事於古今無所據，只朱子門人有神主違尺度者，先生答以今不可動此，似相類。第當初苟簡，不用七星板，必爲孝子終天之痛，而《春秋傳》亦有『葬故有闕，是以改葬』之文。然則其與神主違尺度者，事體少異歟？」答蔡時鎬。

成服有故追行

旅軒曰「喪初不成服而出避，已爲失禮。今既避在別所，則尤不可待秋」云云。詳見染患中喪禮諸節條中喪出癘疫不成服之非條。

問：「族祖父之喪在遠，不臨尸，適聞親病，在途荒忙，不得成服，則仍素帶以終其月耶？」或人。南溪曰：「此與稅服有異，前雖失之，當待事故稍定，或因月朔成服，終其月數無疑。」

追後立主改題追行及陷中諱字追填并論

問：「葬時或因變亂未及設主，則追造於何日？」安應昌。旅軒曰：「或祥或朔望題主似可。」

問：「有人在乳喪父，不得立主，其意他日因母喪立主。」李時春。南溪曰：「母亡之前過了許多歲月，而終不立主奉祭，其果安於人子之心乎？恐不如即墓造主之猶爲彼勝於此也。」

又曰：「追行立主之禮，嘗以爲當行於正廳。蓋以退溪答祠堂火改題主之説爲拘也。今便思之，初未立主者，其義與此不同。蓋改題主者，當初既已返魂於祠堂，故不得不改題於前日安神之所也。初未立主者，雖其行葬已久，神魂未必尚寓於墓所。而當初既無立主返魂之節，則今日立主之時亦無所謂前日安神之所，其義亦不得不往行於墓前，猶有所憑依者也，如何？」答金克成。

同春曰：「付紙題主恐無古據，雖不免失之於前，而今可改之於後。但既返魂行虞卒哭等禮，則何可追題於墓耶？須於朔望時具由告辭，去其紙書，而并陷中題寫於几筵。葬事則只依還葬之禮行之，恐是處變之道。」答李光迪。

尤庵曰：「葬時神主未及造，則追後合櫝不可少緩。當俟主成，即當設祭以告而祔之，何待於忌祭時祭也。告時亦當以追祔之意告於舊主矣。」答李選。

陶庵曰：「前喪之不爲造主，既非士夫家所當有之事，則今之追造焉，有可證之禮也。第以臆見言之，祠堂火而改造神主時，則必即其前日安神之所設虛位，改題焚香設祭，使飄散之神更依於主者，即先儒定論。今則初不造主，豈有安神之所？唯前喪之柩爲其合葬，而復出於地，此猶足爲依據之地，以復衣置於椅上，合葬後先於新喪而題主，仍爲焚香行奠，三虞一如初喪而行之爲可。如無復衣，則以亡人曾所身着之衣，繞墳而三呼，如喪出初臯復之禮，仍設靈座。曾所身着之衣如又無之，則實無奈何。古人有剪紙招魂之語，此則爲生者行之者，而亦未可移用於死者耶？所謂剪紙，即剪紙爲旐，即旗也。追造神主時，先告于靈座，而告辭則以爲『孝子某前喪時，穉昧不能成喪，全闕題主之節。今因合窆，始爲顯考某官府君追造神主，敢告』云云，主成後設奠時，則以常用題主祝用之，亦不妨。」答或人。

寒岡曰：「改題既未及喪畢之日，似當於時祭前一日，具文以告而題之。」答任屹。

問「舍弟所後前母題主時，族叔未記諱字，陷中容二字空之，其後問於本家而識之矣，今當改題追填爲計」云云。金樂道。陶庵曰：「諱字追填，先賢豈有論此者耶？然容二字空之以待後日，遺意可見，改題時填書，恐無所妨。」

祔祭有故追行 廬墓者喪畢返魂後祔禮并論

松江問：「再期而返魂，祔祭行於何日？」龜峰曰：「朱子云『既祥而撤几筵，其主且祔于祖父之廟，俟三年喪畢，合祭而後遷』，今日返魂在再期，祔祭似當在撤几筵之日。」

寒岡曰：「卒哭之明日或蹉過，未及行祔祭，則不得已當於大祥之明日行祔事，而朱子答陸子壽書曰既撤之後，未祔之前，尚有一夕，其無所歸也。祥祭之日，未可撤去几筵，或遷稍近廟處。直俟明日奉主祔廟，然後撤之，則猶爲無於禮者之禮耳。以此觀之，似當於祥祭之夕，仍行夕上食，以待明日祔遷，而後方始撤得几筵矣。」答朴汝昇。

西厓曰：「哀家不及行於卒哭，欲行於大祥前，此則未知如何？《禮》云『殷人練而祔』，既曰練而祔，則是必練祭後行祔也。《家禮》但云卒哭後明日行祔祭，不言前一日行之。執此兩端而推之，則稍可爲據。若於大祥後新主姑留几筵，只以酒果告祠堂以明日當祔之由，明日就几筵，設紙榜祖妣位行祔祭，然後奉新主入祠堂，則禮意宛轉，頗似有據。」答金兑。

沙溪曰：「哀家卒哭後祔祭蹉過不行，大祥後擇日而設曾祖考及新主位祭之，然後還入本龕，至吉祭後，始以先考爲正位，入于第四龕而南向矣。」與李厚源。

愼獨齋曰：「祔祭失時者，何可昧然遽祔於祖廟乎？必預於大祥前，擇吉設祭可也。」答李明漢。

尤庵曰：「《禮》曰『周卒哭而祔，殷既練而祔，孔子善殷』。朱子時有議當從殷禮者，朱子以爲殷禮既不可考，又凡百皆用周禮，而此獨爲殷禮爲未安。孔子雖善殷禮，而後世不可行者也。然今祔祭，既不可行於卒哭後，則當行於練後，無疑矣。大祥以前，則皆當爲練後矣。若大祥後，則非但禮無所據，且事多拘礙矣。」答金致鳳。

又曰：「祔祭若有故，不得行於卒哭之明日，則又於其明日行之無妨。如不得行，則練而行之，亦不爲無據矣。」答俞命賚。

問：「寒岡曰『卒哭明日或差，則當於大祥明日行祔事』云云。」李選。尤庵曰：「既祔之後，擇日行之，恐似拖長。恐寒岡説爲長。祥日撤去几筵，遷于稍近廟處。朱子之説雖如此，然此可行之於宗子，而若哀家，則祠堂只有先夫人神主，而乃以權安於旁側，亦似未安。不若仍安於舊處，明日祔祭畢，然後奉入祠堂之爲穩也。夕時上食，恐亦未安。蓋喪期既以大祥爲斷，豈可以權置故處之故，而復設當止之祭耶？」

南溪曰：「祔祭當有追行一節，而又已蹉過，則要須於祥後行之。嘗見朱先生答陸子壽書曰：『必不得已而從高氏説，但祥祭之日，未可撤去几筵，直俟明日奉主祔廟，然後撤之，則猶爲無於禮者之禮。』此乃論禮異致，雖非追行之本意，今日之事適與之合，而實爲先儒定論。恐當依此檢行，然其曲折必須略加斟酌，方始無礙。」卒哭祝中隮祔祖考之文，當移用於大祥祥事之下，前期告祔一節，當行於祔祭既畢之後，若祔祭將行而先告祠堂，則本條元不著，恐不必行。○答李徵明。

問：「葬後有故，不即返魂。祔祭今既過時，秋間欲返魂於京家，其時請宗子而行之耶？抑於練祭之明日行之耶？」李志逵。南溪曰：「依示行之似當，但不比卒哭明日而祭，則卜日一節，似在其中。」

問：「祔祭有故，欲於練後行之，家親適赴遠邑，未及上來。若過此時，待大祥後祭之，則恐有過時之患。」李彥緯。南溪曰：「祔祭追行，練祭大祥前皆可，禮又有攝行之節，然今既遷就，恐當於兩祭中，以家長在家時，擇而行之。」

遂庵曰：「卒哭而祔，古禮十分分明，雖略差過日子，猶不失朱先生意。聞玄石喪子行祔於練後，此則於朱先生之教，終未知果如何也。」答韓弘祚。

陶庵曰：「卒哭而祔常禮，而如有故，則《禮》又有小祥而祔，孔子善殷之文。大祥前擇日追行，因告厥由，似得之，大祥後則無義。」答或人。

問「母喪祔祭未行，練前又遭父喪」云云。或人。尤庵曰云云。詳見并有喪條中并有父母喪祔祭條。○下同。

問「父喪葬後祔祭未行，又遭母喪」云云。洪益采。遂庵曰云云。

問：「宗孫主祔祭，而重喪在身，又在葬前，似不當往薦祔事。」李時亨。南溪曰：「待宗孫過葬後，往行之，似宜。」

遂庵曰「宗子在妻喪葬前」云云。答李朝海。○詳見喪禮祔條中宗子有故攝行條。

問：「祔祭退行大祥，明日告廟，在祥日祝辭服色。」李選。尤庵曰：「『大祥已屆』下云『禮當入廟，將以顯妣祔焉』云云，則如何？服色則大祥前既用衰服告之，則大祥後當用禫服矣。」

退溪曰：「今人廬墓成俗，葬不返魂，故卒哭明日而祔，率不得依禮文，退至於祥畢返魂之後，是與程子『喪須三年而祔』之説，名雖同而其實則大遠矣。今謹喪之家，若能依古禮而返魂，則事皆順矣。既不能然，而行於祥後，則不卜日，當以返魂到家之日行之。」按《五禮儀》：「大祥祭行於靈座畢，即詣祠堂行祔祭。」○答金泰廷。

以染患重病追行練祥見染患中喪禮諸節條

失禮追行大祥

南溪曰：「先禫服而後祥祭，固爲失矣。廢祥祭而行禫事，尤無可據。不得已，預告前者蒼黃不祭之由於几筵，而卜日行祭，其或稍勝耶？蓋二祥禮重，非如禫事之過時不祭故也。」答李恒。

祔廟追行 亂後祔廟并論

問：「家有癘疫，奉几筵來住齋舍行祀，先妣神主將不得於祥日躋祔。」尹拯。尤庵曰：「妣位不得祔於祥日，則當俟禫祭之日耳。大概祔遷之禮，若從《家禮》，則當於大祥行之。若從古禮，則當於吉祭行之。有所拘礙，兩不可行，則不得已，參用《家禮》古禮，猶不爲無據，庶或免於杜撰之譏矣。以哀家事言之，則尊先妣當祔於大宗之家，祥禫仍舊自如，至吉祭時，改題合櫝，正合古禮矣。據此則祥禫之時，尊先妣神主仍奉别室，恐亦無害。」

又曰：「當因朔望有事之時，具由以告而追祔之無疑。」答沈之漢。

又曰：「賢閤之喪，當於十三月大祥之日，即祔於祖龕，而蹉過至今，則當於再期禮畢後遷祔可矣。」答韓聖輔。

問：「宗子有居謫而喪其妻者，次子適爲邑宰，權奉家廟赴任，宗子妻喪卒哭已久，而妻主尚未得祔，待母喪之祔，因禘祫起義而祭之於祖，以妻主祔廟，則如何？」洪錫龜。同春曰：「過時不祭，於禫亦然，恐不可引禘祫爲證。母喪三年後祔廟時，具由告辭，而并祔妻主，無乃爲穩耶？」

旅軒曰：「貴廟在亂後用紙榜行事于各龕，則乃權宜之設也。木主則未奉安焉，新主先安爲未安者，果似然矣。然若無他室假安之所，則雖奉安于廟内，亦未爲不可。但不可致安于龕，姑當於東壁下西向之位，設椅奉安。待合祭後，先世神主并安之日，隨安于當龕恐宜。」答金汝涵。

兵火中權厝未備葬禮者追行諸節見喪中遇變亂諸節條

追改之禮

改棺

旅軒曰：「初喪所用之棺，非有大段欠憾，似不可改。如不得不改，則啓殯之日，啓即改之，然後朝祖，如何？○改棺當有告。○古禮啓殯有變服之節，見尸柩故也。止見尸柩，猶變同小斂之節，況如改棺，則恐尤不得不變服也。」答或人。

誤成服追改之節

尤庵曰：「適人而仍服私親三年，大違禮法，如知其非，斯速已矣。當於朔望告由除服，似是無於禮而得禮者。」答閔鼎重。

問：「亡兒服制改爲期服，則其變除受服之節，當在何時？」金榦。南溪曰：「變除之節，《禮經》必以葬及卒哭小祥爲節，今則退溪先生更爲定論，當受服於朔望行祭之日云。頃年明聖王后追服宣仁王后時，亦用退溪之論，似可倣行。如此之禮，必待小祥而變除，則服已盡矣，勢須如此。」

又問：「當變除之時，似有節次。」南溪曰：「此非練祥變除之類，只是當初不審而服之耳。恐當將行朔望奠之時，以告辭曰告告靈筵曰『所服斬衰，更考《禮經》，有所不可者。今將改以期制，茲用申告』云云，仍着新服而行祭，如何？」

問：「舍弟以童子而絰杖，後考《家禮》《喪禮備要》，則不巾不杖無疑，而改之亦似未安，且須葬而後除之歟？」李綎。南溪曰：「俟發引啓殯時除巾絰，恐宜。」

衰服補改可否

同春問：「衰服破毁或製失其制，欲改之，如何？」沙溪曰：「《禮經》及朱子説可考。」

《喪服四制》「苴衰不補」注：「不補，雖破不補完。」○《大全》：李繼善問：「昨者遭喪之初，服制只從俗，苟簡不經，深切病之。今欲依古禮而改爲之，如何？」朱子曰：「服已成而中改，似亦未安，不若且仍舊。」

尤庵曰：「服既成而中改之，朱先生明言其不可矣。然斬衰之失而爲齊衰，齊衰之失而爲斬衰，如此大節目，何可不改也？」答尹寀。

問：「裁之中衣斬而不緝，今擬於練中衣改造之時，綴緝其邊。」金栽。南溪曰：「中衣古制明載《備要》，改製時依此行之恐當。」

問「婦人服制從俗不經，欲改爲，而亦有中改未安之説」云云。李時春。南溪曰：「婦人服亦因練而改，則非所謂中改未安者矣。」

問「朱子云『斬衰草鞋，齊衰麻鞋』，宇宏等考禮未悉，成服時用藁草鞋」云云。金宇宏。退溪曰：「小祥改作麻鞋，禮有初未合宜者，中而覺之，據禮而改之，豈有不可者乎？」

同春問：「喪人遇水火盜賊，失其喪服，則改製，似無疑。」愼獨齋曰：「遺失喪服，雖未盡旬月，不作無服之人，改製無疑。」

追改神主 主櫝改造并論

退溪曰：「神主尺度不中，改造似當。然昔李堯卿造家先牌子只用匠尺，其後覺長大不合度，欲改之，問於朱子。朱子云：『而今不可動。』以此觀之，神主與牌子庸何異乎？牌子不可動，則神主可易改乎？」答李咸亨。

寒岡曰：「先世神主因兵亂未保，誠爲痛悶，而追造於親盡之後，恐未合理。支孫之親未盡者，雖爲之權奉，而追造代盡之主，亦似未安。」答崔季昇。

問：「有人於虜亂失高曾神主，以紙榜祭之，死而傳於其子。前日高祖則爲五代祖，自當不祭，而曾祖爲高祖，今亦祭之，始覺紙榜之非，改造與否，問於尚樸，答曰，似當於其時亡失處爲之，而今不知其處，則似當於墓所爲之也，如何？」鄭尚樸。南溪曰：「此段若主《家禮》而言之，失主雖久，可以改造而無疑。若以經禮國制而參之，降殺以兩之制，終爲不刊之大典。雖不得追改其主，而姑以紙榜行之，恐或未爲不可。其改造之處，則來示似可矣。」

問「有人神主見失，改造未及奉安，所失之主得於園外」云云。李著聖。遂庵曰云云。詳見祭變禮祠墓遇變條中失廟主還得處變之節條。○下同。

問：「失廟主，改題奉安矣，後得舊主，而不甚傷污，還安舊主，而埋安新主否？」魚有和。陶庵曰云云。

問「神主有蟲變字畫剥盡」云云。李光屋。陶庵曰云云。

問：「神主櫝歲久傷破，則當告辭改造。」蔡徵休。遂庵曰：「然。」

神主誤題改正蠹缺改題并論

退溪曰：「陷中誤書云者，謂第幾爲世數之誤耶？然改之亦甚重難，姑仍之，如何？」朱門人有神主違尺度者，有製喪服失古制者，問欲追改，先生皆答以不當改。故云恐難改。○答李楨。

問：「誤題奉祀於寫者之右，今欲改正。」金宇宏。退溪曰：「當於練祭改之，何必更俟大祥而後爲之？蓋大祥改題主時，神主尚在几筵，雖使其日改題，亦與先世改題別一節次。均是別一節次，先事而爲之，恐無妨也。」

問：「題主誤題寫者之右，今欲改正，因練祭及大祥之日，孰爲得宜耶？」金宇顒。蘇齋曰：「恐莫若卜日虔告而速改之爲愈也。」

南溪曰：「改題似當在於後喪大祥，蓋以覺非即改之意，則葬後已晚矣。至大祥時，新舊二主同入一室，而所題各異，此正不得不改之節，比他日尤爲有據，告祝只在臨時措辭爲之。」答洪錫龜。

問：「粉面寫字或蠹缺，則不得不卜吉改題。」蔡徵休。遂庵曰：「然。」又見祭變禮祠墓遇變條中廟主有虫變條。

染患中喪禮諸節

喪中避染疫當否

退溪曰：「染疫遭罔極之變者，不當避而求生，所論甚善。滉前日所舉朱先生之言，謂曉人當以義理不可避者，正是此意，非有異也。然此就病死斂殯時而言之，固宜如此。若在既斂殯後，則容有可議者。何也？蓋避者未必皆生，然而避者，生之道也；不避者未必皆死，然而不避者，死之道也。然則當此時，欲付葬祭於何人，必處其身於死地，而不少避以圖後事乎？然此乃人事之大變極致處，吾未到能權地位，恐難以立下一格法以訓世也。比如人與至親同遭水火之急，固當不避焚溺，以相拯救。及不免焚溺，而一有偶脱者，斂殯既畢，乃不顧後事而反自投於水火，則其所處得失何如耶？此滉所未判斷處也。」答李咸亨。

沙溪曰：「癘疫人疊死，或父母死。退溪曰：『成殯之後，子當出避。』其言曰：『避者未必皆生，然而避者，生之道；不避者未必皆死，然而不避者，死之道也。』愚見此説以爲是。更思之，亦有所難處。爲其子者，畏死出避，付之於婢僕之手，婢僕亦畏死，避而不守。以子而出避，則不可責婢僕之不守，或有至於火灾而不救也，其可乎？然則退溪之説，未可遽爲定論也。」答金巘。○下同。

又曰：「癘疫親死出避之説，固是難處。若爲土殯，無火灾之虞，則如退溪説出避，似或可也。」

南溪曰：「朱子所謂告之以恩義，則彼之不避者，知恩義之爲重，而不忍避云者，誠人道之至訓。至如退溪所謂避者未必皆生，然而避者生之道云者，亦處變不得已之論。逮乎沙溪，初是退溪之説，而間爲或者所謂不當付父母喪於婢僕之論所撓，以有末段土殯後出避之言，或者所謂似矣，而有未盡通。何者？朱子雖有云云如上文者，而其首尾又有『其實不然，及染與不染，似亦係乎人心之邪正，氣體之虚實，不可一概論之』之語，此所以致退溪殯後出避之議也。嘗竊略究其意，則當父母疾劇之時，喪出之際，無論心氣之邪正虚實，爲人子孫者，自當一體救病治喪，以盡其道也。及斂殯既畢之後，既有邪正虚實之不可一概論者，則亦豈宜固守常法，而終昧以死傷生之大戒哉？譬之有國家者，值外敵入寇，危亡之禍，迫在朝夕，不得已而出於權宜圖存之計，太子親王撫軍分監以爲重恢之地，將相士民禦侮敵愾以爲死守之舉，上下相維，各有攸當。今爲太子親王者，自謂能盡子道，而必欲死守，則其於畢竟扶持宗社底道理，當何如也？大抵朱子恩義之説，亦以骨肉至親爲言，然所謂骨肉至親，亦有分數。退溪斂殯之説，既以父子爲言，其無此而有伯叔昆弟者，似當議擇其親屬最近、性不畏癘之人，救病治喪，餘皆在外經理，不必全數入見，如父母之爲，則是當無專委婢僕、不謹藥餌之患，其於人心天理，殆無遺憾矣。」

問「父在母喪大祥，身爲痘火所逐，遠離几筵」云云。郭守煥。遂庵曰：「以父命不敢參祭，則闋服於外次，有何所妨？」

喪出癘疫不成服之非

旅軒曰：「喪初不成服而出避，已爲失禮。今既避在別所，則尤不可待秋，爲不成服之喪人，要就切近不煩處成服耶。」答金烋。

饋奠不忌痘患

南溪曰：「痘患俗忌甚切，然恐不可廢饋奠哭泣，如以相妨爲慮，則預置兒輩於鄰家，方便處之，似宜。」答朴泰昌。

染患中成服未備者不可退行練祥

遂庵曰：「以癘疫不爲成服，是俗間無識之謬習也。然此與追後聞喪者有異，以成服月爲準之説，恐無所據。」答蔡徵休。

又曰：「若喪出之時，喪人亦痛不省人事，闕其哭踊等節次，則固當據奔喪之禮，而行練祥可也。」答鄭明佐。

問：「有人合家遘癘，遭母喪，貧甚，喪人只以孝巾中衣布帶執喪，其八月追加衰絰。或曰，便是追成服，當以八月行練事。」金樂道。陶庵曰：「練祥之退行於月久之後，只當論於在遠奔喪者。所示喪家事，特衰絰不能悉具耳。雖不可謂之成服，而亦不可謂全然不成服，恐不得不於當日行祥，不必退期也。以衰絰言之，則固不滿於練期，而既不慎初，豈有善後之道耶？」

以染患重病退行練祥

遂庵曰：「父喪練祀，長子身有重病，則擇日退行爲可，其病數月内如難差復，則祝辭當曰『孤子某病重，使介子某昭告』云云，亦可。」答郭守焕。

問「亡弟再期已過，而寡嫂孤姪遘癘，未能參祭」云云。金孝徵。旅軒曰：「喪主主婦既不得參行祥事，則雖令門孽攝行於再期之日，而喪主主婦則依舊爲衰絰中人矣，何可謂之祥事已過乎？其勢在今不得不用擇日行祥之古禮。」

又問「孤姪練服，則孽叔擅自付火」云云。旅軒曰：「大祥所除之服，即練服也。今既無練，則所除者何服也？或所謂改製練服，入哭盡哀後，還出着黲，復入行事，乃是祥祭時前後節次，則此固不可欠過者也。但喪家未能卒辦舊服，則只用所餘頭巾喪杖及麤布衣行事，其亦勢所不免也。」

同春問：「有人服母喪祥期在前歲十月，而闔家染患不得行祭。今將追行，祥祭時當着何服？若據今制用純白，則當於何時除之？依古禮用微凶之服，似宜於兼祥禫之義耶？」慎獨齋曰：「當依朱子説，只行祥而不行禫矣。但必既祥，而後方可脱衰，脱衰之後，遽着微凶，恐不可也。蓋日月雖久，而脱衰則始於今，揆之人情，似不當遽變服，謂兼祥禫之義也。鄙意以爲行祥也，當用純白，雖不禫而間月即吉，情禮方安，亦不違於從厚之意也。」

尤庵曰：「所寓處若奉安神主，則只於當日行練，卜日追行，蓋出於不得已也。」答金得洙。

問：「大祥日闔家痘疫，若俟乾净，於二十六月或七月而始過大祥，則禫祭不須待踰月耶？」蔡徵休。遂庵曰：「廿七月而禫，禮也。大祥若行於廿七月之内，則月初行祥，晦前行禫。過廿七月，則《禮》有過時不祭之文，祥祭可追行，禫祭廢之爲宜。」

避寓中行禫

寒岡曰：「奉主避癘，則行禫事於權安處，不然則設紙榜，病者出幕，家無痛焉，則備持祭物，就行於本家，皆不妨。至於祭於墓所，則甚害於理。」答任屹。

問「避癘方在他所」云云。權燮。遂庵曰：「禫祭過三月，則便作過時不祭，豈可等待？還入舊村，稍向安浄，則雖不能便入奉主，行祭於寓所，似可。如不得已，則紙榜行之，猶愈於闕祭矣。」

以癘疫祔廟追行見追行之禮條中祔廟追行條

山殯年久處變之節見草殯條

喪中遇變亂諸節

喪中遇變亂奔問當否

陶庵曰：「喪中奔問一款，鄙意則三軍不呼之義，蓋所以順人情而合天理也。雖往往有不避金革者，而猶不免得罪於禮教，況奔問而無所事者，於義何所當耶？事親之日已無可及，自盡之節，唯此終喪一日。違舍几筵，孝心之所不忍者，致身報國，豈無他日耶？」答閔昌洙。○下同。

又曰：「喪中遇變亂，則雖曾經侍從之人，奉几筵奔避山裏，恐無害於義理。至於因事入城云云，喪人宜不敢暫離廬次，其出入則爲喪事及時見于母兩節而已。苟能一如禮律而無違，則雖即日還侍几筵，與同奔避，自可無疚於心。平時行動既不能如此，則仍留以俟亂定，亦不爲不可。如何？」

兵火中權厝未備葬禮者追行諸節

同春問「有一士人遭喪而遭胡變，不得已爲權葬，而事勢甚急，祖奠遣奠等禮，皆未及行。賊勢稍退之後，始爲謀葬，而祖遣等禮皆已過時。欲遂已，則情理不安，欲行之，則不知何時行之也。權厝掘破，奉柩而出，然後行祖奠，既載於轝，然後行遣奠，可不失禮意否？且神主未及造成，若遷延至於數三年之久，則形歸於地，而神未有依。且喪期雖盡，豈可脱服乎？今若難於趁速改窆，則先備木主，告辭而書之，設虞以安之。如是則練祥等祭，亦或可行，而不悖於禮否」云云。沙溪曰：「來示曲折，并與鄙意相合，若久不改葬，先書神主、行虞祭爲可，何子平之八年在殯，恐權葬亦不得也。」

問：「葬時或因變亂未及設主，則追造於何日？」旅軒曰云云。詳見追行之禮條中追後立主條。

亂後祔廟見追行之禮條

被罪家喪禮諸節

銘旌題主請輓

尤庵曰「神主之題既以別號，則銘旌尤無可問」云云。答宋炳文。○詳見喪禮題主條中書別號條。○下同。

陶庵曰：「陷中非可改處，被罪家先輩亦多有書官名者，今亦不以號而用官，不妨。官與號并書，則恐無義矣。」答閔百順。

尤庵曰：「所題於尊祖妣者，苟如來示，則寧有夫削其官而婦有其封之理乎？又豈有一槨之內，夫卑婦尊而可安之理乎？欲以孺人書之，則又非諸君子之所能安者。百爾思量，未得其當。略據婦人誌蓋之稱，如此書送，莫或不駭於瞻聆否？用於尊位之稱，當時重卿諸君見時出示程子書中題主書别號，及子孫稱父祖爲先生之文矣。來示何故如是也？」答宋炳文。

寒岡曰：「夫無職，則妻借用孺人，削奪者之妻，恐當用無職之例也。」答崔季昇。

問「亡父官爵未復，銘旌以常時所號者書之，題主將依銘旌所書書之，而陷中當如何書之？或云書以及第，此説如何」云云。成德朝。陶庵曰：「葬時銘旌當書號，而疏翁二字自好，不必改耶？然而來示亦有意義，惟參量而用之也。陷中異於粉面，書以職銜不妨。被禍家人，亦多如此云矣。顧今丹書未洗，如哀自處，宜若古人藁葬之爲者，恐不必乞輓，而已請者，今不可收回矣。如有製來者，亦勿用於啓靷在道之時。如何？」

禮疑類輯卷之十九

喪變禮

草殯

入棺前草殯成服

靜觀齋曰：「草殯成服固未安，但於其前只服素帶，不但有拖引之嫌而已，前頭入棺既未知定在某時，則屢月後入棺成服之節，既與追服等禮不同，功緦月數之際，尤豈不難處耶？」答南溪。

啓草殯至葬時諸祝辭

朽淺曰：「啓草殯時告辭『將以某月某日，定行葬禮，兹於吉辰，啓出靈柩，始安幕所，敢告』。○祖奠告曰『永遷之禮，靈辰不留，將奉靈柩，式遵祖道』。○遣奠告辭『今奉靈柩，往即幽宅，敢陳遣禮，永訣終天』。○下棺時告曰『今遷柩就壙，敢告』。」答金光勛。

山殯年久者處變之節

問「有人父母俱没於染疾，入棺即爲山殯，今至十二年之久」云云。李濟厚。陶庵曰：「山殯雖不能盡如葬禮，亦不可不謂之葬，是必以葬斷之，而後凡百難處之事，一時平了。唯至今不撤靈筵，一切以喪人自處，猝然曰我於其時已行葬云爾者，不成事理。就此地頭而論之，汲汲行葬禮，翌月行小祥，又翌月行大祥，此外無他道矣。」

權葬

總論

沙溪曰：「權葬非禮，至於無事時行之，甚無謂也。」答黄宗海。

問「權葬者，其以出殯于山之謂耶？雖以葬禮行之，而將遷改之謂耶？欲依《小記》所謂家貧或有他故，不得待三月之說，姑行報葬」云云。李時春。南溪曰：「所謂權葬者，所論後說是也。蓋不備其禮，而出殯於山，則謂之藁葬矣。今此喪雖曰無主，乃係一家之尊，行有難以徑行葬禮者。然理勢所在，姑依《小記》之文處之，亦似不無所據。」

慎獨齋曰：「雖非永窆，而既葬體魄，且其事勢遷改未易，則當其權厝題主無妨。」答尤庵。

兵火中權厝未備葬禮者追行諸節見喪中遇變亂諸節條

改葬權厝除緦服之節見改葬條中除服之節條

改葬

總論

沙溪曰：「古者改葬，爲墳墓以他故崩壞，將亡失尸柩也。世俗惑於風水之説，無故而遷葬者，甚非也。」《喪禮備要》。

告廟之節 告几筵并論

問：「丘氏曰前期一日告于祠堂，墓所若在遠，則其告廟節次當如何？或云當先定遷墓之日，主人臨行告廟而去。或云主人先去墓所經營葬事，及其葬前一日，令在家子弟代行其禮。」金誠一。退溪曰：「似兩可。」

同春問「父喪未葬，改葬母告廟」云云。沙溪曰：「酒果本爲告事而設，只奠本龕可也。主人自告，豈可代行也。凶服入廟，於祔祭可見矣。葬畢告廟，則有哭泣之節，當出主也。」

問：「考妣各葬，只遷一位，則就祠堂啓櫝，而只出一位主否？」閔泰重。同春曰：「恐然。」

問：「父喪未葬，遷葬母告祠堂。」尹寀。尤庵曰：「使祝行之如新喪靈座之禮，似宜。」

又曰：「改葬，朱子以爲祭告時却出主於寢。未知此只謂葬畢告廟之時耶？抑兼指當初告廟而言耶？《問解》則專指告畢而言，未敢信其必然。」答李顯稷。

南溪曰：「既無家廟龕室之制，則勢難獨行告禮於當位，恐當請出正寢而行之也。」答南磐。

問：「改葬告廟時，告辭自稱及稱某位，與神主將不同，何如？」或人。尤庵曰：「今日哀家遷葬時，自稱當稱孤子。雖與神主所題不同，然不可不如此，觀於吉祭時祝辭可見矣。」

問：「告祖父祝文中，罪人方在父喪，孫字上當稱以何字？」南磐。南溪曰：「禮，卒哭明日行祔祭於祖考，祝辭稱孝孫，今亦依此爲稱。」

告墓之節

退溪曰：「遷墓若非專爲宅兆之故，告辭固不可全用《儀節》之文。合葬是古禮，而又有遺命，以此爲文爲當。如無遺命，只以新卜吉地，用古祔葬之禮爲文，似亦當矣。」答金富仁。

尤庵曰：「破墓告辭當用於始役之時，而因服緦矣，出柩則即設奠，而不復以辭告矣。若有意外事端，則似當别告所以矣。」答宋炳文。

問：「舊山破墓時，當依《備要》改葬之節，而方與祖父之葬同日合墓，則啓墓告辭何以爲之？」朴振河。遂庵曰：「啓墓告辭『今將改葬』四字改以『今將遷祔於顯考新塋』云云，祠堂告辭『改葬于某所』五字亦改以『遷于顯考』云云，似宜。」

尤庵曰：「啓墓之時，祖先墓同處一岡，則如此重事，何可不告耶？此雖無明文，然以祔葬時告于先墓推之，則遷改時當告無疑矣。」答李顯稷。

又曰：「兩墓同崗而今一遷一否，則兩皆告之。」答李碩堅。

改葬服

改葬當服緦之類

退溪曰：「改葬之服，既云親見尸柩，不忍無服，則於改葬母也獨無服，而可忍乎？竊意人子於父母情非有間，而聖人制禮，則多爲父壓降於母者，家無二尊之義最重，故謹之也。其意豈不以五服最輕者緦，降緦無服，今既以斬衰當緦，則齊衰以下無服可當，故只以素服行之耶？」答金富仁。

問：「改葬服只云子爲父，而不云爲母。」黄宗海。沙溪曰：「言父則母在其中。退溪曰不爲母服緦者，家無二尊故也。此説誤矣。子思曰『禮，父母改葬，緦』，王肅曰『非父母無服』，《喪服》疏『子爲母亦同』，豈有葬母而無服之理乎？慎獨齋曰：『改葬服非但爲父也。服三年者，皆服緦。況父母一體，豈有不服母之理乎？子思曰「禮，父母改葬，緦」，《儀節》適不及之耳。』」答鄭弘重。

問：「方營亡妻改葬，家豚雖是應服三年者，乘實爲之主，子不得服緦，而只以白布巾帶從事耶？」柳乘。陶庵曰：「父在母喪者，雖壓屈而不能自伸，其間猶能具三年之體，緬禮之時，恐當服緦。」

問：「丘氏曰『改葬緦，子與妻也』，妻是子之妻否？死者妻否？不及女，何也？」金誠一。退溪曰：「所謂妻，子之妻也。女在其中。」

沙溪曰：「按禮意，應服三年者，改葬當服緦。古禮子之妻爲舅姑期，至宋陞爲三年服，則改葬服緦恐當。《喪服記》『改葬緦』疏云：『不言女子子，婦人外成，在家又非常，故亦不言。』據此，《通典》所謂出嫁女緦，恐誤。」答同春。

尤庵曰：「改葬緦果如李先生說，則妻爲夫無服，而子之妻爲其夫之父爲服緦，故從服緦也。無論義理之如何，而《禮》所謂妻爲夫之文，似不如此也。且妻爲夫無服，則適人女本服不杖期，而於改葬乃同於子而服緦者，亦似未安。且李先生於改葬云『子但爲父服緦，而不可爲母緦』，此與《禮經》不同。」答洪友周。

沙溪曰：「承重者雖在曾玄孫，與長子無異，當服緦麻，豈但素服而已？《通典》已論之。」答姜碩期。

晉步熊問：「改葬孫爲祖亦宜緦，但不受重於祖，父亡後，祖墓崩，不知云何？」許(孟)〔猛〕云：「父卒，孫爲祖後而葬祖，雖不受重於祖，據爲主，雖不曾爲祖服斬，亦可制緦以葬也。」《通典》。

遂庵曰：「五代祖喪，宗孫似當承重，遷窆時服緦，鄙見亦然。」答朴正源。

問：「前母繼母出母嫁母改葬，皆當有服耶？」沙溪曰：「《通典》皆有明文，然徐廣之言，亦似可疑也。」

晉胡濟《改葬前母服議》云：「禮無其章，故取繼母服準事(目下，得申孝養之情。推此所奉)，前繼一也。爲前母改葬，宜從衆子之制。」〇劉鎮之問：「父尚在，母出嫁亡，今改葬，應有服否？」徐廣答云：「改葬服緦，唯施極重，此既出嫁，未聞兒有服之文。然緣情立禮，令制服奉臨，就從重之義，合即心之理，亦當無疑於不允也。」

尤庵曰：「承重孫之妻、亡人之妻、諸子妻，皆是斬衰，則今於改葬，皆服緦無疑。」答李選。

南溪曰：「《家禮》既云大功以下，不用負版辟領衰，則以緦服而備三條，勢不可也。」答姜錫朋。

父喪中改葬母之服 諸孫服并論

沙溪曰：「父喪中改葬母者，據《小記》『父母之喪偕』疏『父未葬，不敢變服』，若父既葬，則恐當依重喪未除遭輕喪之例，服母改葬之緦以終事。」《喪禮備要》。

同春問「父喪未葬，改葬母墓，則啓墓時，當釋重服而服緦耶？則緦服既成，當即反重服。雖執奠於前喪，亦以重服行之否」云云。沙溪曰：「據禮，雖有事於前喪，亦當用重服無疑。若服緦時，則杖亦當去。」

《小記》：「父母之喪偕，其葬服斬衰。」注：「其葬母，亦服斬衰者，從重也。以父未葬，不敢變服也。」問：「父喪既葬，改葬母，服緦從事否？」鄭弘溟。沙溪曰：「既葬與未葬有異，改葬服緦，似無不可。」

尤庵曰：「父喪未葬前遷母喪，則雖有事於舊喪，不敢變斬衰，禮也。惟既葬而虞祭時，始服遷葬之緦矣。」答成晩徵。

又曰：「雖同是下棺，下棺亦奪情之事，故先輕後重之説，終爲定論矣。若然，則此時尚是父未葬，則何可變服耶？且雖當變服，然頃刻之間，旋脱旋服於蒼黄之際，豈成舉措耶？須以不變重緦爲正，可矣。」答宋炳文。

南溪曰「雖重在父喪，初無不爲母成服之理。既成服，則隨喪行奠，恐當用緦服。只路中欲吊大喪者，當以方笠布直領受吊，而反喪次，然後以此爲主也。然前日羅顯道并遷祖父母喪，愚則以各成服爲言，而尼議以只成外服而通用之爲説」云云。答或人。

又曰：「喪中改葬，雖有《小記》之文，鄙意此指發引及窆葬同時行禮者而言耳，如啓墓時或有母葬在别所者，尤難處。及異几筵時，朝夕上食猶有服緦，哭祭之儀恐亦無異義而有加重矣。」答權鑚。

問「父喪未葬，遷母葬」云云。尹湛。陶庵曰：「父喪中遷母墓合封者，雖於父喪，仍服斬衰，至母筵虞祭，始敢服其緦而祭之，禮也。」

愼獨齋曰：「來示改葬服緦，輕於禫服，捨重服輕，似未安云云。竊詳古禮，凡重喪未除而遭輕喪，則制其服而哭之。雖在父母喪，而緦服亦當服矣。今此禫服比於改葬緦，輕重雖似有間，當其事則不可以不服，其服輕重不當論也。況衰麻已除，緦服方始，其爲輕重，亦未可知也，何可以白衣白冠，仍着於見柩之日也？若果服禫，幾與旁親之素服無異矣。大抵服重之説，祖述於《喪服小記》。《小記》所謂『父母之喪偕，先葬者不虞祔，待後事，其葬服斬衰』，注曰『其葬母亦服斬衰者，從重也。以父未葬，不敢變服也』云云。今之改葬，非偕先之比，不可援《小記》之説，廢緦麻而服禫也明矣。若衰服未除，雖廢緦服，猶是本位之服，而不失從重之義也。然無明據，未知何如？」答李敬輿。

問：「祖考葬前遷祖妣墓時，家親服重喪衰絰，至於寀等，似當用改葬服。」尹寀。尤庵曰：「尊丈既服重服，則子孫似當一例行之矣。」

母喪中改葬父之服

問：「改葬當服緦麻，而方在衰中，哭從之時，當服何服？」裴尚龍。寒岡曰：「當服重服，葬考時服緦麻。」

問「遭母喪將遷父墓」云云。或人。愚伏曰：「以齊衰服改葬前喪似爲不妨，恐不當必以最輕之服易之。」

問：「當母喪改葬父舊喪，上食時，服緦麻；新殯饋奠時，服衰服。厥後合殯于一處，則仍服衰服；而居次發引時，服緦麻。如何？」安弘重。愼獨齋曰：「新舊喪各服其服，來示然矣。今者既已同殯，各服節目無施也。方在初喪中，似難以緦服之輕，恒處於殯側也。同時發引，則更服緦麻，又無所施，如何如何？」

問：「饋奠之時，則各服其服，而若發引下棺在同日同時，則當着何服？」尹宣擧。愼獨齋曰：「喪服既以舊喪爲重，似當服緦也。雖是緦服，何可以凡緦功之服，比方而言之乎？不以緦看緦，而以父喪服爲重，不失尊尊之義，不亦可乎？若期服以下諸人，若脱齊衰，則只以白衣素帶隨行，極似未妥，且異於服緦之人。雖以新喪之服隨行，似無妨焉。」

尤庵曰：「母初喪父遷葬，或云爲父雖服緦，自是斬衰之餘，當服緦以葬。此雖有其理，然既無古訓，則似不可遽從矣。惟以淺見言之，則齊衰重於緦，當服齊云者，稍爲可據矣。」答黄世禎。

又曰：「頃年從兄之喪，則以緦麻將事，至母虞，然後服齊衰，亦未知果得禮否也。主人既服緦麻，則餘有服者之吊服，從可知矣。」答金汝南。

又曰：「前喪雖重，不可以緦而捨衰，且諸服人皆服衰，而諸孝反服緦，似涉骫骳。」答尹商舉。

南溪曰：「孝子雖持母喪，而當破父墳時，不爲制服，殊未安，服之無疑也。其祭之，則似當服緦不變，蓋改葬古人皆以喪禮處之。初喪并有喪者，先葬母時，以父未葬之故，斬衰將事者，從重也。此亦恐當倣此爲有據，而不以緦服之輕有間者，亦退溪所謂與其無據而創行，寧比類於并有喪之例之意耳。」答慎景尹。

又曰：「行喪及下棺時，當持改葬父緦服，以從《小記》之義，恐當。」答李時亨。

問：「贈玄纁時以緦服奠于父柩，以衰服奠于母柩，而哀遑急遽之間，衰緦換着，亦似煩碎。」李世弼。南溪曰：「改先葬時服緦，固無疑矣。若贈玄纁時，則當以《小記》『父母之喪偕，先葬者不虞祔，待後事，其葬服斬衰』之義處之，蓋雖緦猶斬也。」

遂庵曰：「母未葬遷父墓，《禮》無不變服之文，前喪行祭服緦，後喪行祭返重服云者，來説恐是。」答成遠徵。

陶庵曰：「母未葬而改葬父者，初喪既異於改葬，緦麻亦輕於齊衰。然舊棺之出即同初喪，古人皆以喪禮處之。緦服雖輕，本是斬衰之餘，略具三年之體。恐當以父葬爲重而服緦將事，至母虞始還齊衰，若非合葬，則葬時各服其服，無疑矣。此事從前多甲乙之論，而愚見則如此。」答李希仁。

繼母葬前改葬母之服

南溪曰：「服後母喪改葬母墓者，當釋重服而服緦無疑，與父未葬不敢變服之義自不同，雖爲後母出者，服緦一款，亦恐無異。」答李箕洪。

生母葬前改葬生父之服

尤庵曰：「兒子生母葬前，改葬生父，渠以吊服奠母爲忽略，又以母服奠父爲不敢，故臆斷而出於各服之舉矣。」與同春。

養妣服中改葬養考之服

南溪問「養考之葬，今欲遷奉，啓墓時，當以何服乎？蓋新喪既不得用三年之制，則似亦只用吊服」云云。尤庵曰：「養妣服中改葬養考之服，古無所據，只當從吊服之制，而有事于兩殯，則當從各服其服之文矣。蓋惟斬衰未葬前，不可改服他服也。」

承重孫父喪中改葬祖之服

尤庵曰："「以重服中服輕服之文觀之，則承重孫雖在父喪，當爲祖母服改葬緦矣。餘人之加麻，恐當如此。曾見文元公喪，門人之有私喪者，仍服布直領而加麻，依此爲之，亦不爲無據耶？」答李相夏。

南溪曰："「雖在喪中，隨祖父喪柩及奉几筵饋奠時，當用緦麻，惟行奠父喪用本喪服，恐當。」答南磐。

承重喪中改葬父母祖父母之服

問："「人於祖母承重服内，方遷其祖父母及父母四墳，緦服并制四件，葬窆祭奠時各服而行事否？破舊墳後當以何服爲重？」金栽。南溪曰："「祖母當喪，遷墓則不當制緦服，其餘皆如來示，處之似當。破墳後常着之服，亦似以祖母服爲定。蓋服之輕重既别，恐與禮家服斬衰從重之義不同故也。」

又曰：「緬禮節目，如以其葬服斬衰之文觀之，遷葬王父母者，似全不用王父母服矣。然疏曰其葬服斬衰，直以葬爲文，明爲母虞祔練祥皆齊衰也。以此推之，愚意啓王母柩時，即成其服，朝夕祭奠及虞祭時，亦皆以其服將事，而外此一以王父服行之，恐爲得宜。」答羅良佐。

三年内改葬之服

尤庵曰：「三年内遷葬者，當以原服行之，不必改制緦也。」答鄭澍。

問：「祖母遷墓在小祥後，則衰服首絰既已除去矣，更制緦服首絰而加於衰服上否？」金栽。

南溪曰：「不當制緦絰。」

又曰：「方服三年者，雖改葬，不當更制緦服，蓋開壙之日，已以時服將事，其後假令值禫月服禫服，自是一串出來，有何致歉於不緦耶？但王尊長及前妣喪，承重孫及諸子不可不各製緦服，各設几筵。葬時若同窆一穴，只亦當以王尊丈緦服將事，以準古人以斬衰行禮之制，所製緦服，且得各用於祭奠及一虞時，似當。」答金楺。

問：「禫服中改葬當從禫服乎？當行緦服乎？」具時經。南溪曰：「禫服緦麻之說，有難折衷。第當改葬不可無服緦之節，誠以改葬爲主故耳。常時則持禫服，葬時則持緦服，行禮而除禫服，三月而除緦服，亦與輕者包重者特之義可以旁照，至於留服喪服，恐非其倫矣。○愼齋答白江問其論改葬服一節，正如左右留服之説，而愼齋所答當服緦者，一如鄙見。」按愼齋説見父喪中改葬母之服條。

姑喪中改葬夫之服

南溪曰：「雖居姑喪，何可不服夫遷墓之服耶？」答李時亨。

期服中改葬父母之服

南溪曰：「期服雖重，而乃旁親之服，緦服雖輕，而實父母之服，又方當喪行事，則其服緦服爲是。」答姜錫朋。

改葬時在家成服

問：「云云，不能來參者，亦當制緦服望哭，成服於破舊墳之時耶？」尹文舉。同春曰：「來教恐然。」

問：「婦人不得往墓，則於啓墓日成服於家耶？」李時春。南溪曰：「然。」

改葬時攝主之服

問：「有人遷葬其祖父，而其父年過七十，身有篤疾，其子當以攝主之禮行之否？抑以七十廢疾老傳之義處之，而其子直主其葬否？其子服制亦當如何？」金栽。南溪曰：「平日既不能舉老而傳之禮，則似當用攝主之例。蓋攝主則人家所常行故也。其子服制，只當依諸孫素服而已。」

吊服加麻之類不赴舉并論

問：「改葬時期功之親當依丘説，用白布巾否？」李尚賢。同春曰：「恐當。」

南溪曰：「有服者改葬時，當用吊服加麻者，《通典》王肅説也。所謂素服布巾，又出於丘氏《儀節》。其實只是一例，非有輕重。」答金楺。

問：「五代祖以上遷葬，宗孫雖爲破宗，以承重之義，當服三月乎？」崔祏。陶庵曰：「遷葬時服緦之疑，決於承重與否，既不承重，則只當吊服加麻而已。」

南溪曰："出繼子於本生親遷葬，無他可服之服，當以吊服加麻行之。"答南磐。

尤庵曰："緬禮子孫之不得來會者，素服望哭，情理之不可已者，况國朝已成典禮耶？哭不設位，《禮》已非之，此恐不須疑者。吊服加麻，以餘有服之文觀之，則恐無親疏之别。而子思所答，則似專指期親耳。疏屬雖只去華彩，恐不爲無據也。"答尹文舉。

陶庵曰："吊服加麻，固無服制之可論，然本是期服，而靈柩出地，凡百一如初喪，即是未葬之前，此時何暇論場屋試藝之事耶？揆以情理，恐不可赴矣。"答洪啓祥。

喪中祖父母以下諸親改葬時服色重服人服色并論

問："應服三年者，改葬時皆服緦，餘皆素服布巾，然則諸孫之方在斬衰者，亦當布巾加麻歟？"宋三錫。尤庵曰："所重在此，當依加麻禮。"

又曰："改葬妻當用素服加麻之制，而哀侍方持重喪，當依《家禮》重服未除遭輕喪之例，有事于改葬時，暫釋重服，而服改葬服矣。凡喪父在父爲主，子雖長成，何敢爲主耶？"答金澤。

問："母喪中改葬妻，朝夕奠及贈玄纁脱母服，而服妻加麻，亦涉未安。只以深衣方笠行事耶？"李世弼。南溪曰："所示似然。"

問：「身居重服，臨視諸父與兄弟改墓，則將何服色？」李時春。南溪曰：「亦用布直領孝巾。」

問：「方營祖父窆禮，而欲遷祖妣舊墳，吊服加麻者方持重服，亦不敢改服耶？」朴振河。遂庵曰：「《禮》只言父未葬，不敢變服，然則斬衰之外，餘親似可服吊服矣。」

改葬服緦之節

寒岡曰：「緦服當服於告啓墓之初。」答任屹。

冶谷曰：「瓊山改葬儀節，將啓舊墳，遽已服緦行哭。余常竊疑，服華采從事吉常之久者，未見柩而先哭，不哭而先服凶，似不合人情。今見朴躍起遷潛冶墓，用潛冶平日說『見柩而後哭，奉柩就殯而後服緦』，遂信愚見之幸中。仍又思之，見柩去冠哭踊以象初終，奉柩就幕次服緦以象成服，似有節次。」

尤庵曰「始役之時，仍服緦」云云。答宋炳文。○詳見告墓之節條。

國恤中私家改葬服見喪禮國恤條

破壙出柩異日凡節

問："「啓墓之日服緦舉哀云者，非爲是日當親見尸柩故耶？」李濂。朽淺曰："「術家例以破冢日爲重，不計日數之遠，許以略破某方，豈啓墓而親見尸柩之比耶？謬意恐當以素衣帶告以遷墓之意，且告后土，而歸以俟。後日啓墓穿壙之時，乃服緦。」

遂庵曰："「前期破土是地家之説，亦非禮文也。既以遷窆爲告，則破土時，即服緦服可也。」答郭守焕。

問："「破壙出柩各擇兩日，則似當各有祝辭。」李箕洪。南溪曰："「破壙出柩異祝，古無其儀，所不敢説。如必爲之，當曰『卜葬非地，體魄靡寧，將欲遷窆他所，敢先破壙。伏惟尊靈，庶無震驚』。别以酒果行之。於出柩日，則乃可盡用《備要》啓墓之制。蓋彼有舉哀一節，似非只破壙時所當行故也。」

問："「遷奉合葬於先塋，日者曰先塋及權厝處破舊壙，皆於吉日略爲開土，臨時始爲破開云。祠土地、告先塋，祭則已行於初始役之日，臨時破開之際，又不可無節。而若又設酒果，則反似重疊，未知秪當焚香更告於先塋耶？」李世龜。南溪曰："「此誠無於禮者，如必用之，則捨此恐無他道理。」

兩喪出柩改殯先後

問："同葬父母，則先輕後重，奪情故也。改葬啓墓時亦當先啓母，出棺改殯時亦當先殯母否？"金誠一。退溪曰："皆當先。"

問："合葬遷葬，則啓墓出柩時，當先父後母乎？"閔泰重。尤庵曰："出柩是伸情之事，似當先父。"

改斂改棺之節

尤庵曰："出柩後改斂爲急，然當朝奠時只行朝奠，當上食時亦行上食，若有奠上食，則不可無靈座。既上食後，移靈座於他處，而改大斂，無不可者，此《備要》注説之意也。"答姜錫朋。

問："或曰年久薄葬者，啓墓之後，極爲無形，難可收拾，則別以板子造棺，去地板罩蓋，還斂，築以成壙爲得。或曰雖至無形，若妙手則移斂安頓，不至散處，雖百歲之久，亦可移安。兩説孰善？"任屹。寒岡曰："後者之言是也，若着手精妙，百分謹慎，則用竹片移奉無形之形，斂襲安頓，不差毫釐。"

旅軒曰："移墓於歲久之後，則例未免拾骨，所拾者骸骨而已，不可以親膚而并收其土。所以改葬者，必用綿子，以將其所拾之骨，使之有所維持，而無所雜亂其次序者也。"答鄭亦顔。

離先塋時朝祖墓當否

問：「離先塋而向他山，不可無朝祖之禮。朝於祖墓而後設遣奠乃行，如何？」尹宣舉。慎獨齋曰：「朝墓不見於禮，而以情理言之，不可無矣。」

發引時設奠

朽淺曰：「就轝後設奠如遣奠儀，告曰『靈輀載駕，往即新宅，敢告』，若祖奠則丘《儀》無之，豈非以異於新喪故耶？」答李成己。

問：「《經禮問答》改葬條曰《儀節》《備要》皆無遣奠等祭，而《備要》發引有設奠，此與遣奠有異，而只設酒果耶？」鄭觀濟。陶庵曰：「此奠雖無祖遣之稱，而實有祖遣之義，略做遣奠爲之似宜。」

兩喪發引相會之節 與并有喪條中發引先後條參看

尤庵曰：「以鳴山之引而會於燕山，則是以卑詣尊矣，事體當矣。若如來示，則是以尊就卑矣，似未安矣。愚意則雖先破鳴山，而姑殯於其處，外引歷過前路時，兩引相會，略停於路次，而告由。○外喪曰『祖妣靈柩，出自鳴山，或云舊墓，今將同奉以行，敢告』云，内喪曰『今與祖考靈柩，相會於路次，今將』，以下上同。○隨其事勢，内引先行，先殯於新山，亦何害也？」答宋炳文。

問：「父母兩柩相會之際，别有設禮者乎？第禮無路祭，則兄弟及有服之人盡哀而止乎？」權鑌。南溪曰：「來諭末端説是，第似有告祝兩柩之節，而諸家禮無考，不敢質言。」

停柩設靈座靈寢

南溪曰：「改葬之柩入奉家内，與新喪同殯，無乃與喪事即遠之義少異耶？」答李時亨。

問：「改葬設紙牓乎？」金誠一。退溪曰：「只設靈座。」

同春問：「改葬靈座當只設椅子耶？若有遺衣服，置於椅上，似宜。」沙溪曰：「然。」

尤庵曰：「凡遷葬時，凡百一如初喪，而靈座則不設魂帛，只以遺衣服置神位矣。」答或人。

又曰：「遺衣服有則設之，無則只設虚位，此則出於不得已也。况既異殯，則尤無異同虧完之嫌矣。靈床之具既曰如初喪，則何可不設？如無舊時衾枕，則備用新者似宜。」答宋炳文。

問：「柩前靈座只設空椅，似是。」李世龜。南溪曰：「遺衣服，《儀節》初喪雖有椅上置衣、衣上置帛之説，恐非《家禮》本意。蓋所謂椸者，實置遺衣服之物，而椅上只得設魂帛而已。來示似當。」

又曰：「新山移殯之後，櫛頮諸具，亦當依在家例陳設無疑。」答崔補。

又曰：「若前喪近而靈寢存，則設之亦好，復衣亦然。」答李時亨。

遂庵曰：「春堂改葬時，子華問靈寢於尤庵先生，答以當設。今此改葬亦當設之，而既無平日衾枕，不過數日之用，備置誠難，故欲不用矣。」答權燮。

兩喪異殯 與并有喪條中父母偕喪設几筵條參看

尤庵曰：「母初喪父遷葬同殯之示非是，雖父母同日死，必須異殯也。」答黃世楨。

又曰：「内外喪異殯，明有《禮》文，雖朝夕上食之時，亦當各服其服。○所謂異殯者，非必相遠也。假如二間之家，則隔障中間，而各設几筵，亦可矣。」答宋炳文。

又曰：「舊山出柩後引就新山，禮也。須預於新山設殯廳奉安，而諸孝子分守新舊殯，似宜矣。新喪殯側設幕遷柩之説，據禮決不然。《禮》曰『喪事有進而無退』。」答成晚徵。

吊

尤庵曰：「雖是遷葬，客有來吊者，則主人何可不受也？」答尹寀。

同春曰：「吊禮，親戚情厚者外，恐不可一如初喪。」答黄世禎。

陶庵曰：「親見尸柩之日，若之何其不吊？於禮亦有之矣。」答李命元。

上食奠

退溪曰：「改葬朝夕上食不可考，然今既見柩事象初喪者多，恐上食爲當。」答鄭崐壽。

同春問：「遷墓時出柩，朝夕哭奠上食一如初喪否？」沙溪曰：「退溪有教，可遵行也。」

又曰：「設靈座，則朝夕哭奠，亦在其中。」答姜碩期。

尤庵曰：「酹酒奠酒，凡禮書單言酹酒者，是指奠酒也。兼言酹酒奠酒者，酹是傾酒茅上，奠是奠于神前也。然《喪禮備要》所載遷葬時酹酒奠酒，出於丘《儀》，《家禮》則葬前無酹酒之義，恐當以《家禮》爲正。」答閔泰重。

又曰：「改葬一如初喪，則焚香酹酒皆當以祝行之矣。」答李碩堅。

遂庵曰：「發引後遇寒食日，則當設奠於路次。」答郭萬績。

三年内改葬兩設饋奠

問：「改葬朝夕上食，并設於靈筵及柩前否？」閔泰重。同春曰：「并設恐不得不爾，或有只設一處者，似未安。」

南溪曰：「几筵之祭爲神主也，墓上祭爲體魄也，兩處各行爲是。」答金栽。

又曰：「朔望殷奠與朝夕上食，在禮無一行一廢之證，當爲兩設。雖在一山之内，而既有家山主柩之別，則恐不然耳。」答李世龜。

尤庵曰：「三年内遷葬之家，每以饋奠當於何處爲疑。而第無古今論此者，以禮宜從厚爲義，而兩處并奠者，似無大害。故愚見亦以爲然矣。第今哀家，則略異於前義。蓋既還殯於家，則與几筵同處於一家之内矣。一家之内并設兩處几筵，未知如何？猶以爲兩設不害於從厚之意耶？必欲行之於一處，則無寧捨几筵而行於殯耶？不敢臆斷。」答俞相基。

問：「同是一喪而几殯同奉家内，則上食當行於何所耶？欲上食行於几筵，而殯所則只設朝夕奠。」李志逵。南溪曰：「初喪固合尸柩魂帛而祭之，然葬時魂帛爲神主，尸柩入地，則又當各祭矣。今以遷葬還奉尸柩於一家，則殊亦可疑。第以還奉一節，而廢其可行之祭，尤覺未安。恐依常例後神主而行之爲宜。」

遂庵曰：「喪事既遠，已葬之後，還殯於家，殊乖禮意。然既殯於家，則兩處上食不可廢一，雖似重疊，他無變通之道。」答郭守熀。

問：「三年之内有遷舊墓之舉，則几筵上食及朔奠使婦人或輕服代行耶？朔奠，殷奠也，不親行似未安。」崔慎。慎獨齋曰：「所重在彼，喪人不宜留在於家，几筵祭則使子弟服輕者代行，可也。」

兩喪几筵行饋奠之節 承重孫祖母改葬前奠父殯并論

問：「外内兩喪，几筵各設焉，則朝夕奠上食先行於外殯，次行於内殯，似當矣。而日勢早晚，饌物冷暖，似未便穩，故不得已分獻饋奠一時并行。分獻之節，情禮不可并伸，故喪人四人行朝夕哭奠於外殯，後哭拜於内殯；四人行朝夕哭奠於内殯，後哭拜於外殯。上食時，則奠於外者，饋於内；奠於内者，饋於外，夕亦如之。」尹宣舉。慎獨齋曰：「來示無妨，但聞兩几筵雖各設，而只隔障，奉祭之人，則無所隔障云。喪人既不能自奠，而使執事行祭，則不必分獻而一時并行饋奠，如何？」

問「考妣同遷，則或謂兩殯兩虛間，必以帷隔，而奠與上食必各進，先進於考位，既退，後進於妣位」云。姜錫朋。南溪曰：「是。」

問：「祖母改葬之前值朔望父殯行事。」李相夏。尤庵曰：「承重孫行事於祖母，而諸孫歸奠父殯，似宜。」

改葬與忌日生辰練祥相值

尤庵曰：「遷葬者，柩既出而朝夕哭奠，則無日而非忌日也。復行忌祭於其柩，似甚重複，恐當只行於神主矣。」答或人。○下同。

又曰：「忌日生辰似當行於几筵，朔奠則兩行於彼此，恐或無妨。」

又曰：「遷葬之禮一如初喪，則雖遇練祥之日，當以未葬之禮擬之。只如常時忌祭而一獻，哭而行之，且於告辭備告事由，待葬畢擇日行練祥，似得矣。」答俞相基。

問：「改葬時祥期在於破壙成殯後。」梁處濟。南溪曰：「此祥祭亦指依朔奠單獻者耶？當行於家内几筵。」

問「遷葬之期與祖母小祥相值」云云。金栽。南溪曰：「《家禮》以後小祥無擇日之法，遷葬雖曰歸重日家，亦豈可無進退隨便之道耶？告以退行之説，恐不可用。」答金栽。

發引以後諸節

遂庵曰：「改葬發引時，不設靈寢要轝，非所聞也。《備要》既云如始葬之儀，則安得不設？」答郭萬績。

南溪曰：「哭婢行者，於《禮》無隨行之文，雖在三年内從重喪，姑闕之似當。」答南磐。

尤庵曰：「若果成殯，則啓殯時不可無告禮矣。」答李相夏。

又曰：「據《儀節》及《備要》，則皆無遣奠祖奠等祭矣。」答或人。

寒岡問：「改葬時贈玄纁送明器等事，當一如初喪時乎？雖合葬，亦當各具否？」退溪曰：「改葬玄纁之類，隨力措送，雖合葬，力不及之物，外不可兼也。」

同春問：「若改葬先妣與先考合窆，則玄纁翣扇等物，當各備用之耶？」沙溪曰：「各備用之可也。」

因喪改葬先輕後重

退溪曰：「歷考諸禮，當喪而改墓合葬之禮，并無據證。而改墓一事，古人皆以喪禮處之，考於瓊山《儀節》可見。今比類於并有喪之例而行之，先輕後重，庶不乖禮意。」答金富仁。

問：「因喪改葬者，又有前後喪輕重之疑，退溪初謂改葬奪情之義，比新喪有間，可不拘先輕之例，其後謂改墓古人皆以喪禮處之，與其創行臆見，不若比類於并有喪之類云。今何所適從耶？」黄宗海。沙溪曰：「退溪後説恐當。」

愼獨齋曰：「喪雖新舊有間，而在殯則一也。既曰在殯，則似不可以新舊而有所輕重之也。雖非并有之喪，而奪情之舉，無間於新舊，聖訓決不可違也。」答尹宣舉。

改葬虞

行虞當否 行虞諸節并論○與葬畢告廟條參看

尤庵問：「《語類》問：『改葬，神已在廟久矣，何得虞乎？』朱子曰『便是如此，而今都不可考。看來也須當反哭於廟』云云。據此，改葬當不行虞祭，而丘氏《儀節》有之。今士大夫皆遵行，未知何據？」沙溪曰：「朱子説固然，但王肅以爲既虞而除之，朱子又有一説云云，恐丘氏因此而推之爲儀節也。更詳之。」

朱子曰：「改葬須告廟，而後告墓，方啓墓以葬。畢，奠而歸，又告廟，哭而後畢，事方穩當。行葬更不必出主祭，告時却出主於寢。」

又曰：「按《語類》問：『王肅以爲既虞而除之，若是改葬，神已在廟久矣，何得虞乎？』曰：『便是如此，而今都不可考。看來也須當反哭於廟。』但丘氏《儀節》行虞於墓，世俗皆遵行之，似不可廢，未知如何？」《喪禮備要》。

尤庵問：「朱子曰『改葬畢，奠而歸，又哭廟，而後畢』，所謂奠者即虞祭也。《儀節》亦曰『既葬就幕所行虞祭』。據此二説，則虞祭似當在封墓之後。而今人家畢葬例在三四日之後，必待事畢，然後設虞耶？或於窆日徑行，亦無妨耶？」慎獨齋曰：「《語類》云云，竊詳朱子之意，蓋謂改葬神已在廟，不當設虞，又不可都無事，故葬畢而奠，哭廟而畢。夫虞者，祭也，奠者，非祭也。左右欲以奠作虞看，《儀節》改葬之虞，果行於事畢乎？若以朱子之言爲定，則元不當設虞。若未免從俗，則當從《儀節》。節節變換，恐非禮意。」

尤庵曰：「虞者安也，始葬體歸于地，魂則徘徊無依，故行虞者，欲神之安於神主之意也。改葬則神之依廟已久，當從王肅議，勿行而返哭可也。」答宋三錫。

遂庵曰：「改葬之虞本非禮。據朱子之訓，除却虞祭一節，只返哭於廟爲當耶。」答朴振河。

陶庵曰：「按《語類》問王肅止哭於廟，見上。蓋改葬之虞，始於丘《儀》，而尤庵以爲失朱子之意，而云只於葬畢奠於墓而哭之而已，故虞祭一節删去，且依《語類》添入奠而歸及告廟二段。」《四禮便覽》。

問：「既不行虞，則設奠於墓前耶？」鄭觀濟。陶庵曰：「虞祭行於墓所靈座前矣，若不行虞，則於此處設奠，爲可也耶？」

問：「改葬日未及封墓，則虞當退行耶？」姜錫朋。南溪曰：「初喪虞祭待平土而行，無待翌日，遷窆則當待翌日。」

新舊喪合窆行虞之節 與并有喪條中父母及祖父母偕喪虞卒條參看

退溪曰：「兩葬行虞之節，按禮，偕喪偕葬先輕後重，虞則先重後輕。今改葬當虞於幕所，新葬反哭而虞。」答鄭崐壽。

又曰：「虞祭偶同則異日而祭。若同日合葬，則虞不必異日，所疑正然。且夫婦一體，虞祭偶同，同日而祭似不害義。但所謂先重後輕，未必皆非合葬也。然猶必云異祭，此必有深意，不敢强爲之説。然與其徑直而行，恐不若從《禮》文之言，如何？」答金富仁。

同春問：「父喪遷母墓同葬，則新喪之虞，當行於家，改葬之虞，當就幕次行之，勢有相妨。」

沙溪曰：「據《禮記》及朱子説，父之虞祭，葬日反哭後行之；母之虞祭，翌日行之。」

《喪服小記》：「父母之喪偕，先葬者不虞祔，待後事。」注：「葬母明日即治父葬，葬父畢虞祔，然後爲母虞祔，故云待後事。」○《語類》問：「《禮記》云云，同葬同奠，亦何害焉？其所先後者，何也？」朱子曰：「此雖未詳其義，然其法具在，不可以己意輒增損也。」

問：「同窆之後，虞祭并行歟？」裴尚龍。　寒岡曰：「改葬只用一虞祭于墓所，先妣之虞，當在返哭之後。」

尤庵曰：「父母并葬必先母而後父，若是父葬後行父虞而日尚早，則母虞行之於其日，亦或一道，而不敢質言。」答或人。

又曰：「平土後虞母、葬後虞父之説，恐未然。若是同穴，則無論平土葬訖，而當先父後母。雖是異穴，必待父虞畢後，始行母虞。觀於《禮記》之文可知。」答朴光一。

又曰：「《小記》所謂先葬者不虞祔者，謂今日葬母，明日葬父也。今若同時下棺，則當於是日先行改葬父虞於墓所即行母虞，不待還家告改葬之後也。」答金汝南。

又曰：「母喪題主後，臨其虞祭時，主人始可澡潔。然則未題主前，先行改葬之虞，亦難便。須待題主後即澡潔，而行父虞也。」答黄世楨。

同春曰：「母喪題主後，即行遷父之虞，次返母魂，似宜。」答黄世楨。

問：「新喪題主後，改葬一虞，事既聞命矣，而從柩臨葬，已着緦服，題主若在一虞之後，則不得不變着齊衰。既題主後，脱齊着緦，似有變易煩數之嫌。」尹宣舉。愼獨齋曰：「行虞後題主即返哭，恐無妨。」

又問「舊喪一虞，喪人所當親獻，而新喪未虞，不及滌潔」云云。愼獨齋曰：「改葬虞，喪主未能親獻，只行拜禮，恐無妨。」

南溪曰：「葬日先行改葬虞於幕次，新喪則到家翌日始行虞祭，是禮也。」答李時亨。

又曰：「遷墓之魂反室堂已久，當於合葬日先行新喪初虞，待翌日次行遷葬虞於墓所矣。新喪虞祭若以剛柔之例，必將速行，則恐亦當於不行新虞之日，始行遷虞也。」答李時春。

遂庵曰：「遷葬與偕喪異，無返哭之事，幕次行父虞，返哭後行母虞於是日，似無所妨。」答成遠徵。

又曰：「母之虞行之於家，未安，翌日就幕次行之，亦未安。愚意欲於葬訖行奠於墓前，歸家行父喪初虞，似宜矣。」答郭守焕。

祖喪卒哭前行改葬母虞祭

問：「今有人其母改葬虞祭，在其祖卒哭前。」尹明遇。尤庵曰：「今於重喪虞後行輕喪之虞，似宜。若以重喪中行輕喪虞祭爲未安，則從朱子説，於輕喪改葬只行奠禮，亦宜。」

國恤中私家改葬行虞之節見喪禮國恤條

葬畢告廟與行虞當否條參看

告廟諸節

尤庵問：「奠而歸哭廟者，以小生家事勢言之，家廟方在報恩舍兄家，當俟事畢，兄弟齊往耶？抑設虚位而哭，亦不大錯耶？」慎獨齋曰：「哭廟一節是大項事，始事而告廟，畢事而哭廟，是重其事終始必告之義也。雖千里地遠，必當齊還而哭廟，有何汲汲，有何難進，而必欲設位哭之乎？」

尤庵曰：「事畢告廟時服色無明文，不敢質言。然以初喪祔祭時主人衰服入廟，奉祖考神主之意觀之，則今緦服入廟，恐無不可。祭時哭泣之節，亦無明文。然以丘氏一虞儀例之，則序立後一哭，似有據矣。然以他祭禮觀之，則讀祝後哭，亦似得宜。未知如何？虞祭既一哭，則此小祀恐無再哭之義也。大凡葬畢只以小祀哭廟者，朱子之意也。其設一虞者，丘《儀》也。二者各是一義。而今人既虞又哭廟，恐失二禮之意也。然虞之言安也，爲死者神魂飄蕩，安其神於主之意也。今既安之已久，則何可更有安之之意也？且設虛位，則更使安於何處耶？故愚意則每以爲當只從朱子説，而世俗行丘《儀》已久，似難猝變矣。」答宋炳文

問：「反哭時出主當於何所耶？」宋炳文。尤庵曰：「朱子既曰出主於寢，則當以大廳爲正矣。然以廳事正寢參互遷就者，亦有之。若此時門生入參，而難容於寢庭，則行於外廳亦宜。」

祭需稍設，亦無妨也。酒則當一獻矣。」

又曰：「既行虞祭於山次，則歸家哭奠似當闕之矣。」答或人。

問：「今遷祖妣之墓合窆於祖考，而破墓時，既已并告于廟，則葬畢當更有告。告廟之際，當并出主而告之耶？抑先告考位，而後妣位出主耶？」鄭觀濟。陶庵曰：「今此遷奉蓋爲合窆，恐當并出主而告也。告祝體魄托非其地等語，似當改下以合窆之意。最初告廟祝亦當如此。」

新舊喪改葬葬畢告廟

退溪曰：「前云告廟時素服，亦出臆見。葬時既不敢變服，至此而變服，似爲未安。但既不

可不告，又不可以凶服，不得已代墨衰之例，素服行之，庶得權宜，但喪冠絞帶不可入廟，令子弟出主，而以右服奠告，又子弟返主，何如？」答金富仁。

問：「新喪之虞反哭後先行改葬之虞，若於翌日就幕次行之，則改葬後告廟一節，當在何時？」崔補。南溪曰：「當待翌日行虞後，還家連行爲是。」

又曰：「當告廟後告几筵。」答李時亨。

又曰：「愚意欲復墨衰之制，但近世諸賢皆謂不必復，故不敢耳。然以孝巾布直領代墨衰，則以此告廟，有何不可？」答朴尚淳。

改葬後除服前諸節

問：「丘氏曰『祭畢，釋緦麻服，素服而還』，當服何服而終三月乎？」金誠一。退溪曰：「疑仍服素。」

又問：「在官者國有七日之制，七日後不許三月之服，則何如？」曰：「居家則素服爲是。」

同春問「改葬既見尸柩，則非他緦服之比」云云。沙溪曰：「不與宴樂，居外爲可，既不解官，不出入食素，無乃過乎？」

尤庵曰：「老先生改葬後，慎老見謂曰此緦異於三從外親之喪，葬後雖不能不食肉，而未除前，欲居外寢云，並須量力而行之也。」答宋炳文。

又曰：「本位墓祭時，緦服未盡，則何可不服？如不服，則是有徑先脱服之嫌矣。哭泣之節，雖無明文，此等以喪過乎哀之義處之，恐或寡過耳。」

又曰：「云云，嘗見南軒先生所行，雖尋常時，若至墳墓前，則必哭。本朝鄭松江亦然。況既遷改，則朱子所謂墳土未乾，而又衰麻在身，如來示而行之，豈不合於人情乎？」答南宫迪。

同春曰：「緦服只爲葬時之用，雖無壓尊之嫌，恐不當以此入廟行參。」答洪柱元。

陶庵曰：「緬之緦固具三年之體，然三年喪變除之節亦重，不可以緦服而廢之也。吉祭亦恐無不可行之義。」答閔昌洙。

改葬除服

除服之節 除加麻并論

問：「丘氏之禮，則葬時服緦麻，既葬易服而還，更無服緦節次，而乃曰『三月而除』，所謂除者，除何服也？」金誠一。退溪曰：「丘説可疑，然恐有所據。豈不以既葬非如見柩時，而仍服麻，似無漸殺之意，故只服素食素，而持緦服之意在其中，至三月而止，以爲終服之節也歟？」

問：「改葬之緦除服之節，諸儒所論不同。今欲不失禮之正，則當從何説？」姜碩期。沙溪曰：「當從朱子所定。」

《儀禮・喪服記》「改葬緦」鄭氏注：「臣爲君也，子爲父也，妻爲夫也。必服緦者，親見尸柩，不可以無服。緦，三月而除之。」賈氏疏曰：「三月而除者，謂葬時服之，及其除也，亦法天道一時，故亦三月而除也。若然，鄭言三等，舉極痛者，而言父爲長子，子爲母，亦與此同也。」○韓文公《改葬議》：「緦，三月而除之。」以上鄭氏、賈氏、韓文公必三月而除之。○魏王肅曰：「司徒文子問服於子思。子思曰：『禮，父母改葬，緦，葬而除，不忍無服送至親也。非父母無服，無服則吊服加麻。』」○《開元禮》：「既葬除之。」○丘氏《儀節》「葬後出就別所釋緦麻服，服素服」云云。以上子思及王氏、《開元禮》、丘氏葬後即除。○《語類》：問：「『改葬緦』，鄭玄以爲從緦之月數而除服，王肅以爲葬畢便除，如何？」朱子曰：「如今不可考，禮疑從厚，當如鄭氏。」

尤庵曰：「吊服加麻者，當葬訖除之矣。至於主人除緦之日，其已除麻者，與主人會哭，亦可以伸情矣。聖訓曰喪過乎哀，雖《禮》之所不言，而不必太泥也。若至留麻帶以至三月，則恐是杜撰，似不可爲。」答宋炳文。

改葬權厝除緦服之節

慎獨齋曰：「雖曰權厝，既已襄奉，則所服緦服滿三月而當除。俟後日啓墓更服緦服，又滿三月而除之可也。凡改葬緦，爲親見尸柩故也。既爲權厝，而若謂葬事未完，自去臘至來冬恒服緦麻，則是實期服也，果可謂緦服乎？」答池德海。

問：「八月遷先妣墓即爲權厝，十月又將遷先考及後妣墓，更奉先妣合窆三位於他岡，先妣緦服當計自始服月，而除於十一月之初乎？抑計自更遷月，而三緦共除於正月耶？」郭始徵。尤庵曰：「以鄙見則八月緦服，當除於十一月之初，不以中間權厝而有變也。十月兩位遷改時，則當各制兩緦，蓋於兩位各服其服行事故也，然則此兩緦當除於來正矣。」

問：「慎獨齋答池寧海有可疑，既曰權厝，而若未安葬，則是與未葬同。其滿月除緦，而更待啓窆服緦，未知無害於禮耶？」楊應秀。陶庵曰：「來論甚高，然凡緬而服，爲親尸見也。雖曰權厝，既襄奉，則所服緦滿月當除，俟後日啓墓時更服云者，慎齋說恐是。」

仍舊復土後即除服

尤庵曰：「《禮》雖言見柩故服緦，然其大節則改葬也。既不改葬，則恐當於仍舊復土之後，即除所服也。《禮》又明言不可以無服送至親，今既不改，則何事於送？」答尹文舉。

虛葬

虛葬之非 遺衣落髮葬并論

問招魂葬。栗谷曰：「死於軍或没於水，不得其尸，則以服招魂而葬其服，然非禮矣。」

牛溪問：「鄰有溺死不得其屍，其子欲招魂爲墓，於義理如何？」龜峰曰：「墓只是葬體魄，既不得其屍，則不墓似合。惟魂無所間，爲主以祭，爲得義理之當。」

問：「人死不得其尸體者，聖賢立言，何無處此之道耶？或招魂葬，或遺衣葬，在禮何所據耶？」申湜。沙溪曰：「虛葬之非，先儒已言之，何謂無處此之道乎？僕嘗抄録數條，詳見于下。」

《通典》：晉元帝時，袁瓌上表請禁招魂葬，云：「故僕射曹馥没於寇亂，嫡孫胤招魂殯葬。聖人制禮，因情作教，槨周於棺，棺周於身，非身無棺，非棺無槨。胤無喪而葬，招幽魂氣，於德爲愆義，於禮爲不物。監軍王崇、太傅劉洽皆招魂葬。請下禁斷。」博士阮放、傅純、張亮等議如瓌表。賀循：「啓辭宜如瓌所上。」荀組《非招魂葬議》亦如前，或引漢之新野公主、魏之郭循，皆招魂葬。答曰：「末代所行，豈禮也？」或引喬山有黃帝之冢，是葬神也。答曰：「時人思帝，葬其衣冠，非葬神也。」干寶《駁招魂葬》以爲：「失形於彼，穿冢於此。亡者不可以假存，無者獨可以僞有哉？未若於遭禍之地，備迎神之禮，宗廟以安之，哀敬以盡之。」孔衍《禁招魂葬議》云：「招魂而葬，委巷之禮。殯葬之意，本以葬形。既葬之日，迎神而返，不忍一日離也。况乃招魂而葬，反於人情，以亂聖典，宜可禁也。」李瑋難曰：「伯姬火死而叔弓如宋葬恭姬，宋玉先賢，光武明主，伏恭、范逡并通義理，公主亦招魂葬，豈皆委巷乎？」衍曰：「恭姬之焚，以明窮而彌正，不必灰燼也。就復灰燼，骨肉雖灰，灰則其實，何緣捨埋灰之實而反當葬魂乎？此末代失禮之舉，非合聖人之舊也。」北海公沙歆《招魂論》云：「即生推亡，依情處禮，則招魂之理通矣。招魂者何必葬乎？蓋孝子竭心盡哀耳。」陳舒《武陵王招魂葬議》云：「禮無招魂葬之文，宜以禮裁，不應聽遂。」張憑《招魂葬議》云：「禮典無招靈之文。若葬虛棺以奉終，則非原形之實。埋靈爽於九原，則失事神之道。」博士江淵議：「葬之言藏，所以閉藏尸柩，非爲魂也。無尸而殯，無殯而窆，任情長虛，非禮所許。」○宋庾蔚之論：「葬以藏形，廟以享神。季子所云魂氣無不之，寧可得招而葬乎？」○《綱目》范氏曰：「人之死也，魂氣歸于天，形魄歸于地。葬所以藏體魄也，若魂氣則無不之也。苟無體魄，則立廟以祀之而已，魂氣不得而葬也，而必爲之墓，不亦虛乎？」○朱子曰：「招魂葬非禮，先儒已論之矣。」○《通典》亡失尸柩服議，劉智云：「訖葬而變者，喪之大事畢也。若無尸柩，則不宜有葬變。寒暑一周，正服之終也，是以除首絰而練冠也。亡失親之尸柩，孝子之情所欲崇也，可令因周練乃服變衰絰。雖無故事，而制之所安也。」○《開元禮》云：「亡失尸柩，則變除如常禮。」

尤庵問：「頃日死於國事者率多，招魂虛葬，《禮》譏郗閭復之以矢，則招魂戰没者，既失禮意，而虚葬亦甚無據。但欲題主，則當於何時何處耶？」慎獨齋曰：「招魂虚葬，先儒非之，若題主則俟三月葬期，擇日而題之於几筵，似當。」

南溪曰：「招魂葬既有朱子所論，斥之以非禮，何敢容議？至於題主節次，設魂帛於正寢而行之，似宜。」答閔濚。

問「有人其父從軍而死，其母藏其遺衣及落髮，而遺令并入其棺中。其子不忍同藏一棺，欲别具一小棺，用合葬之禮，而追服三年」云云。閔泰重。尤庵曰：「此是無於禮之禮也，不敢有所説論，然其不以父之遺衣及落髮同入母棺，則得矣。」

失君父

失君父處變 失子處變并論

尤庵問：「失君父終身不得者，其處變之禮，當如何？」沙溪曰：「《通典》已論之，可考也。」

《通典》：魏劉德問田瓊曰：「失君父終身不得者，其臣子當得婚否？」答曰：「昔許叔重已設此疑，鄭玄駁云：『若終身不除，是絕嗣也。除而成婚，違禮適權也。』」○晉徐宣瑜云：「鄭玄云『君父亡，令臣子心喪終身，深所甚惑，心喪是也，終身非也』。」荀組云：「至父年及壽限，中壽百歲。行喪制服，立宗廟，於事爲長，禮無終身之制。」○環濟議曰：「《春秋》之義，納室養姑，承繼宗祀，聘納事在可許，仕進須候清平。」

又曰：「父母陷賊，不知死生者，《通典》諸儒論之多矣。魏劉德問云云，鄭玄駁之云云。」見上。問：『亡其親者，不知死生，則不敢服。然則不祭乎？』劉智曰：『猶疑其生，故不敢服，必疑死，則可不祭乎！』昔晉宣瑜云云。見上。愚以諸儒之說推之，不知其死，則心喪終三年，若知其定死，則當服喪也。」答金巘。

尤庵曰：「比有失其父不得者，愚嘗據《通典》，使計其父年百歲，而發喪制服矣。」

陶庵曰：「『比有失其父不得者，愚嘗據《通典》，使計其父年百歲，而發喪制服矣。』出《尤庵集》。尤翁之說雖如此，但古人則多享壽者，故以百年爲限，而今人則壽至百年者，蓋絕稀矣。若待百年而後發喪，則其爲之制服者，能有幾哉？是必不在其子而在於曾玄矣。此則恐難於膠守也。又按劉智曰『三年求之，不得乃制服居廬，祥禫而除』，出《通典》。若用此說，則三年求之不得，亦可發喪，況此八年乎？然而制服祥禫，則固無難，而其間虛葬與否，及作主等事，極難處，有未敢容易義起。大抵此事總而論之，不死而爲之發喪，與其死久而不爲之制服，俱所不忍。

於此二者，將何所擇？又按劉智曰『古之死者，必告於廟。今亡其親者，必告其先廟，使咸知之。求之三年，若不得也，則又告之。告之者，欲令其生也，則隨而佑之也』，《通典》。此説禮意極精微。今亡者之家，雖已博求之四方，初告于廟，亦未敢必，況再告于求不得之後耶？愚意則亡者之父，以其子亡去之由，爲文以告于其先廟，若非宗子，使宗子告之。更爲博求之四方，如又不得，則又三年而後更告之，更告之後，始可發喪矣。聞亡者之婦尚未于歸，未告廟之前，不可不先使見舅姑，見廟亟宜迎來，行禮後仍留于其家，以待三年也。于歸時服色勿用全素，勿用華盛，用黲黑淺淡等色。○代金生告廟辭：『干支云云，某弟某之子某某年某月某日亡去，不知其處，自是月至庚申臘月遍求之四方，終不能得，其生其死不可得而測也。謹稽杜氏《通典》有曰「古之死者，必告于廟。今亡其親者，必告其先廟，使咸知之。求之三年，若不得也，則又告之。告之者，欲令其生也，則隨而佑之也」，今此姪子亡去，係是莫大之變，故所當即爲告廟，而遑遽未暇，以至八年之久。竊念今日是渠亡去之日，情理痛毒無異始失之時，爰據禮書，追舉告儀。從今以往，復欲訪求，以三年爲期。伏惟尊靈，同此傷惻，特垂陰隲，使父子得以相見於未死之前，不勝泣血禱祝之至。謹以酒果用伸虔告。謹告。』」答金華壽。

禮疑類輯卷之二十

祭禮

總論

南溪問："今人祭禮，雖號禮法之家，各自異行，至於一家有四宗，而繼曾或繼祖之宗子，欲一倣《家禮》而行之，獨繼高之宗子，堅執先世所行，及俗禮而不欲行，或至繼曾以下亦然，則繼禰小宗，當只行古禮於其家耶？抑從宗子而循俗耶？"尤庵曰："所謂各自異行者，有《家禮》《五禮儀》及《要訣》等書之不同故也。當一從《家禮》，而猶或有疑文，然後補以他書，則合於大一統之義，而無此弊也。然一家長上堅執先世所行，而不至甚乖於禮，則亦難直情徑行，似當勉從。若其甚不可行者，則亦當盡吾誠敬，宛轉開悟而已，此外更無善處之道也。"

問："凡時享生辰忌墓等祭，舉廢隆殺之節，及饌品酌定之規，若一一依此行之，則固善矣。但累代傳習之規，率然改定，不無專輒之慮。以改定之意，措辭先告于祠堂，而後次第行之，似或得宜。」朴泰昌。南溪曰：「前日所行者，乃時俗仍習之禮也，今此所定，乃《家禮》當行之事，自不相同。以朱子所謂『子孫曉得，祖先便曉得』之意推之，似亦不必申告。但若累代承祀之家，事體稍異，雖告祝而行之，亦可矣。」

問尸童之童字。申湜。沙溪曰：「《曾子問》可考，然《禮》周公祭泰山，以召公爲尸，則不必童，明矣。」

《曾子問》：孔子曰：「祭成喪者必有尸，尸必以孫，孫幼則使人抱之，無孫則取於同姓可也。」

尤庵曰：「祭不用尸，朱子曰：『一處説有男尸，有女尸，亦不知廢於甚時。』又曰：『主人獻尸，尸酢主人，《開元禮》猶如此，不知甚時因甚事後廢了。到本朝都把這樣禮數併省了。』據此數説，則至唐時猶有尸，至宋時而永廢之也。」答李選。

廟祭世數

祭三代四代之説庶人無廟大夫以下無主并論

晦齋曰：「高祖有服，不祭甚非，文公《家禮》祭及高祖，蓋亦本於程氏之禮也。然《禮》大夫三廟，士二廟，無祭及高祖之文，故朱子亦以祭高祖爲僭。且今國朝禮典六品以上祭三代，不可違也。竊意高祖雖無廟，亦不可專廢其祭，春秋俗節率其子孫詣墓祭之，庶無違禮意，而亦不至忘本也。」

退溪曰：「祭四代，古禮亦非盡然。《禮記·大傳》『大夫有事，省於其君，干祫及其高祖』，說者謂祫本諸侯祭名，以大夫行合祭高祖之禮，有自下干上之義，故云干祫。以此觀之，祭四代本諸侯之禮，大夫則家有大事，必告於其君，而後得祭高祖而告之，不常祭也。後來程子謂高祖有服之親，不可不祭。朱子《家禮》因程子説而立爲祭四代之禮。蓋古者代各異廟，其制甚鉅，故代數之等，不可不嚴。後世只爲一廟，分龕以祭，制殊簡率，猶可通行代數，故變古如此。所謂禮雖古未有，可以義起者，此也。今人祭三代者，時王之制也。祭四代者，程朱之制也。力可及則通行，恐無妨也。」答趙振。

頤庵曰：「時祭則拘於國法，止於曾祖，而高祖則只行墓祭忌祭，五代祖則只行墓祭於寒食、秋夕，六代祖之墓祭則只行於寒食。」

沙溪曰：「祭三代乃時王之制，然高祖當祭，不但程朱有明訓，我東先賢如退溪、栗谷諸先生皆祭高祖云。」答同春。

問：「今人不祭高祖，如何？」程子曰：「高祖自有服，不祭甚非，某家却祭高祖。」又曰：「自天子至於庶人，五服未嘗有異，皆至高祖。服既如是，祭祀亦須如是。」○朱子曰：「考諸程子之言，則以爲高祖有服，不可不祭。雖七廟五廟，亦止於高祖，雖三廟一廟以至祭寢，亦必及於高祖，但有疏數之不同。疑此最爲得祭祀之本意。今以《祭法》考之，雖未見祭必及高祖之文，然有月祭享嘗之別，則古者祭祀以遠近疏數亦可見矣。禮家又言大夫有事省於其君，干祫及其高祖，此則可爲立三廟而祭及高祖之驗。」○問：「士庶當祭幾代？」曰：「古時一代即有一廟，其禮甚多。今既無廟，又於禮煞缺，祭四代亦無害。」

又曰：「栗谷《擊蒙要訣》亦從《國制》，只祭三代，然《家禮》既以四代定爲中制，故好禮之家多從《家禮》。」《家禮輯覽》。

同春問：「古者庶人只祭考妣，《國制》亦然。所謂庶人，若是未入仕之通稱，則只祭考妣，似爲太略。」沙溪曰：「程子曰『雖三廟一廟以至祭寢，亦必及於高祖』，又曰『雖庶人必祭及高祖』，今世遵此禮者，不爲無據。」

尤庵曰：「廟祭世數，蓋栗谷以四代爲是，而時王之制不敢違，故著於《要訣》者，以三代爲定也。正如朱子以父在服母期爲是，其見於《語類》者甚詳，而及纂《家禮》，則乃因國朝三年之制，此豈非夫子從周之義也？」答趙鳴世。

問：「程子曰：『雖庶人，祭及高祖，比天子諸侯止有疏數。』朱子曰：『祭法有月祭享嘗之別，古者以遠近爲疏數。』」沈世熙。尤庵曰：「豐殺疏數，程子説似以貴賤言，朱子則以遠近言之，然皆論古禮如是也。古禮則世各異廟，故可得如此。今世則同處一廟，此禮恐是行不得。」

南溪曰：「祭三代，古今通行之禮，栗谷之反從時制，不可非也。但《大明會典》及我國《五禮儀》，皆許士大夫以從文公《家禮》，是亦不以祭四代爲罪也。然則從程朱祭高祖，恐不至未安。」答崔瑞吉。

尤庵曰：「庶人雖無廟，豈無居室耶？有居室，則必有寢矣。」答李遇輝。

問：「朱子曰『古之非命士祭於堂』，伊川曰『庶人祭於寢』，然則常時位牌藏於何所？」閔泰重。尤庵曰：「説者謂古者大夫以下無主，或謂有主，先師金先生嘗言謂之有主者，似勝。此蓋主無主而言。」

祭三代家告祠祭四代當否

愚伏曰：「祭三代固是時王之制，而程朱之論，皆以爲高祖有服，不可不祭。退溪先生謂士子好禮之家，從古禮祭四代，亦不爲僭。具由告辭于先廟，而不爲祧出，未知如何？」答同春。

同春問：「愚伏曰云云。」見上。沙溪曰：「如今祭四代，雖違古禮與國法，鄙家從程朱之説，亦祭四代，哀亦依愚伏之言，不爲祧出，未爲不可。」

又問：「寒門祭三代自先世已然，故高祖神主於宗子，既爲親盡，而遞遷之，先考以最長房奉祭矣。今者孤哀若欲祭四代，而仍奉不遷，則有若奪宗，實深未安，未知如何？雖已遞遷於宗家，而祭四代本合禮意，具此由以告，而仍奉祭之，亦未爲不可耶？」沙溪曰：「哀既非宗子，有宗孫在，果不可擅斷。因留奉祭似難，便祧出爲可。」同春追後所録曰：「到今思之，具由告辭，而還奉於宗家，似當，悔不可追。」

廟制

廈屋殿屋之制後寢小廟并論

沙溪曰：「《集覽》中廈屋殿屋全圖出於申生義慶，大概本於《儀禮圖解》及何氏《小學圖》，而兩書只有下宇之制，無上棟之制。申友以《大全》釋宫説補其未備，不無經據，不可不録。」答申湜。○下同。

又曰：「後寢之制，前見公所作《諺解圖》，似作二間，非矣。殿屋廈屋之制，自後庪至前庪，通五架一大樑，樑上南北各立短柱以擎，前後架則只立兩柱，明矣。見於《儀禮》及《何氏圖》，與《朱子大全》釋宫説，更無可疑。楹外檐下階上有餘地，亦可行事。」

尤庵曰：「廈屋之制五間，以東西言。而以中三間之北一架中分之，以其西一間半者爲室，其東一間半者爲房，室之西爲西夾，房之東爲東夾。朱夫子所謂前五間而後四間者也。以三間分作二間，而并東西夾各一間，是爲四間也。其所謂室者，如國俗温堗而寢處者也。所謂房者，如國俗之虚廳也。房室之南，三間三架，所謂堂也。」答閔鼎重。

問：「《家廟圖》後小廟似是遺書祭器等庫，前小廟是祠堂一間之制，而《要解》以爲并非是者，何也？」柳貴三。南溪曰：「後小廟蓋因注中寢廟之説而誤也，前小廟即廟門，非所謂一間小廟也。」

昭穆之制

尤庵曰：「昭穆之制，甲爲昭，則甲之子乙爲穆，乙之子丙爲昭，丙之子丁爲穆，故祖孫爲一班也。爲父子不可同席，故自然如是也。」答或人。

祠堂

祠堂之制

尤庵曰：「古者建國都，左祖右社，左是東方而主陽，右是西方而主陰，士大夫家亦遵用此禮耳。」答或人。

退溪曰：「古之正寢在人家正南，故祠廟皆在其東，而無所礙。今人正寢或東或西，其在西者，祠堂難立於其東矣。弊門宗家西寢而東祠，勢甚不便。近年方移置西軒之後，蓋隨地勢不得不爾。」答鄭惟一。

問：「祠堂必須三間或一間者，何義？抑從陽數耶？」梁處濟。南溪曰：「似然。」

沙溪曰：「按本注，階下隨地廣狹以屋覆之者，乃家衆序立之際，欲蔽雨暘也。然則其制當與祠堂前檐相接，今陵寢丁字閣亦其制也。其下四龕注兩階之間，又設香卓，然則香卓豈可設於雨暘之下乎？」《家禮輯覽》。

南溪曰：「《家禮輯覽》立屋於庭中，如今園陵丁字閣之制，既涉於僭，又不足以并覆東西兩庭，恐非是。愚意如今闕王廟之制，前檐外連作一二間，無中絶之狀者，乃所謂以屋覆之者也。」答鄭尚樸。○又答申漢立曰：「當承前檐爲横廊，然量家衆多少而爲之耳。」

陶庵曰：「丁字閣之制，不獨有嫌於僭，以本注推之，亦似未然。既爲家衆序立而作，則當容家衆之位矣。爲廟下子孫者，或至數十百人之多，將何以分内外位於丁閣縱屋之下乎？本注不曰隨地長短，而曰隨地廣狹，則其爲横屋明矣。尤庵亦以横屋爲是矣。若慮兩階間香卓之設於雨暘之下，則置香卓於横屋中間，以東西言之，自爲兩階間矣，何必當階然後爲兩階間也？禮書言兩楹間者，亦多不與楹相當，而直以東西之中言之者矣。」《四禮便覽》。

尤庵曰：「阼階之阼，古注以爲酢也。蓋與賓客酬酢之義。」答閔泰重。

問：「鄭鈺云：『扃疑闑户之横木。』」梁處濟。 南溪曰：「鄭説是，但扃一説以爲門扇上鐶鈕，當通看。」

同春問：「神厨乃備祭物之所，而在祠堂垣内，殊非君子遠庖厨之義，如何？」沙溪曰：「祠堂内神厨非殺牲之所，只臨祭時炊煖羹炙而已，與遠庖厨之義自不同。」愚伏答同春曰：「沙溪答是。」

龕制 坐次并論

退溪曰：「祠堂三龕欲增作四龕，而患狹隘，與其取東壁添作一龕，愚意不如取西壁添一龕爲得之。蓋西壁東向，本始祖居尊之位，今以爲高祖之室，非但有居尊之義，仍不失遞遷而西之次，未有不可。若考妣居東西向，古禮無可據矣。」答金泰廷。

又曰：「祔主祖考妣室西向奉安，古禮然也。今同堂異室，而龕小難設，正如所諭，嘗反覆籌度，未得其宜。朱先生非不知其然，尚以愛禮存羊之義，不敢變其所祔位置之他處，今亦何敢輕爲之説。欲從古禮者，不如寬作龕室，令其可容西向之設，及其設酒果時，出置東壁下行之，庶或可也。」答禹性傳。

問：「家廟只立一間，則四龕於一壁，狹窄難容，一龕權宜移設東西壁如何？而父母位東之乎？高祖位西之乎？」盧亨運。寒岡曰：「曾見中朝禮文，高祖居中南向，而曾祖禰坐東西向，祖坐西東向。」

遂庵曰：「一間祠堂難於一行并奉，則祖廟居北壁正中南向，新位居西壁向東，季父居東壁向西。」答成爾鴻。○按新位即禰位。

尤庵曰：「大抵祠堂三間，以北架分作四龕，則東西不患不長，南北亦不下三尺布尺。矣。其中置一大卓，而安正位於卓上北端，祔位於東西端，則雖東西各二，而亦無難容之慮矣。又於正祔位前卓上空處各設二盞一果盤，節祀各設二盞食三器，時食一器，蔬一器，果一器。則何患其狹小乎？今人例安神主於椅子，而別設卓子，故難容於龕内矣。」答金壽增。

南溪曰："龕，我國公私所用，皆爲壁藏之制，壁藏外別置卓子以祭之，故祔位及祭物皆難容。近世湖中諸公考據，以爲當就近北一架三間内，不爲壁藏，只以木板隔作四龕，而上則以板覆之，下則不用板。又就各龕中置卓，設主及饌而行之云。恐是。"答鄭尚樸。

尤庵曰："龕室雖未備，以屏簇隔截，則便成龕室。"答李碩堅。

正寢見附録雜禮宫室之制條

合櫝

前後室并祔

退溪曰："滉家祠堂神主兩妣同入一龕，而先妣共一櫝，後妣別櫝安別床，及出主行祭時，先妣共一卓，後妣別一卓，聯席而坐。蓋兩妣並祔，朱先生答李晦叔書已言，後妣別櫝，雖不明言，其勢似當如此。"答柳希范。

尤庵曰："前後妻，朱子既以爲當並祔合祭，則何可有不合櫝之疑也？"答李選。

又曰「父之所娶雖至於四，何害於合櫝配食」云云。答朴光後。○見忌祭條中考妣并設單設條。

南溪曰：「退溪亦有繼室別櫝之説，此與葬禮不同，依朱子説，並祔合祭畢竟爲是。」答梁處濟。

問：「父若前後室，而以品字合窆，則神主亦以品字奉安耶？」李光國。遂庵曰：「此曾所未聞。」

班祔

總論

沙溪曰：「《禮》既有爲後之文，則所謂旁親之無後者，亦可以有後，而曰無後者何也？按《曾子問》孔子曰：『宗子爲殤而死，庶子不爲後。』注：『雖是宗子，死在殤年，無爲人父之道故也。』曰：然則成人而無後者，何也？曰：按《喪服傳》，爲人後者，孰後？後大宗也。曷爲後大宗也？尊之統也。』又按《通典》張湛謂曹述初曰：『禮所稱爲人後，後大宗，所以承正統，若非大宗之主，所繼非正統之重，無相後之義。』」《家禮輯覽》。

南溪曰：「卒哭後祔祭，無論適庶及有後與否，而通行之。龕室中班祔，特以殤與無後者處焉。自是二事。」答成文憲。

問「成人無後者祭及兄弟之孫，而《家禮》無後班祔於祖，或以父母遺命次兄弟主其祀，主祀之孫既没，而適兄弟之孫尚在，則神主還安於宗家，班祔於祖，似合禮意」云云。郭守焜。遂庵曰：「孫祔於祖，禮也，祖廟未祧之前，何忍埋其主？次兄弟家主祀之孫既没，則當祔宗家無疑。」

長子無後班祔見喪變禮無後喪條

諸祔位同入本龕内嫂别處之説并論

同春問：「高氏妻喪别室藏主之説，胡氏非之，引朱子内子之喪主只祔在祖妣之傍爲證。朱子答萬人傑妻喪問目，亦曰『祔祖母室，歲時祭之東廂』，又《家禮》班祔條小注，先生云『兄弟嫂妻婦祔于祖母之傍』，又曰『遇大時節，請祖先祭于堂。旁親祔祭者，右丈夫，左婦女。不從昭穆了。在廟，却各從昭穆祔』，據此數條，凡祔位，皆當祔入于本龕之内無疑。但有一節，不能無妨礙。如本位應祔之孫，或至三四，則許多神主同入一龕，必有狹窄難容之患。且如主人有亡妻既祔於祖妣，又有兄弟祔于祖考，則是爲嫂叔同入一室。雖東西異坐，以生人之理言之，則畢竟未安。且朱子答陳淳妻喪問目，曰『妻先亡別廟，弟亡無後，亦爲別廟，須各以一室爲之，不可雜也』，此與《家禮》班祔條不同，却可疑。然弟與妻不可同祔一室之意，則分明。又曰『祔畢於家廟傍設小位，以奉其主，不可於廟中別設位也』，又《家禮》大宗小宗圖下小注朱子曰『嫂則別處，（後）〔使〕其子私祭之』。據此數條，又是別室藏主之論也。將何所的從耶？」沙溪曰：「所引諸條果不同，然前數説似是定論，惟當祔於祖先，雖嫂叔同龕，何嫌之有？所論『各以一室，不可雜』云者，初非班祔之謂也。」

問「應祔之孫或至三四五六」云云。金光五。遂庵曰：「一龕難容，則祭于別室。」

尤庵曰：「兄弟則祔於祖考傍，妻嫂則祔於祖妣傍，自有明文，而兄弟若有夫妻俱没者，則當合櫝而祔於祖考。亡者有子，則當立別廟。且妻嫂之祔祖妣，若有前後室，則當祔於夫所親者。○《語類》雖有嫂則別處之文，《家禮》班祔條有兄嫂弟婦祔祖龕之文，當以《家禮》爲正。」答鄭纘輝。

又曰：「朱子所謂嫂則別處云者，嫂之夫，即宗子之兄弟也，其夫不得爲其妻立廟，故姑祔宗家爾。但既祔宗家，則當祔於祖龕矣，安有別處之理乎？此或是初年未定之論耶？不敢質言。」答或人。

南溪曰：「古者兄妻謂之嫂，弟妻謂之弟婦，《家禮》亦曰嫂妻婦，其不可混稱如此。然今單舉嫂，則容弟妻在其中矣。《家禮》祔食，己妻之外，皆無後與殤者而已。然則此嫂恐是有子之兄弟，初不祔食，偶并言之耳。或曰嫂是中一而上祔於高祖者，故云然。未詳孰是。」答柳貴三。

祔位坐次

沙溪曰：「或曰《附注》云『右丈夫，左婦女』，然則祔位之夫婦當分左右耶？」愚答曰：「所謂丈夫婦女，似指兄弟與姊妹，或子與女之謂。若兄弟之妻，則當與兄弟合櫝，何可分而貳之也？」《家禮輯覽》。○下同。

又曰：「或曰劉氏垓孫引朱子説以爲如祔祭伯叔，則祔于曾祖之傍西邊安，伯叔母，則祔于曾祖母之傍東邊安。所謂伯叔伯叔母，則明是夫妻，而此説合櫝，何可分云者，與劉説不同。按伯叔父與伯叔母皆死，則當合櫝而祔于右矣，若伯叔母先死，則當姑祔於左矣，朱子之意恐當如此。」

同春問：「祔位之祭，劉氏引朱子説，謂右丈夫左婦女云云，時祭設位，則祔位皆於東序，或兩序相向，尊者居西云，此則不分男女，只以尊者居西也。兩説不同，今當何從？」沙溪曰：「果有二説，居右亦西上之意也。然夫婦神主相分未穩，鄙家從下説。」

尤庵曰：「龕室之制極其簡省，龕内置一卓，於此卓北端安神主，而其前空處設酒果，非别有卓子也。祔位亦安於此卓之東西邊矣。若考《祠堂章》上下文，則可知矣。祔位之安於東西壁，若是妻子以下，則如是或可也。若是尊於祖與考之親，則其安於西壁者固便，而其安於東壁之近考龕者，豈不相與嫌礙耶？或曰：『如此，則時祭時，何以設祔位於東西壁下乎？』曰：『時祭則諸正位皆去櫝，出於堂上，而統於高祖，此東西壁者，是高祖之東西壁，故如此無嫌也。況尊者位於西壁，則尤無不安矣。至於常時，則正位之卑者尊居龕内，而祔位之尊者露處壁下，豈不爲兩有所嫌乎？』」答金壽增。

又曰：「《家禮》小注雖有伯叔父祔于曾祖之西邊，伯叔母祔于曾祖母東邊之説，然夫婦似無各處東西之理。竊謂此各指伯叔父、伯叔母先後亡者而言也。今兩位如以地狹，不能同安於一邊，則姑以小櫝坐蓋。各奉一位，同安於東邊，未知如何？」答宋炳文。

又曰：「祔位東西，竊意正位考西，故男亦西，正位妣東，故女亦東也。然既曰伯叔父，則伯叔母在其中矣。其單書伯叔母者，伯叔父存，而伯叔母先亡者也。」答沈世熙。

南溪曰：「所謂祔皆西向者，以西尊東卑，大體而言也。伯叔父祔于西邊，伯叔母祔于東邊者，或伯叔父、伯叔母非夫婦，而各先亡，則義當父西而母東故也。大時節左丈夫右婦女者，爲其正位亦皆東西分坐，故子孫雖分坐而無害也。然則諸説不相妨礙。」答崔瑞吉。

又曰：「龕室甚窄，難容他主，參禮時亦難成樣，姑祔祠內無妨，祠內之位右尊左卑。」答李泰壽。

陶庵曰：「龕中班祔，今之説難行者，未始不以狹窄爲辭。然時祭設位條有祔位東序西向北上，或兩序相向尊者居西之文，倣此而變通之，則一龕中雖東西各累位，亦無難容之慮矣。何可滯泥於本注西向之語，以狹窄爲憂，而遽廢孫祔祖之正禮也？」《四禮便覽》。

班祔不論奉祀者疏戚尊卑

問：「金存畏死無後，欲祔於其祖龕，則其宗孫於存畏爲再從孫，祀於再從孫家，何如？」朴壕。尤庵曰：「孫祔於祖，自是正禮，奉祀者之疏戚不須論也。《家禮》云祖之兄弟祔于高祖，豈可謂無其文乎？」

南溪曰：「父莅子祭，雖非無後者，姑當以班祔之例處之，同入一廟，祭時使子弟行薦本位，何可以此之故，遂祀別室不參時享耶？」答白以受。

妻主別處之説

退溪曰：「班祔注妻祔于祖妣，所喻者是，而有子之妻則既祔，而主還几筵，及喪畢，別置他室或子室可也。」答鄭惟一。

又曰：「妻喪，高氏別室藏主之説，先儒非之，固依禮文而云也。滉所以云云者，夫尚主祭，如設酒果等時，夫拜跪庭下，而妻祔祖妣龕，有所未安，權藏別室，恐未爲大失故耳。」答禹性傳。

權祔

問：「亡弟之主，禮當祔於家親繼禰小宗之廟矣，然而克善母亡，別立一祠，未可權宜祔子於母廟耶？」趙克善。浦渚曰：「旁親祔祖，於國俗不便，蓋祖廟奉祀者乃是從昆弟，則越己之昆弟而祭於從昆之家，則親疏不同，情勢似有不便者，以是今世鮮有行之者，祔享於親母之室，似無不可。」

尤庵曰：「祔妻於祖廟，自是正禮，而事勢有不能然，則不得已於考廟東壁下權祔矣。然終不可據以爲法也。」答宋衡弼。

問：「支子以最長房只奉遞遷之主，而妻喪祥後別廟亦未易，則當祔新主於五代祖母之龕否？抑權安於東序之坐乎？」鄭湙。南溪曰：「妻喪別室藏主之説，胡楊二氏皆以爲非，則今只有祔在祖妣之傍一路矣。其奉祧主者似異於是，姑當以東序爲主。」

問：「先考支子也，先妣曾已姑祔於舅姑旁，未知先考亦令權祔于禰廟耶？仍安于殯宮，待禫移奉耶？」李時春。南溪曰：「以禮則自當立廟，雖所祔之祖廟不可祔，以勢則雖禰廟，似當姑祔，然俟禫後爲之爲宜，若祥畢即祔，則嫌於例祔之主矣。」

又曰：「母先亡者，過三年後祔於祖妣者爲是，蓋朱子既於内子之喪以此行之，而後來未聞有異論，則此不可爲法耶？然則今世大家所行，似出於一時形勢，非有正義可準也。」答李啓晚。

問：「亡妻初期之日，當還入神主於祠堂，而只奉禰祀，無廟可祔，則祠堂告辭以今將權享於顯考之傍爲辭耶？」權燮。遂庵曰：「如示可矣。」

殤主班祔見喪禮殤喪諸節條中殤喪雜儀條

婦未廟見祔廟可否

尤庵曰：「未廟見之女，不遷於祖云者，指未三月之婦也。後世不親迎者多，故婦或生子而尚在其室者有焉，豈有生子而猶未成婦之理也？嘗聞嶺外一先賢答生子婦之問曰：『古禮如此，不可祔於夫黨。』愼齋聞之，以爲極害理。」答金壽增。

無後本生親班祔

問：「碩期所生父大祥已届，而兄嫂無後，且在遠地不能奉祭，若祔於祖廟以待其立後，似或可矣。而既非旁親無後者之比，則班祔亦有所未安。」姜碩期。沙溪曰：「姑爲班祔無妨。」

尤庵曰「所後家非當祔之親」云云。答全瑜。○詳見别室藏主條中無後本生親奉别室條。

陶庵曰「侍養之名不見於禮家」云云。答崔日復。○詳見祭變禮出繼子祭本生親條中出繼人之子還繼本生祖條。

天疾人不入廟之非

尤庵曰：「『天疾人不可入廟之説，見於何書？雖有是説，苟有其子，則將何以處其父耶？頃有一宗人來言，其弟廢疾未娶而死，將祔廟，則家議不許云。愚答云：『禮則不能知，而以人情言之，父母於廢疾之子慈愛有甚焉，豈不欲同饗於一室哉？』』《春秋穀梁傳》曰：「有天疾者，不得入于廟。」」○答李橝。

祔主埋安見遞遷條

遺書遺衣

遺書

尤庵曰：「遺書所命不至甚悖於義，則何敢不從耶？若臨死亂命，而必不敢從者，則雖不得不變通，然亦何至於焚裂也？只當襲藏之也。」答李顯稷。

又曰：「遺書即遺言也，《開元禮》有疾病，遺言則書之，此不問手書與代書，而有乖禮違法，則爲官員者一切打破，而一正之以禮法矣。」答崔天璧。

問「置立兩櫝，西莊遺書衣物，東莊祭器」云云。吴遂昌。南溪曰：「不容一櫝故也，西重東輕。」

遺衣平日所用物并論

退溪曰：「遺衣服祭器依古制莊於廟固善，而密爲防盜之策，亦可。若患此而莊於他，各在其人善處，他人似難爲説。」答鄭惟一。

同春問：「父母遺衣服固不忍他用，而其數頗多，則似不可盡存，如何？」愚伏曰：「遺衣服祭則設之，或以衣尸，乃是古禮，而今則亡之。莊之祠堂，似無所用，不如依禮文稱數，多用於大小斂，得之矣。」

又問：「遺衣服不能盡用於大小斂，而今不用尸，則亦不可以衣尸。藏之祠堂，果無所用，依漢朝原廟之禮，藏之祠堂而時時設之，亦如何？」沙溪曰：「漢之原廟藏遺衣服月出遊之儀，未知是否，不須援而爲效。」愚伏答同春曰：「沙溪答是。」

又問：「遺衣服藏之祠堂，果似無用，而處之亦甚難便。竊以意度之，遺衣服則或澣濯以爲子孫衣服，亦無不可。至於冠帶諸物，比於杯圈書册，尤不能接目，而存之難處。焚之墓所，或埋於潔地，未知如何？」沙溪曰：「示意曲折，甚好。焚之墓所似可，而古無此禮，不可創始。」

又問云云。上同。愚伏曰：「禮所不言，先賢之所未嘗論，何敢折衷？」

尤庵曰：「遺衣服依《家禮》藏於廟中，此是正當道理，而人家或被偷竊之患，封鎖一櫃，敬以藏之密處，似或可也。然既非《家禮》之説，則何敢質言也？」答韓聖輔。

慎獨齋曰：「《禮經》無久遠後處置之文，亦無遞遷時焚燒之節，若遷于長房，則遺衣服隨而遷者，似合情禮。」答崔慎。

遂庵曰：「遺衣服埋與燒俱不可。」答宋相琦。

又曰：「遺衣服代遠祧主之時，則埋置亦似當。」答金光五。

問「亡考平日所用硯墨刀筆之屬」云云。金得洙。尤庵曰：「依遺衣服之例藏置似宜。」

祭田

尤庵曰：「祭於祠堂，則謂之祭田。祭於墓，則謂之墓田。」答鄭纘輝。

又曰：「親盡之祖祭田以爲墓田，既有明文，何可移之於最長房乎？○迭掌，謂今年長子家主之，則明年次子家主之之謂。」答閔泰重。

又曰：「初置祭田時立約聞官，既是《家禮》之文，則見失後聞官歸正，何可已乎？若是族人，則私以義理開諭，不聽，然後聞官穩當。」答全瑜。

問：「宗家代盡，神主移奉于最長房，則本位祭田并即許與，而及其遞遷後，宗家主之，永爲墓田，歲奉香火耶？」蔡徵休。遂庵曰：「此《禮》文所未言，京中士夫，則宗孫讓田民于長房，而長房不受，鄉中則宗孫不與，而長房争之，大抵以此事多入訟場，愚則不欲可否。」

又曰：「即今士夫家別無置墓田者，只有所謂奉祀條田民而已。長房或有頻易者，田土奴婢屢換其主，則保存未易，毋寧不動以厚宗家爲愈。故其家方奉安高祖遞遷之位，而所謂奉祀條田民辭而不受，老先生所教之意，亦如此而然耶？在宗家之道，送之似得，而聞國法無移送之文，此所未考，不能質言。」答李柬。

祔位祭田親盡後區處

問：「《要解》曰『遞遷條祔位無歲祭之文，祭田只用於其主不祧之前。今詳文勢，則以爲祭田以爲墓田之下，曰凡正位祔位皆倣此』云云，遞遷條不及祔位者，無乃親盡後爲墓田之説，已詳於此，故只言正位以該之也？」鄭尚樸。南溪曰：「末段看得是。」

尤庵問：「伯父無嗣，祔於隆姪家，此姪死後已埋其神主矣。隆姪之子元錫以爲此位田民不少，今只存墓祭而已，請量留墓祭條外分諸諸家云，弟喻以不然，而渠力請不已，弟意以爲當初如是處之，則有國法及俗例之可據者，猶之可也，今已盡歸於宗家，久爲宗家之物，而今乃分之，萬無是理。請得兄分明一語以諭之，且以爲鄙家定式耳。」同春曰：「元錫云云，不勝嘉嘆，興伯有子矣。其事不難知，設有一族人呈官請分，則自官必即許之。台教雖甚切至，元錫之不安，豈不誠然？鄙意早爲區處，俾無後弊，且遂元錫之美行，恐當。如何？」

祭器

問：「祭器皆用木器。」李先稷。尤庵曰：「此儉素無苟費之意，恐無害也。然《家禮》許用燕器，所謂燕器，生人常用之器也。」

問：「大夫祭器固不假於人，若有假於我者，則當假之否？」朴尚淳。南溪曰：「有田禄而不具祭器，非禮也。然猶相假，恐傷於義。」

又曰：「不粥祭器，不衣祭服，子孫若有飢凍之患，似不可不粥之衣之。」南溪曰：「經言其常，不言其變。」

退溪曰「祭器依古制藏於廟」云云。答鄭惟一。○見遺衣條。

問「置立兩櫃」云云。吴遂昌。南溪曰云云。見遺書條。

影堂 真像奉祠堂并論

退溪曰：「自家廟之制廢，士大夫祭先之室謂之影堂，蓋奉安畫像於此而祭之，故稱影，影堂卽祠堂也。」祠堂之名始於《家禮》，前此稱影堂。○答李楨。

問：「伊川曰『庶人無廟，可立影堂』，又一説曰『祭時不可用影，一髮不相似，所祭已是他人』，何兩説之不同耶？庶人可立影堂，或指賤人不立祠版者言之。」李德明。南溪曰：「末段所論得之。」

問：「圃隱先祖真像奉於祠堂，則士子展謁時便自難便，別立影堂於祠堂之傍，似便。」鄭纘輝。尤庵曰：「二主之不可分離，既有朱子之訓，何敢違貳？然左相之意，既以士子展謁爲疑，則亦似難處，第未知兩堂相去遠近如何，果如咫尺，則不可謂分離。朱子所謂，則留影於家，而奉神主之官之謂也。祭時并設於影，及奉影合祭於神主之示，未有所考，然恐不必如此。○所論祠堂必如《家禮》始祖之制，可行於久遠而無疑，且事事皆便矣。且念此祠展謁者紛然，自四親以下無與於受拜，而徒失幽貞之意，其在子孫之意，亦甚未安矣。幸以稟於諸公，隨地勢造建別廟，則事有據而且順矣。」

晨謁

晨謁焚香

沙溪曰：「《書儀》及《要訣》皆無焚香之節，而鄙人從《家禮》，常行焚香。」答同春。

晨謁不計未潔

寒岡問：「逐日晨謁，出入必告，或未潔，則奈何？」退溪曰：「若計此，則是乃周澤長齋，恐無是理。蓋晨謁但行庭拜，非有薦獻故也。」

尤庵曰：「主人參謁，是平日晨昏之禮也，平日自喪次歸者，豈廢晨昏之禮？此與祭祀有異矣。」答或人。

值忌祭行拜先後

問：「奉四代祠堂者，晨謁大門之禮，若值忌祭之日，則當於請主時先行乎？祭畢還主後行之耶？」金載重。南溪曰：「忌是高祖考妣，則祭後行拜，高祖以下，則請主時行拜似可。」

衆子獨行晨謁當否

栗谷曰：「主祠堂者，每晨謁于大門之内，再拜，雖非主人，隨主人同謁，無妨。」《擊蒙要訣》。

問：「與兄同居，兄若不爲晨謁，弟可獨行乎？」吴仲老。栗谷曰：「理當委曲陳達，而兄若終不行，則不可獨行也。朔望則雖獨行可矣。」

沙溪曰："晨謁乃主人之禮，與主人同謁，則無妨。無主人而獨行，則不可。"答姜碩期。

尤庵曰："諸子晨謁，《家禮》不言，只《要訣》言之，豈以宗法甚嚴故耶？揆以生時，則諸子晨昏各自如儀，且《家禮》諸子出入時，大門告廟一如長子，但不開中門爲異。據此，則獨於晨謁有所不敢者，未知其義也。來示雖無主人，晨謁於中門之外，如出入瞻禮之儀云云者，恐未精當。如曰晨謁則當如儀再拜，豈可瞻禮而已，已則斯已矣，如是損益，自非盛德者不敢也。"答閔著重。

同春曰："晨謁之禮，以隨主人之禮觀之，無主人時，餘似不敢獨行，而以出入之儀言之，雖無主人，餘人亦有拜辭之節。且以象生時論之，亦無不可獨拜之理。"答閔維重。

南溪曰："《要訣》有衆子隨謁之説，然揆以《家禮》之意，恐或不當矣。及考《語類》，有子弟并謁事，然後知其果無所妨也。但衆子獨行，則似甚未安。"答崔瑞吉。

遂庵曰："晨謁，鄙家則主人有故之時，弟與子常代行矣。"答崔安厚。

喪中先廟晨謁見喪禮喪中行祭條中喪中行參禮諸節條

出入告 唱喏婦人拜并論

龜峰曰：「《擊蒙要訣》祭儀章出入必告祠堂，若遠出經旬，則開中門再拜之，《家禮》如此，而今以月字換旬字，似不當。」答栗谷。

沙溪曰：「瞻禮乃今之揖也，唱喏，揖時之聲也。」答黃宗海。

華使許國曰：「喏字出《漢書》，兩手垂下作揖之狀。」○金河西曰：「喏音惹，揖也。」○河燕泉曰：「揖，相傳曰唱喏，想古人相揖必作此聲，不默然於參會間也。唱喏者，引氣之聲也。宋人記虜廷事實，虜揖不作聲，名曰啞揖，衆所嗤笑。契丹之人手於胸前，亦不作聲，是謂相揖，宋人以爲怪，即宋以前中國之揖作聲可知。今日承元之後，揖不作聲久矣，而其名唱喏猶存。官府升堂公座，輿皂排衙猶引聲稱揖，豈非唱喏之謂歟？此固自有本也。」《會成》。

問：「出入儀，凡出入唱喏作揖之禮，代以再拜，如何？」韓聖輔。尤庵曰：「《擊蒙要訣》出入儀實從《家禮》，今何敢有所改易？近出則元無告禮矣。瞻禮之儀甚簡省，非所難行，何故廢之？如不得已，則以單拜代之，似爲近之，然不敢質言。」

沙溪曰：「按本注『凡拜，男子再拜，婦人四拜，謂之俠拜』，蓋主立拜言也。今南方婦女皆立而叉手屈膝以拜。北方婦女見客，輒俯伏地上，謂之磕頭，以爲重禮，禮之輕者，亦立而拜，但比南方略淺耳。考之古禮及儒先之説，蓋婦人當以肅拜爲正，大略似是兩膝齊跪，伸腰低頭，俯引其手以爲禮，而頭不至地也。今北俗磕頭，則頭扱地稽顙之禮，惟可用之昏禮見舅姑及喪禮爲夫與子主之時，尋常見人宜略如所擬肅拜儀可也。南俗立拜已久，不可驟變，但須深屈其膝，毋但如北俗之沾裙，叉手以右爲尚，每拜以四爲節，如所謂俠拜者。若夫見舅姑，則當扱地，爲喪主則稽顙，不爲喪主則手拜，庶幾得古禮之意云。」《家禮輯覽》。

參

每龕一大盤

退溪曰：「一大盤，盤中所設，恐不止一器而已，盞盤應是盞臺。」答金宇顒。

尤庵曰：「朔望饌品，一龕内既有正位，二分或三分四分，并前後妣。復有祔位，或一或二或三四，而只共設一盤果，盤即今之貼匙。則似褻而太嗇矣。故愚每疑每龕之龕字，是位字之誤也，未知然否？」答南溪。

又曰："《家禮》參儀只設一果盤者，恐是只據正位而言。蓋祔位非是例必有者，故只言正位也。若有祔位，則恐不可合設一器也。"答金壽增。

南溪曰："新果一大盤之文，嘗亦疑之，蓋禮大小祭祀皆具二分食，雖參禮之茶酒亦然，獨於設果而夫婦共一器，未知何義？"答尤庵。

饌品

栗谷曰："脯果隨宜，或設餠亦可，若正朝冬至，則別設饌品，冬至則加以豆粥。"《擊蒙要訣》。

尤庵曰："朔望之儀，《家禮》所定者，極其簡省。其曰每龕新果一大盤云者，其龕内并考妣及正祔而言也。而其所謂大盤，實今俗名之大貼也。若是，則雖祭及高祖之家，并朔望不過新果八大貼而已，此豈難辦者耶？所薦之酒，亦用一宿而成者，則亦不甚難矣。鄙意寧於此酒果之中，又從減省，而朔望節祀，則恐不可闕一也。"答金壽增。

問："《擊蒙》朔望設脯果餠，恐不如《家禮》之爲簡。"李行泰。南溪曰："脯餠之設，似亦從俗禮而然，第恐未安。"

問："《家禮》朔望參不言設箸。"李時春。南溪曰："只設酒果，無用箸之處故也。"

茅沙 見時祭條

設盥盆不分内外 設東西之義并論

問：「《家禮》參條盥盆有臺架者，在西，爲主人親屬所盥云者，謂主人及衆男女皆洗於此耶？其在東，爲執事所盥云者，謂男女執事皆洗於此耶？似混并可疑。」俞命賚。尤庵曰：「所謂主人親屬，男女皆舉之矣。所謂執事，亦内外皆舉之矣。然古盥洗之禮，以别器儲水，置於洗東，盥時沃而洗之，則男女内外不嫌於混雜也。」

又曰：「盥盆必設於東南者，古人云海居東南之義也。盥盆雖一云云，惟巾則未有所别之義，豈或内外各用一頭耶？」答閔泰重。

問：「盥盆帨巾内外不可共，而只言於東不言於西。」梁處濟。南溪曰：「似是言重以包輕。」

問：「參條注設盥盆帨巾云云。龜峰引男女不同架，疑其闕文，《標題》《要解》初名。有論曰『似是喪嚴祭敬，不暇致意之義』云云，此可疑。按《特牲饋食禮》『主婦盥于房中』注『主婦盥，盥于内洗』，然則祭之内外異洗，可知也。」李世龜。南溪曰：「《要解》後改云『按自此至祭禮終無分別』之文，恐或闕略於婦人一邊而然也。」

參禮服色

總論

龜峰曰：「朔望參服色，以《家禮》推之，今之白直領，即古之深衣也。用白直領亦可，不必只用紅直領也。」答栗谷。

問：「婦人參禮時，頭無所着，腰無所帶，似甚未安。」李之老。南溪曰：「今之好禮親迎者，必用冠子衲衣。愚以爲古今服色相雜，不如純用《家禮》假髻或冠子。大袖長裙之制，苟能復此者，可以通行於祭祀矣。然帶則未有所考。」

幞頭襴衫皂衫帽子靴并見冠禮三加冠服條

幅巾深衣大帶黑履上同

凉衫

尤庵曰：「凉衫，《事物記原》『筆談近世京師大夫朝服乘馬，以黲衣蒙之，謂之凉衫，亦古遺法也』，然考朱子説，則以爲『宣和末京師士人行道間猶着衫，至渡江戎馬中乃變爲白凉衫，至後來軍興又變爲紫衫，皆戎服也』。按以此朱子説觀之，所謂凉衫，亦是盤領之制，而《記原》以爲古之遺法者，未詳其意。○竊意凉衫如古之景衣，古人出入既着正服，後以單布爲衣加於正服之上，以禦塵也，後世以此因以爲正服耳。景衣見《儀禮》，但不如後世盤領矣。」答金壽增。

又曰：「云云，其制則皆當如襴衫。」答鄭纘輝。○見冠禮三加冠服條中襴衫條。

假髻特髻大衣長裙見昏禮親迎條中婦服飾條

背子見笄禮

序立

龜峰曰：「《擊蒙要訣》祠堂章子孫序立圖，諸子諸孫外，執事宜直在主人後重行，而今移于東，不可也。主婦後子婦孫婦内執事亦宜重行，而今不然，亦不可也。諸弟宜稍後主人之肩，而今乃并肩，亦不可也。」答栗谷。

沙溪曰：「或問今觀此圖，諸丈夫既以西爲上，而諸兄立於主人之東，有失兄弟之序，故有少前之説。然衆兄弟則兄在西弟在東，不失其序，而亦有少前少後之序，何也？按《王制》『父之齒隨行，兄之齒雁行，朋友不相踰』注：『雁行，并行而稍後也。』此圖序立之位，亦依此説也。何以知之？其曰有母則特位於主婦之前，子孫外執事在主人之後者，即隨行也；其曰少前少退者，即此稍後也；其曰外執事無兄弟之序者，恐依此不相踰之序也。」《家禮輯覽》。

又曰：「所謂重行者，諸父異行，兄弟則只有少前少退之異，非重行也。若如令公之説，諸兄一行，主人又一行，諸弟又一行，主人兄弟中豈有三行之異乎？恐不然。」答申湜。

尤庵曰：「嫡庶之分雖嚴，而昭穆不可亂，庶叔在前行，而立於行末，不當於嫡姪之前，則庶乎兩不相妨也。」答朴世義。○嫡庶位次又詳見附録居家雜儀條。

問：「當祭庶孽之行。」成遠徵。遂庵曰：「以行列爲之小間立可也。」

出主

寒岡問：「當祭之時，神主當脱櫝特立否？」退溪曰：「似當脱櫝。」

沙溪曰：「出主，出於櫝外也，以祔祭及時祭條看之，可知矣。」答姜碩期。

又曰：「或問置櫝蓋方位，愚按《唐元陵儀注》大祝奉神主置於曲几後趺上，其匱置於几東近後，以此推之可見。」《家禮輯覽》。

尤庵曰：「所謂出主者，乃出置主身于櫝前，非脱韜之謂也。蓋韜藉《家禮》無之，而只見於卷首圖。圖非朱子所爲，則《家禮》所謂出主者，非干於脱韜與否也明矣。」答韓聖輔。

同春曰：「出主云者，奉主身安於倚座也。不出主云者，只開坐子之蓋而已。大蓋如此。」答李選。

問：「《家禮》出主時斂櫝各置一笥云，而笥底不平，有難安之患。或用板造之如笥樣，如何？」李選。同春曰：「如示恐不妨。」

南溪曰：「出主，分明出於櫝前，世俗以數動爲近於煩褻，故不敢，然當以禮文爲正。」答崔瑞吉。

參降先後之異

退溪曰：「參則是日之禮本爲參神而設，若先參則降神後都無一事。其所以先降神者，爲參故也。祭則降神後有許多薦獻等禮，所以先參而後降。」答寒岡。

同春曰：「《家禮》參禮則先降神，凡祭則先參神，未知何義？」沙溪曰：「凡神主不出，仍在故處，則先降後參，如朔望參禮之類是也。設位而無主，則亦先降後參，如祭始祖先祖及紙榜之類是也。若神主遷動出外，則不可虛視，必拜而肅之，如時祭忌祭之類是也。」

陶庵曰：「朔參則無遷動之節，故先降後參，時祭之先參後降，其義可推而知也。」答李師範。

獻拜之節 辭神并論

寒岡問：「凡獻禮，參則主人手自斟酒，祭則執事斟之。」退溪曰：「恐無他意，只是參無代神祭，節文似略，故自斟，爲盡愛敬之心，祭則有代神祭等許多自行節文，足以盡愛敬之心，雖非自斟，亦可耳。」

又問：「參神辭神，朱子則用再拜，瓊山則用四拜。」退溪曰：「程子亦以爲當再拜，瓊山意未可知。」

沙溪曰：「丘氏四拜乃其當時所行之禮，當從《家禮》再拜。」答姜碩期。

問：「參禮辭神當倣時忌而行之於斂主之前乎？抑當倣虞祥而行之於匣主之後乎？」李志逵。

南溪曰：「《家禮》雖無明文，《儀節》參禮條辭神下添奉主入櫝之語，當依時忌祭例處之無疑。」

望日用酒與否

栗谷曰：「國俗無用茶之文，當於望日不出主，只啓櫝，不酹酒，只焚香，使有差等。」《擊蒙要訣》。

尤庵曰：「《家禮》望日既不用酒，則未知降神時，亦以茶灌于茅沙耶？抑灌則以酒，而薦則以茶耶？古人灌用鬱鬯者，取其香氣也。若所用之茶，亦有香氣，則亦與酒無異耶？又古禮士於喪中，只有朔奠而無望奠，《家禮》亦無之，而今世雖未仕者，無有不設望奠者，是有他書之可據者耶？至如來諭，望日只欲設果而不用酒，此固差別朔日之意也。第未知亦不降神耶？如曰降神不可廢，則必當用酒。東俗無茶。既用酒以降神，則雖非《家禮》之文，而仍用以薦，豈甚未安耶？望日之儀，《家禮》云『不設酒，不出主，餘如上儀』，既云如上儀，則果之仍設無疑矣。且既有設茶之文，則只焚香參拜云者，似不然矣。」答南溪。

南溪曰：「望日不設酒，國俗又不用茶，此則恐難强行。惟朔參所用果一器及降神只焚香。參神辭神之節，不可廢也。」答尹明相。

閏月朔望參當行

問：「閏月非正月，天子不以告朔，而喪者不數云，然則閏月朔望，亦不當行耶？」閔泰重。

尤庵曰：「不可不行。」

朔望奠婢僕代行之非

退溪曰：「朔望奠專爲主人自展己思慕之誠而設，有故而使子弟，猶或可也，婢僕必不可也，俗節之祭亦然。然此事今世或已他居者，於墓祭等事，不得已有令婢僕代行者，又使盡廢，尤甚未安。」答禹性傳。

朔望只行焚香當否

問：「朔望參禮，貧未辦酒果，則開中門焚香再拜，如何？」韓如琦。尤庵曰：「來示猶賢於已，然《家禮》朔望之禮極簡，每龕設果一盤，所謂盤，俗所謂貼匙也，此豈至難辦者，而若是苟簡耶？」

南溪曰：「朔望焚香節次，朔宜行參，望宜焚香，所以有差等。若家甚貧，一盞酒一器果亦不能備者，只得并行焚香，但其儀則當用朔望之禮矣。」答崔瑞吉。

忌祭與參禮相值行祀之節時祭日不行參禮并論○見祭變禮兩祭相值條

朔日參禮與除服先後見喪禮五服變除條

喪中行參禮諸節見喪禮喪中行祭條

國恤中參禮見喪禮國恤條中私家大小常祀條

俗節

俗節名義

澤堂曰：「《元日書》云正月上日，即正月一日，歲之元，月之元，日之元，故謂之三元。節日廟祠履端之祭，上下慶賀之禮，此最爲重。我國并行墓祭。○上元正月望日謂之上元日，其夜謂之元宵。佛書有燃燈事，中國仍有觀燈之戲，我國則無之，只以是朝奠先廟。蓋以望日自有望奠故也。○寒食，《歲時記》云：『去冬至一日五日，即有疾風急雨，仍禁火，爲之熟食，故云寒食節。』《周禮》司烜氏仲春以木鐸徇火禁於中國，蓋仲春新火將出也。或云：龍星，木之位也，春屬東方，心星爲大火，懼火太盛，故有禁。此皆近理之言。俗謂介子推焚死，故爲之寒食，非也。我國依先儒之禮奠祠廟，亦有墓祭。○社日，社者，五土之神，用春秋置二社日祭社壇，禮也。以春秋分後戊字日爲社，春社不出二月，秋社不出八月，中國最重此節，民俗宴遊。○三月三日，雜書有後漢郭氏三月上巳産二女不育，故後人忌諱是日，皆於水上祓除之説。此甚不經。今則中國不用上巳，而以清明爲節日。我國則惟用三月三日，民俗或奠先祠，仍爲宴遊。○四月八日，此是佛生日，故自古禪家燃燈設齋。前朝奉佛，故仍爲俗節，有觀燈之嬉，如中國上元。今尚有遺俗，然我國不之重也。○五月五日，謂之端午。端，始也。午者，五月所建也。《古記》以五月五日午時謂之天中節，蓋五數居十數之中故也。荆楚俗以屈原五月五日沉江死，故有飯筒投水之祭，然非天中節日所從出也。我國依禮文祭祠墓。○六月十五日，高麗國俗六月十五日沐髮於東流水，祓除不祥，故謂之流頭日。中國則無之，我國亦不以此爲俗。以望日，故奠薦先祠。○三伏日，夏至後第三庚爲初伏，第四庚爲中伏，立秋後第一庚爲末伏。古者重此節，爲之宴樂，我國則無之。謂之伏者，以金氣方生，伏於餘火也。必以庚者，庚乃陽金也。○七月七夕，《古今雜説》以七月七日爲天孫會河鼓之夜，故中國民俗有乞巧賣磨喝樂之事，其言與事皆不經，我國則無之。○中元，七月十五日謂之中元，此説本出仙佛書，故僧尼道俗皆尊尚之，有盂蘭盆供醮祭誦經之事。我國僧家皆以是日設齋薦先魂，氓俗多效之，士大夫家則無之。但以望日，故依禮奠先祠。又新羅故俗王女率六部女子，自七月既望早集大部庭績麻，至八月十五日考功多少，負者置酒食以謝勝者，相與歌舞，作百戲而罷，故以七月望日謂之百種節，八月望日謂之嘉排節。我國則雖有其名，而無其事。○八月十五日，古無節日之名，而以中秋月四海同陰晴，最爲明朗，故爲賞玩之節。又以金精旺盛之日，故道士以此日肇煉内丹，道家亦尚之。我國以望日故奠先祠，又以此日當正秋之中，依禮文行上冢祭。○九月九日，《風土記》九月九日律中無射而數九，故俗尚此日，折茱萸房以插頭，言辟惡氣禦初寒。又仙人費長房教桓景以九日登高，飲菊花酒，佩茱萸囊，以避灾厄。又漢武宫人賈佩蘭，九月九日佩茱萸，飲菊花酒，此事相傳自古，莫知其由。惟魏文帝與鍾繇書曰『九月九日，九爲陽數，而日月并應，俗愛其名，以爲宜於長久，故以之宴享高會』，此最爲近理。我國元月元日之後有三三五五七七九九名節，而無二二四四六六十十，則乃尊陽卑陰之義也。民間依禮文奠先祠，而登高飲菊酒，則如故事。○十月十五日謂之下元，道家有醮祭，我國則無之。○十一月冬至，十二氣日無非節日，獨以冬至爲節日者，以其爲一陽始生之辰也。古有圜丘奏樂登臺書雲物之禮，今者萬國朝賀用此日爲首，國有宗廟大祭，民家亦祭先祠，又荆楚俗至日作豆粥，以辟疫鬼，故我國仍用爲節物奠薦。

○十二月臘日，或稱蜡日，今稱臘者，取田獵之義也。古者置臘，而用五德庫藏日，如漢用火德，故用戌日是也。今行曆法，則用冬至後最遠戌日在十二月内者，而不依古説。我國則用未日，蓋以東方木庫在未故也。國有廟社大享。○除日，歲終之日，即謂除日，古有儺禮，今天下通行其他雜戲，各從土俗。」

俗節增删

栗谷曰：「俗節謂正月十五日、三月三日、五月五日、六月十五日、七月十七日、八月十五日、九月九日及臘日。」《擊蒙要訣》。

問：「《擊蒙》俗節注寒食不入。」李行泰。南溪曰：「豈以寒食乃墓祭所行，又非正朝之兼朔參，故闕之耶？」

同春問「中元之節，《家禮》俗節計焉，韓魏公用浮屠設素祭，而朱子不用云者，似是不用素饌，非并廢其節」云云。沙溪曰：「朱子所謂七月十五日不用云者，不行素饌也。」

尤庵曰：「臘日是大俗節，何可不行薦享乎？鄙家則行之矣。」答韓聖輔。

南溪曰：「節如清明、寒食、重午、中元、重陽之類，凡鄉俗所尚者。按寒食爲上墓大祭，《儀節》

已删。中元，朱子以爲設素饌祭不用。今於三節外，更依韓魏公《祭式》添薦七，《家範》添上元，《五禮儀》添秋夕。重三、流頭二節，只是俗説，無文可據，不用。」《三禮儀》。

問：「按《祭饌後説》論俗節條，不用清明、中元，而添重三云云。中元之不用，恐因朱夫子論韓魏公家節祀一語，而朱子此語，恐是不用浮屠素饌云爾，非不用其節也。臘日，栗谷既收於《要訣》，此是一歲之終，與夏季之流頭對待而爲節，亦似合宜。」崔錫鼎。南溪曰：「清明、中元之説，當時區處不敢不致詳。蓋類書之爾雅，莫過於《事文》，其言以上巳爲重三，而別出清明一節，且考曆書，清明必前寒食或後各一日，其不可滚同明矣。至於中元純是道佛家作用，非如正月十五日、十月一日，猶有《西都雜記》《夢華録》等諸書舊俗，可以通行。蓋其兩節主義在此而不在彼也。况以朱子語謂當只用下一着者，恐未深思。嘗考朱子之廢此，出於南軒之力争。兩家文字較然，豈可以此徒諉之素饌耶？臘日云云，果亦有據，只爲今來人家祭祀節日甚煩，使聖王有作，竊意其必從簡省之法，兹以不欲創起《家禮》、國俗未擧之禮也。」

俗節墓廟并行

晦齋曰：「按世俗正朝、寒食、端午、秋夕皆詣墓拜掃，今不可偏廢，是日晨詣祠堂薦食，仍詣墓所奠拜，若墓遠，則前二三日詣墓所齋宿奠拜亦可。」

同春問：「四時墓祭時，家廟亦行參禮否？」沙溪曰：「墓祭與家廟處所既異，兩行恐不妨。」又問：「俗節三年内，則先設享於几筵，後行祭於墓所，家廟則先行參禮，後行墓祭，無妨否？」沙溪曰：「所示皆無妨。」

問：「薦獻儀俗節謂正朝、端午、中元、重陽之類，其中五月八月行俗節參禮，又行墓祭，又行時祭之月也。《語類》問『行時祭則俗節如何？』朱子曰『某家兩且存之』云云。」韓聖輔。尤庵曰：「同日大小祀兩存之義，既有朱子之訓，則不可以一日重疊，而有所廢也。若二祭并值而不可周旋，則或廟或墓，使人代之可也。若無可代之人，則依朱子除夕前三四日行之之説，而先後行之似好。」

問：「尤庵曰『同日大小祀兩存』云云。」徐永後。陶庵曰云云。詳見祭變禮兩祭相值條中忌祭與參禮墓祭相值行祀之節條。

饌品

栗谷曰：「時食如藥飯、艾餅、水團之類，若無俗尚之食，則當具餅果數器。」《擊蒙要訣》。

沙溪曰：「角黍，粽也，《風土記》以菰葉裹糯米，五月五日祭汨羅之遺俗也。又裹糯米爲粽，以象陰陽相包裹，未分散也。」《家禮輯覽》。

問：「冬至豆粥以辟瘟之具而不薦，望日香飯以飼烏之物而不薦，如何？」任屹。寒岡曰：「初出於辟瘟飼烏而遂以成俗，豈不聞節物各有其宜，人情於是日不能不思其祖考，而復以其物享之者乎？南軒廢俗節之祭，朱子曰：『端午能不食粽乎？重陽能不飲茱萸酒乎？不祭而自享，於汝安乎？蓋菰米飯絳囊萸，豈從古所有者乎？』」

問：「今俗必以春時花煎餅薦廟，此非古禮不用煎熬之意。打愚謂衣服飲食，古今異宜，煎餅蜜果，何可不用？此言如何？」尹寀。尤庵曰：「俗尚及祖先平日之所嗜好，不可全然擺脱，要在酌中而處之。聞尼山諸尹以先訓不用蜜果云，若有先訓，則處之甚安矣。」

南溪曰：「按《要訣》食如藥飯之類，蓋以上元言，今擬清明用花煎、端午蒸餅、薦七霜花、秋夕引餅、重陽菊煎，他如冬至豆粥、正朝餅羹，亦隨其宜，花煎菊煎若不及，則當以他食代之。」《三禮儀》。○下同。

又曰：「按朱子有俗節小祭止二味之説，今於時食外亦添酒及果二品，蔬肉各一器，以時食多是米食，故兼肉爲二味。」

又曰：「正至俗節稍有饌品者，斟酒再拜，從容肅俟少時。」

又曰：「俗節饌，禮無見處，酒果蔬菜湯餅之屬，當隨所有而酌處之。至如炙則乃大祭三獻所用，恐不必設。」答尹明相。

遂庵曰：「時食之薦以其平日所進之物也，厥初創始之由，何能究覈？況共工疫鬼之流不經甚矣，何足信也？然心以爲不可，則闕之無妨。上元粘飯，人或中毒，故鄙家不用矣。」答蔡徵休。

國恤葬前俗節見喪禮國恤條中私家大小常祀條

支子異居遇俗節見支子諸禮條中支子自主之祭條及支子祭先墓條

薦新

薦新諸節

栗谷曰：「有新物則薦，須於朔望俗節并設。五穀可作飯者，則當具饌數品同設，禮如朔參之儀，雖望日，出主酹酒。若魚果之類，及菽小麥等，不可作飯者，則於晨謁之時，啓櫝而單獻，焚香再拜。單獻之物隨得即薦，不必待朔望俗節。」《擊蒙要訣》。

沙溪曰：「五穀何可一一皆薦，如大小麥及新米，作飯或作餅上之爲可。」答同春。

南溪問「《五禮儀》薦新皆用生，而《要訣》則必作飯」云云。尤庵曰：「薦新之儀，《家禮》言之於喪禮而注云如上食儀，然則當時薦新，恐亦當如朔望儀也。○《家禮》大祭祀外，雖無設飯之文，然今此薦新專爲五穀而設，則不可生用，勢須作飯也。通禮雖無薦新之文，而既曰俗節獻以時食，則恐薦新包在其中也。」

問：「朔望參禮，隨時所得，或以麥粟飯薦之，或以爲事死與事生有别，不可薦以不精之物，未知何如？」尹寀。尤庵曰：「《家禮》之喪禮篇有新物薦之條，可見其物矣，何以麥粟爲不精之饌也？」

問：「麥飯薦廟，因朔茶行之，具饌數品，依《備要》《要訣》設行，無設羹進茶之節，而只扱匙飯中，少頃後撤，果不悖於禮意否？抑有飯則似有羹，羹後似有茶。」李灌。陶庵曰：「麥飯之薦，尊家所行，似不悖於禮，而鄙人則設羹進茶之節，自前行之，蓋亦循俗。薦新之儀本無明白現出處，不曾博考而參定，未敢遽斷其得失也。」

問：「單品之薦甚薄，而開櫝重難，何如？」或人。尤庵曰：「開櫝有何重難耶？不開櫝而薦享，無乃無謂耶？」

問：「稻粟既已作飯以薦，則糯亦其屬也，不須别薦。」尹拯。南溪曰：「聞命。」

問「設薦奠時，若有新物自外來」云云。任屹。寒岡曰：「方陳設未降神之前，或得新物，則并薦何妨？既降神進饌之際，復以新蔬果之類，更進於前，無乃未安乎？」

三年内薦新見喪禮

國恤葬前薦新見喪禮國恤條中私家大小常祀條

在外遇新物

寒岡問：「未嘗不食新，在禮當然，若出遊遠方，未薦而再三遇之，奈何？」退溪曰：「隨地隨宜，力所可及處，當盡吾心，其不及處，恐難一一守一法爲定規也。若膠守而不變，則出遠方者，不食新穀，飢而死矣，無乃不可乎？」

栗谷曰：「凡新物，未薦前不可先食，若在他鄉，則不必然。」《擊蒙要訣》。

支子異居遇新物見支子諸禮條中支子祭先墓條

生辰祭與喪禮生辰條參看

生辰祭當否

寒岡問：「先考生日設飲食以祭，象平生也。其祭文曰『存既有慶，歿寧敢忘』云云，此意如何？」退溪曰：「恐孟子所謂非禮之禮，此類之謂也。」

松江曰：「生日祭議論不同，如蘇齋、頤庵皆以爲不可，後來議及，李叔獻以爲朔望遍奠，此亦何傷云云，故遍奠諸位。今承浩原之説有曰若不能從禮，無寧取中原別祭之制，可乎？」

龜峰曰：「《家禮》祭有其數，無先親生辰祭，祭不可瀆。只祠堂章奠無定禮，有俗節之獻，倣此行奠禮，如何？稱生忌用祀，似難行矣。」答松江。

沙溪曰：「生忌之祭，馮善創開，退溪非之，是矣。」答姜碩期。

愚伏曰：「朱子以季秋祭禰爲重，而適生日在月内，故以其日行之，非以生日爲重也。若於考妣生日有祭，則必著之《家禮》矣。」答同春。

尤庵曰：「生辰之祭，若知其非禮，而以先世所行爲難停廢，則是非禮之禮無時可改也。世人喜説喪祭從先祖之文，此殊未安。然先世所行之儀，昧然遽廢，亦似未安。須告以廢之之意，恐爲婉轉。」答韓聖輔。

又曰：「生辰祭退溪既謂之非禮，然高氏則有祭儀，至有祝文只有一位處。據高儀行之，恐不至甚害。」答朴世輝。

南溪曰：「孔子稱生事葬祭以禮爲孝，人之生世也，爲子孫者，喜慶其生日，而養以酒食，固禮也。及其下世也，爲子孫者，悲哀其亡日，而奠以饋食，亦禮也。若於死後猶以酒食追養其生辰，恐於理有悖，非如四名日之不至甚妨，故君子不爲也。」答閔采萬。

陶庵曰：「生日之祭非禮也，當從古，不當從俗。」答金天賚。

三年内生辰見喪禮

子孫生日薦享當否祖先生日行時祭并論

愚伏曰「朱子以季秋祭禰爲重」云云。答同春。○見生辰祭當否條。

尤庵曰：「古人於先世生朝必祭，至有祝辭曰『生既有慶，没寧敢忘』，退溪則截然以爲非禮，未知孰是？第念諸位同安一祠，未知獨設於原位耶？抑并設耶？或請出其主於正廳耶？三者皆有所難便，退溪非之者，或出於此耶？今兹子孫之生日，雖異於先世祖父之生日，其難便者，亦有數件，將獨設父母耶？抑並設於諸位耶？若子孫衆而一一薦享，則無乃煩瀆耶？此有所不敢知者，不敢質言耳。」答洪聖休。

又曰：「祖先中一位生辰若在仲月，則行祀於此日，恐似婉轉矣。朱子生日在九月十五日，故其禰祭例行於是日，此雖與祖先生日有間，大概其意則相近矣。禰祭是時祀之類。」答韓聖輔。

問：「尤翁以子孫生日薦酌於亡親爲可，未知如何？」李命奭。陶庵曰：「尤庵説亦恐非正當之論，不必苟行。」

有事告

總論

問「《禮》云祭不欲數，數則不敬。今若改官及追贈在時享月内，則待時享日，若已過時享，則俟次仲月時享。告婚嫁，則以其日。告生子，三月後遇時享則告」云云。鄭基磅。愼獨齋曰：「有事則告，不可留待。酒果之奠爲告事而設，豈祭數之比乎？」

冠昏告祠堂 見冠禮昏禮

告追贈 贈職實職先後書見喪禮題主條

問「追贈改題時酒果」云云。閔泰重。尤庵曰：「酒果只設於所告之龕矣。」

又曰：「改題之儀一用《家禮》，則更無可疑。但世俗以盛典之下只行小祀爲太略，或於翌日仍行盛祭，因與宗族設酌。雖非禮之正，亦或從俗之一道否，此則更在斟酌也。告文亦不須大段陳述，若云『某年月日，一鄉之人共擧府君孝行于郡庭，郡守申于方伯，方伯轉以上聞，聖上下其事于該曹，該曹覆啓，請贈官階以旌之，因命如章，某年月日，特贈奉列大夫宗親府典籤。竊以府君誠孝至行，無愧古人，而藐孤孱劣，不能顯揚，大懼堙没於無聞，幸以鄉評不泯，克闡潛懿。適兹孝理之日，竟蒙追榮之典。上可以光飾先德，下可以覆庇後昆，誠不勝大幸。今將所下誥命改題神主，以展焚黃之儀，涕泗摧咽，不知所告，謹以酒果』云云，如此庶或無大乖矣。」答鄭維訌。

同春曰：「《家禮》告追贈條有云若因事特贈，則别爲文以叙其意，正左右今日事也，當叙筵臣建請聖主允許特贈之實耳。焚黄與時祀各是一事，翌日行時祀正好矣，曾見慎齋家亦然耳。此蓋一家盛事也，與一家諸親同慶，情所不已也。祭後尊行與少者有獻酢之禮，在於《家禮》時祭餕條，可考而行也。教旨前拜禮，依《五禮儀》行之，亦無妨。蓋《備要》專主《家禮》，故不載此條矣。」答崔世慶。

焚黄

沙溪曰：「古之制誥用黄紙，故謄以黄紙替焚之，今則教旨既用白，雖用白以焚似不妨。」答姜碩期。

《瑣碎録》：「唐上元三年前制勑皆用白紙，多有蠹食，自後用黄紙。」〇朱子曰：「以黄紙謄詔命，宜畢焚之。」

尤庵曰：「焚黄，朱先生皆行於家廟，而亦嘗言舉世行之於墓，恐不可之從也。」答李端夏。

南溪曰：「謄者，或是詔命，不可直焚，故有以代之焚，義未詳，似是達于神靈不意也。」答柳貴三。

有喪之家告追贈改題之節

問「曾祖父易名之典，將至於宗孫未葬之前，焚黄改題，不可已於喪内，而傍題以孤兒，名曾祖爲高祖，則曾祖妣神主因舊不改，似爲未安。其以下神主」云云。盧亨弼。旅軒曰：「其餘神主，待後改題。」

又問：「曾祖易名之典，將至宗孫葬前攝事，弟不便爲廟中主人。」旅軒曰：「支孫最長者攝主其事。」

問：「追贈祖先者，未及焚黄而死，則改題主告辭，當如何措語耶？」李之老。南溪曰：「以生者名告死者事，只當言追舉焚黄之意，豈有所疑？」

問：「蒙恩榮贈即行改題爲當，而未行吉祭，未及改題之前有祭祀，則恩誥雖下，而祝辭中追贈職銜不可書耶？」尹陽來。陶庵曰：「寵擢既係異恩，似已具由告廟矣。告廟之後，則雖未及改題，祭祀時祝文書以贈銜，似無不可，而至於先爲改題，恐不成道理。」

延謚

尤庵曰：「吉甫所問，蓋以兩謚并迎，或先宣老先生謚，還奉神主於祠堂，然後復出慎老神主而宣謚，此二者孰優也？弟意此二者無甚是非得失，而一并宣傳，雖甚盛美之事，然他人行之，恐有所礙。蓋今日則二主人皆無故，故如此固無妨，若烱喪未畢，則并宣之時，章拜而烱哭，似不便。此恐非通行之道。」與同春。

南溪曰「先祖延謚一節，前承當行於墓次，惟鄙意亦嘗如此矣。或者以爲當於宗家設位而行」云云。答尤庵。

告授官貶降及第生進

栗谷曰：「云云，若介子孫之事，則主人亦告，而其詞曰介子某或介子某之子某臨時隨宜變稱。云云，告畢當身進于兩階間，再拜，當身拜時主人西向立。降復位，與在位者辭神。」《擊蒙要訣》。

告生子

尤庵曰：「告事條滿月，謂生子日數滿一月也。」答宋晦錫。

南溪曰：「按《内則》子生三月見於父，《祭式》亦曰生子三月後遇時饗則告，恐滿月是滿三月。」《三禮儀》。

問：「主婦抱子止再拜，主婦當四拜，而此曰再拜者，蒙上俠拜之文而然耶？」鄭尚樸。南溪曰：「生子者再拜，恐來諭爲是。但虞祭亞獻下獨言四拜，未詳其義，蓋一書中他無所見故也。」

告喪見喪禮

告移還安遷奉修改之節

栗谷曰：「凡神主移安還安或奉遷他處等事，則告祭用朔參之儀，若廟中改排器物鋪陳，或暫修雨漏處，而不動神主之事，則告祭用望參之儀，告辭則臨時製述。」《擊蒙要訣》。

南溪曰：「未葬之前，殊無行祭之禮，如有移安之舉，則恐當使服輕者只告辭而行之。所謂告辭無年月，首尾只告當行之事故也。」答或人。

又曰：「如一日内移奉者，似當一告一薦。」《三禮儀》。

喪中有事告先廟見喪禮喪中行祭條

告事祝 祝板并論

退溪曰：「稱某朔似當以月建，然嘗考之古文，實皆指朔日之支干。蓋古人重朔，朔差則日皆差，故必表出而言之耳。」答金富仁。

問：「生子而見及納采，婿家以復書告祠堂，皆不用祝，主人自告。」黄宗海。沙溪曰：「所告之辭多，則用祝板，少則只以口語告之也。鄙家并用板。」

又問：「《家禮》自稱孝，何義？告辭條稱元孫，時祭條稱玄孫，亦何義？」沙溪曰：「經史及丘氏說可考。」

《郊特牲》曰：「祭稱孝子孝孫，以其義稱也。」注：「祭，主於孝士之祭。稱孝子孝孫，以祭之義爲稱也。」○宋真宗大中祥符五年聖祖降延恩殿詔，聖祖名曰玄，即不得斥犯，先是追封孔子玄聖文宣王，至是改至聖文宣王，以玄字犯聖祖諱也。○丘氏曰：「宋朝諱玄，凡經傳中玄字皆改爲元字，故《家禮》稱元孫。今悉改從玄。」玄者，親屬微昧也。孫，猶後也。

問：「祝板諱玄字而改爲元字，則獨諱之於告事，而不諱於時祭條者，何義？」吴遂昌。南溪曰：「豈於始見處改正之，其他如成服時祭等處姑存之否？然如慎字，諸注中一皆改正，則殊未詳其故。」

問：「告授官祝昭告于故某親云，則通指高曾祖考，而自稱則孝子某云，此非以最尊爲主之例。」鄭尚樸。南溪曰：「授官祝以告禰爲主，與最尊者爲主之意，各是一例，通用無妨。時祭奉主時祝乃通稱，故只稱孝孫，初獻時祝乃各稱，故於高祖稱孝玄孫云云，自不同也。」

寒岡問：「《家禮》祝版長一尺高五寸，當用周尺否？不言其廣，廣用幾寸？」退溪曰：「周尺恐太小，或疑高是廣字之誤，未詳是否。」

家廟移奉見祭變禮

祠墓遇變上同

禮疑類輯卷之二十一

祭禮

時祭

卜日

總論

晦齋曰："《家禮》卜日之儀，上旬中旬之日不吉，則直用下旬之日告于祠堂。若至於是日，或有疾病事故而不得行祭，則不能無祭不及時之慮。今依程氏《儀注》擇日行之，或用二分二至爲便。"

寒岡問："時祭或前旬擇日，或例用分至，或例用上丁？"退溪曰："《家禮》卜日注温公及朱子説已明，不必更求異説。况环珓今不知爲何物，以意造作而用，反涉不虔乎？」按温公、朱子説皆以用分至爲可。

栗谷曰：「時祭用春分夏至秋分冬至，前期三日告廟，若其日有故，則退定不出三日，以退定之故告廟。或依《家禮》前期一朔以仲月卜日，若事故無常，未可預定，不能卜日，則只以仲月或丁或亥之日，擇定前期三日告廟。」《擊蒙要訣》。

龜峰曰：「時祭之用二分二至，不必大書爲式也，亦恐非朱子意也。或問時祭用仲月清明之類，或值忌日，則如之何？朱子曰却不思量到此，古人所以貴於卜日也。然則今不可舉是日爲式也。」答栗谷。

又曰：「今世無用珓之家，朱子亦曰卜日無定，慮有不虔，又欲用二分二至，而又以或值忌日爲難，將此數段酌處如何。」答松江。

沙溪曰：「按《禮》注，春祭過春不祭，夏祭過夏不祭。據此，仲月若有故，則季月亦可祭。」《喪禮備要》。

同春問「時祭不得行於仲月」云云。愚伏答云云。沙溪曰云云。詳見禰祭條中禰祭過時不行條。

丁亥之義

尤庵問：「祭必用丁亥，其義如何？」沙溪曰：「經傳論之詳矣，可考也。」

《小牢饋食禮》：「來日丁亥，用薦歲事于皇祖。」注：「丁未必亥也，直舉一日以言之耳。禘于太廟禮，曰日用丁亥，不得丁亥，則己亥、辛亥亦用之，無則苟有亥焉可也。」疏：「丁未必亥也，直舉一日以言之耳者，以日有十，辰有十二，以五剛日配六陽辰，以五柔日配六陰辰，若云甲子乙丑之等，以日配辰，丁日不定，故云丁未必亥。經云丁亥者，不能具載，直舉一日，以丁當亥而言，餘或以己當亥，或以丁當丑，此等皆得用之也。不得丁亥則己亥、辛亥亦用之者，鄭云此吉事先近日，惟用上旬，若上旬之内，或不得丁、己以配亥，或上旬之内無亥以配日，則餘陰辰亦用之。無則苟有亥焉可也者，即乙亥是也。必須亥者，按陰陽式法，亥爲天倉，祭祀所以求福，宜稼于田，故先取亥，上旬無亥，乃用餘辰也。」○劉氏敞曰：「丁巳丁亥皆取於丁，所以取丁者，以先庚三日後甲三日故也。大抵郊祭卜辛，社祭卜甲，宗廟祭卜丁，無取於亥。注家不論十干之丁己，專取十二支之亥以爲解，其失經文之意遠矣。日有十干，辰有十二支，以五剛日配六陽辰，以五柔日配六陰辰，甲子乙丑之類是也。以日配辰，或丁丑或丁卯或丁巳或丁未或丁酉或丁亥，丁日不定，故直舉丁當亥一日以言之。其意或以己當亥，或以丁當丑，皆用之云爾。」○朱子曰：「先甲三日是辛，後甲三日是丁，先庚三日亦是丁，後庚三日是癸。丁與辛皆是古人祭祀之日，但癸日不見用處。」又曰：「庚之言更也，辛之言新也，丁有丁寧意。」

尤庵曰：「或丁或亥，是禮家所卜之日也，不可以卜日與丁亥二視也。」答韓聖輔。

又曰：「宋之儒先不卜日，或用分至，此亦可行，至於不用前月下旬之文，改以前三日，則於事雖便，然損益《家禮》之儀，恐似不敢，每於《擊蒙要訣》不能無疑。」答閔泰重。○下同。

又曰：「三月謂之時，則季月亦在原時之内矣。」

南溪曰：「卜日之制，本係經禮，雖有後賢所行，似難輕易，但其法未詳。兹依《要訣》只用仲月或丁或亥之日，擇定前期三日告廟之説。」《三禮儀》。

环珓之制

尤庵曰：「环珓之制，既非難備者，又不必俯易而仰難。正如今俗歲時，折木爲戲之具，俯仰均矣。今俗無端不用，未可曉也。」答或人。

南溪曰：「环珓之制，韵書稱判竹爲之，或用竹根，其長二寸，其制可略想，所謂一俯一仰，此必以竹之表裏爲俯仰也。」答或人。

卜日雜儀

寒岡問：「卜日則立於右，讀祝則立於左。」退溪曰：「卜日亦立于左矣，至其終立于右者，主人與諸執事東西相對而立，皆北上，以次而南，則主人之右，即執事爲首者對立之處，故就此而告爲順，若左則不與對也。」

慎獨齋曰：「西向者未詳其義，而將祭卜日而已，非即今祭先，故不北向，恐無他義也。稱孝孫者，泛稱之辭，若有高曾祖，則當以最尊爲主。」答崔慎。

陶庵曰云云。答李惠輔。○詳見喪禮禫卜日條中總論條。

孟月行吉祭者仲月行時祭可否見喪禮吉祭條

正位别廟時祭先後

問：「始封之祖不遷，高祖親未盡，而不可祭五代，别室以祭云，如四時祭，亦不可共設於正寢，勢不能一時行祭。」崔碩儒。慎獨齋曰：「似當先祭正位。某之宗家先祭正位，次别室所藏之主。」

小宗家行時祭之節

尤庵曰：「《家禮》所謂次日行祭者，本爲同居者設耳。若考楊氏本文，則可知也。高祖之祭，既用丁亥，則繼曾家不得别卜日，只於次日行之，恐是統於尊之義也。○如營造事，日家云既用吉開基，則其後雖遇惡日，不撤工役，此等恐亦有此理。」答南溪。

南溪曰：「此段以宗法爲主，乃義起之别法也，非可以丁亥常制拘者。」答鄭尚樸。

尤庵曰：「尊位有故不祭，則卑者從而不得祭，亦勢之不得已處也。雖異居，而地若相近，則亦與同居者無異，曾見沙溪金先生答人書云『祖先墓在越岡，則小宗不可先祭其墓』，此義似可類推也。」答南溪。

陶庵曰：「時祭宗家雖不行，既是異宫，則支孫似無不可行之義。」答吴瑋。

齋戒

晦齋曰：「程子曰：『思其居處，思其笑語，此平日孝子思親之心，非齊也。齊不容有思，有思則非齊。齊者湛然純一，方能與鬼神接。』按程子之説，有異於《祭儀》之意。蓋孝子平日思親之心，固無所不至，至於將祭而齋，其追慕之心益切，安得不思其居處言笑志意樂嗜乎？然此乃散齊之日所爲也，至於致齊日，則湛然純一，專致其精明之德，乃可交於神明也。」

問：「七日戒三日齊，古禮也，而《家禮》時祭只言三日齊，何也？」金誠一。退溪曰：「七日戒三日齊，古禮爲然。故今廟社四時大享，百官前期十日受誓戒，誓戒之辭正以云云之事爲禁，前三日入清齋，所患人不能盡如禮耳。蓋大享，禮之至重，故如此，其他祭不盡然也。」

又曰：「時祭，極事神之道，故齊三日。忌日墓祭，則後世隨俗之祭，故齊一日。祭儀有不同，齊安得不異？」答鄭惟一。

頤庵曰：「《五禮儀》祭享誓戒之目，有曰不縱酒不與穢惡事，而《大明會典》則更深一節，曰不飲酒不與妻妾同處。蓋高皇帝熟諳俗習之放失，曲爲之防耳。又前朝之法，於私家祭祀齋戒條有曰不許騎馬出入，接待賓客，違者科罪云云。今之人士多嗤前朝之於禮法爲疏略，若此等處，果如何耶？余見世俗於祭前一日，雖不出入，親朋萃至，則博弈開酌，終日讙謔，是尚可謂之齋戒乎？大凡酒之爲害，最能迷亂人情，齋時常禁此爲第一。況復接客，則多闕於所應檢理者矣。非惟不可不謝絶，實是不得不謝絶也。凡吾子孫每當致齋，一切謝客，如非老病服藥，切勿飲酒，以專檢理，以一思慮，其違者以不祭論之可也。」

又曰：「凡祭祀齋戒之目，不過曰不縱酒，不茹葷，不吊喪問疾，不聽樂，不行刑，不預穢惡事，而其爲前期，大則三日，小則一日，如斯而已矣。今俗昧求於本原，而致曲於末務，或前期七日或八日便戒，或有婢僕解産於外廊，有猫犬隕斃於藩墻，或有奴隸乍涉喪家門巷而回，便謂之犯染，謬矣。苟耳目之不逮及，雖隔一壁，無所動情；苟心神之不收斂，則雖處一室，未免坐馳，千思萬想，凶穢淫慝，何所不至哉？况人倫在世，事故多端，慶吊歌哭，皆不可廢。又如從仕之身，則夙夜于公，不敢顧私。國家令式，時祭忌祭，給暇并止二日或一日，尚可望三日外哉？故司馬温公有時至事暇不必卜日之説，韓魏公之祭只齋一日者，以此也。若欲如俗所爲，則須連旬日盡廢人事方可，豈容行得？」

栗谷曰：「時祭散齊四日致齊三日，忌祭則散齊二日致齊一日，參禮則齊宿一日。所謂散齊者，不吊喪，不問疾，不茹葷，飲酒不得至亂，凡凶穢之事，皆不得預。若路中猝遇凶穢，則掩目而避，不可視也。所謂致齊者，不聽樂，不出入，專心想念所祭之人，思其居處，思其笑語，思其所樂，思其所嗜之謂也。夫然後當祭之時，如見其形，如聞其聲，誠至而神享也。」《擊蒙要訣》。

尤庵問：「時祭忌祭俱是祭先也，而齊戒則有三日一日之異者，何也？」沙溪曰：「《開元禮》齊戒注『凡大祀之官，散齋四日，中祀三日，小祀二日。致齊，大祀三日，中祀二日，小祀一日』。」退溪曰：「時祭極事神之道云云。見上。以此觀之，祭有大小，而齊戒之日，亦隨而有異也。」

尤庵曰：「前期三日齊戒是《家禮》之文，故《要訣》引之矣。若是賢孝君子依古禮行之，則不亦善乎？第慮今人十日拘禁，似必甚難，故《家禮》之文如是耶？」答尹宲。

又曰：「祭主於嚴，此嚴字是嚴敬之意也。始自齊戒具需至飲福歸胙，苟無是心，則所謂禮爲虛也。然此甚難矣。程子嘗言，齊戒時思其居處心志嗜欲，已是一等人。」答或人。

問：「『致齊於內，散齊於外』注，陳氏以心之內外言，吴氏以廟之內外言。」或人。南溪曰：「陳氏爲長。」

行時祭之所

問：「人家正廳南北長而東西短，凡四時大祭，於北壁下自西設位，狹窄難行，不得已高祖在北，曾祖祖禰分東西相對。」禹性傳。退溪曰：「正寢設祭位，有大屋可依禮設者，自當如古。其不然者，不得不隨地形排設。雖若未安，亦無如之何矣。」

沙溪曰：「設位，《補注》云云。按《家禮》非不知昭穆之爲正禮，而姑因時祭而爲之節目。朱子嘗曰：『古者宗廟之制，今日雖未及議，尚期興復之後，還返舊都，則述神宗之志而一新之，以正千載之謬，成一王之法，使昭穆有序，而祫享之禮行於室中，則又善之大者也。』據此，則《補注》之說，恐是輕加議論也。」《家禮輯覽》。

愼獨齋曰：「只奉一位者，則仍祭於其所，而告辭曰請出就前堂，可也。」答崔愼。

問：「《要訣》時祭行於祠堂，亦有所據耶？」李行泰。南溪曰：「亦用《五禮儀》之制。」

考妣各卓

寒岡問：「瓊山《儀節》如獻時不奠而先祭，與夫婦共一卓等處，皆未浹意。」退溪曰：「瓊山禮多可疑。」

問：「父有三室，凡人祭祀時考妣共一卓，今四主共爲一卓，則其勢難便，分爲四卓，則各位共卓，亦有異同，似未安。」崔季昇。寒岡曰：「不得四位各卓，則寧四位共一卓，而盞盤飯羹炙肝之類各設，恐無妨於不得已之權宜也。」

同春問：「今俗同奉考妣於一椅，又兼設饌於一卓，與《家禮》考妣各用一椅一卓之意，大相不同。孤家從前從俗，今欲變改。」愚伏曰：「兩位共一卓，《五禮儀》之文，從時王之制，亦無妨。吾家自先世遵《五禮儀》，今不敢必變。」

同春曰：「鄙家用一卓，每欲改從《家禮》，只緣貧窶未易辦，且《五禮儀》有共一卓之文，非徒五禮，古禮亦似如此，故不敢率爾。」答或人。

問：「世俗或果蔬脯醢肝肉炙魚肉湯共一器，唯飯羹麵餅各設。」鄭基磅。愼獨齋曰：「考妣各卓，禮也，今人不但堂宇狹隘，若貧窶不能各設，則自不免如來示，然莫如從禮爲正。」

尤庵曰：「考妣各卓，《禮》有明文，何可違也？四代奉祀之家，或有三四娶者，時祭排位時，雖三間之屋，亦窄狹難容矣。然變通爲難，不若小其牀卓，使可容排也。」答卞東規。

又曰：「昏禮同牢，是合體同尊卑之意也。祭需異卓，男女不相褻之義也。恐不可相證而爲説也。」答韓聖輔。

又曰：「時祭考妣各設，既有《家禮》明文，不可拘於器皿而合設也。《禮》曰『祭器未具，不造燕器』，人雖貧窶，寧有不造燕器者耶？凡人奉先緩於養生，故失先後之序矣。」答黄世禎。

陶庵曰：「祭饌勿論蔬果餅麵，一一各設，即是《家禮》所載，不可拘於牀卓大小，而苟爲合設之制。然士大夫家蔬果則合設，獨各設餅麵飯羹者，大抵同然。鄙家亦不免如此，雖知其非禮，而事力不逮，因循未改矣。吾外翁前後凡三娶，祭時牀卓難容，伯舅趾齋公於末年考妣諸位之餅與麵，亦爲合設，蓋爲慮後而然也。凡此諸件，以禮意言之，大都苟簡，若能慨然行古之道，則豈不爲好？然亦不當不量家力，而輕易變改，如欲量力而後行之，則輒又爲因循不改之歸矣。此甚難處，唯在財量。」答鄭存中。

祔位設位 與班祔條中祔位坐次條參看

尤庵曰：「云云，時祭時祔位，恐當從兩序相向之文。若皆坐於東序，則或有嫂叔連坐者矣，大不便矣。」答沈世熙。

問時祭設位。鄭尚樸。南溪曰：「妻位在堦下者，以祔之尊者在兩序故也。若無則恐當在序端，以在廟時祔在祖妣旁觀之，無疑矣。」

饌品

總論

退溪曰：「祭之饌品儀節，從禮文爲當，而古今異宜，亦有不得一一從禮文處，循祖先所行，恐無所妨。」答宋言慎。

栗谷曰：「祭饌每位果五品，貧不能辦，則三品亦可。脯一楪，俗稱佐飯。熟菜一楪，醢一楪，沉菜一楪，清醬一器，醋菜一楪，魚肉各一楪，魚肉當用新鮮生物。餅一楪，麵一盌，羹一盌，飯一鉢，湯五色，或魚或肉或菜，隨所備，若貧不能辦，則只三色亦可。炙三色，肝肉及魚雉等物。務令精潔。未祭之前，勿令人先食，及爲猫犬虫鼠所污。」《擊蒙要訣》。

龜峰曰：「《擊蒙要訣》設饌圖，脯醢，祭物之重，而今以佐飯易脯名，飯羹盞等亦擅移其位，皆似不可。」答栗谷。

牛溪問「魚肉恐非生魚生肉云云。鄭道可言《家禮》祭饌圖脯醢蔬菜用六品，却是古意，非俗饌也，是以吾用脯二器，醢二器，蔬菜二器，而不用今俗盤床之羞，去清醬不陳云云。鄙人以爲脯醢蔬菜相間次之者，却是宋時之羞也，於何見得古意乎？去清醬不陳，則時羞有未備也。渠却以爲不然也。渾家用五色果脯醢蔬各二器，湯三色，爲二十五器，或恐過優不儉」云云。龜峰曰：「魚肉雖無用生明文，而以義推之，用生無疑也。但今世私家窮無省牲之禮，必以生爲式，恐難爲辦。朱子又曰：『但以誠敬爲主，其他儀則隨家豐約，如一羹一飯，皆可自盡其誠。』以是論之，則省牲之家，可以用生，而自其下，則恐未能也。示品數多少，某家所備一以《家禮》爲準，而於常食品數，不能無加減者，以四時時物，亦或不同故也。朱子語南軒曰：『於端午能不食粽乎？於重陽能不食茱萸酒乎？不祭而自享，於汝安乎？以是看之，隨時物薦享，或恐人情不得不爲者也。』如是，則鄭道可之不設清醬與非俗饌之語，皆非朱子意也。朱子又曰：『溫公《祭儀》庶羞麵食共十五品，今須得簡省之法方可。』以是看之，雖豐於奉生，而不煩之意，亦可知矣。」

問：「《家禮》之饌，即當時之饌，今亦以生時所用而祭之，如何？若《五禮儀》士庶人祭饌圖，得無太略耶？」黃宗海。沙溪曰：「以生時所用常饌祭之，亦可。《五禮儀》圖雖有云云，稱家之力，豈拘於此乎？」

尤庵曰：「祭貴蠲潔，雜陳非禮云者，來示不可易矣。《書儀》共不過十五品，而《家禮》則多至二十餘品，鄙家則貧甚，隨得用之，本無定式。雖有所得多品者，以鄙家考妣各設，難得如許大卓故也。大抵一位品數不減於《家禮》也。」答李選。

問：「祭物，貧家則稱其有無，而富貴之家，雖積高多品，無害於禮耶？一依《家禮》定式爲之，可乎？」金光五。遂庵曰：「雖或有從厚之時，常時定式不可變也。」

果蔬

栗谷曰「每位果五品」云云。《擊蒙要訣》。〇詳見總論。

同春問：「《家禮》時祭果用六品，《要訣》用五品，何義？」沙溪曰：「《要訣》蓋本司馬公及程氏儀，或者常以爲非。讀《禮記》，知或説近之。今人六品之果若難備，四品或兩品，庶合禮意。」

《郊特牲》曰：「鼎俎奇而籩豆偶，陰陽之義也。籩豆之實，水土之品也。不敢用褻味而貴多品，所以交於神明之義也。」〇長樂陳氏曰：「鼎俎之實，以天産爲主，而天産陽屬，故其數奇。籩豆之實，以地産爲主，而地産陰屬，故其數偶。」

又曰：「所謂蔬菜三件，沉菜、熟菜、醋菜等物在其中，有何難解？脯醢各設爲是，圖則合設，誤矣。以禮意推之，脯熟菜醢沉菜清醬醋菜等，相間排設似當，《擊蒙要訣》似然。」答黄宗海。

問：「《要訣》設饌圖，不以奇偶數。」朴是曾。尤庵曰：「從俗也。」

脯醢

問：「脯三品，醢三品。」柳億。尤庵曰：「或脯或脩或魚，脯可備三品之數耶？醢則魚醢食醢肉醢，亦可備三品之數耶？」

南溪問：「脯醢則不過二物而已，將以何物代爲三品耶？」尤庵曰：「《家禮》脯醢三品云者，恐是脯二醢一，或醢二脯一，合三品也。脯有始腶之别，醢有魚肉之異，恐不可謂只爲二物而已。」

又曰：「《問解》脯醢三品以二脯一醢當之者，亦未見必是《家禮》之意。蓋《家禮》既泛言蔬菜及脯醢各三品，則所謂蔬菜者，或芹或瓜或菁之類也，所謂脯醢者，凡乾魚肉皆謂之脯，鹽魚肉皆謂之醢。今當勿論乾者鹽者，只用三品似可矣，何必拘於脯二而醢一哉？且寒岡之以脯醢并爲一器者，固本於《家禮》卷首圖，然卷首圖本非出於朱子，而或有與朱子本文相戾者，恐不足爲據也。且脯醢是燥濕相猜之物，而同盛於一器，亦未知其如何。」答南溪。

又曰：「脯醢，未知脯三品醢亦三品耶？抑脯醢合爲三品耶？若如前説，則脯以乾脩乾魚及腊等爲三品，醢以魚醢食醢肉醬等爲三品矣。而若如後説，則未知脯用二品而醢用一品耶？此便難處也。鄙家則貧甚，隨得用之，本無定式矣。大抵一位品數不減於《家禮》也。」答李選。

南溪曰：「脯醢三器之説，殊可疑，以此沙溪以脯一器醢一器相間次之爲主，寒岡以脯醢同設者三器相間次之爲主，恐皆未盡。愚則添鮓一器於脯醢中用之，蓋俗重食醢，而墓祭亦有其文故也。」答李德明。

又曰：「脯醢是二物，與上文蔬菜有異，故見者又或以脯三醢三爲説，竊更詳之。惟台今日之教，義益的當，然若論其所受用，則人家饌物必無全濕者，勢復參設則自成脯二醢一或醢二脯一之規矣。且以東萊宗法質之，蔬菜脯醢共六品，尤似無疑。」答尤庵。

遂庵曰：「脯醢三品云者，恐是脯二而醢一或醢二而脯一，合三品也。而所謂脯醢者，乾魚肉皆謂之脯，鹽魚肉皆謂之醢，今當勿論乾者鹽者，只用三品似可矣。且今俗設饌之品，或不無與中華古禮有異者，從俗只設各一品，亦無妨。」答金光五。

佐飯切肉食醢

問：「《要訣》云脯俗稱佐飯，以此見之，脯醢似是飯床佐飯及醢楪也。若設佐飯及醢，則雖不別設脯肉食醢，亦無妨耶？」韓聖輔。尤庵曰：「《要訣》脯下注云即佐飯，以此見之，二者恐是一物。今之學宫用乾魚，而并謂之魚脯，然以古禮言之，則西北陸故設脯於右，東南海故設魚於左。今俗所謂佐飯者，多是海物，則恐不可并謂之脯，而皆設於右也。食醢之用只是東俗，禮家所謂醢，則是海物之加鹽者也，并用恐無妨。食醢似是古之醢屬也。」

又曰：「《家禮》時祭具饌條無所謂切肉者，而祭始祖條有所謂切肉者，而此則當炙以獻於再獻者也。來諭所謂切肉，未知指何物言耶？若是脯脩等，則當依《家禮》與醢相間矣。」答柳億。

又曰：「所謂醢即魚肉之浸鹽者，國俗既用此，又用食醢，則非《家禮》之意矣。若用其一，則當去食醢無疑矣。」答李選。

南溪曰：「脯醢，尤丈書云『用脯二器醢一器，或脯一器醢二器』，若用脯一器，佐飯一器，以應所謂二器者，則似宜。第鮓非古饌，亦俗之所重，而佐飯只是俗味故也。使鮓專品而雜佐飯於脯，亦未知如何？且脯佐飯同器，雖涉不嚴，如餅醢之類，久已先犯，恐不太嫌也。」與尹拯。

生魚肉用否

頤庵曰：「《語類》『祭用血肉者，蓋要藉其生氣耳』。又曰『古者釁龜用牲血，是見龜久不靈，用些生氣者接續也。《史記·龜筴傳》占春，將雞子就上面開卦，便是將生氣去接他』。又曰『古人立尸，也是將生人生氣去接他』。又朱子每論時祭忌日，或用浮屠誦經追薦，是使其先不血食也。以此觀之，祭祀當須用生魚肉，而《家禮》設饌圖所謂魚肉者，正指血腥也。今俗少用血薦，須知朱子所論如是其切至，然後可於祀先之道無欠矣。劉氏曰『今人祭其先祖，未必皆殺牲』云，而引司馬温公《祭儀》有鱠生肉之品，丘氏《儀節》牲或羊或豕雞鵝鴨云，今亦雖不能全殺牛猪等肉及肝以爲炙，而肉則生切盛楪，且魚若體大，則截作二三段，盛一段於楪可也。或以雞鴨可代生肉，鰕蟹可代生魚。而雞鴨不必全體，當支割分盛。魚之細少者，亦可入用，不必滿尺而後可也。」

栗谷曰：「云云，魚肉當用新鮮生物。」《擊蒙要訣》。○詳見總論。

龜峰曰：「《家禮》惟祭初祖先祖有用生之文，於祭禰曰同時祭，時祭魚肉無用生之文。但《朱子語類》平日所論祭必用生，神道見生血則靈，似不可不用生也。全肩之薦同國禮，恐不可用也。《家禮》祭初祖前後脚皆作三段。」答松江。

沙溪曰：「《家禮》所謂魚肉，非生魚肉也，乃魚湯肉湯也。栗谷之用生，雖本於《書儀》，與《儀禮·饋食禮》不同，嘗質于家庭問于牛溪，答曰參用生熟，雖是古禮，至於《家禮》，則朱子曰『以燕器代祭器，常饌代俎肉』，則不用生明矣。」答同春。

《特牲饋食禮》注：「祭祀自熟始，曰饋食。饋食者，食道也。」「烹于門外東方。」注：「烹，煮也。豕魚腊以鑊各一爨。」○《郊特牲》曰：「腥肆爓腍祭，豈知神之所饗也？主人自盡其敬而已。」注：「祭之爲禮，或進腥體，或薦解剔，或進湯沉，或薦煮熟，豈知神果何所享乎？主人不過盡其敬心而已耳。」

又曰：「頤庵所引朱子説及《要訣》與《饋食》説不同，行禮者擇而用之，可也。」《家禮輯覽》。

慎獨齋曰：「古者大夫士各有牲，庶人則無常牲。今人鮮用牲，若依《家禮》用牲，不亦可乎？但不可用腥耳。」答鄭基磅。

尤庵曰：「《家禮》初祖祭有腥熟兼設之文，至時祭以下，則不用腥。豈初祖則是上世之人，故兼用古今之饌，而近祖則純用俗饌耶？然程朱所論生物生氣等訓如此，則全不用腥，不安於心。故鄙家用魚膾肉膾，蓋是常饌而有生氣者故也。其器亦用燕器，蓋不敢異於《家禮》也。其設之時與處，則依初祖祭進饌時設于蔬菜之行矣。《要訣》魚肉之設，未知終據於何書？故不敢從。如有程朱明訓，則遵用此儀似長矣。《家禮》雖有省牲之節，而既殺之後，熟而薦之，恐不可以有省牲之文，而疑於用牲薦俎也。」答李選。

又曰：「魚肉與湯《要訣》以爲二物，此則與《家禮》别爲一説矣。大抵《家禮》只説魚肉，則或湯或胾，恐皆無妨。但《要訣》俾用生魚腥肉，《家禮》凡祭需皆熟，獨於此用生腥，則恐非純用《家禮》之意。」答南溪。

又曰：「《家禮》所謂魚肉，未知用湯與否，與用生與否也。然《禮》曰『禮之近人情者，非其至者』，又以爲鬼神反本，故亦尚質，然則兼用生物，如《要訣》之説，恐亦無妨。」答韓聖輔。

南溪曰：「《禮》曰饋食之道自熟始，然則生熟并用，古之義也。至《家禮》以常饌代俎肉，故無用生之法，或有以魚肉當之，恐非其倫。」答金克成。

遂庵曰：「《儀禮》有象生之文，無用生之文，故沙溪以用生爲非。栗谷時《儀禮》自中國未及來，故《要訣》用生矣。《禮記》有用生之言，乃漢儒之雜記，不可盡信。」答成遠徵。

又曰：「頤庵所引朱子説及《要訣》與《饋食》説不同，行禮者擇而用之，可也。雖用熟薦，若以生魚肉各一器參用，以存愛禮存羊之義，尤善。」答姜再烈。

又曰：「《家禮》所謂魚肉，明是魚湯肉湯也。蓋《家禮》以常饌代俎肉，似不用生魚也。鄙家則魚肉湯外别用魚膾肉膾，是亦常饌故也。」答李光國。

陶庵曰：「用生一節，深得古經本意。然尤庵先生又於此起疑云云，近世士大夫往往用生腥一二器者，是則蓋參取《要訣》《備要》而爲之，惟在裁擇之如何耳。」答楊應秀。

湯炙品數

寒岡問：「《家禮》本注魚肉用二味，而通禮獻以時食注引《語類》云『大祭則每位用四味，請出神主，俗節小祭只就家廟，止二味』，故今欲用四味，蓋於大祭只設二味太略故也。」退溪曰：「善。」

栗谷曰「湯五色炙三色」云云。《擊蒙要訣》。○詳見總論。

尤庵曰：「《家禮》所謂魚肉未有必是湯之明文，然《禮》有三獻燗之説，説者謂燗，沉肉於湯也，然則今世所謂湯者，或意其本於此也。温公《祭儀》有肉羹炒肉之文，此其爲湯明矣。如不欲用湯，則依《禮記》用殽胾之設，亦何妨哉？」答南溪。

又曰：「湯三色五色云者，實出於《要訣》，而《家禮》則未有也。然東俗承用已久，似難猝變也。仍且用之，恐亦無害也。同春九色云者，愚亦嘗聞其説矣。此兄嘗曰『家間得美味而不用，則心甚缺然。故雖多而亦盡用之』云，此雖若無品節，而亦可見孝子如事生之意矣。」答朴光後。

又曰：「《家禮》有炙肝炙肉之文，又有祭先肝祭先肺之説，似是三獻各用一物，其多少則恐當隨宜也。」答韓聖輔。

問：「三鼎五鼎之説，如今魚肉湯品數耶？」李時春。南溪曰：「魚肉當依《家禮》各用一品，一亦三五之數也。」

陶庵曰：「《擊蒙要訣》果湯之俱用陽數，固甚可疑。前輩謂栗翁禮學少遜，沙溪云者，豈指此等處而言歟？既知其非是，則略加增損，庸何傷乎？」答李命奭。

鹽醋醬

沙溪曰：「加鹽之方，按《少牢饋食禮》『尸祭酒，啐酒。賓長羞牢肝用俎，縮執俎，肝亦縮，進末，鹽在右』，以此推之，可見古亦用鹽。又時祭炙肝獨不言加鹽者，有何義耶？按《特牲饋食禮》『賓長以肝從』疏：『此直言肝從，亦當如《少牢》「賓長羞牢肝，用俎，縮執俎，肝亦縮，進末，鹽在右」，此亦不言者，文不具也。』以此觀之，時祭肝炙亦須加鹽也，所以不言者，亦是文不具也。」《家禮輯覽》。

南溪曰：「鹽楪凡饌似皆當用，然不如炙肝時之有據，其獨言於初祖祭者，亦容有互見之義。」答金幹。

問「丘氏《儀節》鹽醋二楪，並設於前一行，而亦不設醬，弊家用醬代醋楪」云云。金宇顒。退溪曰：「只一依禮文，鹽醋俱設，其設處且當從丘氏。然凡飲食之類，古今有殊，不能必其盡同。以今所宜言之，鹽不必楪設，各就其器而用之，醬則恐不可不設也，所謂象平日用醬代之者得之。」

尤庵曰：「鹽楪醋楪之專設，恐是古禮如是，各於魚肉設鹽於其器者，似褻。」答李選。

沙溪曰：「醋在匙羹之間，遵行不妨。」答黃宗海。

問：「《擊蒙》祭饌圖匙楪醋楪居外，與《家禮》有異。」李行泰。南溪曰：「以盞盤居中者，乃《五禮儀》之制，然并醋楪易置，恐皆未安。」

又問：「《擊蒙》祭饌圖醋菜，即《家禮》醋楪，而曰菜，何也？」南溪曰：「似以後世不用醋，又且代用清醬，故以醋菜代醋楪也，然亦未安。」

又曰：「醋則《家禮》用之，猶今之醬。醬則《要訣》用之，猶古之醋。《備要》兩存，似無其義。」與尹拯。

南溪問：「古人設食以醋爲重，《家禮》用醋即《備要》用醬之意，今若并設，似涉重複，從古只用醋如何？」尤庵曰：「《家禮》醋楪《要訣》代以醋菜者，恐未然，《內則》『納酒醬籩豆』注：『醬，醋水也。』是祭禮別用醋矣。栗谷所謂醋菜，恐當入於蔬菜之類也。古禮祭不用醯醬考《士昏禮》可見。醯醋也，不尙褻味也。然則《內則》及《家禮》之用醋，恐亦隨時也。則《要訣》《備要》之并用醬，恐亦無害。如以煩複爲嫌，則依《士昏禮》和醋於醬，而只用一器，亦無妨耶？」

又問：「古人重醋，猶今人之重醬，《家禮》既用醋，似當廢醬而用醋。然人家釀醋未易精好，合於祭用，故欲以清醬或代其乏，而仍設於醋位。」尤庵曰：「以清醬當醋楪之文，而設之於北端，雖似合宜，然醋亦是饌品之一，而特東俗不爲特設耳。且以《儀禮》言之，則醬是食之主，故設之於中，今以代醋之故，而設之於偏處，亦未知如何。」

牛溪問：「鄭道可言『去清醬不陳』云云。」龜峰曰云云。詳見饌品條總論。

又曰「來示祭器品數圖，清醬置東，失燥居左濕居右之義，似未合，他與某家所行相符。且看古禮，醬爲飲食之主，宜居中」云云。答牛溪。

南溪曰：「清醬，雖以《曲禮》言之，膾炙處外，殽胾處内，醯醬又處其内。《家禮》設饌，亦以内外爲重輕云云。然則醋之所處甚尊，恐非今世以醬中置飯床之可比也。要之欲依《家禮》只用醋，則頗駭人情。欲依《要訣》代用醋菜，依《備要》兼用清醬，則皆非《家禮》之意。但東俗雖不特設醋楪，而非如點茶之全然不用，且檢《問解》以爲不妨，故采則定用醋矣。」答尤庵。

米食麵食

退溪曰：「以麵爲麵食，以餅爲米食。今人汩董雜陳，只務多品，此不知禮者之事，何用議爲？」答寒岡。

問：「進饌條曰以盤奉米麵食，而按具饌條則無米麵食，只有饅頭糕。劉氏注曰『麵食，饅頭糕之類；米食，糍糕之類』，按《輯覽》注曰『餈餻飯餅，今俗呼餻糕』云云，然則麵食米食皆餅，而所謂麵食，亦斷非今俗所用餅麵之麵耶？米麵食、饅頭糕，其實一物，而具、進兩條稱名之各異者，亦何意耶？」李德明。南溪曰：「米食麵食同是所謂餅者，而但有用米用麵之分耳。然我國之俗既以一乾一濕爲規，而中國亦有麵食烹用者，故不必盡削也。」

桃鯉燒酒油蜜果犬肉用否

沙溪曰：「桃及鯉魚不用於祭，見《家語》及黄氏説，燒酒則出於元時，故不見於經傳。我國文昭殿日祭，夏月則用燒酒。栗谷亦謂喪中朝夕祭，夏月則清酒，味變用燒酒，甚好云。膏煎之物不用，出於《儀禮》，今俗必用蜜果油餅以祭，恐不合於古禮也。」答同春。

《士喪禮》記「凡糗不煎」注：「以膏煎之則褻，非敬。」疏云：「凡糗直空糗而已，不用脂膏煎和之。」○《家語》孔子曰：「果屬有六而桃爲下，祭祀不用，不登郊廟。」○《黄氏日抄》：「鯉魚不用於祭祀云。」

澤堂曰：「私家四時祭品，耻於無油果，此有何味？徒爲觀美，於享先末矣。禮，庶羞不加於牲，況油果乃蜜餌麵食之屬，一楪平排與菜果平等可也。先輩名儒難於遽革，以只存一楪爲戒。吾則從家有無，有則只設一楪，若有時不備油蜜，則一楪亦不設矣。」

尤庵曰：「禮煎熬之物不用云云，而油果是煎熬而成者，則不用似宜。而第三代之時祭尚臭，油果之香臭比諸饌特異，廢之無乃不可乎？尹八松則遺命勿用，愼齋則嘗言油果貧不易辦，只欲平排云，於此數説擇而從之可也。鄙家甚貧，每欲廢，而廢之缺然，故依先例仍用，而亦用高排，然亦當以澤堂説爲宜耳。」答李選。

遂庵曰：「若不用膏煎之物，則非但蜜果油餅，魚菜用油之物亦當廢，此甚難行。」答李光國。

南溪曰：「非但《儀禮》之文如此，《家禮》饌品圖亦無所謂蜜果油餅者，當準禮勿用爲正。然我國俗尚已久，先賢猶有行之者，雖或平排一二器，不至大悖否？」答李之老。

尤庵曰：「《禮記》曰『士無故不殺犬豕』，注『故謂祭祀賓客』，又《周禮》『夏行腒鱅，膳膏臊』，注『臊，犬膏』，據此，則古人祭祀用犬，不但來書所引而已。然東俗則不用，未知其故。竊謂犬則家家所畜，視豕尤賤，故東俗用豕而不用犬耶？大抵此事從古用之可也，從俗不用亦可也，此在行禮之家裁處之如何耳。」答洪聖休。

遂庵曰：「古禮既用犬，則只當遵用，習俗之難變，非所可論。」答洪益采。

生時所嗜不嗜之物當用與否

寒岡問：「祭酒用清酒，用醴酒，或用平生所嘗嗜，何如？」退溪曰：「用平生所嗜恐未安。屈到嗜芰，遺言要薦，君子有譏。」

問：「用其平日不食之物以祭之，恐非思其所嗜之意。然若子孫世守不替，則亦近於屈到薦芰之譏，何以則果合情禮乎？」黄宗海。沙溪曰：「來示然矣，然并諸位設之，則不敢獨異耳。」

尤庵曰「俗尚及祖先平日之所嗜好，不可全然擺脱，要在酌中而處之」云云。答尹寀。○詳見俗節條中饌品條。

南溪曰：「祭以平生所嗜，人情之所必然，若在三年之内，則固無妨矣。若入廟以後，則并設諸位，恐有所不敢。酒醴祭物之主，况神道異於生人，豈可廢也？」答沈倪。

遂庵曰：「生前不飲酒，則以醴代酒，無妨。」答金光五。

陶庵曰：「天地之間元無不可食之物，凡人生有不食者，則是氣之偏處。其死也，安有不可用之理？孝子之心，雖若有不忍者，而從正不害爲孝。」答李師範。

茅沙

同春問：「《家禮》束茅聚沙，何義？至祭始祖條小注始云截茅八寸，束以紅絲，亦有所據耶？他祭則不束以紅耶？」沙溪曰：「諸家所論可考。」

《集説》或問：「束茅聚沙，於地擁住茅束否？」曰：「然。」曰：「用茅何義？」曰：「《郊特牲》云『縮酌用茅』，注：『醴濁，用茅以泲之也。』」曰：「盤載以酹何也？」曰：「程子謂降神酹酒必澆於地，《家禮》亦同，未聞有盤，至劉氏《補注》祭初祖條，始有茅盤，截茅八寸，束以紅，立于盤内。劉必有考，但其不注於時祭各條，又恐止宜初祖，不敢據也。」曰：「茅或用三束何也？」曰：「按三祭于茅者，三滴酒于茅上，非三束茅也。豈誤其數也，近見他書每位一獻，用酒三盞者，尤非。」又曰：「祔位不設。」〇《周禮》注必用茅者，謂其體順而理直，柔而潔白，承祭祀之德當如此也。〇《會通》注曰：「截茅一搤許，紅帛絞束，立沙中，束之有竅，沃酒滲下，故謂之縮茅。」或云：《士虞禮》苴是用茅之始歟？

尤庵曰：「時祭條降神茅沙在香案前，祭酒茅沙在逐位前，無可疑貳者。忌祭茅沙當並在香案前，其左其右，恐無甚分別。」答柳僖。

問「束茅用紅絲」云。尤庵曰：「紅欲其文，沙取其净，八寸之義未詳。」

玄酒

問：「祭用玄酒何意？」姜碩期。沙溪曰：「《禮經》可考。」

《鄉飲酒儀》：「尊有玄酒，教民不忘本也。」注：「古之世無酒，以水行酒，故後世因謂水謂玄酒。不忘本者，思禮之所由起也。」〇《禮運》注：「每祭必設玄酒，其實不用之以酌。」

尤庵曰：「玄酒恐不須不用，若以爲文具而去之，則如茅沙焚香等，亦可去也。」答韓聖輔。

時祭服色與參條中參禮服色條參看

晦齋曰：「凡言盛服者，有官，則公服帶笏，無公服，則服黑團領紗帽品帶。無官者，黑團領黑帶。婦人，則大衣長裙。」

寒岡問：「晦齋先生《奉先雜儀》注『凡時祭盛服，無官者用黑團領』，鄙意盛服無如黑團領，若紅團領，豈是盛服？古人不以爲褻服。」退溪曰：「恐然。」

栗谷曰：「有官者紗帽團領品帶，無官者團領條帶，婦人上衣下裳，皆極其鮮盛之服。」《擊蒙要訣》。

同春曰「今之所用盛服，只有紅黑兩色」云云。答姜碩期。〇詳見喪禮吉祭條中祭時服色條。

尤庵曰：「時祭所用之服，《家禮》只言盛服而已。若欲酌取古今之宜，則從《要訣》，似好矣。」答李淯。

設盥盆不分内外設東南之義并論○見參條

行祭早晚

同春問：「人家行祭或早或晚，未有定式，何者爲得？」沙溪曰：「先儒説可考。」

陳氏曰：「小牢，大夫之祭，宗人請期，曰旦明行事。子路祭於季氏，質明而始行事，晏朝而退。孔子取之，此周禮也，然禮與其失於晏也，寧早，則雖未明之時，祭之可也。」○張子曰：「五更而祭，非禮也。」○《朱子語類》：「先生凡遇四仲時祭，隔日滌倚卓，嚴辦。次日侵晨，已行事畢。」

尤庵曰：「行祭早晚，太早不可，太晚亦不可，惟當以質明爲正。然孔子曰『與其晏也，寧早』，聖人之微意可知也。」答朴是曾。

南溪曰：「質明即大昕，指日未出時也，朱子亦未免侵晨已行事畢，則此亦古今不同處，勢不得用大昕耳。」答柳貴三。

匙楪居中居西之辨

問：「《家禮》及《備要》設饌圖匙楪當中，《要訣》則居西，何耶？」朱道性。陶庵曰：「不同處從《家禮》。」

祭時男女位內外執事並論○與參條中序立條參看

尤庵曰：「祭時地窄，男女之位太逼，則似當隨地勢推排變通。」答或人。問內執事外執事。閔泰重。尤庵曰：「或似以婢僕看者，或似以子弟看者，恐不可執一而言也。」

詣祠堂奉主就位之節無主婦奉主并論

晦齊曰：「按程氏祭禮，主祭者盥手詣祠堂，奉諸位神主置盤，令子弟各一人奉至祭所，主婦以下不詣。」

問：「《要訣》詣祠堂，時祭則無拜，忌祭則有拜。」朴光一。尤庵曰：「來示得之，文元先生嘗如此下教矣，甚仰高見之精也。」

陶庵曰：「時祭無拜，似以諸主出奉正寢，而後有參拜故也。」答徐永後。

問：「《家禮》告事祝云四代共一板，則自稱以最尊者爲主，而時祭出主祝稱以孝孫，前後不同。」閔泰重。尤庵曰：「或云出主祝脱一玄字，抑古人無問先代遠近，只有稱孫者，此亦仍古而稱之者耶？然前説恐是。」

沙溪曰：「前導云者，主人在神主之前而導之也。禫祭、禰祭、吉祭，亦當如時祭，而《儀節》《正衡》皆無前導之文，不敢爲説。」答同春。

問「壽翁以爲西階是賓階，祖考之神待以賓，恐害於義理，奉主者當與主人由阼階」云云。崔錫鼎。南溪曰：「《家禮》奉主之儀，尋常以爲既置於西階卓子上，惟當從本階奉升，其義不過神道尚右然也。大抵以主人則當由阼階，以神道則當由西階，若如程氏儀，使子弟奉諸位神主至祭所者，此亦可以各專其義矣。今《家禮》且令主人主婦奉主就位，則義不得不并由西階，無推移處。壽翁之説，徒執其一隅也。」

又曰「奉主一節，固爲男女之異任，既無主婦」云云。答尤庵。○詳見喪禮立喪主條中主婦條。

出主見參條

參降諸節 與參條中參降先後條參看

栗谷曰："若時祭行于祠堂，則無奉主就位節次，只就祠堂各位前陳器設饌，先降神而後參神。"《擊蒙要訣》。

尤庵曰："生時無階下拜，祭時之有者，祭禮主於嚴故也。"答或人。

退溪曰："降神之禮，非獨虞祭，其於祔及祥禫皆各再拜。夫虞朔之類禮宜簡節而反備，時祭宜繁縟而反略，皆不可曉。"答鄭惟一。

同春問："《家禮》朔望焚香灌酒各再拜，時祭則只於灌酒後一再拜，其義何也？"沙溪曰："焚香再拜，求神於陽也。灌酒再拜，求神於陰也。時祭一再拜，恐闕誤，故《喪禮備要》依朔參禮，以兩再拜添補，未知得否？"

尤庵曰："時祭降神只焚香，先師每以爲參與時祭輕重迥別，不應時祭之儀反輕於參，明是闕文。晦齋奉先儀亦補入，不但《備要》而已。後人行之，亦不至大害否？"答南溪。

南溪曰："時祭焚香無再拜，故《備要》添入之，然鄙意《家禮》必有其意，而輕添似未安。"答李東耆。

問："朔參則主人受注，斟酒，反注，取盞盤，此則主人受盞盤，執注者斟注于盞。"鄭尚樸。

南溪曰："時祭三獻皆獻者東面立，執事斟酒，乃聽命於神之義，降神此禮亦其意也，與朔參自不同。"

飯羹左右之義

問："祭圖陳饌尚左，而扱匙則西柄，似有尚右用右手之義，何也？"金就礪。退溪曰："祭饌尚左之説，恐未然。蓋食以飯爲主，故飯之所在即爲所尚。如平時陳食左飯右羹，是爲尚左。而祭則右飯左羹，是乃尚右。所謂神道尚右者然也。而今云尚左，非也。扱匙西柄，果如所疑，人之尚左，食用右手，則神之尚右，似當用左手矣。然嘗思得之，所謂尚左尚右，但以是方爲上耳。非謂尚左方則手必用右，尚右方則手必用左也。故雖陳饌以右爲上，而手之用匙依舊只用右手，何害焉？"

沙溪曰："《曲禮》言凡進食之禮，《特牲》言饋食之禮，然食黍稷皆居東，而《家禮》則不然，羹居東，飯居西，未知何義？恐是出於當時俗禮，而《書儀》從之，而《家禮》亦未之改故歟？"《家禮輯覽》。

問："或以爲三年内象生時，飯左羹右爲是。謬意則卒哭始用吉禮事以神道，此不得獨象生時。」黄宗海。沙溪曰：「陳饌飯右羹左，未知其意，至於插匙西柄以右爲尚則左陳之意，尤不可知也。愚意三年内上食則象生時，左飯右羹爲是。亡友趙重峰汝式嘗曰『禮，食居人之左，羹居其右，酒漿處其間』，生死異設，何所據耶？烹飪具饌，代神祭酒，扱匙西柄，皆用養生之道，而陳饌引致死之義，亦未詳其所指也。」

《曲禮》：「凡進食之禮，左殽右胾，食居人之左，羹居人之右，膾炙處外，醯醬處内，葱渫處末，酒漿處右，以脯脩置者，左朐右末。」注：「肉帶骨曰殽，純肉切曰胾，骨剛故左，肉柔故右。飯左羹右，分燥濕也。膾炙異饌，故在殽胾之外。醯醬食之主，故在殽胾之内。葱渫，烝葱，亦菹類，加豆也，故處末。酒漿，或酒或漿也，處羹之右，若兼設則左酒右漿。」疏曰：「脯訓始，始作即成也。脩亦脯，脩訓治，治之乃成。薄析曰脯，捶而施薑桂曰腶脩。朐，謂中屈也。朐置左也。脯脩處酒左，以燥爲陽也。」吕氏曰：「其末在右，便於食也，食脯脩者先末。」方氏曰：「食以六穀爲主，穀地産也，所以作陽德，故居左。羹以六牲爲主，牲天産也，所以作陰德，故居右。」○《特牲饋食禮》：「主人升，入復位。俎入，設于豆東。主婦設兩敦黍稷于俎南，西上，及鉶芼于豆南，南陳。」觀此數説，凡祭設饌羹宜居西，飯宜居東，《家禮》則不然，羹居東，飯居西，未知何義？恐是出於當時俗禮，《書儀》從之，而《家禮》亦未之改故歟？然當依《家禮》左設，不可有異議。

問：「《家禮》陳饌飯右羹左，未曉其意義。重峰以生死異設爲無所據，沙溪亦以爲然，而又謂當依《家禮》左設，不可有異議者，何耶？」退溪曰：「時祭右陳，神道尚右故也。今人以飯右羹左爲左設，飯左羹右爲右設，沙溪所謂左設亦如此，而退溪謂之右陳者，豈以飯右爲主而然耶？若如退溪説，則飯右羹左果合於尚右之義耶？」金壽恒。尤庵曰：「重峰説主於《禮記》，沙溪説主於《家禮》。《家禮》乃損益古今而爲之定制者，故沙溪以爲不可有異議耳。且左右設云云，今人以尚生時者爲右，以變於生時者爲左，退溪則主飯而言，故以飯居右爲右陳爾。」

酌獻之節見喪禮虞條

祭酒之義

同春問：「祭酒，代神也。《論語》君祭先飯之祭，亦祭酒之義耶？其注曰『若爲君嘗食然，不敢當客禮也』，祭之之義，似無關於主客之禮，而朱子云然，何歟？」沙溪曰：「古者座中上客祭酒，餘人不爲之祭，國子祭酒之名由於此，但《家禮》四時祭，正位皆祭酒，與古禮不同，未詳其義。」

尤庵曰：「降神時傾酒于茅沙者，求諸陰之義也。三獻時少傾于茅沙者，代神祭之義也。」答朴是曾。

又曰：「三獻皆祭，《儀禮》《家禮》皆然，故《備要》仍之。《要訣》則其意以爲初獻既祭，則亞終獻不必更祭，故其文如此。然當以《儀禮》《家禮》爲正。」答或人。

啓飯蓋

同春問：「祭飯啓蓋，宜在何時？」沙溪曰：「祭時扱匙飯中，雖在侑食之時，啓蓋則應在初獻之後，未讀祝之前，以《特牲饋食禮》觀之可知。」

《特牲饋食禮》曰：「祝洗爵奠于鉶南，遂命佐食啓會，佐食啓會郤仰也于敦南。」

告祝之節

祝文

退溪曰：「時祭祝文，若用丘氏禮，併一祝文，則當不用昊天罔極之語。」答李成亨。

愼獨齋曰：「《家禮》逐位讀祝之制，自是禮專而曲折分明，何必從《儀節》之苟簡乎？考妣用昊天罔極，亦有意焉。《儀節》不必遵用。」答崔愼。

尤庵曰：「《家禮》於高祖以下，則主人不稱姓，於先祖以上，始稱之。此則似以遠近爲别也。丘《儀》於高祖稱姓，有不敢知者耳。」答尹宲。

退溪曰：「牲不特殺則不可用潔牲等語，士大夫廟祭，不聞以一元大武爲祝辭，假使一時因事殺牛，非平日每祭輒殺牛，則一用此辭而後不用，尤恐不可也。」答金宇顒。

讀祝

問：「凡祭無執事，則祝文自讀之耶？」姜碩期。沙溪曰：「不妨。」

同春問：「或云『無執事，則受胙當闕，而祝文則主人當自告』，退溪先生謂張兼善無祝人，則設祝文而不讀，在苟簡不備禮中，自盡其心之事云云。兩説如何？」沙溪曰：「無祝人，則主人自讀，猶愈於不讀。」

退溪曰：「湖南或有陳而不讀云，然古亦無此説矣。」

寒岡問：「讀祝當高聲讀抑低聲讀？」退溪曰：「太高既不可，太低亦不可，要使在位者得聞其聲可也。」

獻祔位之節

問：「祭高祖畢，即獻祔位，則祔高祖者，乃曾祖之子也。子先於父可乎？」栗谷曰：「祝辭以祔食言，則非所謂先父而食也。況使人行之，則是大有間矣。」

同春問：「《家禮》纔祭高祖畢，使人酌獻祔于高祖者云，祔于高祖者，即曾祖之子。先父食未安。」沙溪曰：「此當活看，豈可先也。」

又曰：「《儀節》則先獻正位畢而次祔位，朱子亦曰『祔食之禮，古人祭於東西廂』，某只設於堂之兩邊，正位三獻畢，使人分獻一酌，如學中從祀然。」《家禮輯覽》。

尤庵曰：「或最長房奉祀高祖，則其高祖之玄孫，亦當祔食矣。」答芝村。

問「繼禰宗者，妻若弟與孫，則無可祔之班。時祭祝文」云云。洪益采。遂庵曰：「雖配享於考妣，而昭穆各異，則決不可同爲祔食，別爲文以告，似合於禮。」

亞獻終獻

退溪曰：「亞終獻不使諸父應有其意，不可考。以情理言之，廟中以有事爲榮，況諸父之於祖考，非衆子弟之比，終祭無一事，豈非欠缺耶？」答鄭崐壽。

問：「四時祭亞獻注朱子曰『主人初獻，未有主婦，則弟爲亞獻，弟婦爲終獻』云。若主人兄弟有三人已上，可以三獻，而必以弟婦爲終獻否？」崔碩儒。愼獨齋曰：「婦人與祭則嫂尊，故爲終獻。」

問「同春喪虞祭李執義翔爲終獻，此非親戚」云云。宋奎濂。尤庵曰：「親賓謂所親之賓客也。古者必筮賓，而祭者或以賢或以爵，皆所以重其事也。非裔屬非尊行，似不當論。」

南溪曰：「祭禮用親賓，蓋古禮也，《家禮》仍之。墓祭則行禮於塋域之外，與主人有兄弟之義者，恐無不可。至於時祭乃堂室之事，雖與主人有厚分，其與婦人，並爲行禮於至近之地，恐是古今異宜處。若非姑姊妹夫一家之親，則似難泛行。」答申漢立。

又曰：「《家禮》不許諸父亞終獻，蓋爲叔父於主人爲尊行也。然如尊家只有叔姪兩人行祀，何可拘於常禮，而不爲之變通乎？鄙意迭行諸獻，無不可者。諸節中如讀祝噫歆，則主人行之，執注反注，則叔姪并行，恐皆不得已。至於受胙，則不行無妨。惟婦人不可交參於男子之禮耳。」此言男婦一時交參之非，非謂主婦亞獻等常禮也。○答金載重。

尤庵曰「三獻皆祭」云云。詳見祭酒之義條。

問：「今人或爲添酒，終獻故未滿斟。」閔采萬。南溪曰：「亦當從《家禮》三祭酒，若行祭酒之禮，則終獻故未滿斟之非可革矣。」

三獻皆進炙

同春問：「時祭三獻各進炙，忌祭墓祭亦如是否？」沙溪曰：「忌祭三獻亦當進炙，墓祭雖殺於時祭，《家禮》本注如家祭之儀云，則三進炙似當。」

陶庵曰：「亞獻時當奉出初獻炙盤，而別以他盤進炙矣。魚肉不可同盛。鄙家初獻則肉，亞獻則魚，終獻則雉或雞，如此則無混雜之弊。」答李基敬。

扱匙正筯之節

寒岡問：「主婦不參祭，則扱匙主人爲之否？」退溪曰：「當然。」

松江問：「扱匙飯中西柄之義，須是令匙背向西，如生人舉匙拈飯之爲，乃合，而或云令匙内向北，如生人所扱，而微偃匙柄於西可也。恐是非西柄之義。」龜峰曰：「前説飯在匙上將食之狀，後説以匙取飯之狀，後説似是。」

南溪曰：「龜峰扱匙微偃之説，只是取以匙取食之意而已，今詳南北曰縱，東西曰横，凡祭饌皆横設，正筯亦然，若獨於匙縱插，則恐未安。」答金克成。

問扱匙西柄。金光五。遂庵曰：「古禮無匙筯，今人扱匙正筯，乃虞祭象生時，仍以不變。」

退溪曰：「古人羹有菜者，用筯以食，祭時上筯于羹不妨。」答金就礪。

沙溪曰：「正筯之所，退溪曰正之於羹器，恐未然。若是正之於羹器，則何獨於匙特言插之所而筯則無説乎？恐正之於匙楪中也。」《家禮輯覽》。

南溪曰：「所謂正筯者，似指其正置於楪上，首西尾東也。」答閔采萬。

闔門 啓門并論

寒岡問：「闔門之後或有不出，而俯伏於前者，何也？」退溪曰：「《家禮》所闔之門，即中門也。出者，出此門也。但今人家廟中門與古所謂中門似異，若以今楣下出入户爲中門，則所謂俯伏於前，即是出也。」

同春問：「時祭闔門所謂厭也，願聞厭之義。」沙溪曰：「《曾子問》詳之。」

《曾子問》注：「厭是饜飫之義，謂神之歆享也。厭有陰有陽。陰厭者，迎尸之前，祝酌奠訖，爲主人釋辭於神，勉其歆饗，此時在室奥陰静之處，故云陰厭。陽厭者，尸謖之後，佐食徹尸之薦俎，設於西北隅得户明白之處，故曰陽厭。制禮之意，不知神之所在於彼乎？於此乎？其庶幾其享之而厭飫也。」

又問：「《家禮》闔門條所謂一食九飯何義？退溪曰一飯而九舉匙，然否？愚伏謂嘗見中原人飲食以小器盛飯，既食又進之，又食又進之，據此則一食即統言九飯，即小數之節云云。此説如何？」沙溪曰：「《儀禮》《禮記》注疏可考，愚伏説近之。」

《小牢饋食禮》注：「食大名，小數曰飯。」疏：「天子十五飯。諸侯十三飯。九飯，士禮也。三飯，又三飯，又三飯。」○《特牲饋食禮》注：「三飯，禮一成也，又三飯，又三飯，禮三成也。」○《曲禮》「三飯」疏：「三飯謂三飯而告飽，勸乃更食，故三飯竟，主人乃導客食胾也。」

南溪曰：「一食九飯，非匙數也。以小器除出本飯，而食之至九次也。」答柳貴三。

問：「啓門，自虞至祥禫，皆祝進當門北向噫歆，告啓門三，乃啓門。時祭，則祝聲三噫歆，乃啓門。所謂告啓門三者，稱啓門者三耶？豈與聲三噫歆者互文，而同看耶？」崔徵厚。遂庵曰：「噫歆乃是告啓門也，不可分作二事看。」

徹羹進茶伏立之節

退溪曰：「今人進湯水，是古進茶之意。」答寒岡。

尤庵曰：「今人徹羹，然後進熟水，豈以不徹則無地可安耶？澆飯於熟水，似是象生時也。然中朝之人，則常時飯畢飲茶少許云，則澆飯亦東俗耶？」答尹寀。

同春曰：「和飯置匙等事，禮所不言，吾家則不爲也。雖爲之，恐無大妨。」答蔡之沔。

問：「點茶時禮無取飯放水之規，而人家皆行之。」李泰壽。南溪曰：「此亦從俗而然。曾聞鄭守夢家不行，蓋以禮爲準故也。鄙家亦不用。」

陶庵曰：「中州人重茶，每食必設，若古之食竟，飲酒蕩口安食之義也。祭祀亦用之。我國則常時不用茶，故祭時以水代茶，而至於調飯，即是俗例。故好禮之家，徹羹進水而已。」答全汝性。

問「今人祭時進湯水後，飯中所扱之匙，移置于湯水器」云云。蔡徵休。遂庵曰：「禮所不言，創開未安。」

問：「凡祭進茶後旋即辭神，似爲太遽。」姜碩期。沙溪曰：「立而少遲可也，伏則無據。」

退溪曰：「祭時當立，據禮文無疑，但國俗生時子弟無侍立之禮。祭時不能盡如古禮，如墓祭忌祭，皆循俗爲之。惟於時祭，則三獻以前皆立，侑食後乃坐，此家間所行之禮也。」

受胙

尤庵曰：「受胙是時祭大節目，何可不行耶？横渠説有可觀者，其意蓋曰當初行禮時，俗人駭之，心亦不安矣，行之既久，則人不以爲駭，心亦自安云。非但行禮爲然，凡干異俗事，莫不皆然也。」答韓聖輔。

沙溪曰："祈福，主人不曰祝而曰嘏者，何也？按《禮運》注假與嘏通，嘏尊祝卑，以尊統卑，故但言假。"《家禮輯覽》。

尤庵曰："工祝，朱子曰善其事曰工。商祝，謂祝之習於商禮者。"答韓如琦。

問"晦齋《奉先雜儀》時祭下删其嘗飯掛指之節"云云。全汝性。陶庵曰："嘗飯一節，禮意甚好，不可去。"

寒岡問："無執事，而主人獨行，則受胙嘏辭及告利成等，何以爲之？"退溪曰："無執事，已闕於禮，安能備此禮耶？"

告利成之義

沙溪曰："利成之義，《禮經》詳之，後世既不用尸，則恐不須行。然《家禮》既有之，行之恐當。"答同春。

《曾子問》注云："利猶養也，謂供養之禮已成也。《饋食禮》疏祝告尸以利成，不言禮畢，若言禮畢，有發遣尸之嫌，故直言利成而已。蓋古者祭有尸，事尸禮畢，則告利成。雖告主人，而其實欲令尸聞而起也，是以其下文即曰尸謖。"

告利成

問「受胙後主人再拜，而告利成，在位皆再拜，主人不拜」云云。崔慎。慎獨齋曰：「受胙、告利成皆一時之事，主人已再拜，而未復位，告利成者，祝與在位者之事，故主人則不拜，似無他意。」

問：「告利成再拜爲尸耶？爲主人耶？」閔泰重。尤庵曰：「利，養；成，終也，謂祭畢也。嫌於請尸起去，故但告祭畢，則尸自起去矣。告利成後，衆主人再拜爲尸也。」

下匙筯合飯蓋

南溪曰：「下匙筯當在辭神前合飯蓋時。」答鄭尚樸。

慎獨齋曰：「既已啓飯，則自當合之，此等曲折，禮書雖不徧舉，而可以推行之耳。」答鄭基磅。

祖先生日行時祭

尤庵曰「祖先中一位生辰若在仲月，則行祀於此日」云云。答韓聖輔。○詳見生辰祭條中子孫生日薦享當否條。

減墓祭行時祭之説

朽淺曰：「謹按四仲月時祭，古之正禮，禮之重者也。四名日墓祭，後之俗禮，禮之輕者也。一年之内行此八大祭，非但人家事力所不及，實有逕庭於《禮經》所謂祭不欲數，數則煩，煩則不敬之語。今以春冬二仲月如禮祭之，又依孟詵用分至之例，及程子用寒食端午重陽冬至之儀，以端午秋夕祭於祠堂，以當夏秋二仲之時祭。夫如是則四時之祭，實皆行之，而端秋二名日，亦可兼舉矣。蓋夏秋二仲月各行兩大祭，則既有所謂煩數不敬之礙，且不於墓而於祠堂，合禮意故也。」

尤庵曰：「以端秋二祭，移行於祠堂，以當夏秋時祭云者，似若以祖先爲徵債於負債之人者，殊甚未安矣。與其如此，不若依《家禮》只行三月一祭於墓，而其餘三節，則皆廢之，四時時祀及節日小祭祀無所廢闕，既盡合於禮，又不牽於俗矣。如此則大小大整齊也。」答韓聖輔。

陶庵曰：「云云，世之只行墓祭，不行時祭者，須移祭墓者行之於廟，而於墓則一祭之爲宜。」《四禮便覽》。○詳見墓祭條中墓祭增減同異條。

貧家行時祭之説

尤庵曰：「曾聞趙重峰遞報恩宰移入沃川山中，欲設時祭，其大夫人責之曰貧窶如此，何以具辦，重峰對曰但賜聽諾，則子當隨力所及矣。及至祭日，見其所設各位只飯羹，及粟末爲餅，瓜蔬各一器而已，極其精潔云。竊恐貧家奉先，當以此爲法也。」答金壽增。

南溪曰：「慎獨齋當昏朝時家甚窘，祭祀無以成樣，每行時祭，祭饌至有一位用乾石魚一尾者，在誠不在物，亦可爲後人法。」

陶庵曰：「時祭乃正祭，祭莫重於時祭，而近世行之者甚尠，誠可寒心。其不識禮意則已矣，亦有欲行之而患其貧者。《易》曰東鄰殺牛，不如西鄰之禴祭，苟能盡其愛敬之心，則雖以一簞食一豆羹，因俗節而薦之，恐亦不妨。」《四禮便覽》。

時祭替行當否攝行諸節見祭變禮祭祀攝行條中主人不與祭使人攝行條

同春問：「時祭及禰祭，或在遠地，使子弟代行，猶不失使人攝之義否？」愚伏曰：「攝行似不妨。」

遂庵曰：「今户判爲關東伯時，其家廟行時祭，或以芝湖公代行，或以君晦代行，當時稟于老先生，其婦人在家，而先生之意如此，可爲今日可援之證。《周禮》天王有故，則大宗伯攝行，未聞以后代行也。然則古禮之意，亦可推知也。」答權熲。

陶庵曰：「時祭替行，君家已成家法，今無可疑。而吾則必欲見可據之文，而後行之。」答閔遇洙。

三年内几筵時祭行否見喪禮葬後諸節條

國恤中時祭見喪禮國恤條中私家大小常祀條

附 土神祭

栗谷曰：「謹按朱子居家有土神之祭，四時及歲末皆祭土神。今雖不能備舉四時之祭例，於春冬時祀別具一分之饌，不設匙筯。家廟禮畢，乃祭土神，似爲得宜。降神參神進饌初獻，皆如家廟之儀。其祝辭曰『維年歲某月某朔某日，某甲某官某敢昭告于土地之神，維此仲春，歲功云始，若時昭事，敢有不欽。酒肴雖薄，庶將誠意，惟神監顧，永奠厥居。尚饗』。冬祭則改曰維此仲冬，歲功告畢，若時報事云云，餘並同。亞獻，終獻，無侑食進茶之儀。辭神，乃徹。」祭土神之所，宜於家北園内净處除地築壇。○《擊蒙要訣》。

沙溪曰：「《朱子大全》有家中四時土地之祭，《儀節》及《擊蒙要訣》亦皆有之，好禮家采而用之可也。」《喪禮備要》。

同春問：「《擊蒙要訣》云云，見上。依此行之，如何？但不設匙筯，亦無侑食進茶之儀，則應不設飯羹矣。此是何義耶？然則墓祭土神，亦不設飯羹耶？國家山川廟社之祭，不設飯羹匙筯，祭神固異於祭先，栗谷不設匙筯於土神，無乃有意耶？」沙溪曰：「家中土神祭，世無行之者，若行之則當依墓祭土神，具飯羹匙筯也。《家禮》墓祭土神，有設盞盤匙筯于其北，餘并同上之文，則其有飯羹明矣，丘《儀》亦有匙筯，家中若祭土神，則宜無異同，《要訣》無乃從簡而云耶？」

尤庵曰：「土神之祭，雖不見於《家禮》，而《大全》有之。《要訣》所謂只行於春冬者，視《大全》已減其半矣。今又減其半，無乃太簡乎？且吾東禮儀全是蔑裂，若以駭俗爲嫌，則恐無備禮之日矣。」答韓聖輔。

問：「土神祭云云，依凡祭質明行之耶？」金光五。遂庵曰：「近世清陰宅行之，祭禮依來示似當。」

初祖先祖祭

問「始祖先祖之祭，朱先生謂覺得僭，不行，然著之於《小學》」云云。尹宲。尤庵曰：「不祭始祖先祖，似是先生晚年事。」

南溪曰：「《家禮》大義以宗法爲主，然終不復始祖之祭，是猶廢大宗而崇小宗也。若以程子所謂立宗非朝廷所禁之意推之，斯亦可見其復之無害於大義矣。」

沙溪曰：「初祖之祭只一位，故只設一位而并祭考妣。先祖之祭不止一位故分設考妣兩位以兼享之。」答姜碩期。

《語類》問：「冬至祭始祖，是何祖？」朱子曰：「或謂受姓之祖，如蔡氏則蔡叔之類，或謂厥初生民之祖，如盤古之類。」曰：「立春祭先祖，則何祖？」曰：「自始祖下之第二世，及己身以上第六世之祖。」曰：「何以只設二位？」曰：「此只是以意享之而已。」○問：「祭先祖，用一分如何？」曰：「只是一氣，若影堂中各有牌子，則不可。」

問：「初祖之祭，去牲之後足近竅一節，而先祖之祭，則進後足上一節，前後不用，何也？」閔泰重。尤庵曰：「後足三節，去近竅一節，而尚有上下二節，故云。」

問：「去近竅一節。」朴光一。尤庵曰：「竅是矢竅，不潔，故去之。」又曰：「肉湆謂煮肉汁也。不和者，即謂大羹。和之以菜者，即謂鉶羹。大羹，太古之羹也。鉶，實羹之器，以器名羹。」答俞命賚。

禰祭

總論

龜峰曰：「祭禰，祭之大也，而《要訣》闕不見録，似當添入。」答栗谷。○下同。又曰：「祭禰，程子朱子已定之禮，而《小學》《家禮》既詳其儀，猶曰恐豐于昵也，深爲兄致疑焉。」

沙溪曰：「栗谷曰祭禰恐豐于昵，然以先儒説參考，祭亦不妨。今好禮之家多行之者。」答同春。

《禮輯》曰：「父廟曰禰，禰者近也。」○程子曰：「季秋成物之始，亦象其類而祭之。」○朱子曰：「某家舊時常祭立春冬至季秋三祭，後以立春冬至二祭近禘祫之祭，覺得不安，遂去之。季秋依舊祭禰，而用某生日祭之。適值某生日在季秋，遂用此日。」○問：「禰祭如何？」曰：「此却不妨。」

寒岡問：「禰祭欲例用重陽。」退溪曰：「《家禮》卜日注温公及朱子説已明，不必更求異。」

愚伏曰：「先大夫生日適在季秋，則雖三年之後，以其日行禰祭，甚得情禮，與所謂非禮之禮者自不同矣。來示得之。」答同春。

尤庵曰：「禰祭不嫌於僭，而又朱子所行者，行之不亦善乎？嘗聞李參判端夏説，其考澤堂公每言人家當廢而不廢者，四節日墓祭也；《家禮》只一祭，而俗四祭之，故云。當行而不行者，禰祭也。今如貴家以右族行之，則世自有相效而行之者矣。」答俞命賚。

問「或曰只奉禰廟而别行禰祭未安。又曰八月正祭或有故，而遷于九月，則并舉時祭與禰祭，有煩而不敬之疑」云云。閔昌洙。陶庵曰：「禰祭之必於季秋者，實以成物爲主，若不行正祭而獨行禰祭，則誠有豐昵之嫌矣。或人之説，則未可知也。惟鄙家去月有拘，今月又少無故日，才過時祭，明日又將行禰祭，煩數之懼則有之。」

聞：「禰祭攝主則不可行否？」任屹。寒岡曰：「弊家亦方奉攝，當初祭禰，自宗孫改題之後，不敢爲之。」

卜日齋戒設位饌品以下行祀諸節 并見時祭條

禰祭過時不行

同春問：「時祭及禰祭或有故，不得行之於仲月及季秋，則可以退行於次月否？」愚伏曰：「《禮》曰過時不祭。據此，則月後退行，似爲非禮，而詳陳注，則又似謂春祭過春則不祭，夏祭過夏則不祭，然則於季月亦可行之也。然禰祭則恐難退行於十月，季秋成物之文，何取於十月耶？」

又問：「愚伏曰云云，見上。此說如何？」沙溪曰：「退溪嘗言過仲月不祭，與禮意不合，常以爲疑。鄭說正合鄙見，禰祭行於十月，則真所謂過時也。」

禰祭替行當否

同春問云云。愚伏曰云云。詳見時祭條中時祭替行當否條。

喪中禰祭見喪禮喪中行祭條中總論條南溪答金克成說

三年内几筵禰祭見喪禮生辰條

禮疑類輯卷之二十二

祭禮

忌祭

總論

同春問忌祭之義。沙溪曰："忌者含恤而不及他事之謂，非祭名也。宋儒始以義起，《禮經》及先儒說可考。"

《檀弓》曰："忌日不樂。"○《祭義》曰："君子有終身之喪，忌日之謂也。忌日不用，非不祥也。言夫日志有所至，而不敢盡其私也。"○又曰："忌日必哀。"○張子曰："古人於忌日不爲薦奠之禮，特致哀示變而已。"○又曰："凡忌日必告廟，爲設諸位，不可獨享，故迎出廟，設於他次，既出則當告諸位，雖尊者之忌亦迎出，此雖無古，可以意推。"○朱子曰："古無忌祭，近日諸先生方考及此。"○又曰："忌日，唐時士大夫依舊孝服受吊。五代時某人忌日受吊，某人吊之，遂於坐間刺殺之。後來只是受人慰書，而不接見，以謝書授之。」〇問：「人在旅中，遇有私忌，於所舍設卓炷香，可否？」曰：「這般微細處，古人也不曾說，若是無大礙於義理，行之亦無害。」〇每論士大夫家忌日用浮屠誦經追薦，鄙俚可怪，既無此理，是使其先不血食也！先生家凡值遠諱，早起出主於中堂，行三獻之禮，一家固自蔬食，其祭祀食物，則以待賓客。〇先生爲無後叔祖忌祭，未祭之前不見客。以上《語類》。〇《顔氏家訓》云：「忌日不樂，正以感慕罔極，惻愴無聊，故不接外賓，不理衆務爾。必能悲慘自居，何限於深藏也？世人或端坐奥室，不妨言笑，盛營甘美，厚供齋食，迫有急卒，密戚至交，盡無相見之理。蓋不知禮意乎！」〇《通典》王方慶曰：「按《禮經》，但有忌日而無忌月，若有忌月即有忌時忌歲，益無理據。」

又問：「忌日謂之諱日，何義？」沙溪曰：「忌是禁字之義，謂含恤而不及他事也。諱是避字之義，其義相近。又古語云如有不可諱，注謂死也，死者，人之所不能避，故云不可諱。諱日之諱，無乃出於此耶？諱日之諱、卒哭而諱之諱出處雖不同，其避義似同。卒哭而諱，謂以謚稱之而不名，以神道待之也，亦非謂卒哭之前則直稱其名也，但無用謚諱名之謂也。」

閏月小月晦日死者忌日

問：「祖考之終在閏月者，復遇亡歲之閏月，則行祭於閏乎？」趙振。退溪曰：「閏非正月，人之行祭常以正月，而獨於是歲依亡歲之月而祭，似未穩。祭則依常月行之，於閏月亡日則齊素而不祭，似當也。」《言行録》。

同春問「人或死於閏正月，則忌祭當用本正月否？若值閏正月，則當用何月」云云。沙溪曰：「《通典》諸説可考也。或謂閏月死者後值閏月，當用本月爲忌，而閏月死日亦當行素云云。大月三十日死者，後值小月，固當以二十九日爲忌，值大月，則自當以三十日爲忌。小月晦日死者，後值大月，當仍以二十九日爲忌，不可延待三十日也。」

《通典》范甯曰：「閏月，以餘分之日閏益月耳，非正月也。吉凶大事皆不可用，故天子不以告朔，而喪者不數。」○《開元禮》：「閏月亡者，祥及忌日皆以閏所附之月爲正。」○庾蔚之曰：「今年末三十日亡，明年末月小，若以去年二十九日親尚存，則應用後年正朝爲忌，此必不然。若其不然，則閏亡者亦可知也。」

兩日間死者忌日 與喪禮初終條中夜半死者從來日條參看

南溪曰：「復而後行死事，然則初喪諸節，固不得不以此爲主。若夫死者之正日，二祥忌祭所係甚大，豈可隨此而每退一日，以昧處變之道耶？雖未見先儒所論，恐非深疑。且記往歲仁敬王后之喪，出於兩日間，所值疑文正類於此，而厥後朝廷以喪出日爲國忌，是今日公朝之禮也，尤當準行。」答李世勉。

行忌祭之所

尤庵曰：「忌日遷主曾禀於慎老，答謂正寢廳事是平日所居，故必遷之於此云，疑禮意或出於此也。」答朴世輝。

慎獨齋曰：「忌祭出就正寢者，爲有他位故也。只奉一位者，則仍祭其所。而告辭曰請出就前堂，可也。」答崔慎。

考妣并祭單設

晦齋曰：「按文公《家禮》忌日止設一位，程氏家禮忌日配祭考妣，二家之禮不同。蓋止設一位，禮之正也。配祭考妣，禮之本於人情者也。若以事死如事生，鋪筵設同几之意推之，禮之本於情者，亦有所不能已也。」

退溪曰：「忌日并祭考妣甚非禮也。考祭祭妣猶之可也，妣祭祭考豈有不敢援尊之義乎？吾門亦嘗如此，而非宗子，故不敢擅改，只令吾身後勿用俗耳。」《言行録》。

栗谷曰：「忌祭則設所祭一位，具饌但具一分。」若并祭考妣則具二分。○《擊蒙要訣》。

牛溪曰：「程子俱祭考妣，鄙人則用程禮。」答朴汝龍。

寒岡曰：「祭妣而以考合祭，固不可，祭考而亦不當合祭妣。禮既當然，則奉出一位祭之，何至未安？」

同春問：「《雜記》云『有事於尊者可以及卑，有事於卑者不敢援尊』，據此，府君忌日配祭夫人，夫人忌日不敢配祭府君，似當。」沙溪曰：「忌日并祭考妣，雖非朱子意，我朝先賢嘗行之，栗谷亦曰祭兩位於心爲安云，援尊之嫌恐不必避也。」

晦齋曰云云。見上。○退溪曰：「忌日合祭，古無此禮，但吾家自前合祭之，今不敢輕議。」愚按忌日只祭所祭之位，而不敢配祭者，哀在於所爲祭者故也。配祭考妣，似非禮之正也。然今之士大夫配祭者多從俗，恐不至甚害。如何？

又曰：「按《士虞禮》『是月也吉祭，猶未配』注『猶未以某妣配某氏，哀未忘也』，而《祭義》『君子有終身之喪，忌日之謂也』。以此觀之，忌日止祭所祭之位，而不配祭者，非薄於所配祭，以哀在於所爲祭者故也。○又按《居家必用》眉山蘇氏曰，或問伊川先生曰忌日祀兩位否？先生曰只一位。愚謂家庭之祭，與國家祀典不同。家庭晨夕朔望，於父母之敬，未嘗舉一而廢一也。魯人之祔也合之，孔子以爲善，忌祭何獨不然。故忌祭仍當兼設考妣位，若考忌日，則祝辭末句增曰謹奉妣某氏夫人配，妣忌日則曰謹奉以配考某公，後之君子更宜審擇。據此，則程子以祭一位爲是，晦齋所引，未知出於何書？」《家禮輯覽》。

朽淺曰：「凡忌祭當忌之位。」

旅軒曰：「忌祭，人多并祭考妣，甚非禮也。」答權赫。

愚伏曰：「不敢援尊固有所本，於理亦精，然并祭亦何不可？」答同春。

慎獨齋曰：「并祭爲當。」答崔慎。

尤庵曰：「考妣合櫝，及忌日只祭一位，皆是《家禮》之文矣。然則不得不於合櫝中只奉出一位矣。父之所娶，雖至於四，何害於合櫝配食？子思曰『爲伋也妻者，是爲白也母』，既爲之母，則難於取捨也。此理甚明。」答朴光後。

又曰：「如以并祭爲是，則雖合櫝，何妨於并出乎？若祭一位，則雖合櫝，何嫌於以空櫝奉出一位耶？大抵合櫝自是《家禮》明文，似不敢違矣。」答李喬岳。

又曰：「忌日并祭考妣者，當依時祭儀，凡于祭物一切，各卓各設矣。」答或人。

又曰：「吾家亦設考妣兩位，雖知其不當，而行之已久，不能改也。」答崔慎。

陶庵曰：「只設一位，禮之正也。蓋忌日乃喪之餘，值其親死之日，當思是日不諱之親，而祭於其位，不宜援及他位。只祭所祭之位，而不爲配祭，非薄於所配祭，以哀在於所爲祭者故耳。然則當以只祭一位爲正，考妣并祭，雖有先儒之説，恐不可從。」《四禮便覽》。

又曰：「忌辰之合祭，本於人情，雖未忍遽廢，而若論禮之正，則只設一位是也。某人家數世所行，既得其正，今以奉來祧位之曾前合祭，難於異同，有此疑問，是雖嫌於援尊，然廢其正而從其失，其可乎？以祧位論之，前後祭儀之不同，固似未安，而合設與單設，惟奉祀者所處如何爾，恐不必爲嫌也。」答權震應。

齋戒服色食素之節 齋戒又詳見時祭條

退溪曰：「朱子《繫辭本義》曰『湛然純一之謂齋，肅然警惕之謂戒』。忌祭及節祭，則禮之小而近人情者，故只齋一日。時祭則禮之重大，所以致盡於事神之道者，故七日戒三日齋也。清齋二日，并祭日，爲三日也。然今人親父母忌日，則迫於情意，亦或齋二日。」答趙振。

又曰：「家間每遇親忌，自有不忍之意，故從前二日齋戒，今若并七日，則爲十日齋戒。雖甚厚，自一介篤行之士言之，誠是至孝，然以是爲天下萬世通行之法，則恐或過中矣。」答金誠一。

問：「《家禮》忌墓祭前一日齋戒，《要訣》忌祭則散齋三日，致齋一日，兩説不同，何所適從？」李萬春。南溪曰：「與尤丈子仁相議，欲專從《家禮》，蓋日數多，則難得潔凈誠一故也。」

尤庵曰：「《家禮》忌祭致齋條云如祭禰之儀，祭禰齋戒條云如時祭之儀，時祭齋戒條云沐浴更衣，然則似當變於常服，而不言何衣，不敢質言。」答金鎮玉。

又曰：「古人以黑色爲齊服，未知於忌祭致齋時，亦用此否耶？鄙意用素恐無妨。」答閔泰重。

寒岡問：「忌祭行素止行一日否？世俗亦於齋戒日不敢食飲，此是過於厚處，從俗何如？」退溪曰：「禮宜從厚，此類之謂也。」

又曰：「《吉注書》忌日疏食水飲甚善，後人法之亦固至，意若其人有父兄在，則如當餕時，父兄依他食稻，已獨別設疏食，豈不難乎？若此處當如何？」答金誠一。

沙溪曰：「或問：『《禮》「君子有終身之喪，忌日之謂也」。爲子孫者，固皆不飲酒食肉矣。一家之人，亦皆素食乎？』愚答曰：『《語類》「先生家凡值遠諱，一家固自疏食，其祭祀食物，則以待賓客」。』」《家禮輯覽》。

尤庵曰：「《家禮》齋戒儀，飲酒不至變貌，食肉不至變味，至於正忌日，始言不飲酒食肉。據此，似無前期不飲不食之義矣。然世俗必前期不飲不食，如此無害於義者，從之恐無妨也。」答韓聖輔。

又曰：「鄭寒岡則只於當日不食肉而已。」答崔慎。

問：「不飲酒不食肉寢於外，不在於致齋之日，而曰是日者，可疑。」李萬春。南溪曰：「忌者喪之餘，不可以此推行於未喪之前，禮意然也。然東漢申屠蟠爲親忌，行素三日，退溪亦曰『禮宜從俗』，以此揆之，恐無不可，况寢於内視飲酒食肉不啻加重者耶？」

問：「前期行素，則高曾祖及父母忌日當有差等耶？」李萬春。南溪曰：「似然。」

退溪曰：「忌日雖非己當行素之親，若當行其祭，則行齋素善矣。」答金富倫。

陶庵曰：「是日不酒肉一段，變服參祭之人，遠近親疏固亦不一，然既參祭而在祭所，則雖疏者，與主人同之何妨？」答安鳳胤。

饌品 諸條見時祭條

茅沙用一器二器之辨 與時祭茅沙條參看

問「忌祭時當設茅沙二器耶，或設一器，而降神灌酒及初獻祭酒兼用」云。韓如琦。尤庵曰：「降神與三獻各用茅沙，禮文然矣，何可疑乎？」

南溪曰：「虞祭忌祭等祭，似當以一器而通行於降神初獻矣。」答權鑌。

玄酒 見時祭條

設盥盆不分内外設東南之義并論〇見參條

祭時服色

寒岡問："禫服留一襲，每遇忌日，服此服行哭奠之禮，不知可否？"退溪曰："忌雖終身之喪，與禫不同，留禫服以爲終身之用，必非先王制禮之意。曾參、孝己，亦未聞行此事。"

又問："忌日着白笠，何如？"退溪曰："恐異。"

栗谷曰："父母忌，則有官者服縞色帽垂脚或黲布帽垂脚，玉色團領，白布裹角帶；無官者服縞色笠或黲色笠，玉色團領，白帶，通着白靴。婦人則縞色帔，白衣，白裳。祖以上忌，則有官者烏紗帽，玉色團領，白布裹角帶；無官者黑笠，玉色團領，白帶；婦人則玄帔，白衣，玉色裳。旁親忌，則有官者烏紗帽，玉色團領，烏角帶；無官者黑笠，玉色團領，黑帶；婦人只去華盛之服。"縞，白黑雜色也。黲，淺青黑色，即今之玉色也。〇《擊蒙要訣》。

松江問"黲幞頭布裹角帶"云云。龜峰曰云云。詳見冠禮三加冠服條中幞頭條。

又問："用今笠代幞頭未安，欲用程子巾如何？"龜峰曰："冠巾異制，用亦不同。《家禮》忌日行祭時，變服黲紗幞頭，祭後是日素服黲巾，巾恐非承祭所用，《家禮》歷言有官無官之用，而無用巾處。且幞頭實非古制，乃南北朝胡制，則今笠之代幞頭，亦《家禮》幞頭代巾之意也。今笠之制，似不可論其可否。」

同春問：「忌日服色，古今異宜，未知何以則不違於禮意耶？」沙溪曰：「當以張子、朱子説及退、栗諸先生之教，參酌行之。」

横渠《理窟》：「爲曾祖祖考皆布冠而素帶麻衣，爲曾祖祖之妣皆素冠布帶麻衣，爲父布冠帶麻衣麻履，爲母素冠布帶麻衣麻履，爲伯叔父皆素冠帶麻衣，爲伯叔母麻衣素帶，爲兄麻衣素帶，爲弟姪易褐不肉，爲庶母及嫂一不肉。」○《家禮》：「禰則主人兄弟黲紗幞頭黲布衫布裹角帶，祖以上則黲紗衫，旁親則皂紗衫。主婦特髻去飾白大衣淡黄帔，餘人皆去華盛之服。」○《大全》問：「自高祖至禰，忌日之衣服飲食當如何？伯叔父母兄弟孫姪子再從三從忌日，又當如何？」朱子曰：「横渠忌日衣服有數等，今恐難遽行，且主祭者易以黲素之服可也。」○問：「忌日之變，吕氏謂自曾祖以下，各有等級，不知如何？」曰：「唐人忌日服黲，今不曾製得，只用白生絹衫帶衫巾。」○《語類》：「某自有吊服，絹衫絹巾，忌日則服之。」○問：「黲巾何以爲之？」曰：「紗帽皆可，某以紗。」○問黲巾之制。曰：「帕複相似，有四隻帶，若當幞頭然。」○「先生母夫人忌日着黲墨布衫，其巾亦然。」○退溪答鄭道可云云。○《擊蒙要訣》云云。并見上。

又曰：「曾聞龜峰以禫時所着笠留之，爲大忌時所着，未知其如何也？鄙人則於大忌着黑布笠行祭矣。」答同春。

尤庵曰：「今俗重服着草笠，據此則忌日着草笠，或似有據。然此爲年少尚侈者所着，或未安耶？恐不如黑布笠之近黲也。」答尹寀。

又曰：「朱子於禫時及忌日皆用黲色，而吾東則無用黲之制。然禫時既用白，則忌日亦且用白，恐無不可。然玉色雖非正黲，而其實相近，好禮之家用之，以復朱子之儀，不亦可乎？且朱子於祭後仍服黲以居，今既用玉色以祭，則祭後亦當用玉色以居矣。」答韓聖輔。

問：「《要訣》旁親忌着黑帶，與横渠説有異。」尹寀。尤庵曰：「旁親忌祭服色，先儒説有所異同，當遵其從厚者耳。」

問「黲縞之制，今人鮮能備之」云云。姜碩期。同春曰：「如以黲布，裹笠則或可。若作冠巾，祭時着之，則似非從宜之道。」

又問：「世俗之遭服者，必着黑漆布笠，吾以此様笠着之於父母忌行祭之時。」同春曰：「黑布笠之制，此間亦當遵行。」

行祭早晚見時祭條

匙楪居中居西之辨上同

祭時男女位與參條中序立條參看〇上同

詣祠堂奉主就位之節上同

出主見參條

參降之節見時祭條

飯羹左右之義上同

祭酒之義上同

啓飯蓋上同

告祝之節

祝文

寒岡曰："若欲并祭考妣，則祝辭在馮善《集説家禮》，然恐未安。"答朴廷老。

同春問："并祭考妣，則告辭與祝辭似當添一兩語。"沙溪曰："固然，告辭『遠諱之辰，敢請』下當添『顯考顯妣，祖以上并同。神主出就』云云，祝辭『歲序遷易』下當添『某親，考妣隨所稱，祖以上并同。諱日復臨』云云。"

退溪曰："忌日祝末丘氏恭伸奠獻之文，用之爲善。張兼善無祝人，則設文而不讀，在苟簡不備禮中，自盡其心之事，其意善矣。但此等權行事，只爲一時自處之事，難乎以此爲訓於世耳。"答李咸亨。

沙溪曰："丘氏祝云恭伸奠獻，鄙家常用之，退溪亦用之云。常事出於《士虞禮》《曾子問》，用於忌祭，未知其如何也？"答李以恂。

《士虞禮》「薦此常事」注：「古文常爲祥。」疏：「天氣變易，孝子思之而祭，是其常事。」○《曾子問》「薦其常事」注：「薦其歲之常事也。」

尤庵曰：「忌祭祝末端，據《家禮》則當引祭始祖之文，而《備要》不用者，未知其意。豈以其上有歲序字，故嫌其疊而不用耶？未敢知也。」答鄭纘輝。

遂庵曰：「忌日是終身之喪，故用奠獻字，《家禮》自無病，而《備要》所改似尤切當。」答李柬。

退溪曰：「尊者與祭，卑者爲主人，此祭祖考之稱，以小宗法之主人論之，則據主人而稱之無疑矣。若只如今人輪行辦祭之主而謂之主人，則尊者雖非辦祭，而既在其位矣，子弟卑行，安可以一時辦祭之故，越尊長而以己之昭穆稱祖考乎？」答金當倫。

諸親忌祝有無之辨

愼獨齋曰：「妻忌祝無古據，諱日復臨下只著不勝感愴四字而已。蓋祔位無祝，子孫祝似不當論。」答同春。

問：「愼獨齋以爲弟以下忌無祝。《家禮》言旁親而只云諱日復臨者，似是主祔主之尊者而言。正如時祭祝辭舉祔位處，只言某親某官府君，而弟以下無現文也。然則弟以下有祝無疑。」

李柬。遂庵曰：「《備要》忌祭祝注曰『妻弟以下亡日復至』，據此則弟以下有祝無疑。」

寒岡問：「外高曾妻祖，無人與祭，己爲初獻，則祝文當何書？」退溪曰：「當闕。」

父祭妻子讀祝當否

問：「夫祭妻而無他執事，則其子讀祝耶？」姜碩期。沙溪曰：「以子而名父祭母，固爲未安。祭祖先則壓尊，故猶可。」

問：「父祭母，無他執事，則子不可讀祝。」閔泰重。尤庵曰：「或只書夫而不稱姓名，無妨耶？不敢質言。」

南溪曰：「母前子讀祝是承父命而告也，恐不至未安。」答李萬春。

讀祝見時祭條

舉哀之節

同春問：「考妣忌日固當舉哀，祖父母以上忌，則當如何？」沙溪曰：「丘《儀》似可行。」

丘氏《儀節》：「考妣及祖考妣近死則舉哀，祖考妣遠死則否。」按逮事祖考妣當舉哀。

問：「忌祭，孫爲宗主，子有參者，姪將爲叔父而哭耶？」尹柔。愼獨齋曰：「孫於祖忌及事於生前者哭，否則不哭，哭不哭初不係於叔父也。」

尤庵曰：「《家禮》只言主人以下，《儀節》推之於逮事之孫，今又推之於未逮事者，節節推去，有甚盡期？恐只從有據者爲穩也。」答李橝。

問：「長孫初獻之時，諸子不哭，而至亞獻始哭，殊甚未妥。諸子於長孫初獻時哭盡哀，似合情理。」同春曰：「鄙意亦然。」

南溪曰：「寒岡答問以主人以下哭盡哀之文，爲在位者當哭之證。愚謂以下者即指衆主人及婦人應哭之徒而言。《要訣》改以下曰兄弟，意益分明。蓋孫行不必哭，已在考妣則三字之中矣。如何？但《儀節》本文有曰若考妣及祖考妣近死則舉哀，非考妣及祖考妣遠死則否。與《家禮》及《問解》所引不同，殊未曉然矣。遠近似以年數世代而言。」答李時春。

又曰：「未及承顔者，其祭時哀情必不及於承顔者，其不哭亦不可非之。」答李彦緯。

遂庵曰：「祭祀之禮以誠爲貴，悲痛之心深，則自不得不哭。不逮事，祖考以上，只當竭誠致敬而已，無哀之哭是僞也，故禮文如此。若逮事，則雖親盡祖先之忌，何可不哭。旁親亦然，哀至則哭。」答李濯。

問：「丘《儀》祖考妣遠死則忌祀不哭，父母諸叔皆哭，而孫獨不哭，情理似未安。至於宗孫則雖未能逮事，亦不可不哭耶？」金光五。遂庵曰：「小過卦曰喪過乎哀，從厚何妨？」

寒岡曰：「病不能參祭，而氣力猶可以伸一哭之情，則姑着潔衣而哭之不妨。」答李簵。○下同。

又曰：「外祖忌祭我獨奉行，或與諸表兄同祭，而諸表兄不哭，則我亦不哭。若陪諸舅以祭，而諸舅哭之，則我亦哭而助哀，何妨？然家法各不同，吾家則我哭先諱，在位諸子孫無不哭盡哀。」

亞獻終獻三獻各進炙并見時祭條

論加供之非見支子諸禮條

扱匙正筯闔門啓門撤羹進茶伏立之節并見時祭條

告利成之義上同

告利成

南溪曰："告利成本在受胙條内，似不必行，然在喪禮虞卒，亦皆一一行之，則恐此亦當行無疑。"答鄭尚樸。

諸親祭告利成當否見喪禮虞條

下匙筯合飯蓋見時祭條

祭卑位拜坐立當否

浦渚曰："兄弟雖有長幼之序，不似父子叔姪之間，似不可與父與叔父無别，而兄之拜弟，亦似不可，未知如何而可。鄙意恐雖不拜，當於節目間稍異於父與叔父，似可。如於坐哭立哭，亦可爲分别矣。"答趙克善。

問："從弟及妹之祭可不拜否？"朴世義。尤庵曰："似不當拜也，禮，男女異序，於妹則未知其如何也。"

問：「祭子女，弟姪立耶？坐耶？」或人。尤庵曰：「喪禮既曰尊長坐哭，祭禮亦豈異同耶？」

南溪曰「退溪答李淳曰『妻當拜，弟不當拜』，蓋當通喪祭看，與《家禮》小斂奠只言卑幼皆再拜之義，亦可相發也。但今人於年輩相敵，從兄弟以下及異姓從甥等處，有難以父兄自居者，率用答拜之規，而獨於死後奠祭必行此禮，則似未妥。當且如弟姪卑幼之類，當初臨喪時，猶可以哭代拜矣。其於三年後，若或時節經過爲省墳土，殊無節目可以遵行」云云。答尹拯。

兩忌同日行祀先後見祭變禮兩祭相值條

忌祭與參禮墓祭相值行祀之節上同

先忌與卒祔祥禫相值行祀之節上同

子孫忌日值先忌用肉上同

忌墓祭輪行見支子諸禮條

齋舍或他所行忌見祭變禮異居行祭條

旅次及異居遇先忌上同

喪中行忌祭諸節見喪禮喪中行祭條

國恤中私忌見喪禮國恤條中私家大小常祀條

忌日私居服色

栗谷曰：「父母忌則縞色笠白衣白帶，祖以上則黑笠白衣白帶，旁親則去華盛之服。」《擊蒙要訣》。

忌日接人供客之節

退溪曰："私忌遇尊客而設素食，本爲未安。然忌有隆殺，尊客亦有等級。滉於亡妻忌日，方伯來，此乃忌輕而客尊，不敢設素，但於進肴客肉而主素，方伯察之，令俱進素矣。若遇忌非此等之輕，君子以喪之餘處之也，何可謂進肉爲宜乎？自非極尊之賓，恐皆當設素爲禮。然其中實有未安者，故古禮以忌日不接客爲言。今欲遵此禮，而客或知主人有忌亦至則非矣。○極尊謂如下士於公卿之類，非以齒德論也。蓋下士爲私忌，而設素於公卿之賓，恐不可爲者，卑之私故難以及於尊也。雖重忌亦然，但於己也重忌則設素，輕忌則設肉不食，何如？輕忌如妻子忌之類。○忌祭邀客，已赴人邀，雖爲非宜，滉自不能盡如禮，不敢爲説以報。然雖非當日參祭之人，而親族親客在傍，雖與之同餕，恐或無害。若辨酒食召遠客，則自不當爲耳。"答金誠一。

杇淺曰："齋戒日客至不出見，禮也。朱子雖於從祖之忌，亦不見客。寒岡先生於齋戒日作牌懸於門外，客見牌而去。"答趙惟顔。

同春問："《吉注書》於是日蔬食水飲，有一士人客至，而謝不見。蔬食水飲，其意甚好，而客至謝不見，則似若加等於喪中，如何？"沙溪曰："客至不見，人固有行之者，鄙人不能行之，無乃未安乎？"

同春曰："忌日謝客，常欲爲而未能者，但温公謂忌日舊儀不見客，於禮無之，今不取云。且喪中人客來，亦無不見之理。忌日雖曰終身之喪，何至過於喪時耶？以此亦疑其不必然。」答或人。

尤庵曰：「忌日客至，主人辭以實狀，而館客於外，且謝曰姑待明日而就見云爾，則似乎宛轉而得宜矣。」答李遇輝。○下同。

又曰：「忌日待尊客不設素，退溪蓋以爲不可以己之私而廢尊之義也。此恐不無斟酌適宜之意也。」

陶庵曰：「古者忌日無祭，只行終身之喪而已。有宋諸賢特起奠薦之禮。今人但知忌祭之爲大，不知忌日之爲重。已祭之後，應接賓客，不異平時，或有謂已罷齋，出入如常者，甚不可也。當節其酬應，致哀示變，以終是日也。」《四禮便覽》。

墓祭

總論

問墓祭之儀。姜碩期。沙溪曰：「先儒論之已詳，可考也。」

《通典》曰：「三代以前未有墓祭，至秦始起寢於墓側。」○又曰：「古者宗子去他國，庶子無廟。孔子許向墓遥爲壇，以時祭。即今之上墓，儀或有憑。然神道尚幽，不可逼黷塋域，宜設於塋南山門之外，設浄席爲位，遥祭以時饌，如平生所嗜。若一塋數墓，每墓各設位，昭穆異列，以西爲上。主人盥手奠爵，三獻而止。主人以下泣辭。精靈感慕，有泣無哭。食餘饌者可於他處僻，不見墳所，孝子之情也。」〇唐侍御鄭正則《祠享儀》云：「古者無墓祭之文，漢光武初纂大業，諸將出征鄉里者，詔有司給少牢，令拜掃以爲享。曹公過喬玄墓，致祭，其文悽愴，寒食墓祭蓋出於此。」〇唐開元勅：「寒食上墓，《禮經》無文，近代相傳，寖以成俗，宜許上墓同拜掃，禮，不得作樂。」〇柳子厚曰：「每遇寒食，田野道路士女遍滿，皂隸庸丐，皆得上父母丘壠焉。馬醫夏畦之鬼，無不受子孫追養者。」〇程子曰：「嘉禮不野合，則死不墓祭。蓋宴享祭祀乃宮室中事，後世習俗廢禮，有踏青，藉草飲食，故墓亦有祭，如《禮》望墓爲壇，并冢人爲墓祭之尸，亦有時爲之，非經禮也。」〇又曰：「墓人墓祭則爲尸，舊説爲祭后土者，非也。」〇又曰：「拜墳則十月一日拜之，感霜露也。寒食則又從常禮，祭之飲食則稱家有無。」〇張子曰：「寒食者，《周禮》四時變火，惟季春最嚴，以其大火心星，其時太高，故先禁火，以防其太盛。既禁火，須爲數日粮。既有食，復思其祖先祭祀。寒食與十月朔日展墓亦可，爲草木初生初死。」《家禮集覽》云并州俗以冬至後一百五日，爲介子推焚骸日，斷火，冷食三日，是謂寒食，後人因以是日上冢祭。此與張子説不同。《事文類聚》亦有兩説。〇朱子曰：「墓祭，程氏亦以爲古無之，但縁習俗，然不害義理，但簡於四時之祭，可也。」〇又曰：「墓祭無明文，雖親盡而祭，恐亦無害。」〇又曰：「墓祭不可考，但今俗行之已久，似不可廢。又墳墓非如古人之族葬，若只一處合爲一分而遥祭之，亦似未便。此等不若隨俗各祭之爲便也。」〇又曰：「横渠説墓祭非古，又自撰《墓祭禮》，即是《周禮》上自有了。」○又曰：「墓祭非古，雖《周禮》有墓人爲尸之文，或是初間祭后土亦未可知。但今風俗皆然，亦無大害，國家不免亦十月上陵。」○周元陽《祭録》：「或羈宧寓於他邦，不及時拜掃松檟，則寒食在家，亦可祠祭。」○韓魏公《家祭式》：「寒食上墓祭，又十月一日如上墓儀，若身不能往，并遣親者代祭。」○《補注》云：南軒曰：「墓祭非古也，然考之《周禮》，則有冢人之官，凡祭於墓爲尸，是則成周禮盛時固亦有祭於墓者，雖非制禮之本經，而出於人情之所不忍，而其義理不至於甚害，則先王亦從而許之。」

寒岡曰：「我國未建家廟之時，通行四時之祭於墓所。今既立家廟，而一遵《家禮》，則家廟與墓所自有定規，不必更爲之説也。」答河淵尚。

尤菴曰：「萬寶收藏之後，寒暑遞序，十月行之，恐是此意。」答尹寀。

四名日行祭本義與俗節條中俗節名義條參看

朽淺曰：「正朝乃家禮，與朔望同其禮者也，朱子以爲當行單酌之薦，而我國上墓行殷祭。寒食本介子推事，天下共行先祖墓祭，中原人一年墓祭止此，而我國亦行之。端午，屈原沉江之日也，楚俗於是日納飯於竹筒，投之江中，以酹屈原之魂，其後中國人以爲俗節，行薦禮於家廟，未聞上冢，而我國則例行墓祭。秋夕非中國俗節，新羅時男女分曹效績以較勝負，負者具酒食設宴於是日，名曰嘉排，其後國俗因行墓祭。」答玄俯。

墓祭增減同異墓祭變通時祠堂告辭并論

晦齋曰：「《家禮》墓祭三月上旬擇日行之，今世俗正朝寒食端午秋夕皆詣墓拜掃，今且從俗行之可也。」

栗谷曰：「按《家禮》墓祭只於三月擇日行之，一年一祭而已。今俗於四名日皆行墓祭，從俗從厚，亦無妨。但墓祭行于四時，與家廟無等殺，亦似未安。若講求得中之禮，則當於寒食秋夕二節具盛饌，讀祝文，祭土神，一依《家禮》墓祭之儀，正朝端午二節，則略備饌物，只一獻，無祝，且不祭土神，如是則酌古通今，似爲得宜。」《擊蒙要訣》。

沙溪曰：「三月上旬，想朱子亦從俗爲之耳。四節日祭乃我國俗也。栗谷之意以春秋爲重，故寒食秋夕三獻，餘祭則只一獻。然於古禮亦無考據，只當參情酌禮以處之耳。」答姜碩期。○下同。

又曰：「朱子常行墓祭，如韓魏公《家祭式》，而與《家禮》所著果不同。今嶺南人只用寒食及十月云。然我國祭四節行之已久，雖馬醫夏畦之鬼，無不受子孫追養者，以此思之，從俗恐不妨。」

問：「寒岡於四名日依朔望俗節禮行之，四仲則一如《家禮》祭之，上墓則倣《家禮》及韓魏公、朱夫子所行，以三月上旬、十月朔爲之云。好禮者所當遵行，而猶未能者，只爲俗禮難擺脱耳。今擬揆古參今，端秋二節祭於廟，以當夏秋二仲之時祭，正朝則依朔望之儀，上墓則一從韓魏公、朱夫子，以寒食及十月朔行之，如何？」黄宗海。沙溪曰：「四名日墓祭固知其過重，栗谷欲於寒食秋夕行盛祭，正朝端午略行之，此意似好。但自祖先以來，數百年從俗行之，至于鄙人，不敢容易改之。來示亦好，而未能斷定。」

朽淺曰：「謹按古無墓祭，國俗上墓必用四名日者，於古無據，亦礙於四時之正祭。故退溪以爲非禮，而難於違俗。《擊蒙要訣》以爲未安，而略加裁損。寒岡乃以三月上旬、十月朔祭之，然則今我門中定爲恒式，豈不合於情文乎？」〇又曰：「三月上旬之祭，本朱子之著於《家禮》者，而寒岡行之。是則慮其寒食之或跨乎仲月，而有一日二祭之煩數。然朱子雖定此禮，而至其躬行，則用寒食，無乃素行程張之制，故雖知上旬之爲合宜，而未遽改易耶？程朱所行既如此，又不可盡革俗禮，故不用上旬而用寒食耳。」

尤庵曰：「四節日墓祭，自是國俗，而《家禮》則毋論親盡未盡，只於三月一祭之而已矣。栗谷以爲國俗不可猝變，故欲於端午正朝減殺行之。今執事欲遵先志，有所損益，則依《家禮》，雖只存寒食一祭，亦可。而第有一説，墓祭古所未有，故南軒與朱子辨論而謂之非禮，朱子以人情之不容已者，往復甚勤，然後南軒竟亦從之。然則墓祭與廟祭事體殊别，可知矣。今人不知廟中四時祭爲大事，而有全然不行者。今依《家禮》皆廢三節日墓祭，而又不行廟中四時祭，則是奉先致孝之道全歸鹵莽矣。此又不可不知者也。墓祭減損之意，蓋有栗老之説，則因先志，遵賢範，以爲中制，而使國人通行，豈不甚善？愚意以爲端午正朝墓祭雖不減，猶爲從衆之義，而亦不害於從厚之道也。」答李端夏。

又曰：「《家禮》墓祭只於三月一行之，《要訣》不能頓變國俗，俾於四節日，略加隆殺，此似爲中制耳。」答韓聖輔。

問：「嶺外人但有秋夕墓祭。」崔慎。尤庵曰：「寒岡歲一祭於先世之墓，嶺俗化而行一祭，蓋從《家禮》而然也。」

南溪曰：「墓祭寒食始於唐初，十月朔始於宋朝七賢。韓魏公，司馬公，兩程子，張子，朱子，呂東萊。此雖與《家禮》三月上旬擇日之文少異，而義當從先儒所行也。至於四名日出於《五禮儀》俗節正朝，寒食，端午，秋夕，冬至，臘日。之制，此自是國家所行，不干於士大夫，而時俗行之已久，牢不可破。以此貧窮之家，家廟時祭，自至廢闕，尤非善理也。苟以先儒及時俗所行孰當孰否之義，講而求之，自不難辨矣。」答申漢立。

又曰：「四名日墓祭，退溪沙溪皆不變，栗谷似變，而實則未變，惟寒愚兩公正得中國程朱之義矣。鄙家初從《要訣》之説，反復思惟，終亦未安。自己巳歲，竊倣程朱舊制而行之。」答沈元浚。

又曰：「按《會通》朱子宗法展墓用寒食及十月朔，又與程張墓祭法合，今擬以此爲定。國俗寒食外三名日已入於祠堂，俗節恐不當疊設。○又按寒食有始祖先祖等祭，恐當依朱子次日却令次位子孫自祭父祖之義而酌處之。」《三禮義》。

陶庵曰：「墓祭非古也，朱子隨俗一祭，而南軒猶謂之非禮，往復甚勤，然後始從之，然則墓廟事體之殊别，可知矣。今於廟行四時祭，又於四節日上墓，則是墓與廟等也，烏可乎哉？四節墓祀國俗行之已久，有難頓變，故栗谷《要訣》略加節損，然猶未免過重，終不若以《家禮》爲正而三月一祭也。蓋古所謂祭即時祭也，祭莫重於時祭，今人不知其爲重，或全然不行，而又廢三節日墓祭，則尤爲未安，此亦不可不知也。世之只行墓祭，不行時祭者，須移祭墓者行之於廟，而於墓則一祭之爲宜。」《四禮便覽》。

愚伏墓祭變通時，祠堂告辭曰：「逐節上墓，行之雖久，禮實無據。今人致隆於此，而四時正祭，或廢不行，尤失聖人制禮之意。今考朱子《家禮》、東萊《宗法》，止於寒食及十月，上丁展掃封塋，其餘節日，則并就祠堂薦以時食。舉廢之際，不敢昧然行之。兹因朔參，用伸虔告。」

齊戒見時祭條

饌品諸條并上同

祭時服色

總論

栗谷曰：「主人以下玄冠素服黑帶。」《擊蒙要訣》。

沙溪曰：「墓祭素服黑帶之制，他未有考，有官者必着白衣角帶，亦未知是否。《儀禮》大祥祭用向吉之服，喪祭尚然，况墓祭乎？」答姜碩期。

又曰：「考《通典》，天子拜陵哭臨，豈有着吉服哭之也。以此觀之，栗谷之着素服恐爲得之。鄙人着紗帽，則着紅衣品帶，着笠子，則着白衣。」答同春。

問「《要訣》用素服，沙溪以爲當用盛服」云云。李東。　遂庵曰：「《問解》所載雖如此，《備要》引《家禮》用深衣，當從之。」

深衣見冠禮三加冠服條

布席陳饌共卓各設并論

問：「家祭及土神祭皆用卓子，而墓祭用席，原野之禮有所降殺故耶？」鄭尚樸。南溪曰：「依《家禮》如此，蓋似亦以體魄在土，異於廟龕故也。或以木床代之，而不爲高足，其亦可耶？」

又曰：「后土及墓布席，蓋以古者用席不用床卓故也。今則并用床似可，但俗人必爲石床長設於墓前，此則無義矣。」答金克成。

又曰：「墓祭雖一石，而亦當各設其饌矣。蓋圖説各設器數，與俗禮共一卓者，無甚張大，似無不可排設之患也。」答朴泰昌。

進饌諸節

問：「《家禮》凡祭進饌在初獻之前，侑食在終獻之後，墓祭獨無此兩節，丘氏《儀節》敷衍其禮，一依家祭之儀，未知何據？」禹性傳。退溪曰：「墓祭無進饌侑食之節，或人以爲不設飯羹，恐其不然也。示喻原野禮當有殺云云，此爲得之。況今宗法廢而不行，人家衆子孫不能盡孝敬於家廟之祭，而墓祭不得以不重，乃反疏略，如此無乃未安乎？竊謂依丘氏禮行之無妨。」沙溪曰：「既曰墓上每分如時祭之品，則其有羹飯可知，而下無進饌侑食二節，可疑。丘《儀》有之，當從。」《家禮輯覽》。

同春問：「《家禮》凡祭進饌在初獻之前，侑食在終獻之後。墓祭獨無此兩節，何也？」沙溪曰：「豈原野之禮殺於家廟故耶？鄙家依《要訣》三獻前并進魚肉蔬果，插匙正箸，未知是否。」

慎獨齋曰：「某家墓祭依《家禮》而不用侑食之節。」答崔碩儒。

匙楪居中居西之辨見時祭條

飯羹左右之義上同

參降之節

同春問：「《家禮》及《喪禮備要》墓祭皆先參後降，而《擊蒙要訣》先降後參，何義耶？」沙溪曰：「《喪禮備要》墓祭欲依《擊蒙要訣》，先降後參，而改《家禮》，未安，故仍之耳。宋龜峰答栗谷書曰『墓祭之參神降神，既定於朱子《家禮》，而遽欲改之，恐未合。又况禮意難知乎』云。」

又曰：「設位而無主，則先降後參，墓祭亦然。《家禮》先參後降，未知其意。《要訣》墓祭先降後參，恐爲得也。」

尤庵曰：「凡神主遷于他處，則先參後降。神主不遷及紙榜，則先降後參。觀於《家禮》時祭及參儀及初祖先祖祭，可見矣。然墓祭亦與神主不遷同當先降後參，而乃反先參後降，誠有所不敢知者。至於我東賢之異同得失，則亦有所難言者矣。」答或人。

南溪曰：「《要訣》墓祭先降後參之義，栗谷以爲墓祭既已兩度再拜，而旋又參神，恐非禮意，蓋指哀省時前後再拜而言。然彼前後再拜爲哀省，此參神再拜爲行祭而然，各有其義，何可相蒙而爲禮耶？似難遵用。」答申漢立。

祭酒之義見時祭條

啓飯蓋上同

扱匙正筯之節上同

告祝之節

祝文

問：「《擊蒙要訣》墓祭祝辭，正朝云『春陽載回』，端午云『草木既長』；《備要》正朝則『歲律既更』，端午則『時物暢茂』，未知當從何說？」姜碩期。沙溪曰：「兩說不甚相遠。」

讀祝見時祭條

三獻各進炙上同

侑食當否見進饌諸節條

進茶

同春問："墓祭無闔門之節，亦肅俟後進水，如何？"沙溪曰："是。"

下匙箸合飯蓋見時祭條

齋舍合祭或前期次日行祀

退溪曰："同原許多墓各行祭之弊，世多有此。愚意不如掃視墓域後，以紙榜合祭於齋舍，無舍則設壇以行之，可免瀆弊而神庶享也。名日祭前期而行，雖非在官者，當日不免有禮俗往來之煩，恐未專精祭祀，徇俗行之耳。"答金就礪。

問："墓祭，或墓非一二，多至八九，東西埋葬，丘隴峻險，南往北來，神倦身疲，恐有怠慢之氣或生而日亦不繼，則將何以處之？或厥日有終朝之雨，則亦將何以爲之？欲預構一屋於墓側，而若遇如此之時，則依時祭儀合祭一所，如之何？"退溪曰："豈不善哉。"

同春問："祖與父墓各在數舍之外，四時墓祭無他子孫可以分行，而一日内決難行祀於兩墓，則何以爲之？嶺南俗例於前數日行祀於祖先，而當日則祭於考妣墓，此亦合於朱子除夕前行事之義，而亦愈於使奴僕行之耶？」沙溪曰：「前期行祭亦有朱子之所行，嶺南之俗得其宜也。」

又問：「《儀節》有云履端之祭，隔年行之，恐未安，今擬以次日行之。此言看來極是，以此推之，他節日亦然。」沙溪曰：「前期行祭，雖有朱子之教，次日行祭，尤似便宜。」

朽淺曰：「高曾祖禰，異日設祭，謹按支子支孫各行祖禰之祭，不參高曾祖之祭，則非特有乖於尊祖之義，其在祖禰之靈，亦豈安乎？假令所祭之地相近，且當春夏永日，諸處往來，必有情倦禮瀆不能致敬之患，況所祭地遠，又在秋冬寸晷者乎？是則雖欲一日并行，不可得也，以此於高曾於祖禰，不能不親疏之，傷倫悖禮，孰大於是？古人於忌祭，亦有卜日之禮。況此俗節之進退，何害於義理乎？」

尤庵曰：「退溪之意欲於墓下齋室，以紙榜行之云耳，非謂還家而行之如此也。」答尹寀。

又曰：「節日薦廟，《家禮》也；上墓，東俗也。寒食則中原人亦上墓。於廟於墓俱有，故則似當廢之。然以朱子答南軒書所謂是日不能不思其親之意觀之，則或如來示，設紙榜，致其如在之誠，或是人情之所不能已者。然既無明據，不敢質言。」答或人。

又曰：「《家禮》小注朱子有前期行祭之說，又小注有一日祭其曾祖，餘子孫與祭，次日令次位子孫自祭其祖及父之文，據此兩條而參商之，則或先或後，恐皆無妨。」答李志甗。

又曰：「節祀之詢，不知同春之所以捨朱子而從丘《儀》之意也。且以朱子説觀之，祭祖祭考雖皆行之於除夕之前，可也。大抵儒家儀範，不得徵於朱子，然後遷就他説，似乎寡過也。」答閔蓍重。

又曰：「節日上冢，不得一日周旋於諸位，則依朱子除夕前之説，先後而行之，恐無不可。況《家禮》墓祀只於三月内卜日行之，東萊則以十月卜日行之，則此事元無一定之日矣。況朱先生每稱上蔡所云子孫精神即祖考精神之語，子孫之不得已通變者，實祖先之所通變也。」答閔鼎重。

同春曰：「墓祭本無定期，故進退以行，恐不至大妨。」答閔蓍重。

問：「今有祖禰墓相遠，無他參祭，而身不得兩行，使僕行之者，甚可寒心。推以朱先生餘意，一墓先節日行之，如何？」成文憲。南溪曰：「以理言之，追行於新元後二三日，方始爲得。」

芝村曰：「秋夕墓祀因阻水未行，遂以念後卜日往行，禀之玄石，亦謂丘氏所論正合遵用云。」丘氏曰：履端之祭，隔年行之，恐未安。依朝廷元朝行大賀禮於别日行時享之意，有官者以次日行事。

陶庵曰：「嶺俗正朝墓祀輒進行於臘月晦間，世謂出於退溪先生，而實則已見於朱子書中矣。以此推之，有故則退日而行，亦似無害於義。」答吴瑋。

忌祭與墓祭相值行祀之節見祭變禮兩祭相值條

上下墓及考妣位易次行祀之節

蘇齋問「墓之岡太短狹以促，從先府君遺命，窆諸祖墳三四尺之次，無地可容行祖祭」云云。退溪曰：「上墓地窄，設位次墓之前，而祭之事涉苟，且墓左右設位之説，未爲非便，但云地勢無餘，則不得已用次墓前設位之説，設於次墓下之西，無善策可出於此外也。」

同春問：「有人父墳在後，母墳在前，石物則立於父墳，而祭祀時欲并行於尊位前，則背母墳而行禮，實甚未安。各設爲當否？」沙溪曰：「行祭與立石當於父墳而合設之，不可兩處各設也。」

又問：「先妣宅兆左右狹窄，合葬雙墳，皆有所不便，前面亦横轉急迫，不得已稍向右邊而下，卜得新穴，其間甚近，實是上下墳。而但上下墳，形既不相直，坐向亦不相同，將欲遷墓合窆於下穴，而未遷之前，祭祀及拜禮當兼行耶？各行耶？」沙溪曰：「考妣兩墓相去不遠，雖坐向稍異，祭祀及拜禮似當兼行也。既作上下墳，則何必遷葬，遷葬重難矣。」

問：「有三配從夫同葬一岡，而拘於地形，以致先後易次。甲者曰享墓之制，一從葬地酌獻之時，當以獻男位之酌奠于第三位次，以獻于第一配之酌奠于第一位次，以獻于第二配之酌奠于第四位次，以獻于第三配之酌奠于第二位，而飯羹陳設亦當依此奠酌次第而爲之矣。乙者曰凡享神之道，祠與墓不異，豈可以葬地之换次并易其酌獻之次第乎？當依享祠廟之制，以獻于男位之酌奠于第一位，以獻于第一配之酌奠于第二位，而第二第三配之酌，亦當倣此以奠于第三第四位，不可拘於葬地之次序云云。」鄭載崙。南溪曰：「《家禮》葬法男西女東，而世俗或不免易次爲女西男東者，其家立石於墓前，書夫人祔右字以别之。然則其祭也，必先設於男位而後女位，與以西爲上之常制不同也。今四墓同岡而亂次，視此尤甚，實無斟量合禮之勢。如就所示甲乙兩説而言之，甲者爲勝，以其本位雖乖，而可因行祭次第，猶得義精而禮當故耳。若如乙者之説，其勢倍艱。蓋祭必依神，雖曰祠正，而墓亂不從當位之墓次，而乃從遠隔之祠次，其於彼此交互之際，恐有益覺其難安者矣。」

問「有人問云云，南溪以甲乙説答之，而以甲説爲勝」云云。鄭存中。陶庵曰：「同在一岡而墳既異，塋則不必同設一床，有此難處之端，先行男位，祭罷次一配，次二配，次三配，如此則節節理順，元無可疑。愚見以乙爲稍勝。」

問：「合葬者或考東妣西，子孫祭時序立當如何？且雙墳之間，相去頗闊，則或從便從重，并設於考墓前，而依墓位設妣位饌於西，或依時祭正禮，而設妣位饌於東，此亦何者爲是？」楊應秀。陶庵曰：「考東妣西，既失禮之正矣，子孫則只當以西爲上，何可順其失而亂其序耶？祭饌則各設，禮也，不必并設於考墓前，一依墓位分西分東而祭之似宜。」

先祖墓同岡一獻之禮 外祖墓同岡并論

同春問：「先祖與祖考墓同在一山，則只祭祖考未安。欲略設酒果於先祖墓，以伸情禮，如何？」愚伏曰：「饌品不可有豐約之别，歲一祭可也。」

又問：「愚伏曰云云，見上。此説如何？」沙溪曰：「只祭祖考果爲未安，然而雖在一山，非如時祭同堂并享之比，只設一獻，猶愈於全廢也。愚伏説太執。」

尤庵曰：「以吾家言之，則先人墓與先祖墓相接，四名日不可獨祭先人，故亦以一獻之薦，先設於先祖，及一祭先祖之時，則祭自吾家設，故亦以一獻行之。然先祖祭若他家行之，則豈肯如是哉？且吾家所行，直緣私情有所缺，然而已於禮，則未知如何也。諸祖墓若在他岡，則又與在階下者有間矣。」答朴世振。

又曰：「雖是親盡祖，既同墓兆，則不可不并祭，似不可以行祀於齋舍，而有所異同也。」答全瑜。

陶庵曰：「五代以上先塋與高祖同岡，一祭一不祭，似若未安。而情雖無窮，禮則有節，不必嫌於獨行，每歲十月一祭五代祖以上，恐合於禮意。四節中春秋酒果，亦好擇於斯二者，可也。」答吴瑋。

問：「父母墳與外祖同托一山，則祭之當何先？」李淳。退溪曰：「先外祖。」

墓祭行於家廟見祭變禮異居行祭條

俗節廟墓并行見俗節條

支子祭先墓薦新并論〇見支子諸禮條

墓祭奴子代行見祭變禮祭祀攝行條

三年内新山墓祭見喪禮喪中行祭條

葬同先塋三年内墓祭上同

合葬三年内墓祭上同

新喪葬前前喪墓祭當否見喪變禮并有喪條

國恤中墓祭見喪禮國恤條中私家大小常祀條

墓祭輪行見支子諸禮條

附**后土祭**與喪禮祠后土諸節條參看

后土先墓行祭先後

同春問：「祖先及子孫同托一山，則土地祭當俟諸位祭畢行之耶？」沙溪曰：「諸位祭畢，行於最尊位之墓左。」

《家禮集説》問：「祀后土如何不在墓祭之前？」曰：「吾爲吾親來薦歲事，專誠在墓，土神自宜後祭，蓋有吾親方有是神也。」

問：「先墓雖一局之内，而若不同岡，則祀土地各祭其岡耶？抑祭於上位之所而不必各行否？」郭始徵。同春曰：「雖不同岡，若是一山之内，則恐不必各祭，鄙家所常行如此。」

問：「晦庵訓塾之言曰『土神，祖先托體之主』云云。」或人。尤庵曰：「朱子之訓只是土神祭饌不可降殺之義，而其説先後之序，則分明先墓而後土神，何可以彼而變此乎？」

饌品祝文

問四味。栗谷曰：「謂餅麵魚肉，而湯則無之，余以爲不可無湯，故《擊蒙要訣》教用湯矣。」

同春問：「祭后土四盤云，只言盤數，不言某物，何意？」沙溪曰：「上文具饌注既曰更設魚肉米麵食各一大盤，以祭后土云，則此云四盤實相照應，但朱子嘗書戒子云可與墓前一樣，吾家欲依此行之。」

同春曰云云。答姜碩期。與上沙溪説同。

尤庵曰：「墓祭土神只用四大盤者，《家禮》正文也。與墓祭無有等殺者，朱子戒子書也。

從此從彼兩無所妨。」答韓聖輔。

又曰：「土神之祭當依《家禮》大注，至於墓前一樣云者，是朱子戒子書而後人附入者，當以本注爲正矣。所謂四盤者，只是四器，《要訣》之不設匙筯，其意有不敢知，然豈以土神有異於人神故然耶？」答韓如琦。

南溪曰：「葬時祀土地奠也，墓祭祀土地祭也。既曰祭，則飯羹恐當并設。」答梁處濟。

又曰：「春秋土神祭，既同托一山，則當以最高位爲祝，餘在不言中矣。惟隔壠別局相距稍遠，然後可以更設其祭而無礙耳。」答李㴶。

愼獨齋曰：「當以最尊位書之。」答崔愼。

遂庵曰：「先世墓前無論單獻三獻，既行祀禮，則土神祭祝恭修歲事於先墓之云，有何不可？」答芝村。

喪中祭土神見喪禮喪中行祭條

告祭省墓

有事告墓

問：「墳墓修改或石物竪立時，當具辭以告於所有事之墓，而若一麓有累代先墓，則可并告耶？既告墓，則不告祠堂耶？抑告兩處耶？告時只用酒果，無已太忽略耶？」金相玉。尤庵曰：「有事於一墓，而并告諸墓，未之前聞。《家禮》祠堂章告追贈條云，只告所贈之龕，恐此爲可據之證。告於祠堂，恐難杜撰。據《家禮》則追贈改題，何等大禮，而只設酒果。今於告墓，何獨爲太忽略耶？」

省墓 榮墳并論

問：「祖父同入一麓，拜祖時父墓在後，心似未安。」栗谷曰：「勢然也。視之以異室可也。」

問：「傍親同在一山，則雖不參祭時，或虚拜可乎？」曰：「雖四時不必皆拜，一年一度不可廢也。」

尤庵曰：「省墓時初度再拜，復再拜而退，則禮意尤爲懇惻而周詳矣。」答或人。

遂庵曰：「曾見兩先生謁廟展墓，只行一再拜，據此行之，未見違於禮也。」答宋相允。

問：「此行歸省先墓，當在端午後，當別具酒果設薦。然則當有祝文耶？若值端午，依禮參拜，似不當自主。」閔維重。同春曰：「別具酒果，則告辭去孝字，而爲之恐不可已，墓事似亦與家廟有異矣。如值節祀，則祝文以孝子某在遠，使介子某敢昭告云云，例也。」

遂庵曰：「登科或作宰者，榮墳時獻酌之節禮，宗子當行之，宗子有故，則使宗子弟與子攝行爲宜。」答宋相允。

始謁遠祖墓時哭拜當否

朽淺曰：「湖南風俗，祭於遠祖墳墓時，必哭之，實由於至情，但每祭必哭似過。今始拜而哭之，固合至理至情，人或以爲過中，而何能斷然禁得耶？」答鄭淵。

祠墓遇變見祭變禮

禮疑類輯卷之二十三

祭禮

遞遷

遞代只計奉祀孫世代不論母在否

退溪曰：「聖人非不知母在而遞代爲未安，其所以如此者，父既死，則子當主祭，子既主祭，子之妻爲主婦行奠獻，母則傳重而不奠獻。故曰舅没則姑老不與於祭，與則在主婦之前，此與冢婦不主祭之説，當通爲一義矣。蓋夫者婦之天，夫存則婦雖亡而不易代，夫亡則婦雖存而以易代論，此固天地之常經，尊卑之大義。聖人制禮，以義裁之，而孝子之情，不得不爲所奪焉故也。昔胡伯量問於朱子曰：『先兄既娶而死，欲爲立後，既立而主祭，則某之高祖，亦當祧去否？』曰：『既更立主祭者，祠版亦當改題無疑。高祖祧去雖覺人情不安，然别未有以處也。家問將來小孫奉祀，其勢亦當如此。』今詳此言，亦不論母之在否，而直如此斷置，豈非所謂無可如何而然者耶？由是觀之，其以妻在母在祖母在而不行祧遷，其可乎？如以爲不可，則來喻曾祖之妻尚在，埋其曾祖之主，奉祀者之祖母尚在，埋其祖之主，雖皆未安，恐不得不限於禮而奪於義，況可以二母在故還奉其主，而可行乎？」答高峰。

尤庵曰：「親盡祖祧遷，當以奉祀孫世代而計之而已，非惟其母，雖祖母曾祖母生存，亦不可不遷。蓋既改題神主，則高祖當爲五代祖矣。祭五代祖，是太廟之制也，僭也，何敢焉？」答或人。

最長房之義

問最長房之房字。黄宗海。沙溪曰：「以朱子説觀之，古人累世同居者於一門之内，子孫各有私房，亦或《儀禮》所謂南宮北宮者。祠堂若有親盡之主當遷，而族人有親未盡者，則遷于其中最長者之房，以祭之也。」

《語類》朱子曰「賀州有一人家共一大門，門裏有兩廊，皆是子房，如學舍僧房。每私房有客來，則自辦飲食，引上大廳，請尊長伴五盞後，即回私房，別置酒」云云。

長房遞奉之節

問：「凡祧主當遷於最長房，最長者死其子，雖亦親未盡，而門中又有諸父諸兄，則當遷奉於其房耶？」黄宗海。沙溪曰：「然。」

愼獨齋曰：「遞遷之主應奉於最長房，小宗合大宗之嫌，不當致疑也。先君亦奉祖禰小宗，而曾祭高祖遞遷之主，且改題之。」答鄭基磅。

尤庵問：「家兄三年後，高曾二世神主當遷於弟家，而家姪以爲高祖固然矣，曾祖則渠亦未親盡，因請奉祀云。愚意此於禮意，決不可從，既遷而早晚復還，其於即遠母退之義，有何所害？愚見如此，未知不悖否？」同春曰：「來教恐當。」

又問：「或云最長房死，則其所奉神主當即遷于次長，不待三年喪畢云，此説如何？」同春曰：「三年喪畢合祭，而或埋或遷，禮意本然。次長則不待三年，此有出處否？」

又問：「最長房之不必待喪畢，而遞遷祧主者，非有所考，只爲最長之奉祧主，其事體與宗家有異，只欲權奉祭祀，而復三年廢祭有所未安，故有前書之疑耳。」同春曰：「次長房不待喪畢而奉歸祧主者，以事勢言之，則誠如所教，第未見古據，爲可疑耳。」

尤庵曰：「家兄亡後，鄙意以爲凡最長房之禮專爲祭祀而設也，三年内昧然廢祭，有所不安，故欲於家兄葬後移安於鄙家，問於同春，答以當待三年後吉祭時也。俄聞尼城尹都憲於從兄尹掌令葬後即移奉於其家云，鄙意以爲此雖非古禮，甚安於人情，彼既以大家行之，則已成俗例，從之不亦宜乎？遂於葬後移安於鄙家矣。」答宋奎濂。

南溪曰：「當待三年，詳見《家禮》大祥條，可推而行也。」答李時春。

陶庵曰：「最長房死，則其所奉神主遷于次長，不待三年之畢，近世士大夫家多行之者，以愚所聞，祧遷在於最長房之喪過葬後，而來示則以爲成服後，彼此所聞，未知孰是？而成服後，則無乃太遽耶？大抵此事始出於尼山之尹，而尤翁以爲可行，經禮雖無可據，而實以三年廢祭爲未安故也。愚意亦以爲長房事體非與宗家等，不必待其喪畢吉祭之後。次長之當奉者告由遷奉，遷後始行改題，似得之。」答李頤正。

問：「亡父三年内祧主姑欲仍奉。」李綖。陶庵曰：「哀之情願如此，一家之間所當體諒，而許其三年後祧遷也。」

宗子死無子祧主移奉之節

問：「宗子死而無子，有將遷奉於最長之廟，而合祭無人可主。欲於合祭前移奉，則無禮可據。欲待合祭後移奉，則亦無其期。奈何？或云措辭以告，而當遷奉，無大害否？」任聖周。陶庵曰：「此事初出於尼尹家，尤庵亦以爲可行，苟以廢祭爲未安，則如或説權宜行之，似亦無害，如何？○所引尤庵語，非謂直同本事，或可旁照耳。」尤庵説見上條。

庶孽奉祧主

同春問：「國法庶人只祭考妣，則祧主子孫有庶孽，猶不可以最長房論歟？但古者士族未受命者，皆稱庶人，則只祭考妣之法，恐不可行也。此法既不可行，則庶孽亦不當只祭考妣，嫡兄弟皆殁，則似可奉祭曾祖矣。」沙溪曰：「庶孽地位雖卑，其於祖先，均是子孫。據程子説，則初無不可奉祭之義。但嫡兄弟盡没後奉祭似不妨。」愚伏答同春曰：沙溪説甚當。

問：「親盡之祖有庶曾孫，若嫡玄孫，則庶曾孫奉祀乎？嫡玄孫奉祀乎？」崔碩儒。慎獨齋曰：「庶曾孫當奉祀，若貧殘不可以奉祀者，則嫡玄孫奉祀無妨。」

問：「《問解》云庶孽地位止似不妨。見上。所謂嫡兄弟指玄孫兄弟行乎？或謂不必專謂玄孫兄弟也，雖有曾玄嫡孫，姑捨是，而庶孫行高者，必先祧奉，此於禮意未知如何？《續録》則云雖有嫡玄孫，庶曾孫當奉祀，二説何所適從？」李頤正。陶庵曰：「《禮解》蓋許庶孽以遞奉祧主，而亦云嫡兄弟盡没後奉祀無妨。夫兄弟之倫序豈不重，而弟既先於兄，則其他可推而知也。

《續録》可疑處頗多，此條亦其一耳。往年吾舅丹巖閔相國以此事發難，議論多歧，不佞亦嘗參聞，而卒以不論昭穆，必令嫡先於庶爲定論矣。」

又曰：「鄙家祧廟遷於庶從叔，而旁題只稱玄孫矣。左右之言，固爲直截，然或添或刊於既題之後，亦涉重難，雖不書於旁題，而祝辭則自稱爲庶，恐得之。」答閔昌洙。

問：「庶孽以最長房立祠，奉先祖神主，其母乃是妾，則決不可許入一祠。」李選。同春曰云云。詳見妾子諸禮條中承重妾子祭其母條。

出後子孫不用最長房之制

同春問：「先考庶弟雖存，而出繼於人，亦可奉祭耶？」愚伏曰：「既是庶孽，又是出繼之人，以本宗最長房論之，未知如何。」

南溪曰：「出後子孫難用最長房之制。」答李行泰。

又曰：「以遞遷本法參之，未見已祧之主歷祀於別宗諸孫，以成二本之嫌者，此正胡氏所謂心雖無窮，禮則有限。」答沈徵。

陶庵曰：「既爲人後，而奉遷所生高祖一如長房例，則大有乖於不貳統之義。高祖兄弟并入一室，亦其不可行之驗也。」答朴大陽。

又曰：「出繼者既非其子孫，則不可以最長房論也。然近世或有立别廟移奉，限其身，死前不廢祭祀，死後方埋安者，固出於情理之所未忍，而非禮之正也。」答盧以亨。

祧主還奉祠堂

問：「宗子死而嫡孫承重，則祧主已遷于最長房矣。嫡孫又死無後，而宗子之弟代奉其祀，則其祧主當還入於祠堂耶？或云既已祧遷，則不當復入，未知如何？」姜碩期。沙溪曰：「當還奉無疑。」

最長房有故次長房奉祀當否

寒岡曰：「最長房窶且不慧，而不肯，則固難强焉，既有次長房，則親猶未盡建祠墓山，無乃或未安乎？彼所謂最長房，不比宗子之截然難犯，鄙意次長之房權宜奉祀，無乃出於不得已之勢，而或未爲不可乎？」答任屹。

祧主不遷於長房則奉别室或别廟當否

問「親盡之主，當遷於最長房，而勢有未能」云云。禹性傳。退溪曰：「親盡之主，四時共設於正寢，實爲未安。奉安别室，只於春秋設祭，似爲處變之宜。然終未必其當否。」

沙溪曰：「最長者不能遷奉，姑當安於别室矣。四代後仍安家廟，則僭不可爲也。若退溪祭春秋之説，無妨。最長房既不奉祀，則恐不可以是人爲主也。」答姜碩期。

南溪問：「云云，既不能奉祧主，則恐不可以最長房主祭。最長房改題旁注，而以宗子攝行，未知如何。」尤庵曰：「祧遷之主，長房不能奉遷，則宗子姑安於别室云者，是師門所行也。既安於别室，則是權安也。雖不改題，豈有兩高祖之嫌哉？然如來示，而改題者，尤似正當矣。蓋此事每由於長房貧殘之致，故鄙家則所祧子孫合力就長房家構小祠，而奉遷祭時亦合力助之，此最合宜矣，如何？」

問「五代祖神主姑安于别室，而改題主事。或曰沙溪云最長房既不奉祀，不可以是人爲主，以此參之，則當以主祀者爲主」云云。李世樞。遂庵曰：「親盡祧遷之後，以五代孫之名改書傍注，甚無義意。勢將以親未盡最長房書傍注，而姑爲權安於别室矣。」

問：「庶孽殘替，不堪奉祀，宗孫代數漸遠，則宗家别室亦可并祭六七世耶？」閔采萬。南溪曰：「非但庶孽，雖巨室子孫，亦多零替難奉祀者，此今世之巨患也。然彼親猶未盡，則不可徑埋其主，主在別室，則又不可以代數論也。」

又曰：「大夫祭三代，三代各立廟，有室有堂，事體甚重。今則只以一廟中各立龕室爲代矣。親盡之主，既在四龕之外，則雖安於一家内別室，不成五代數也。」答俞櫶。

陶庵曰：「尊門別廟之立，於禮無當，今則三世旁題各異，而同安一室之内，尤爲未安。爲最長房者，宜各移奉于其家，其貧弊之甚，勢有所萬萬不可能者，則一位因奉別廟，諸孫合力具祭物，而祝辭則以最長房爲主，某使某云云，不害爲權宜，至於并安，則不可也。」答金樂道。

又曰「士大夫子孫淪落貧殘，雖序當最長，而不能尸先祀者類多。此別廟之不得已而作者也。然其問禮節實甚難處，以來示數條言之，題主則以親未盡者屬稱書之，而旁題則獨不書。既無旁題，則其屬稱將安所着落耶？《問解》答姜博士問意有所指，恐未爲不可旁題之的證也。至於無旁題而讀祝三獻，設有世俗權行之例，終不成道理也。然今之爲別廟者，輒指最長當奉者，而曰某家貧弊與某家同，或仍奉而不遷，又或一位二位，以至于三，儼然成數龕家廟制樣，而實則無主者矣。夫神者依於人者也，親未盡而奉於其家，則氣魄精神自相感通，雖或家力不給，香火數缺，而人神相依之理固自如也。彼尸祀者未必盡知此義，而禮意則實如此。若別廟則廟貎雖侈，享祀雖豐，既無主者，與不祭無異，惡在其親未盡祭不廢之意也？今聞尊門最長之人居在別廟相望之地，雖曰貧窮，既與異鄉淪落者絶異，則至今仍奉别廟，實有未敢曉者。愚意則兩位改題移奉不可一日少緩，此後長房之當次者，雖在窮鄉，情願奉往，則許之。苟不能然，而勢不可奈何，則始可爲權奉别廟之議矣。然遞遷之日，長房當次者，不可不使來以其名旁題行祀，告以不能奉往權安别廟之由，其後祀事來則躬行，否則祝文玄孫某使某親某云云，行三獻爲當。以既死者名祝，設如來示，所慮遠外既不得聞知，則此亦何害於義理也？其人既没，則祧主又當遷而之他矣」云云。答韓命玄。

攝祀家祧遷

尤庵曰：「所論喪終祧遷之禮，似非權代者所敢當者，此義至精，彼時金家來問時，此義最爲難處，故疑以次子之辭免爲得也。」答閔鼎重。

陶庵曰：「云云，三年後祧遷一節，似非權攝者所敢爲，必待宗孫長成，則亦太遲久，八九歲而能將事，則亦當行之矣。」答白師宏。

又曰：「蓋攝祀之稱，但以喪不可以無主，婦人又不可主喪，故用一時權宜之道，而今又因此改題四世之廟，遞遷當祧之位，是便以宗子自居矣，豈不爲萬萬未安乎？就此禮律事勢之間斟酌變通，是所謂義起者，非盛德者，誰敢爲之？是以守經之外，卒無可奉塞勤問者也。至於行祭，既曰攝祀，則祖廟考位似無異同，雖於祝辭稱孫而備禮，亦何至大害於義耶？然而此亦一獻爲正法也。」答尹啓鼎。

祭三代者高祖神主奉别室見别室藏主條

祧主改題之節

問：「祧主既遷於最長之房，則神主當以主祀者所稱改題乎？若然，則其節當在於遷奉之日，而旁題不稱孝，只稱曾玄孫乎？」黄宗海。沙溪曰：「然。」

尤庵曰：「祧主改題，自是遷奉者之事，則非舊主人之所當與也。既遷之後，似亦當有酒果告由之禮，其時改題宜矣。」答尹拯。

南溪曰：「祠廟奉遷事理勢如此，初到日改題之禮，既見於《問解》，且追後改題節目頗難，莫如其日出奉神主于座，又設一卓於其東，如追贈禮，先行降神參神斟酒讀祝再拜訖，主人奉主置于卓上，以下又如追贈例，至奉主置故處，然後復位辭神，似當。○改題祝辭當曰『今日神輩，無事遠臨，不勝感幸。禮當略加改題，謹以酒果，用伸虔告。謹告』。」答朴泰恒。

遂庵曰：「祔位與祧主改題時，《備要》雖無告辭，製用無疑。」答成爾鴻。

陶庵曰：「凡祧主改題不必於宗家爲之，長房遷奉至家，而後當具酒果告由，而告辭則曰『某官府君某封某氏之下，係之以宗子親盡，某以長房，禮當遷奉。今將改題，謹以酒果，用伸虔告。謹告』云云。」答李慶章。

又曰：「改題時一二字拭去，甚爲苟簡，莫若盡洗而改之。」答盧以亨。

祧廟奉安時告本祠堂之節

寒岡曰：「考妣前亦當以曾祖考妣以長房奉來之意，略叙以告。」答任屹。

問：「共安祠堂之後，似有合祭之儀。」任屹。寒岡曰：「共安祠堂適在仲月時事之時，則具羹飯盛祭爲當，不然則用酒果以告。然具三獻盛祭，亦何甚妨？不若時事之偶然相值，情理最便。」

長房祭祧主時親盡宗子位次

問：「祧主遷於最長，則彼親盡之宗子，當立於衆子孫之列，不以祠堂序立之次耶？」黄宗海。沙溪曰：「廟毁不相宗，固有其説，而若大宗子，則似不可一例看。」或曰：「《程氏遺書》凡小宗以五世爲法，親盡則族散，若高祖之子尚存，欲祭其父，則見爲宗子者，雖是六世七世，亦須計會今日之宗子，然後祭其父，宗子有君道云云，當考。」

陶庵曰：「序立之次，最長房自當在前行，宗子固位於衆兄弟之先，而安敢居最長房之右耶？」答金碇。

遞遷時遺衣服隨遷見祠堂條中遺衣條

正位遞遷後祔主埋安

沙溪曰：「凡祔位之主本位出廟，則亦當埋于墓所。」《喪禮備要》。

尤庵曰：「正位遷于長房，則祔位埋安，事理恐當。蓋無後人祔食，既是不得已義起之禮也，寧有更享於最長房之理乎？」答或人。

又曰：「《家禮》墓田注正位祔位皆同，而遞遷注只舉正位，雖有詳略之不同，然既言正位，則其所祔者并舉之矣。蓋《家禮》班祔注其祭終兄弟之孫之身，既至兄弟之孫之身，則其正位恰是高祖也。若至於兄弟之曾孫，則當一併祧埋矣。此兩條似當互舉以明者也。」答南溪。

又曰：「繼祖之小宗絶嗣，則其祖之神主當祔於繼高祖之宗，而其高祖已祧，則不得已埋安矣。」答柳億。

問：「祔位之兄弟，若兄弟之子在，則不當遽埋，其將奈何？」沈世熙。尤庵曰：「其兄弟及姪雖有所不忍，而分則有限，無如之何矣。或於其忌日，以紙榜略伸其情，則似不妨矣。」

同春曰：「祔位於最長房，亦是至親，則并奉以祭，亦似爲安。」答李厚源。

南溪曰：「族曾祖祔位，雖有初不班祔於宗家及祭終兄弟孫之文，今其祖位雖出廟，而猶在長房，揆以禮宜從厚之義，似難獨先埋安。」答朴泰定。

祧廟展謁時薦獻

問：「六代祖祠位遞遷奉安於清州，族祖家甥之展謁時，欲以酒果薦獻。更思之，今行已爲設祭於墓所，又於家廟行祀，則似近於瀆。」閔維重。同春曰：「每歲四節日，既行參禮於家廟，又行節祀於墓所，僕嘗疑其瀆，稟諸老先生，答以其地既異，兩行不妨。據此言之，今日行事於墓所，數日後設參於家廟，恐無不宜。」

不遷之位

親盡祖有勛不遷高祖別奉

問：「有不遷之位，則高祖雖非代盡，似當遞遷，而或云不遷之位當設於四龕之外，未知如何？」姜碩期。沙溪曰：「四龕外又特設，則乃五龕也，僭不可爲也。或問如今有始基之祖，四龕之外欲立別廟，朱子曰『如今祭四代已爲僭』。又答汪尚書曰『天子之三公八命，及其出封，然後用諸侯之禮立五廟，仕於王朝者，其禮反有所壓而不得伸』云云。今者立五廟，則乃全用諸侯之禮，其可乎？吾宗家五代祖乃不遷之位，故四代祖雖未代盡，而出安別室耳。近聞崔伯進以其父參勛預立五龕，極非矣。」

南溪曰：「始爲功臣者，別立一室，昉於我國。蓋倣古者始封之君爲太祖廟之義。然《國典》本使士大夫止祭三代，則別立一室，猶未上僭於諸侯之制故也。今若以此合於《家禮》四代奉祀之法，則正是諸侯之制，此所以《備要》有高祖當出之説，不可以帝王家世室定論也。」答崔是翁。

始封勛不遷次勛當遷

問：「家廟設五龕之僭，既聞命矣，但以近世言之，則李光岳三代策勛，皆不遷之位也。世次迭遷至於光岳曾孫，則將不得祭其祖。設或四代策勛，則又不得祭其父矣。甲者曰唯始封勛不遷，其餘雖有功勛當遞遷。乙者曰國家待勛臣既有常制，爲其子孫者自不敢擅祧，不遷之位雖多，皆當特設於四龕之外。何者爲得？」姜碩期。沙溪曰：「甲説爲是，若連四代策勛而皆不遞遷，則祖與考亦不得入廟。豈有是理？《大典》只言始爲功臣，則第二以下祧遷，從可知也。或者因《大典》别立一室之文，而欲别立一廟，廟與室果同乎？彼無知妄作，欲立七八代龕室者，亦不足言也。」

大典奉祀條始爲功臣者代雖盡不遷别立一室又見《五禮儀》大祥條

南溪曰：「次勛當遷之遷，通指長房墓所而言。」答崔是翁。

不遷位墓所或宗家立廟高祖不遷不遷位不可别立廟并論

尤庵曰："《家禮》祠堂章附注論别子條既曰百世不遷，其下遞遷條云藏其主於墓所，二者誠似有異。然其所謂不遷云者，不遷於他所，而猶主於大宗之祠也。然則其所謂藏主者，雖與在廟者有異，而宗子主之，則一也。其神主既藏於墓所，則時祭忌祭當準禮廢之。而楊氏既曰有祠堂以奉墓祭云，則是墓祭之名猶在，而其實行之於神主也。貴宗兩大君一功臣，俱是百世不遷之位。若主祀者奉此三位，而又奉其四親，則祭七世也。正是殷天子廟制，而過於本朝之廟制矣。寧有是理？故《國制》使士大夫只祭三代，而其有功臣者，則恐脱。三位之上以祀之。然必須始爲功臣者，然後可以如此。然則貴宗之廣平以下，當遞出矣。試嘗論之，延平是始爲功臣，則延陽自當遞出，而延城則以大宗之故，當百世不遷矣。以人以功，延城久食，而延陽餟而者，豈是道理？故愚嘗禀於慎老，以爲《國制》狹隘而多礙，若從《家禮》藏墓之儀，則三延俱爲不遷之位，而三延之後，雖更有十功臣，亦無所礙云矣。仍請以此附入於《問解》中，而慎老終不肯可。每一思之，恨未得當時力争而歸一也。"答李選。

又曰："據《家禮》，則撫安廣平各爲别子，當各就其墓所立廟，而依東俗享之於四名日。二墓同在一處則同廟尤便。此則既有《家禮》明文，似無難處，惟永順府君，則似有未易言者。蓋永順既非別子，則當祧，而於國法始爲功臣者，別立一龕於曾祖之上以祭之。此則國法令士夫只祭三代，故加設一龕，而亦符於《家禮》祭四代之文矣。老先生既依《家禮》祭四代，而又有不遷之位，故不得已遷出高祖位，此既非國法，又非《家禮》矣。愚嘗請於慎齋，以爲不遷之位，遷於墓所而不埋，既是《家禮》之文，今用此禮，而還奉高祖位於廟中，似合於《家禮》，又不違於國法待功臣之意矣。慎齋以老先生之所定，而終不敢變通矣。以鄙見論尊家事，則永順亦當立廟於墓所，而廟中則祭及高祖，似皆有據。」答李遇輝。

同春曰：「按《家禮》既曰大宗之家，始祖親盡，則藏其主於墓所，百世不改云，則外此難容他議。蓋必如此，然後承四龕方得穩安，無難處之患矣。今有數代策勳者，只奉始祖一世，第二世以下雖有功勛，遽埋其主，國家既以勛臣，許令不埋，而其子遽埋之，殊非孝子慈孫承先裕後之用心也，禮律情理皆有不當然者，朱夫子於此必十分斟酌立定此制也，何可捨之而創出新例耶？但念墓所有遠近，形勢有難易，設令立廟於墓，或有難便之勢，則亦當權宜處變，不失《家禮》之意也。若奉始祖於首龕，遷高祖於別廟，第二世以下雖有功勛，遽埋其主，則既非《家禮》之意，又乖時王之制，直截未安。」答姜碩期。

遂庵曰：「家廟之中高祖爲主位，親未盡而祀於別室，豈不未安乎？國法勛臣奉祀，不限代數，別立一廟，永奉不遷之位，似爲合宜。靈城君祠堂宏大，今其子孫雖欲別立一廟，視舊制必低且狹，靈城以最尊之位，反處於低狹之室，亦甚未安。若然，則新構一祠，奉安四代，而不遷位，仍奉於舊廟，情理俱安，如何？」答郭守熀。

芝村曰：「鄙家七代祖延城府院君，嫡長孫李莘老家以不遷之位，故只祭曾祖以下，此已未安。又尤翁所謂既立别廟，以奉不遷位，則設有十功臣，亦當并祀之者，最似無礙。且此府院君神主，與嫡長孫三代神主，并安一廟之故，他子孫展拜時，亦多不便。今若就嫡長家立一廟，只奉府院君神主，而嫡長之高祖以下四代神主，則又自爲奉安於他所，或别立祠，則事事平順矣。抑尤庵以爲時忌祭準禮當廢，豈以廟在墓所以奉墓祭爲名故耶？然此則雖在墓下，乃是宗家也，既就宗家而立廟，則時忌祭似當一如平日而行之。」答閔鎮厚。

問：「月沙先祖新有不遷之命，奉安之所終未決定云云。尤翁有一説，欲依李益齋影堂例，别立廟於宗家，曰程朱之論，人家别廟，不啻多矣云云。玄石四龕五代之論，亦甚苟簡。無已則祠堂三間，上一間隔壁奉不遷之位，下二間爲四龕而奉高祖以下，如何？」李鼎輔。陶庵曰：「《家禮》别子藏主墓所，自是不易之定論。所謂事勢有所窒礙者，未知指何事？苟是拘於私小之見，則只當擺脱而亟從之，此爲第一。至於别廟於宗家，雖未詳程朱説出處，尤翁既援舉爲説，足以信而可行。抑又次之末段一龕隔壁之説，破碎苟艱，不成道理，就上兩段商量擇定，恐爲合宜。」

南溪曰：「《五禮儀》始爲功臣者别立一室，指廟中而言。今制法重於禮，故沙溪有高祖當出之説者，此也。然則不遷之位，恐難立廟於墓所。」答鄭尚樸。

又曰：「此事沙溪以爲高祖當出；旅軒以爲既有國令，雖祀五世無害；尤庵以爲當倣始祖，立高祖廟於墓所，未必皆當。愚意其疑於僭者，在龕而不在世，欲倣古禮官師一廟祖禰共享之意以處之，此區區之意也。○别立一室之説，旅軒與鄙皆以歸重高祖有此議論，然旅軒全無分别，鄙則自謂稍倣朱子無廟不可謂僭之義而處之矣。沙溪説非不遠僭，但於程子祭四代之制，不免或就或捨，是爲未允耳。」答閔彦暉。

不遷位墓下有書院則當立别廟於宗家

尤庵曰：「不遷之位，《家禮》言之詳矣，當别立祠於墓所而藏其主矣。第老先生墓下已有書院，則又别立祠，似涉重複，未知如何。若然則當立於宗家，如李益齋影堂之爲，而神主畫像并安於此矣。蓋一祠之中奉安不遷位，而又奉高祖以下，則是五代也。此僭於太廟之制，决不可爲也。若爲此而只祭曾祖以下三代，則雖云國制，而有違於《家禮》大訓。蓋變東俗遵《家禮》，此實老先生盛典，而今士夫好禮之家皆祭四代，况以子孫而其敢違此乎？」答鄭纘輝。

不遷位別廟不可同奉親廟四代

陶庵曰：「我朝大君即古所謂別子，別子親盡則爲廟於墓下祭之百世者，禮也。今此孝寧大君之廟，建於墓下，實得斯義。夫人家一祠之中，奉安不遷位，而又奉高祖以下，則是五代也。此則僭於太廟之制，宜不敢爲也。今孝寧宗孫之以四代同奉於始祖之廟，極爲僭猥，所當釐正之不暇，况此新廟係是國家褒揚清德之特恩，事體尤別者乎？設令宗孫移家於墓下，安敢如前僭猥以犯禮律也？」答李道翼。

王后考妣與功臣不遷不同見別室藏主條中王后考妣代盡奉別室祭

從享之人不遷當否有學行節義不祧之非并論

南溪曰：「宗廟配享，文廟從祀之人，其主不遷云者，洛中亦有此説。頃年栗谷先生家立後，時諸公頗費詢考，終不得可據之文。似因圃隱神板事，以致訛傳。蓋古今配從之數甚多，而未聞有果如此言者，則其誤明矣。始祖立廟之禮，恐亦不可如此相混。」答崔是翁。

又曰：「所教從祀文廟，當百世不遷者，恐難輕議。蓋自宋季至于皇朝，從祀當代儒賢者不一，凡此之類若皆百世不遷則善矣，苟中國無之，而我東獨然，事創禮異，豈不爲天下後世之譏笑耶？千萬慎處。」答李端夏。

芝村曰：「圃隱事似因前朝功臣而然云云。沙溪自上教以當爲不遷之位，此便爲時王之制當否，則誠亦有未知者。有功於國家者，既許不遷，則有功於斯文者，亦宜一體。而但功臣，則始封外皆遷。若遵此例，祖孫父子皆入文廟，則亦當只不遷始入者耶。宗廟配食，人亦無不遷之事，惟孝宗世室後，尤翁代作祝文，使告以宗廟庭享既將百世不祧，則私家祠版亦當如之云。據此，文廟之重不減於宗廟，雖非始入者，亦當不祧。又以此意推之，雖不入於文廟，或儒先或忠臣，朝命立祠而官給祭奠者，其私家祠版之或祧或埋，亦未知其如何。」答李頤命。

陶庵曰：「文廟從祀之大賢，太廟配食之功臣，皆當不遷。此外則皆僭也。眉庵固是碩儒，而於斯二者，俱無所當爲，子孫者安敢以私情而擅行耶？湖南此弊最多，不獨眉庵家而已，恐不可不盡爲釐正。然既無釐正朝令，則其子孫之賢者，只當自爲之，而百拜告辭之前，又當先爲具由以告矣。」答楊應秀。

問「河西文靖公代盡後，立廟墓下」云云。金承祖。陶庵曰：「先生道德節義固爲百世所宗，而此則已有士林俎豆之享，至於家廟親盡而猶永奉者，在禮無徵，於法不可，雖遷於墓所，而終覺未安矣。」

遠代不遷位稱號

寒岡問：「先代有勛勞，於國爲不遷之主，祝文當書幾代孫某告于幾代祖否？」退溪曰：「當如此。」

同春問：「不遷位，或書幾代祖，或書始祖，未知孰是。」沙溪曰：「稱先祖可也，或書幾代祖，亦可也。始祖之稱，似有嫌於厥初生民之祖，恐未安。」

尤庵曰：「別子則當稱以始祖，其以下不遷之位，則稱以先祖。據《家禮》可知矣。」答李遇輝。

同春曰：「曾聞有不遷之主者，屬稱書幾代祖，旁題書孝玄孫，不知其果有據否？旁題亦書以孝幾代孫，恐亦不妨。」答蔡之洒。

別室藏主

王后考妣代盡奉別室

芝村曰：「《大典》奉祀條則專論奉祀之當爲幾代，故只云代雖盡不遷。致祭條則王后考妣非如功臣之百世不遷，隨后位之祧否而或致祭或不致祭，故只於此言奉祀者代盡則別立一室以祭之矣。此所以微有不同也。別立一室之文，似亦謂當別立一龕室於家中也。既謂之別立一龕室，則作爲一間祠堂，亦可。尤翁謂國法令士夫只祭三代，故加設一龕云者，即別立一室之義也。然則王后考妣之別立一室，亦當如此，本只三龕，故當更立一龕而爲四龕矣。」答閔鎮厚。

祭三代者高祖神主奉別室

同春問：「玄孫爲高祖承重，而從《國制》只祭三代，則高祖喪畢當埋其主，而高祖母在，則情理有所不忍，如何？」沙溪曰：「情不忍埋，奉安別室恐當。」

祧主不遷於長房則奉別室見遞遷條

親盡祖有勛不遷高祖別奉見不遷之位條

不遷位墓下有書院則當立別廟於宗家上同

無後本生親奉别室

尤庵曰：「本生親班祔大宗已有先正之論，若所後家非當祔之親，則當祭於别廟耳。」答全瑜。

南溪曰：「無後生父不論同宗之遠近，不得不祭之别室。」答李行泰。

繼祖禰之家兄亡弟及則兄主别奉見喪變禮無後喪條

無後諸親神主奉别室上同

妻主别處之説見班祔條

班祔難容龕内者奉别室見班祔條中諸祔位同入本龕内條

承重妾子祭其母見妾子諸禮條

出嫁女神主奉別室

尤庵曰："柳氏姊神主柳宗有主祀者，而時未奉歸，則當姑奉於別室以俟之，决不可與尊先考同廟矣。"答金得洙。

墓所藏主

始祖神主藏于墓所諸位同廟及廟制祭式并論

尤庵曰："遞遷條藏其主於墓所云者，墓所有祠堂，奉安神主也。曾見完南君先兆，則廣平大君是始祖，故其墓下有祠堂，而藏主至今祭之矣。《家禮》之文既如此，而時俗亦有行之者，則今之士大夫只得如是行之而已。《中庸》小注所謂祧者，是在國都，而非在墓者，與本朝永寧殿之制無異也。蓋藏主墓所恐是朱夫子以義起者，而亦只是士夫禮也。"答宋晦錫。

問"撫安廣平永順三墓同在一局，故自先世立一草屋於墓前，四節日并設三位於其中而祭之"云云。李遇輝。尤庵曰："本朝大君即《家禮》所謂別子也，別子親盡，爲廟於墓下，祭之百世，即《家禮》之說也。而諸墓之祭，設於墓下齋舍者，又退溪之意。則高門之制，雖非古禮，亦可謂協諸義而協者矣，况禮文如此分明乎？草屋瓦屋之辨有不待問而可知者，今功臣王子之禮葬必造給瓦家幾間，則今此以瓦易草，亦何嫌於僭哉？且其制如凡人墓下之齋室，則丁字閣之嫌，尤不可言也。」

問：「始祖親盡，其第二世以下及高祖親盡，皆率其子孫一祭之，始祖高祖同一祭也，則始祖神主不埋之意安在？」或人。尤庵曰：「始祖神主不埋而藏之於墓所，祠堂行墓祭於其主，蓋所重在於不埋其主，若其歲一祭墓，則與小宗親盡者無異矣。」

問：「別子乃是百世不遷之位，而遷于墓所，何也？」吴遂昌。南溪曰：「百世不遷，非指墓所而言，此則始見《家禮》，蓋今法無始祖廟故也。」

又曰：「始祖之廟遷於家而立於墓，蓋以家則固有世數，定制有不可違，而墓則無甚妨，始祖之主又不宜埋故也。大祭則固爲一歲一行之常，而諸孫往來省視自有其時，豈至終歲不開門耶？」答李德明。

同春問：「《家禮》始祖親盡，則藏其主於墓所，而大宗猶主其墓田，以奉其墓祭，歲率宗人一祭之。楊氏曰墓所必有祠堂，以奉墓祭云。夫墓所立祠堂，藏其主而不埋，則四時節祀皆似不當廢。而《家禮》本注及楊氏説皆只以墓祭言之，深所未曉。」愼獨齋曰：「墓所既有祠堂，則自當有祭。豈但墓祭而已乎？但未知一如在家四時節祀并不廢耳，或歲率宗人一祭之耶？未可知也。」

不遷位墓所立廟見不遷之位條

同春問：「寒門從《國制》只祭三代，高祖墓祭廢而不行甚非，所以報本反始而爲子孫法也。玆欲與宗人相議，依《家禮》歲一祭之禮，除外孫，只與姓孫輪回行之，如何？」沙溪曰：「示意極好。」

祧位歲祭祔位歲祭并論

問：「始祖第二世以下祖親盡，及小宗之家高祖親盡，則其墓田諸位迭掌而歲率其子孫一祭之云云。此與最長房遞遷者有異焉。」金相殷。南溪曰：「假令人家祖先位爲二十世，其第一世以下直泒爲始祖百世不遷之大宗。第二世以下至高祖以上其間十五世爲先祖，皆隸於第二世以下之文。高祖親盡以下始爲高祖以下之宗，曾祖亦然。祭時則《禮》無其文，恐當或用墓祭三月上旬及寒食十月朔之類。諸位則以大宗祧主之語觀之，似只指諸子小宗家。蓋大文所言乃遞遷之禮，而事見大祥章注中所云乃始祖以下墓祭之禮，恐與今説自不相同矣。」

問：「宗子與父兄尊行同行遠祖之祭，則其祼獻誰當主之耶？或曰五代祖代數不遠而既已親盡祧遷，則宗子不得主祭，況於遠祖乎？尊行當祼獻。或曰宗法至嚴，宗子不可不主祼獻。」宋奎濂。尤庵曰：「神主祧遷則其宗毁，而族人不復相宗矣，又安有宗子之名乎？其主在最長房，則是稍近，而尚且如此，況神主既埋而尤遠者，則宗子之名，益無所施矣。」

遂庵曰：「墓祭三獻可也，祝文臨時製用，以行列最尊者爲之可也。」答金光五。

南溪曰：「《禮》云庶殤不祭，準此程子所定，已爲從厚，而若於墓祭，猶且百世而不改，則無乃太過乎？至於成人無後者，恐或宜然。然似與有子孫者無別，亦未知恰當否也。且墓未必同兆，或是葬於他所者，及其主初不祔食於祖，如俗所謂收養外孫奉祀之類，亦將盡用此禮耶？」答尤庵。

又曰：「《家禮》置祭田條，親盡則以爲墓田後，凡正位祔位皆倣此。今閔氏五世祖考妣神主當祧久矣，特以墓祭一事疑議未定，因循至此。蓋外孫奉祀雖非禮，自其本宗言之，亦不得不謂無後之祔位也。祔位之置祭田，與正位無異，如是故魯西、草廬皆謂當行歲祭於其墓無疑。尤丈雖斥外孫奉祀，而其論祔位則亦同。此乃行祧而當行歲祭之説也。《問解》先祖與祖考墓同在一山，則當設一獻於先祖，以伸情禮。今沈司果祖考妣墓與小承旨公墓同托一岡，而四時上家設祭彼此懸殊，私心踧踖不安甚矣。蓋亦由於當初祧埋時，不思詳審處置之道而然。況今更祧大承旨公，禮制恰同，一祭一否，則尤爲不安。此乃當因祧禮并舉沈氏祖考妣歲祭之説也。祔位歲祭説見《家禮》，實與有其廢之不敢舉之義小異。且念吾家田民皆出於閔氏，閔氏則皆出於沈氏，兩家既并無後，其在國法，或當贖官，或當分給族人，而今不可遽變。受人之托，享人之財産，而使其應行之墓祭闕而不舉，一任其魯莽廢弛，義所不敢出也。恐當別置祭田，更爲之定規制，立廳庫，具器用，使墓僕謹厚者看守勿怠，而主事之人時往行禮，庶幾不負其屬托恩義，而終無嫌逼之患也。」答朴泰斗。

陶庵曰：「歲一祭或遇雨，則差退日子，待晴上墓爲當，至於紙榜行事，恐違洒掃之意。」答盧以亨。

支子諸禮

支子立祠

寒岡問：「支子生而立齋死，而爲祠亦可否？」退溪曰：「《家禮》云云者，以生時居處神所依安故也。」

寒岡曰：「奉父母之祭者，又奉曾祖之祀，則曾祖當安於西之第二龕，考妣當安於東之最下龕，西之第一龕與中一龕，則當虚之矣。」答任屹。

尤庵曰：「支子雖各立祠堂，而壓於宗家，故只計世數爲龕，而不敢爲四也。」答閔泰重。

問：「家兄爲伯父後云云，今與伯嫂同居，而既有廟矣，先考喪畢後又立私廟，則是一家之内爲兩廟。」李時春。南溪曰：「雖立兩廟，只成《家禮》支子同居立廟之制，恐無所妨。」

問「支子之不敢爲其妻立廟，《禮》有明文，而欲别構小草屋爲祭廳，大祥後仍奉其處」云云。李志逵。南溪曰：「此未必爲立廟之嫌。」

姪父自立祠堂遷徙之義

寒岡曰：「班祔，姪之父生，則姪之父家無廟，不得不姑祔於宗子之父，亦所以順昭穆之序也。姪之父亡，而立祠堂，則姪又不得越其私祠而就祔於宗子之廟，故不得不歸祔於其父之祠堂，竊恐情有不得不然。」答沙溪。

龜峰曰：「姪之父，兄弟行也，姪無後，當祔祖，而祖尚存，不得祔，故就祔于宗家祖位。及其祖死，而其父立祠堂，則乃遷從親祖也。蓋此云姪之父從兄弟及再從兄弟也。若親兄弟，則自家已立祠堂，宜祔其姪，何遷之有？」

同春問：「《家禮》班祔條云姪之父自立祠堂，則遷而從之，未詳其義。」沙溪曰：「曾問於鄭道可，其答云云。宋龜峰亦有説可考。」

鄭道可云云。見上。○宋龜峰曰云云。見上。○按《家禮正衡》之説亦然。

尤庵曰：「姪之父自立祠堂，若如寒岡説，則是失孫祔祖之義也。《問解》於龜峰説下云《正衡》説亦然云，則取捨之意可知也。」答沈世熙。

又曰：「班祔條下所謂姪字，若是兄弟之子，則其子之父寧有自立祠堂之事哉？兄弟各立父母之祠者，古今天下無有是理也。」答或人。

支子自主之祭

退溪曰：「四時正祭之外，若忌日俗節等祭，支子亦可祭之。」

又曰：「二主雖隨宗子，而所當主之祭，留於支子，而不從也。」

問支子自主之祭。栗谷曰：「以今觀之，别無支子自主之祭者，但古人多與宗族同居，而支子各立祠以祭其父母，所謂不必隨宗子而徙者，疑指此也。」

龜峰曰：「支子自主之祭，乃繼禰繼祖等小宗也，即祠堂章所謂祭之次日即令次位子孫祭之者也。」

問：「朱子答劉平甫書云支子所得自主之祭，則當留以奉祀。所謂自主之祭，指何祭耶？」黄宗海。沙溪曰：「退溪、龜峰皆有所論，愚意恐此乃班祔神主也。支子之妻若子若孫曾已班祔於宗家，而今宗子奉先祖神主遠去，則其夫若父若祖在家自當主之，不當隨宗子而遠去也。」

退溪曰云云。又曰云云。○龜峰曰云云。并見上。

南溪曰：「朱子所謂支子所主之祭，退溪雖以忌墓祭爲言，然文義相礙，後儒亦多異見，實難創開以爲通行之制。」答李后晟。

又曰：「《禮》無支子藏妻主之説，恐其主入祔於祖龕然也。若有官位異居者，則其子依時行祭於所藏別室，而夫爲之告祝，宜亦可矣。」答李志逵。

問：「弟既爲妻立廟，且期大功葬後，祭如平時，則雖與宗家異之，不妨。」安大奭。遂庵曰：「既奉於別廟，則宗家雖遭重喪，何可廢祭？」

支子權行廟祭見祭變禮支子祭先條

論加供之非

問：「程叔子曰衆子不可與祭，則以物助云云，稱以家供，别具餅酒，侑食之後，雜陳於床前，於禮無據，所見亦駭。」韓聖輔。尤庵曰：「古禮有獻賢之文，蓋支子有二牲，則獻其優者於宗子，以供祭用。正程子所謂以物助之之意也。獻其賢而助之，則可致其誠意，何必循此所謂家供之瀆褻也？」

陶庵曰：「今俗或於小大祥及忌日支子孫别具餅酒，謂以加供，侑食之後，雜陳於卓前，其爲瀆褻，孰甚於此。如欲伸情，則以物助具饌之需，似合於古禮獻賢之義矣。」《四禮便覽》。

支子祭先墓 薦新并論○與忌墓祭輪行條參看

尤庵曰：「朱壞，制置。子廷雋，子昭元，子惟甫，子振，惟甫三男，振季子也。子絢，子森，子松，子熹。○據此族譜，則朱子非宗子，而其祭制置墓，朱子自爲之主，而有祝文，未知墓祭與家廟有異，故支子猶得祭之耶？抑以親盡之祖故耶？又按朱子嘗曰『宗子越在他國，則庶子居者，望墓爲壇，以祭祝曰「孝子某使介子某執其常事」』，蓋其尊祖敬宗之嚴如此』。據此則支子雖得行墓祭，而祝辭猶以宗子爲主也。朱子又論廟祭，以爲兄家設主，弟不立主，只於祭時旋設位，以紙榜標記，逐位祭畢焚之，如此似亦得禮之變也。據此而論，廟祭猶尚如此，况墓祭，支子尤無不可主之義矣。○據此三條，則今日提忠之祭，蓋以參互適中而得其情文之宜矣。鄙意則祝辭以公瑞丈爲主，而曰『介子某建節來莅適兹本路』云云，而仍叙追慕之義，則庶或寡過矣。」答閔維重。

尤庵問云云。同春曰云云。詳見喪禮喪中行祭條中宗子喪中祭祀條。

問：「俗節墓祭支子行之，則其祝文直書行祭者耶？抑書以孝子某使某云云耶？」李之老。

南溪曰：「當從使某之例，蓋雖曰父兄之尊，夫既厭於祖先，則恐無所妨，如君前臣名，父前子名，可見也。」

尤庵曰：「墓前薦新亦自情掩其禮，但古無墓祭，又支子不祭，而當時有支子望墓爲壇而祭之文，《家禮》親盡則諸位迭掌墓祭，此數者略可據矣。每有新物不能不思其親，祠堂既遠，則與宗子越在他國無異矣。此若不甚悖於禮，則欲仍爲一家儀，未知如何。南軒嘗據禮深斥墓祭，及朱子以人情反復商量，然後歸一。」與南溪。

南溪曰：「薦新及俗節飲食果亦難處，然設置浄處，或墓前之説，固是切於私情者，要非謹守《禮經》之義，則恐亦只得遲待其物節晚而後食之，方無不安於心耳。」答李后晟。

忌墓祭輪行

退溪曰：「專主設行，近於古禮，甚善。然朱子亦有支子所得自主之祭，疑支子所得祭之祭，即今忌日墓祭之類。然則此等祭輪行，亦恐無大害義也。」答金就礪。

寒岡問：「忌祭欲定行於主人之家，支子女子則只以物助之而已，何如？」退溪曰：「此意甚好，然亦有一説，朱子與劉平父書有支子所得自主之説。今若一切皆歸於宗子，而支子不得祭，則因循偷惰之間助物不如式，以致衆子孫全忘享先之禮，而宗子獨當追遠之誠，甚爲未安。又或宗子貧窶，不能獨當，而并廢不祭，則反不如循俗行之之爲愈也。」

頤庵曰：「國俗，忌祭不論男女，輪遞設行，《國典》云祭享之費，與祭宗族輪番偕辦，又言主祭子孫別居遠處，衆子孫就其家行祭，謂送助其費于宗家耳，非使之設行於各家耳。」

栗谷曰：「墓祭忌祭世俗輪行，非禮也。墓祭則雖輪行，皆祭于墓上，猶之可也。忌祭不祭于神主，而乃祭于紙榜，此甚未安。雖不免輪行，須具祭饌，行于家廟，庶乎可矣。」《擊蒙要訣》。

南溪曰：「雖支子家具饌，祝辭必用宗子名。」答柳貴三。

異居遇先忌見祭變禮異居行祭條

支子官次不敢奉先廟

沙溪曰：「支子爲守宰者奉神主以行，非禮之正，亦亂後權宜之道耳。」答黃宗海。

問："庶子出仕宦，祭時其禮亦合減殺云，然則庶子之出仕宦者，當奉神主而往耶？"或人。

尤庵曰："庶子仕宦而祭其先，恐當時宗法不立，習俗如此。"

又曰："支子作官者，不敢奉神主以往之諭，甚正且嚴。據禮，宗子越在他國，而支子在本國者，不得不祭，則猶不敢入廟行祭，只於望墓處爲壇而行之，而亦以宗子爲主，曰孝子某使介子云云。宗法之嚴如此，則何敢奉神主於支子之官次乎？支子中如有不顧禮義而欲徑情直行者，則當以義諭之，只使備送祭需於宗家，以致獻賢之誠可也。"答韓聖輔。

妾子諸禮

妾子奉祀見祭變禮

妾母祭代數與下條參看

陶庵曰："爲人妾者，祭止於其子，於禮爲正，何者？子以承父，孫以承祖，禮之經也。妾子既不能奉其禰位，則不可以傳序之義論也。苟以情有所未忍，則於孫猶可，奉主似當於別處，三世四世，則不可祧遷，尚何可論！」答李晚膺。

承重妾子祭其母 祭祖母及代數稱號及庶孼奉祧廟者祭其母并論

同春問：「庶子祭其母當何稱？祭之當何所？丘氏曰『若嫡母無子，而庶母之子主祭，恐亦當祔其母於嫡母之側』，此可遵行否？」沙溪曰：「程朱之説可考，妾母豈有與嫡母同祔之理乎？丘説大違於禮，不可從也。」

程子曰：「庶母不可入廟，子當祀於私室。」○問妾母之稱。朱子曰：「恐也只得稱母，他無可稱，在經只得云妾母，不然無以別於他母也。」又曰：「吊人妾母之死，合稱云何？」曰：「恐也得只隨其子平日所稱而稱之。」或曰：「五峰稱妾母爲小母，南軒亦然。據《爾雅》亦有小姑之文。五峰想亦本此。」○問：「子之生母死，題主何稱？祭於何所？」曰：「今法五服年月篇中母字下注云，生己者則但謂之母矣。若避嫡母，則只稱亡母，而不稱妣，以別之可也。伊川云祭於私室。」○問：「妾母若世祭，其孫宜何稱？自稱云何？」曰：「世祭與否未可知，若祭則稱爲祖母，而自稱孫無疑矣。」

又問：「妾子爲父後，則其母神主當藏於別室而祭之，但未知必至玄孫易世而後埋置否？」沙溪曰：「庶孼雖不可一從只祭考妣之法，亦當祭三代而已。豈至玄孫易世之後乎？」

問：「庶孼以最長房立祠於家，以奉先祖神主，則此與承適而主父祀者無異，其妻或其子死，則其神主恐當入於祠堂，而至於其母，乃是妾，則決不可許入一祠之中，似當安於別室，其庶孽必欲同入一祠，則任其所爲，亦或不至於大段不可耶？」李選。同春曰：「承嫡者之母許入於先廟，丘氏似有此論，老先生常以不識義理斥之，恐不可不謂之大段事也。」

承重妾孫爲其所生祖母主喪祭當否

見祭變禮承重妾子祭本生母條

庶孽奉祧主

見遞遷條

外庶孫奉祀者所生外祖母稱號

見祭變禮外孫奉祀條

禮疑類輯卷之二十四

祭變禮

臨祭有故

臨祭遇喪 與喪禮喪中行祭條中期以下服中大小常祀條參看

尤庵問：「將祭遇喪，則如之何？」沙溪曰：「古禮有個節目，當酌古參今倣而行之耳。」

曾子問曰：「大(大)〔夫〕之祭，鼎俎既陳，籩豆既設，不得成禮，廢者幾？」孔子曰：「九。天子崩，后之喪，君薨，夫人之喪，君之太廟火，日食，三年之喪，齊衰，大功，皆廢。外喪，自齊衰以下，行也。其齊衰之祭也，尸入，三飯不侑，酳不酢而已矣。大功，酢而已矣。小功、緦，室中之事而已矣。士之所以異者，緦不祭。所祭，於死者無服，則祭。」注：「外喪在大門之外也。士卑於大夫，雖緦服亦不祭。所祭於死者無服，謂如妻之父母，母之兄弟姊妹，己雖有服，而已所祭者，與之無服，則可祭也。」○《雜記》：「大夫士將與祭於公，既視濯而父母死，則猶是與祭也，次於異宮。既祭，釋服出公門外，哭而歸。其他如奔喪之禮。

如未視濯，則使人告，告者反而後哭。」注：「視濯，監視器用之滌濯也。次於異宮，以吉凶不可同處也。如未視濯而父母死，則使人告於君，告者反而後哭父母也。」〇「如諸父昆弟姑姊妹之喪，則既宿則與祭。卒事，出公門，釋服而後歸。其他如奔喪之禮。如同宮，則次于異宮。」注：「既宿，謂祭前三日將致祭之時，既受宿戒，必與公家之祭。以期以下之喪服輕故也。如同宮，則次於異宮者，謂此死者，是已同宮之人。〇「父母之喪，將祭，而昆弟死，既殯而祭。同宮則雖臣妾，葬而後祭。」注：「將祭，將行小祥或大祥之祭也。」〇《五禮儀》：「凡散齋聞大功以上，致齋聞期以上喪，及疾病者，並聽免，若死於齋所，同房不得行事。」

問：「將行時祭而遭有服之喪，則未成服前似不可行祭。若忌日乃人子終身之喪，遭功緦之輕服而廢之，未安。」姜碩期。沙溪曰：「按《擊蒙要訣》所論合於情禮，當以此行之。」

曾子問云云。見上。〇《擊蒙要訣》「緦小功則成服前廢祭」云云。詳見喪禮喪中行祭條中期以下服中大小常祀條。

遂庵曰：「禮，前期一日設位陳器，鼎俎既陳，籩豆既設，似指祭前一日也。」答成爾鴻。

問：「『父母之喪，將祭，而昆弟死，既殯而祭。同宮則雖臣妾，葬而後祭』，如此則於將祭之位，當告其由，而期服可除者，因朝上食除之耶？」蔡徵休。遂庵曰：「來示然矣。」

問：「大夫士將與祭，而父母死，則既祭，釋服，哭而歸。」李彥純。南溪曰：「敬莫重於祭，故古禮節文如此，然在後世難行，《五禮儀》有致齋聞期以上喪並聽免之文。」

尤庵曰：「《問解》所引《曾子問》所謂大夫齊衰大功廢祭，外喪則自齊衰以下行也，及士緦不祭云云者，皆指鼎俎既陳，籩豆既設，臨祭而遭喪之謂也。未知不至於臨祭，亦當如是耶？又後世喪祭之禮，皆不分士與大夫，則獨於此區別，未知如何。栗谷議以爲緦小功則成服前廢祭，五服未成服前，雖忌祭亦不可行。據此，則來書引用，恐未恰恰精當也。且墓祭異於忌祭，或俟成服後卜日展掃，則恐尤合宜否耶？」答閔鼎重。

問：「當祀齋戒之日，或遭外黨有服之喪，則其祭可廢否？」金相玉。尤庵曰：「《曾子問》有鼎俎既陳，籩豆既設之問答，依此行廢，則雖不中亦不遠矣。」

問：「祭祀時聞外喪，奈何？」李尚賢。同春曰：「未出主則廢之，既出主則略行之，事畢後，即位而哭。」

又曰：「凡禮皆當統於男子，元無以婦人之故而爲之進退者。況婦人外喪，則尤恐無所嫌，以《曾子問》齊衰以下行之説推之，甚分曉。惟遭喪之婦人成服前，則恐難參祭也。」答權諰。

陶庵曰：「功緦之戚，無論本宗外黨妻黨，未成服之前，忌祭墓祭茶禮皆當廢，而如外黨妻黨之服，則使家中無服者代行亦可。雖喪出他所，只當論己之成服與未成服也。」代行則似當單獻無祝。○答吴瑋。

問：「母與妻之祖父母喪，未成服前，主婦不可供祀，廢祭無妨否？」吴瑋。陶庵曰：「母與妻之祖父母喪，雖於未成服前，只當論己之有服與無服，婦人不當論。」

問「大忌正齋日聞訃」云云。李以直。寒岡曰：「切親有服，則當廢祭而奔哭，無服而情切，則祭畢别爲位以哭，情不甚厚，而聞訃累日，則亦不必追哭。」

死者有服無服行祭廢祭之説見喪禮喪中行祭條

有喪産廢祭當否往來喪家者拘忌并論

同春問：「臨祀，家内有婢僕之喪，或有産婦，則凶穢之甚，何以處之？齊戒時，喪家往來人，亦忌不見否？」愚伏曰：「禮，父母之喪，將祭，而有兄弟之喪，則殯而後祭，此謂練祥二祭也。如同宫，則雖臣妾，葬而後祭。以此觀之，廢之似當。家内有解産者，則不潔，不可祭也。初喪殯斂，往來執事者，則忌之亦不爲過。」

又問：「云云，愚伏答云云。」見上。沙溪曰：「愚伏説是。」

問：「雖臣妾之喪，若同宫，則葬而後祭，如此輕喪廢先世忌祀，情理極礙。」成遠徵。遂庵曰：「當先世忌祀，移其殯而祭之，或可耶？」

問「祭祀之日家間有生産」云云。安應昌。旅軒曰：「已不親與其汚染之事，則或兄弟家或親屬家設行而已。若親與，則使子弟代行，如無代行之人，雖闕之可也。」

南溪曰：「解産廢祭，《禮》無其文，惟《通解》《内則》妻將生子，居側室，至于子生，夫齋，則不入側室之門。是當祭者不入産室而已，祭則自如可知，况於牛馬耶？古之臣妾與今奴僕固無所分，然必以奴僕之喪，至於三月廢祭，恐亦太重。然恐不如謹守古制之爲無滲漏也。然今臣妾之喪，無必待三月而葬者，事過行祭無疑矣。」答李時春。

又曰：「《禮》云云，産者不與於祭，其餘家人自若行祭可知矣。若所詢只一婦有産，他無代行者，則其勢亦只得姑廢而已，恐無奈何。」答朴泰崇。

陶庵曰：「俗忌廢祀固爲無識，而家内痘疫，或解娩，恐不精潔，治祭具於他舍而行之爲得否？」答臨江院儒生。

尤庵曰：「緦小功成服之日，既已參錯於喪殯之間，則歸行朔參於祠堂，有違前一日齋宿之禮，使人代之可也。所謂成服後，必不指是日而言也。」答李溇。

染疫廢祀當否

頤庵曰：「甚矣！時俗之怵於疫疾也。夫瘡疹者，大有毒熱之病也。小兒遇之，宜多難保。

且凡血氣之盛者，必有變動。又小兒例有一月一度變蒸之候，而氣運相激，或示異狀，則昧者疑有鬼神之使作，巫覡因之恣爲恐嚇，而最所禁忌者，祭祀也，牲牢香火，諱不敢言。古者廢祭則吊，今也將祭則駭。嗟乎！人於疾痛則必呼父母，憂患則聚族而謀之，然則凡有病患，當先告祠堂，以求先祖之陰佑，而徒事乎非鬼，何耶？報本追遠，人道之大者也，灾厄之來，未必非廢祭之因，而顧不知悔罪致誠，修祀復禮，唯憑巫覡，覬回天命，灾愈集而惑愈甚，終至於身隕而家敗，尤可哀也！」沙溪曰：「按宋公之説，有補於法化。」

問：「或云寒岡十里許有疫疾，則廢祀。」尹宲。尤庵曰：「寒岡事未有明文，則似不可輕議，染疫在近而廢祭祀，於古未聞。」

南溪曰：「合家染瘟疫者，勢似不得行祀。世人或以鄰里近村而不祭者，惑矣。大疫則只兒少染痛，恐無不可行祭之義，小疫則自前國俗無忌祭之事，不必論也。」答朴泰崇。

又曰：「祖先祭祀雖與父母在殯出避之義，較有輕重，亦不宜只管廢闕。如寒岡所謂奉主避癘，則行禫事於權安處，家無痛者，則備持祭物就行於本家，皆不妨云者，可見歸重祭祀，不爲疫痘所奪之意也。除非疫之全家出避，痘之正寢委痛，無所可祭者，恐無不行之義。蓋論症治病莫詳於醫書，亦不言以祭爲禁，而時俗必以膏煎之物爲大忌，謂其氣臭相薰，則如此之類，不設亦可。幽有鬼神，明有禮樂，彼雖有神，豈必禁人之祭其先耶？」

喪中行祭見喪禮

兩祭相值

兩忌同日行祀先後

尤庵曰：「祖曾忌祭同日，則當先後行之。蓋偕喪三年中有異殯各祭之文，忌日喪之餘也。」答閔行重。

又曰：「妻忌與妣忌同日，則一處設位并祭，雖似順便，既無經據，難可杜撰。且妣忌則哭而行祭，無所妨於下位。若妻之子不可不哭其母，而有壓尊不可哭之義，觀於祔祭可見矣。大凡變禮若有窒礙處，則便爲失禮，不若先後祭之爲寡過矣。」答李碩堅。

遂庵曰：「先祭高祖後祭禰位，事勢正當，但雞鳴後至天明，似未及周旋兩祭，或有三位之祭同一日，則決難先後行之，觀其事勢而行可也。」答蔡徵休。

陶庵曰：「忌祭與時祭名義自别，兩忌雖同日，决不可并設，只當先尊後卑而各行之。雖至達朝，亦無傷也。」答金碇。

忌祭與參禮墓祭相值行祀之節時祭日不行參禮并論

龜峰曰：「若值高祖忌，則忌祭畢仍行參禮，曾祖已下忌，則參禮畢行忌祭，乃先祭始祖之義也。」

沙溪曰：「宋龜峰云云，見上。未知如何也？」答姜碩期。

尤庵曰：「忌祭重而參禮輕，無論尊卑，似當先忌後參耳。然老先生既從龜峰之說，則何敢有異議也。」答韓聖輔。

遂庵曰：「參禮畢後行忌祭，事勢甚難。」答尹升來。

寒岡曰：「若從俗墓事行於名日，而先諱偶然相值，則世人墓祭不必行於正日，或有先於數日者，此亦依彼，而稍先期行墓事，似不妨。若曉行忌事，晚行墓事，不惟事涉窘束，亦頗未安。」答任屹。

問：「今年寒食適與亡親大祥日相值，十六日乃清明節也，欲退行於此日。」慶宜復。朽淺曰：「嘗見退陶先生之論，則四名日或與忌日相值，則必異日而祭之。蓋爲兩祭并行一日，有所不便故也。南中人到今遵依，此乃變通得中之禮也。行於十六日，何害義理？」

問：「祖先忌日適當寒食秋夕，則俱當三獻耶？或曰一日不再祭，節祀則單獻似宜云，如何？」盧以亨。陶庵曰：「廟與墓各異，俱當三獻，不必拘於一日不再祭之文矣。」

問：「尤庵大小祀兩存之義，既有朱子之訓，則不可一日重疊，而有所廢也。」徐永後。陶庵曰：「此指參禮與忌祭而言，若時祭則參禮恐不必疊行也。」

先忌與卒祔祥禫相值行祀之節

陶庵曰：「鄙人居憂時卒哭之日，適與祖妣忌相值，先過卒哭而後以一獻行事矣。」答安衢。

問：「卒哭明日之祔，適與先考諱日相值，先儒以爲卒哭後不可廢祭，則祔祭之前，當使子弟先行忌祭乎？抑一日再祭，禮涉煩亂，且卒哭纔過於昨日，今雖不祭，無憾於幽明乎？」安弘重。慎獨齋曰：「葬虞已過，設行忌祭，似不違於情禮矣。」

陶庵曰：「祔祭與亡者祖父母忌日相值，則忌祭亦可不廢，只行一獻爲可。」答吴瑋。

問「亡父初期日，五代祖忌祀亦在是日。所當先行忌祀，次行祥事，第夜刻甚短」云云。李涑。南溪曰：「五更祭非禮之説，雖出於張子，然朱子居家行禮，侵晨已行事畢，則如時祭節目甚多，固已涉於五更，有非《家禮》質明行事之法矣。況今宵短，大祭同日，無可推移，雖略倣公家行祀例，差早始事，使後祭之徹，在於質明之時，無不可者，何必深拘於五更之説耶？」

陶庵曰：「禫祭則與吉祭差别，雖行於仲母忌日，恐無未安，喪餘變除之節，既重且貴，速令勿退而行之爲宜。」答閔昌洙。

子孫忌日值先忌用肉

退溪曰：「禮，於三年喪祭，亦皆用肉，況忌祭何疑。今之喪與忌皆不用肉，乃取便於生者之行素，而失其義。流傳成習，則反以用肉者爲怪，可嘆。然則有能不拘流俗，而用之以禮者，何不可之有？祖先忌日，有涉所祭子孫之神，而用肉祭之，以事亡如事存之義推之，似爲未安，而古未有所據，不敢妄爲之説。然滉意神道有異於生人，用肉似無妨也。」答金富倫。

俗節墓廟并行見祭禮俗節條

異居行祭

告廟設虛位見喪禮祔條

避寓中行時祀當否

退溪曰：「避寓中行祭之禮，未有考焉。蓋時享之禮至重至嚴，非如俗節忌日薦新等禮，可以隨宜過行。因己有故，舉家出避時暫闕行，似亦無妨。又有一焉，在他次難爲行，今所寓則乃是墓所，祭用百具無闕，若可無苟率未安之慮，量處所宜亦可。」答金彦遇。

齊舍或他所行忌祭

退溪曰：「墓所齋舍爲祭，而設其行於此，豈害於事？若借他僧舍則不可。」答寒岡。

問：「主祀家有故，以紙榜行忌祭於他所。」李遇輝。尤庵曰：「紙榜行祭一如神主之儀，但於祝辭不可不以祭於紙榜之故并告也。」

旅次及異居遇先忌

栗谷曰：「監司行祭于別館，終似無妨。蓋忌日之哭與舉哀之哭，自不同也。若曰不異，則未聞朱子行忌祭于僧舍也。舉哀則必於僧舍矣。」答牛溪。

尤庵曰：「《語類》問：『忌日當哭否？』曰：『若是哀來時，當自哭。』又問：『人在旅中，遇有私忌，於所舍設卓炷香可否？』曰：『這般微細處，古人也不曾説。若是無大礙於義理，行之亦無害。』○朱子所論忌日之儀如此，今以台家所行言之，則逮事祖考妣以至考妣之忌，設位拜哭，是朱子所謂哀來時當自哭之義也。○曾祖以上只爲拜位而已者，朱子所謂設卓炷香，無大礙於義理者也。朱子嘗論忌日之服曰考與祖曾高各有等數，妣與祖妣服亦不同。服既不同，哭與不哭亦當有異。○若是出嫁之女，則當哭與否，未有所據。然胡伯量問子婦丁其父母憂，遇節序變遷，可以發哀出聲否？朱子曰若有舅姑，難以發哀於其側，喪中尚如此，則忌日可知也。○嘗見先輩在遠，值喪餘或用紙榜設祭，《家禮》小注中似亦有此意。慎獨丈嘗言家直值栗谷忌辰，每設祭云云。據此則雖出嫁女亦可紙榜奠獻，而然各有形勢之不同，不可以一概論也。」答閔鼎重。

問云云。李遇輝。尤庵曰「紙榜行祭」云云。詳見上條。

又曰：「旅次忌日之儀，朱先生所訓已爲詳悉。況如吾儕一年一伸之哀，阻廢已多年歲，則窮天之痛，益復寃鬱，以故此中所行，已如來示之爲耳。至於設祭則宗法至嚴，宗子雖越在他國，而稱宗子以祭者，猶且望墓爲壇，故朱子嘗以此爲說。而又考先生他日所說，則許支子相去遠者，於祭時以紙榜標記，逐位祭畢焚之，則似指時祭而言也。時祭尚然，則況忌日事體尤輕，尤無所嫌矣。第未知先生二說，孰爲後日定論也？苟如始祖先祖先祭後已之說，則亦不敢容易取捨，故此中則不敢生意耳。」答金壽增。

南溪曰：「朱子答李晦叔書雖言兄家設主，弟不立主，至於祭時旋設位，以紙榜標記，逐位祭畢焚之。然於其末以更詳之爲結，後來亦無以此通行者，恐終不得行也。惟父母忌日是終天之痛，有難每年只行望哭而已。若非往參宗家之時，則雖以紙榜設行，不至大悖。曾見士大夫家多行之，未知如何。」答李后晟。

遂庵曰：「旅次遇親忌舉哀，例也。然或官舍或人家，則不得不停，如是則哭於山中或可也。」答蔡徵休。

南溪曰：「祖先忌祭，子孫異居者，素食居外之外，終無所爲，殊欠節目。今人惟於父母忌別設祭奠，祖以上則否矣。曾閱先譜，有起坐達曙之語，以爲至行可法，但未見古人所論也。李世龜送示其先人所定祭式，有曰若在遠方，不得參祭者，當忌辰曉起望拜，尤似可據以行。」答尹拯。

陶庵曰：「祖先之祭未參而在他處者，亦當變服居外矣。」答安鳳胤。

又曰：「愚於遠代忌日在遠，不得參祀，晨起正衣冠而坐，素服素帶以終其日。」答閔遇洙。

墓祭行於家廟

寒岡曰：「世俗之行墓事於神主者，似未安，是神主祭也，非墳墓祭也。」答任屹。

問：「四節日正朝端午人多行之廟中，三獻侑食闔門一如時祭，如何？」金得洙。尤庵曰：「既不上墓，則依參禮單獻可矣。」

南溪曰：「廟中諸主之墓皆在一處者，若墓所有故不祭，則四名日並須代薦於廟。以常時不行節祀於廟者言，若常時并行墓祭俗節者自當不論。然饌品當用廟中俗節之規，不可用墓祭盛饌，蓋廟嚴，不得輒用墓饌而薦也。若諸主之墓各在，或行祭或不行祭，則恐難揀擇而行之，并姑廢似宜。」答朴泰崇。

紙榜參降之節

沙溪曰：「按設位而行祭，則必先降後參祭始祖先祖是也。據此，則祭紙榜及墓祭，疑亦皆然。」《家禮輯覽》。

祭祀攝行

主人不與祭使人攝行

退溪曰：「父不與祭而使子弟攝行，則當依宗子在他國而命介子代祭之例，曰孝子某使子某。」答鄭惟一。

尤庵曰：「凡祭主人有故，則使子弟代之者，詳於《家禮附注》矣。然代者是尊行，則使字未安。故俗禮改云孝子某有故，代叔父或兄云云。而祖先之稱，當從代者之屬云。未知必合於禮否也？○《家禮附注》引古禮使介子云云，所謂介子即主祭者之弟也。如此則祝辭無所妨礙，而今俗例或尊行代之，則似有難處者。蓋叔父代行，而以宗子屬稱，稱其父爲祖，既有所未安，若或以己之屬稱稱之，則又與尊祖敬宗不敢入廟之義相悖。尋常於此不敢有杜撰之意。」答李遇輝。

又曰：「凡祭事主人有故，則使人攝行，例也。所攝之中如有尊行，則子弟似不敢爲攝主矣。所祭於攝主爲子姪，則當用祭子弟之祝，而不拜矣。」答李湛。

又曰：「主人兄弟獨與兄嫂行禮，似有難便，朱子於昏禮有禮相妨之言，今此祭禮似亦當相準也。」答宋炳夏。

南溪曰：「祖先忌辰，父兄在外，其祝辭若父兄有命，則用使介子告例爲當。不然則姑闕之，亦無妨。」答鄭湓。

又曰：「既曰使子某告于某，則便是攝行，非主人之本體也。攝主妻姑爲主婦。」答金𩐳。

遂庵曰：「宗子有疾病不得參祭，則祝辭改曰孝孫某有疾病，介子某代行薦禮，敢昭告云云。」答李莢。

又曰：「家廟大小薦宗子有故，則使子弟代行可也。何必主婦爲也？」答權爕。

寒岡曰：「受胙等禮，恐非攝主所敢。」答任屹。

妻祭使子攝主

問：「父在母喪三年後，若忌祭墓祭亦當父爲主耶？」柳貴三。南溪曰：「夫在，則以夫名使子攝告而行之爲當。」

又曰：「非老而傳，則只使其子爲攝主，稱以亡室而行祭可也。既舉攝主之意於祝端，則餘辭無所變。」答李時春。

時祭替行當否見祭禮時祭條

墓祭奴子代行

頤庵曰：「墓祭奴子代行時，豈可無參辭之拜乎？韓魏公《家祭式》亦有陪祭行拜之禮矣。」答李義健。

支子祭先

支子權行廟祭

退溪曰：「廟祭主人不在，則爲衆子者以主人之命行祭，固當矣。但於此亦有不可一概斷之者。若主人暫出或病，而命子弟行於其家廟，則爲子弟亦或以物助辦，而行於廟可矣。或主人遠在而未及有命，或勢不能行祭，爲衆子者率意自辦，而行於宗子之家廟，似有越分之嫌，恐不可爲也。然古有望墓爲壇而祭之文，朱子亦有以木牌殺禮以祭之説，此出於甚不得已之權，誠有其理，而不可以易言也。若宦遊禄食之人，遠離家廟，不得參祭者，則固當依朱子之説，權以行之，亦可。」答金富倫。

問：「繼祖之小宗固不敢祭曾祖，若與大宗異居，時物所得獨祭吾祖，似未安，奈何？」李淳。退溪曰：「獨祭祖雖未安，越祖而及曾祖，恐尤未安。若是支子，則雖權宜殺禮而祭禰，亦未可及祖。」

問：「兄弟異居者，設紙榜而祭，見於時祭條下，未知此禮果可行否？」閔泰重。尤庵曰：「以先生所引望墓爲壇之説觀之，則宗法之嚴如此，豈可以支子而可行時祭乎？此或是因習俗而爲不得已之説者也。」

問「人有兄弟者，其兄流落他鄉，父母祠堂决無奉往之路，其弟雖至貧，祭祀及奉安之節姑爲自當」云云。金光五。遂庵曰：「拘於事勢，姑爲權奉，蓋出於不得已也。况祝辭既以兄爲主人，而曰介子某云云，則尤無所嫌。」

支子祭先墓見祭禮支子諸禮條

忌墓祭輪行上同

次嫡奉祀

長子無後次子之子奉宗祀

退溪曰：「長子無子，次子之子承重，應指適子孫而言，雖有妾産，恐未可遽代承也。冢婦奉祀，當代者不得受，則祭無主人，事事皆難處，所不可行也。而國法決訟率用冢婦奉祀法，中間尹彦久爲大憲，欲改其法。滉謂尹曰『此法固可改，但薄俗無義，長子死肉未寒，或驅逐冢婦者有之，當如之何？故今若欲改此法，必并立令冢婦有所歸之法，然後乃可』，尹極以爲然，未知其後能卒改與否耳。」答宋言愼。

問：「長子無後而死，不立後，次子死而有子，又季子生存，則誰當奉祀耶？」黄宗海。沙溪曰：「次子之子當奉祀也。」

愼獨齋問：「有人生三子，仲子則死於父生之時，而有子一人，孫二三人，長子則死於父死之後，無子又無孫，第三子生存，而又無子。其父之神主，或云次子之子當奉祀，或云第三子當奉祀，傍題尚不書之。昔年改葬其母，仲子之子問於先人，則以爲渠當承重服緦，遵而行之云。今者又欲改葬其祖，來問於余，余亦以仲子之子當奉祀答之矣。其後士深以爲長子無後身死，以兄亡弟及之義言之，則仲子當主祀，而死已久矣。仲子雖有子，異於嫡長孫，凡立後當以生存者爲主，似不可泥於倫序。捨時存第三子，而立仲子之子，如何？若第三子奉祀之後，幸而有子，他日彼此争訟，則當屬之何人耶？」同春曰：「以伊川祀太中之義言之，李令公之論亦不爲無理。然此特宋朝一時之制，非古人宗法之義，難可爲訓於後世也。今長子無嗣，則次子當代之，次子雖没，其子若在，則當爲承重無疑。雖非正嫡，猶是次嫡，何可捨之而以第三子爲主祀耶？不然不然。要之，所謂禮者，必本根不差，然後枝葉整齊。長子若立後，則都無此疑，兄亡弟及，元是苟且故耳。」

尤庵曰：「兄亡弟及，禮之大節目也，長子既死無後，則宗移次子，而次子之子爲宗子矣。正程子所謂旁枝達爲直幹者也，《家禮》所謂傳重非正體者也。季子何敢自謂於序爲體，而折其已直之幹，奪其已傳之重乎？千不是萬不是。」答洪錫。

問：「人有三子，其長子亦有三子，而長子之長子未娶，而遭祖父母喪，喪中又死，則誰當主祀耶？」李顯稷。尤庵曰：「長子之次子當以兄亡弟及之禮，代長孫而主祀矣。長子雖有弟，不敢主祀者，宗法至嚴故也。觀於朱子所論伊川立子之説，可見矣。」

問「外祖具忠胤以宗子無後而死，先世神主其從孫當代奉」云云。李文奎。愚伏曰云云。詳見喪禮吉祭條改題之節條中告辭條。

問：「次子之子若奉祖祀，則宗子父母之主，置于何處耶？」朴廷老。寒岡曰：「此一條常所未曉，亦未有所據，以程子繼祖之宗絶，亦當繼祖爲後之意觀之，則似當繼祖爲宗，而父母之主或別廟，此程子義起之意也。然既未有的據，不敢明言。」

嫡子廢疾次子傳重當否見喪變禮嗣子未執喪條

長婦立後次子還宗事當否見立後奉祀條中兄亡弟及後兄妻立後條

妾子奉祀

總論

問：「長子之庶子不可代承宗祀，而歸於次嫡，禮法當然否？」崔碩儒。愼獨齋曰：「古禮則不必然，而國法如是耳。」

尤庵曰：「古禮自適長子外，不問妻所生妾所生，父母同謂之支子，其兄同謂之介弟，故長子死無後，而支子傳重者，以妻所生之第二子，無，則以妾所生之第一子矣。據此，則水使以下祀事，大翼當傳之時説，時説當傳之夏績矣。○《大典》立後條適妾俱無子，然後方許立後。據此，則有妾子者，當以爲承重矣。○《大典》奉祀條適長子無後，則衆子，衆子無後，則妾子奉祀。此與上立後條同矣。據此兩條，則夏績當主先祀矣。然此條注曰適長只有妾子，願以弟之子爲後，則聽此注之意，雖有妾子，若欲以適姪爲後，則許焉，與原條及上條不同。據此，則大翼雖有時説，若欲以大翰之子爲後，則朝家當許之矣。而大翼既已不然，則夏績之主祀似當矣。」

鄭文翼公光弼子芿謙子惟仁子名不記妾子希蕃主文翼公以下祀據此則夏績當主先祀　　子芝衍右議政

沙溪金先生子集文敬公妾子益炯主文敬公祀

妾子益煉

子槃參判　子益烈子萬埈主沙溪先生以下祀據此則大翰當主先祀

判官朴夢吉子承伯妾子慶興主承伯祀

子胤伯子漢英主夢吉以下祀此家遵沙溪禮

以古禮、《國典》、俗例言之，夏績之當主先祀者四，大翰之當主先祀者一，此在門中擇而處之之如何耳。傳與文記有無不須論也。答或人。

又曰：「《大典》立後條云，適妾俱無子，然後始許立後。據此則妾子奉祀之意，昭然可見矣。古禮然也。故文翼公奉祀付之鄭希蕃，乃鄭相家孽屬也，而向者元老之祖也。○愼老則以爲莫重宗祀，不可付之賤生，移之金南原子章，以傳之君平，此亦禮法家所爲，則當爲士夫家所效矣。○吾家所處亦如愼老家，伯父只有妾子時燮，伯父身後宗祀歸於主簿從兄，此從兄是第四房出也。然鄭相家事終是正當，故吾則當初告於愼老，而不見聽矣。」答郭文溶。

良妾子奉祀

問：「無嫡子者賤妾子年雖長，又已從良，猶以良妾之子奉祀乎？」黄宗海。沙溪曰：「禮律然也。」

婢妾長子奉祀他婢所生不可奉祀

問：「無嫡子者，只有婢妾二人，二妾所生長子皆癡頑，先妾子又娶他婢，故家長臨没遺言自擇後妾子中稍勝者，使之奉祀。題主時依其言，以其人旁題矣。三年後，後妾之長子不告嫡長，擅自刀刮旁題而書己名，其時先考即禀于沙溪先生，則先生答以廢長立少，家長雖有遺言，不可從也。今者後妾長子已死，而有一子，先妾長子生存多産，而乃他婢所生，奉祀當主乎誰耶？」李文載。愼獨齋曰：「宗法立長，不易之禮，雖有遺言，決不可從。即今則先妾之長子，當奉其祀，而既娶他婢，則至於其子，他奴無可奉祀之路。先妾長子姑爲奉祀，死後則當傳於後妾長子之子。」

妾子得罪者奉祀見攝主奉祀條中因變故攝主條

次嫡無嫡子還宗于長子之庶子

問：「長子有庶子而無嫡子，故宗事傳于次嫡，而次嫡又有庶無嫡而死，未知次嫡之庶，仍承其祀否？還于長子之庶否？」崔碩儒。愼獨齋曰：「次嫡又無嫡，則長子之庶似可奉祀。」

承重奉祀代數

退溪曰：「《禮》既有妾子爲祖後之文，又《喪服小記》云妾祔於妾祖姑，萬正淳嘗舉此以問朱子，所答亦以疏義妾母不世祭之説爲未可從。然則庶人只祭考妣，只謂閒雜常人耳。若士大夫無後者之妾子承重者，不應只祭考妣。故《大典》只云妾子祭其母，止其身而已。如今韓明澮奉祀之類，未知朝廷以只祭考妣之法禁之也。」答鄭惟一。

問：「承嫡庶子神主當入於本宗祠堂乎？」李文載。慎獨齋曰：「當入矣，而似不可并坐矣。」

承重妾子稱孝

慎獨齋曰：「庶孫承重，則當稱孝孫矣。」答崔碩儒。

問：「非宗子則不言孝，若庶子承重，則不得稱孝耶？」或人。尤庵曰：「既曰承重，則便是成之爲適子也，何可不言孝耶？」

立後奉祀

爲長子立後次子不當主喪奉祀見喪變禮無適嗣喪條

立後後行吉祭之節

問：「吉祭，喪畢之祭名，而喪畢久後，若立後而改題，則亦行吉祭耶？」李命元。陶庵曰：「待婦立後，後遇仲月行時祭，易世告遷，而吉祭祝某親喪期已盡云云，改作措語，則與吉祭異名而同意，庶幾寡過。」

兄亡弟及後兄妻立後

問：「伯仲兩兄先死後，先君即世，孤哀主喪，神主旁題亦以孤哀名書之。祖妣繼没，孤哀亦服喪，神主題名亦如之。今長嫂欲取孤哀之子或舍弟之子爲後，以奉大宗，爲孤哀舍弟者當聽從其言，而一以遠嫌爲重歟？」趙希逸。沙溪曰：「古禮必以長孫承重，至趙宋，長子死則不用姪，用次子，非古禮也。明道没後，伊川主太中之祀，亦時王之制，而不合於禮也。後來明道之孫昂與侯師聖等論宗祀，見《二程全書》。我國專用古宗法，長子妻立後，則是無子而有子，當奉祀也。又反思之，長子妻無子，已移宗於次子，到今立後必有辨争之端，未知《國典》舊例之如何也。」

《二程全書》：伊川先生將屬纊，顧謂端中曰立子，蓋指其適子端彦也。語絶而没。既除喪，明道之長孫昂自以當立，侯師聖不可。昂曰：明道不得入廟耶？師聖曰：我不敢容私，明道先太中而卒，繼太中主祭者，伊川也。今繼伊川，非端彦而何？議始定。或謂師聖曰：明道既久，其長子不當立乎？曰：立廟自伊川始，又明道長子死已久，况古者有諸侯奪宗庶姓奪嫡之説，可以義起矣。况立廟自伊川始乎？尹子親注云：此一段差誤。○《語類》問：「伊川奪嫡之説不合《禮經》，是當時有遺命，抑後人爲之耶？」朱子曰：「亦不見得如何，只侯師聖如此説。」問：「此説是否？」曰：「亦不得見是如何。」○游定夫《書明道行狀後》云，鄂州從事既孤，而遭祖母喪，身爲嫡孫，未果承重。先生推典告之，天下始習爲常云。按明道既行古法，而伊川家不行之，亦不能無疑焉。豈太中公因國制，遺命伊川使主之耶？

南溪曰：「此段所疑，已見《問解》，既云長子妻立後，則當奉祀。又云未知《國典》舊例之如何。蓋慎重之道也。愚謂父雖未達異日必當立後之意，而徑用次子奉祀，次子亦未達今日姑爲攝主之義，而遽承先人遺命，然此皆似出於一時事勢，非甚有固必之意也。夫爲長子，成人而死者，不立後，非古也。既立後矣，而不使承先世之祀，又無於禮者也。由前言之，事勢之或不得已；由後言之，禮義之所必當然。然則今日所以審其取捨，而決行之者，恐不難知也。若兩家相讓一節，末世此事甚罕，殊可嘆服。昔有問夷齊當立之義，晦翁答曰看來叔齊雖以父命，終非正理，恐只當立伯夷。曰伯夷終不肯立，奈何？曰國有賢，大臣則必請於天子而立之，不問其情願矣。雖二子立得都不安，以正理言之，伯夷稍優，然則今日之義，乃是門長事也。具其本末告廟還宗，終似得禮。」答成文憲。

立後諸節見附録宗法條

攝主奉祀

傳重攝祀見附録宗法條中傳重條

子幼攝主見喪變禮嗣子未執喪條

長子病廢次子攝主病兄生子其弟還宗事并論○上同

長子無嗣次子攝主在腹兒未生前攝主并論

寒岡問「伯兄見背，唯有二女，又仲兄出繼於大宗，逑在母側，而家廟則繼祖之宗，與仲兄同薦時祀，未知孰爲主人」云云。退溪曰：「云云，未立後之前，不得已權以季爲攝主，不稱孝，只書名稱，攝而行之，爲可。仲則已出繼，雖攝祀，恐未安也。○晨謁既云攝主，宜攝此禮。○阼階恐當避。○宗子未立後已爲攝主之意，當告於攝行之初祭，其後則年月日子下，只當云『攝祀事子某敢昭告于』云云。」

又問：「逑以攝主自爲初獻，則亞獻不可使丘嫂爲之，伏蒙賜教。禮，曾孫爲曾祖承重，而祖母或母在，則其祖母或母服重服，妻不得承重。然則攝主妻似不得爲亞獻云，竊恐未然。孫既代父之服，妻不得代姑者，著代別嫌，所以不容。不然，兄既無嗣，弟爲攝主，與子代父之義不同，而嫂叔之嫌，更有甚焉，行禮極礙。」退溪曰：「似然。」

又問：「逑既爲初獻，賤婦爲亞獻，則終獻仲兄爲之，何如？仲兄以出繼之故，今此私喪不得爲攝主，所以當爲終獻。若賤婦當避嫌於主婦，則仲兄爲亞獻，賤婦爲終獻，亦何如？」退溪曰：「恐當如此。」此謂兄爲亞獻，主婦爲終獻也。

問：「有人兄亡而有嫂無子，其祖母死，則主喪題主何以爲之？」李尚賢。同春曰：「弟爲攝主，以待其兄立後，恐當。」

尤庵曰：「伯氏家變禮可謂得矣，次子不敢旁題，而只稱攝行者，實嚴宗統之一大防，士夫家不可不知也。但退溪所答鄭道可説，與朱子答李繼善問，全不相干。蓋李繼善則已有主祀之人，而只以其年幼，故繼善姑爲代行。朱先生所謂攝主，但主其事，名則宗子主之云者，可謂十分明白矣。若寒岡所問，則異於是，既無主人，則攝之一字，無所當矣。觀於成王幼，周公攝政，可知攝字之意矣。今伯氏家與寒岡正同，未知其所引用退溪説，果合於朱子意否？愚意不得已而次子主祭，則用權字，無乃稍安耶？」答閔鼎重。

南溪曰：「此禮古今無可倣者，惟思退溪先生答鄭寒岡攝主之説，最爲近之。蓋以雖有兄妻姪妻之别，其主婦在而不及立後，則一故也。然則祥禫改題等節，皆以攝主主之，而但姑闕旁注，以别於正，似當推用《曾子問》祝辭不稱孝祭不配之例。且以或兄或姪祔於祖廟，似當推用《家禮》大祥後吉祭前奉新主之制。而必俟異日立後一併改正，恐此外無他道理也。攝主之義備於《曾子問》，而又見朱子答陳安卿書。蓋既曰主祭，而於祝辭稱孤稱子，則改題祧遷，似或不得不略主。」答洪受泰。

問：「先兄早逝，寡嫂獨存無後，孤哀今遭大故。或曰以顯舅題主，寡嫂奉祀，姑待立後。或曰以顯考題主，而介子旁題，攝行三年。或曰介子則旁題闕之可也。」姜碩夏。南溪曰：「所示題主首條，實爲歸重長嫡且遠嫌疑之義。世或有行之者云，非不明白可據也。但《禮經》必無男主，然後用女主，《備要》題主祝亦歷舉諸男主，而最末始用女名號，此蓋一無男主，然後用女主之證也。況《曾子問》有云宗子死，庶子告於墓而祭於家，稱名不稱孝，身没而已，退溪又有攝祀子某之説，尤似無嫌。故鄙敢以次條之意，曾於洪參判吴判書兩家問，皆答如此。誠以喪禮不可不姑主大防，不可不致嚴故也。至於不書旁題之言，可謂慎之慎者，亦無不可。但旁題例施於所尊，既以顯考題主，而只稱子不稱孝，以待他日之立後，則獨不用旁題，恐反未安。○吴判書家問時，以攝祀孤哀子某爲説矣。」

陶庵曰：「殷及兄亡弟及之謂。之制，既無父兄遺命，則支子當喪，義不敢自爲。如此則所示權攝之外，似無他策。抑又聞吾外氏宗家曾有權攝之舉，而題主則無，旁注但書以顯考妣啓殯日，告以支子某攝祀之由，而其後行祭祝輒以攝祀事孤子某爲稱云。其時以此禀于尤翁，則不爲全可，而亦不以爲不可矣。此是大家所已行者，只願就此而財處之。」答韓師悌。

朽淺曰：「在腹之兒，男女未判之前，似當以無後處之。當以攝主旁題，若後日遺腹子爲男，則練祭時更題，不爾則繼後。」答羅萬葉。

無衆子而長孫之弟攝主

南溪曰：「若長子有弟，則是應服三年之人，當依《曾子問》書神主以顯考，奉祀旁題不稱孝，而只稱子。當依退溪答寒岡，祝辭孤子某上加攝祀二字，待異日立後告祠，而一併改正之。若無衆子而只長孫有弟，當依《通典》范宣、庾蔚之及《問解》説，服祖父重三年，待異日立嫡孫後，告祠改正如前儀。如何？蓋《圖式》服制令云無嫡孫，則嫡孫同母弟，無同母弟則衆長孫承重，即封襲傳爵者，不以嫡庶長幼，雖有嫡子，兄弟皆承重，曾孫元孫亦如之。今既無封襲傳爵之舉，則宜無不得還宗之義。但衆子則以應服三年者，爲父攝祀，衆孫則以應服期年者，爲祖持重攝祀，似少不同，不敢質言。」答柳貴三。

嫡孫死喪中練祥權主 見喪變禮無適嗣喪條

因變故攝主

問「全義叔父内外喪疊出於期年内，無嫡嗣，只有側出二人，一則死於昨年禍，其存者性行不馴，得罪於叔父，叔父嘗言其不可傳重，欲立後，則無論寸數親疏，同姓之序，亦不可得」云云。李晚成。南溪曰：「示變禮有三難，有側室子而不用一也，死後權定收養二也，外孫主祀三也。再三思量，皆未得穩當底道理，不知何以爲説也。大抵以禮意大體言之，無適子則用庶子，乃古今通行之制。二子之中一雖死，其後可待而立，一雖得罪於先庭，若可悛改，則身後不得已奉祀，亦似與生時斥責之意有間，渠或因禍亂自悔，則此人雖告祠行之亦可。蓋性行雖如此，其子或善，則末終處置甚難故也。恐當自門中以此兩端商議處之，最爲近理。如所謂權定收養云者，猶非俗間預於生時取姪或從姪輩，幼養長愛，仍命奉祀之例，名義情理終未見有當。至於外孫奉祀，則其在俗例，私情雖勝於身後收養，實係禮家之大防，亦難輕論。且既以外孫題主，後雖有立後之路，其勢甚逆，况季丈出爲叔父後者乎？今以愚意度之，三者皆不得爲，則莫如以李進士兄弟名書曰顯從祖叔母某氏神主云云，《備要》：旁親雖尊，不必書旁注。仍亦以爲祝辭，而其承家奉饋等事，一委於禍死之子婦，此乃《禮經》親同長者主之，不同親者主之，大功者主人之喪，有三年者必爲之再祭之遺法也。雖以子婦名爲題爲祝亦可，但禮意一無男主，然後爲女主，則猶非其義。蓋必如此，然後非但於禮意有據，於他日或立後或使外孫奉祀之際，皆無所礙故也。」

又曰：「長湍金生潤遭亡失其兄之變，又其祖母没，而益難爲服，子仁廈卿謂與廢疾者無異，當立其子采。竊以爲亡失與廢疾其義自殊，恐不必然，似只有攝主一路而已。昨聞先生所教，偶相符合，然其爲亡失者之道，終不可諉以中壽百歲之説，使人爲妻爲子者，没身而無尊服，以乃啣至痛而廢大事也。愚意東土數千里疆域，假欲跡遍户説，而亦無甚難者。蓋其勢窮不得之日，便是父亡追服之節。未知此義或有可據於古者否？」與尤庵。

祭祀攝行見上

攝祀家祧遷見祭禮遞遷條

侍養奉祀

侍養奉祀當否

退溪曰：「異姓人侍養，自是人家苟且之事。然既云奉祀，則不容無安神設祭之所，仍指其所爲廟，亦勢所必至，然比廟制亦當稍減損，乃爲得之。」答趙振。

問：「白樂天以姪孫因爲繼後，何也？」朴廷老。寒岡曰：「孫不可以爲後，既無他子姪行，則今世多以族孫爲侍養者，然非古禮也。樂天事蓋其門中無他子姪之可後者，出於不得已，非禮之正也。」

同春問：「有人自三歲時，被養於其從母，若奉祀，則屬號及旁題何以書之？」沙溪曰：「古禮無據，不敢爲說。」

尤庵曰：「侍養，《禮》無其文，惟國法三歲前收養，始得即同己子，然此指喪服而言，不必使之奉祀也。若是異姓，則非族之祀，朱子明言其不享，其意甚嚴矣，一世猶不可，况曾祖耶？」答或人。

又曰：「尊丈所繼之序，既是祖孫，則正皇祖所謂昭穆失序者，即呈官改正，寧有可疑？只是改正之後，無他族人之可托者，則依俗人侍養例，仍奉其祀。雖不正當，而似亦踰於有所受而歸無處，故當時奉告者如此矣。」答具時經。

出繼人之子還繼本生祖見出繼子祭本生親條

外孫奉祀

總論外孫奉祀之非

退溪曰：「今人無子而有女，牽掣情私，鮮能斷以大義，而立後至以外孫奉祀一廟，而二姓同祭。夫天之生物使之一本，而此則爲二本焉，甚不可也。今人或不幸其外家祖先無後，而未有所處者，不忍其主之無歸，則權宜奉置別所，而往來奠省，未爲不可。若公然與其本親同享一廟，則悖理莫甚。所謂神不歆非禮者，此類之謂也。」答寒岡。

尤庵曰：「外孫奉祀之非，既有朱子答汪尚書之明訓，又賈充以外孫爲後，秦秀已議其昏亂紀度，今何敢犯此爲之乎？按程子母夫人傳，則夫人將終，命伊川曰『爲我祀父母，明年不復祀矣』。若具氏諸神主有女子，則猶可援此而奉祀，或不至無據矣。第皇朝之制，如無緦小功以上親，許擇立遠房及同姓爲嗣。今具氏之蕃，豈無可以立後者乎？此外更無正當道理。」答或人。

又曰：「所引侯夫人語，以爲明年不復祀云，則其祀當止於侯夫人，而伊川則將不得祀矣。此亦爲外孫不得奉祀之明證也。父之所祀，子猶有不得祀者，五代祖是也。豈敢曰母之所祀，而子必奉其祀乎？」答具時經。

又曰：「外孫不敢奉祀，自有朱子明訓，寧有節文之可言者？然喪家未立後之前，其出家女權奉饋奠，則亦有俗例，而非禮之正也。至於其女服盡之後，不徹几筵，則尤有所難便者。誰敢於無禮之中，創出臆見也？不若從速立後之爲愈也。」答洪友周。

外孫奉祀稱號代數

問：「世俗或有以外孫主祀者，神主當以顯外祖考妣書之，旁注亦書之耶？外祖神主或傳於外孫女，則亦將何以書之？」姜碩期。沙溪曰：「外孫奉祀猶爲不可，況外孫女耶？何必書，奉祀闕之可也。」

問：「外孫奉祀者題主當以顯外祖考妣書之，而其旁題亦以外孫某奉祀書之耶？」白以受。南溪曰：「終無立後之人，則如所示，稱謂其亦可否。至於旁題，《問解》有當闕之説，似當準此。」

又曰：「外孫奉祀代數，不敢僭論。或曰當止於外孫之身，或曰既已奉祀，則豈宜止祭一代，未詳何爲而可也。本宗祭四代之制，雖出於程朱之論，主正禮者，猶或以爲不可，而況外孫侍養，非所并論於本宗者乎？當事之家，只當更加詳察，斷而行之而已，終非學禮者所得創説。」答俞㰒。

又曰：「外孫奉祀，似聞牛、栗兩先生家皆稱以外幾代祖，至四世而埋主。若果兩先生自定其禮，則必有斟量。而今乃出於後孫者如此，然世人遭外祀者，必以此藉口，殊可慮也。」答崔錫鼎。

又曰：「今有一家曾孫奉祀，而其祖實爲奉外家祀者，然則其祖之外曾祖必遷無疑。第其祖行一人在，則於所謂外曾祖，亦爲曾孫，姑安於其室，以待日後而永遷之，未知如何。蓋外家奉祀既無迭遷長房之義，且本家祭四代則外家祀當減一代，雖不得如此，所謂曾孫奉祀正是當遷之日，然以外曾孫一人尚在，而永遷埋墓，情理有所不忍。」答尤庵。

陶庵曰：「朱子非族之祀一句語，實爲正論，以大賢而間不免此者，終是苟也，非正也。愚意則爲外孫者，設或不得已而權奉其祀，已身亡後即當埋安。」答南宮櫶。

遂庵曰：「外孫奉祀，甚無於禮之禮，但後孫不計疏戚，皆稱外裔，或有告由，則稱以外高祖，似無所妨。」答金光五。

外祖前後室并奉

問：「奉祀外孫者，是前室所出，則其後室之無後者，亦可同奉耶？」羅斗甲。南溪曰：「《禮》云爲伋也妻者，是爲白也母。雖曰外祖奉祀，後室之有子與否，非所當論也。」

奉祖禰及祖禰外祖者行祀先後

寒岡曰：「外家神主奉祀本非《禮經》，今者不得已奉祀，則當時祀茶禮時，先祭祖外祖，次祭父外祖，然後當祭祖與考矣。雖一曉三祭，未免差晚，而晚祭之妨，猶勝於合祭之未安矣。」答李道長。

外庶孫奉祀者所生外祖母稱號

問：「外庶孫奉其外祖父母祭祀，則其母所生外祖母題主當何稱？未知嫡祖妣上加嫡字，以別之乎？所生祖母只稱祖母，以別之乎？」李時春。南溪曰：「或問庶子之所生母題主當何稱，朱子曰『若避嫡母，只稱亡母』。準此，後説似亦近之矣。」

出繼子祭本生親

祭本生親祝辭屬稱見喪禮爲人後者本生親喪諸節條中題主條

無後本生親班祔見祭禮班祔條

無後本生親奉别室見祭禮别室藏主條

出繼人之子還繼本生祖

尤庵曰：「出繼人之子還爲本生祖後，此《通典》之文，而尋常有疑於心，蓋有父然後有祖，此子將以何人爲父，而繼其祖耶？若如世俗所謂侍養之云，則本生之名，非所加也，而侍養之服，《禮》所不言，今何敢創出也？以近事言之，則黄秋浦以其弟惕之獨子爲後，是義州公也，義州次子璡將還後其所生祖，其時愚與春兄禀於愼老，如前所疑，愼老亦以爲難處，謂姑以其所生祖班祔於宗家，似無大段過誤矣。蓋以本朝之法，則赴擧者四祖爲仕者，署經皆有所阻隔，名不正則言不順矣，未知如何則與《通典》之文會通而無病也。○所生祖有子無後而死，而今此出繼者之子歸而爲後，則當爲所生祖服承重斬矣。題主等事，不須言也。不然，而只如世俗侍養之云，則所謂心喪及題主之稱，皆未免杜撰矣。或曰爲人後者之子，爲其所生祖爲從祖，而服小功，爲其所生曾祖爲族曾祖，而服緦麻，其爲所生高祖，則無服，然後名義正當矣。若爲所生祖大功，爲所生曾祖爲小功，則當爲所生高祖爲緦麻矣。然則與所後皆服四代，而無差等，此爲未安。此言亦有理矣。且聞或人之説，則其父既爲所生父服期，則是以伯叔父之服服之也。既爲父之伯叔父，則當不問所後近遠，而於其子皆爲從祖云，其言似亦是矣。」答閔維重。

南溪曰：「田瓊所謂以庶子還承其父者，不察其無昭穆，可爲祖後，古今天下一無無父而承祖之人，其無義理事實可知。」與李恢。

又曰：「示及變禮，大抵此事多出於後世人情，非先王定制。故尤丈常以立後爲主，恐其正理在此也。然若其父出繼者不在，而已當爲制服主祭，則亦從其父爲本親降一等之禮，服以大功，題以從祖云云，宜有不得以已者。惟心喪之制，世人雖多行之，禮律無明文，未知何爲而可也。蓋《通典》所謂還繼所生祖者，猶不得著代，然則終不如立後之爲勝，但人家事勢，或有所窒礙者，誠無可爲矣。」答閔維重。

陶庵曰：「出繼子之第二子雖權爲主喪，而至於題主旁題，則中間既闕一世，稱祖稱孫，決知其不敢矣。侍養之名不見於禮家，而俗雖或有行之者，石串金進士昌業丈家。恐難苟從。出繼子之第一子似是宗家，以顯從祖題主，而用班祔之例爲宜。班祔則無旁題矣。大抵別爲立後，即大經大法，捨此則皆苟，而目下通變之不失其正者，惟此一事差可爾。」答崔日復。

承重妾子祭本生母

承重妾子祭本生母諸節見祭禮妾子諸禮條中諸條

承重妾孫爲其所生祖母主喪祭當否

問：「妾孫承重者，爲其父所生母無服，則其祖母之喪，誰其主之？其父之同母弟若已之同母弟存，則可以代主其喪耶？」李之老。南溪曰：「《喪服小記》曰『妾祔於妾祖姑』，又曰『妾母不世祭』，注曰『於子祭，於孫否』，萬正淳嘗以此問於朱子，答曰『妾母不世祭，則永無妾祖姑矣。今恐疏義之説，或未可從也。恐於禮或容有別廟，但未有考耳』。以此推之，妾孫承重者，似當以別廟主祭，但所謂不世祭者既已明著，《小記》黄氏《通解續》亦無因朱説改正之文，而無服者主祭，又於人情少異，殊不知何以處之也。頃聞金慎齋命其次子主妾之祭，亦未知必合禮意否耳。」

家廟移奉

移居出次奉廟

尤庵曰：「家廟只奉於奉祀者所在處，正也。朱子喪母夫人，葬于寒泉，仍居其精舍，朔望則歸奠几筵，蓋几筵在家故也。三年内守墓之時，自爾如是矣。朱子嘗自潭溪遷居考亭之時，告于家廟，而奉遷焉。此何嘗當平時而異處也？」答鄭養。

又曰：「今世出次之人例置家廟，而獨身脱出，想以所次之處無奉安之所而然，然非事亡如事存之道矣。」答申啓澄。

謫中奉廟

南溪曰：「謫中奉廟，未記古賢蹤跡，第以事理推之，所謂絶無而僅有者，何以言之？所謂謫者，重則窮海絶塞，輕則限年徒配，要之皆難以木主并行。然若如左右之處善地無年數者，至或獨子無兄弟，罹徙邊之律，則恐亦難以長違先廟而闕烝嘗。鄙意奉廟行祀，恐無可疑。」答沈權。

亂時奉廟

同春問「遭亂播遷者，其家廟處置終未得恰好底道理。或謂神道尚静，流離中不可奉，往埋於墓所云，而但念數年之後，朽腐殆盡，木理字畫不成形樣，此則經亂者所詳知也。似不若奉安於一笥，或負或載，以身保之，隨地奉護之爲愈也。若不幸而一家未免禍及，則其他又何暇論也？況三年内几筵則决不可埋置而獨避」云云。沙溪曰：「所謂神道尚静，神主不可奉安云者，乃迂闊者之言也。平日仕宦遠方者亦且奉往，獨於亂離中，何可不爲奉往乎？鄙家丁酉倭亂時，奉神主而行，去匣入箱，奉安卜馱之上，得以全保云云。三年内几筵則有朝夕上食，尤不可埋置也。鄉校書院位版，不可一概論也。」

又曰：「人遭禍亂流離之際，奉主而行，極爲非便。人或埋於祠堂或墓所，祠堂可避雨漏，勝於墓所矣。僕尋常念之，有不虞之變，而欲奉主而行，則或有多至十餘位者，只奉近親而行，而埋遠祖，有所不可，故埋則并埋，奉以行則并奉行可也。壬辰倭亂，爲定山宰時，送主于墓所，盛甕中埋安矣。半年後出之，櫝足脱落，濕氣所侵故也。」答金巘。

尤庵曰：「亂時神主奉以避兵，此固情理之當然。而然曾聞迫於盜賊或被屠戮者，無不棄之道路云，若是則不如埋安於墓所之爲愈也。」答芝村。

祠墓遇變

祠堂火

退溪曰：「神主火灾者，只祠廟火而室屋猶存，則當題主於家，不當之墓所，若并室屋蕩燼，則寧從權而題主於墓所，似或可矣。慰安則可倣虞禮，而用素服行之，似當。」答金就礪。

又曰：「人死則葬於山野，題畢即速返魂者，使其神安在於生存之處也。一朝神主火焚，則神魂飄散，無依泊矣，即於前日安神之所設虚位，改題神主，焚香設祭，使飄散之神更依於神主可也。前日已返之魂，豈可往依於體魄所在之處乎？」答趙振。○金而精所問在辛酉，振之所問在戊辰，先生晚年所見可知云。○《言行録》。

又曰：「或云正寢爲當。」

問：「家廟焚，禮當如何改造？神主題於何所？或云當題於墓。」黄宗海。沙溪曰：「經史及退溪説可考。」

《檀弓》：「有焚其先人之室，則三日哭。故曰新宫火亦三日哭。」注：「先人之室，宗廟也。魯成公三年，焚宣公之廟，神主初入，故曰新宫。《春秋》書『二月甲子新宫災，三日哭』，注云『書其得禮』，此言故曰者，謂《春秋》文也。」○漢宣帝甘露元年，太上皇太宗廟火，帝素服五日。○退溪曰云云。見上，即答趙説也。

又曰：「火焚神主，則當依《春秋》新宫灾三日哭之禮而已，不爲製服耳。」答金巘。

慎獨齋曰：「禮，宗廟焚，易服三日哭，今當依此行之，而憂中以孝巾及出入時所着布深衣行事，題主時亦如此，似可也。」答金榮後。

問「家廟被灾，改題神主於前日安神之所」云云。金光五。遂庵曰：「神德王后改題主之禮，行之於慶德宫舊基，當時兩先生收議如此。」

問：「或云爲位於被灾之所，未知爲位以改新主爲限乎？」金榮後。慎獨齋曰：「古有三日哭之儀，三日之外久設，則未可知也。」

問：「神主見燒，而未改造之前，或云以黄紙姑書紙榜權安于虚位。」姜再烈。遂庵曰：「禮無可據，不敢質言。」

問：「四位神主改造未易，日子久曠，其間先世祭祀及几筵朔望，當如平日行之乎？」金榮後。慎獨齋曰：「神主雖未改造，先世忌祀几筵日祭及朔望，不當停廢耳。」

問：「主宗祀者，身死未斂，火灾及廟，斂殯後當改造神主，告辭措語何以爲之耶？」或人。陶庵曰：「家禍孔酷，祠屋告灾，宗子纔亡，尸事無人，三日之哭，有禮莫伸，伏惟神魂，何所依泊？兹於前日，安神之所，設位改題，神主既成，仰冀尊靈，是憑是依。」

廟主見失

寒岡曰「先世神主因兵亂未保」云云。答崔季昇。○見喪變禮追改之禮條中追改神主條。○下同。

問「有人於虜亂失高曾神主」云云。鄭尚樸。南溪曰云云。

失廟主還得處變之節

問：「有人神主見失，改造未及奉安，所失之主得於園外，而粉面多有傷污處。既得之後，則當以舊主改粉面奉安耶？新主既成，當以新主奉安耶？」李著聖。遂庵曰：「舊主如無傷污處，仍奉爲宜，若傷污則恐不可不改奉。」

問：「失廟主改造奉安矣，後得舊主於園中，而不甚傷污，還安舊主而埋安新主否？」魚有和。陶庵曰：「舊主之成在於魂返室堂之時，雖不幸遭亂，其身傷污，而所以憑依之者，猶不失其舊，則猶可用也，况幸而不至大傷污者乎？新主改造，出於不得已也，憑依之節視舊主似不及焉，捨新還舊，恐無可疑。」雖傷污而憑依不失者，理之常也。

廟主有蟲變

問「神主有蟲變，字墨剥盡」云云。李光㙜。陶庵曰：「火灾燒燼，全體既無，固不得不改造，此則雖有蟲患，主身自如，神氣所寓，何得妄行改易？既知其難改，則舊主處置之道，非可論也。」

問：「粉面寫字或蠹缺，則不得不卜吉改題。」蔡徵休。遂庵曰：「然。」

墳墓遭水火

寒岡曰：「丘壠不免今之燒黑，當即葱蒨於數日之內，何至藁草之？蓋只當净掃而已。慰安之祭當哭行矣，素服行素，恐三日而止。」答李天封。

問：「《檀弓》曰云云。若火犯墳墓，則何以處禮？」玄以規。尤庵曰：「以墓擬廟，則以墓之火焚與被侵犯不及柩者，與廟之火焚，同爲一等；以侵犯及柩者，與廟之並神主見焚，同爲一等。而但墓之見柩，則服緦哭臨三月。新宮火則三日哭而已，無服緦之文。未知所謂新宮火者，並神主見焚耶？抑只焚其廟耶？未見明文，不敢質言。」

問：「墳墓遭水患，尸柩露出，服緦後，趁未改葬，則雖過數月，猶持其服，待其葬後，方始除之耶？」蔡徵休。遂庵曰：「然。」

墳墓遇賊

問：「墳墓遇賊見毀，處變之節當如何？」沙溪曰：「古人論此多矣，當觀其遭變之輕重而酌處之耳。」

《通典》東晉大興二年，司徒荀組表言：「王路漸通，士人得視家墓，多聞凶問，朝野所行不同。臣謂墓毀之制，改葬緦麻，當包之矣。鄭康成、王子雍皆云棺毀見尸，痛之極也。今遇賊見毀，理無輕重也。」杜夷議：「墓既修復而後聞，宜依《春秋》新客之災，哭而不服。」江啓表：「按鄭玄云，親見尸柩，不可無服。如鄭義以見而服，不見不服也。臨穎前表改葬之緦，不以吉臨凶。今聽其墳墓毁發，依改葬服緦麻，不得奔赴。及已修復者，惟心喪縞素，深衣白幘，哭臨三月。」○宋庾蔚之謂：「人子之情無可輟，聖人以禮斷之，故改葬素服不過於緦麻。服雖輕，而用情甚重。意謂聞其親尸柩毁露，及更葬，便應制服奔往，縱已修復，亦應臨赴。苟途路阻礙，猶宜制服緦麻，三月而除，豈可以不及葬事，便晏然不服乎？」○梁天監元年齊臨川獻王所生妾謝墓被發，不至埏門。蕭子晉傳重，禮官何修之議以爲：「改葬服緦，見柩不可無服故也。此止侵土壙，不及於槨，可依新宮火，三日哭而已。」帝以爲得禮。

失墳墓處變

問「廷岳先祖巡撫使墳山失傳久矣，因近處人來告仍爲守護」云云。宋廷岳。陶庵曰：「必明有證據，而後方可以祖先墳山待之，既以疑信間，則守護猶可，祭則恐過矣。目下道理，但當亟爲改莎，就墳之前後左右，遍求誌石，幸而得之，則非徒可祭，圖所以表揚忠烈，烏可已乎？」

又曰：「昔人祭古冢文如謝惠連之類。或有之，今方置之疑信之間，則不妨倣此爲辭，稱以『慶州金某等敢告於古冢之神，某幾代祖某官之墓久失其處，古來相傳以爲在某地，此下歷叙證據。既無碑表，莫可指的，或冀有壙誌之可以考徵者，不敢不略開塋域。伏願不震不驚，昭示實迹，以啓疑惑』云云，大意似不出此矣。」答金碇。

禮疑類輯附録上

宗法

大宗小宗之别

沙溪曰："《儀禮》經傳及注疏，公子不得宗其君，故君命一人爲宗，以領公子，而諸公子宗之。嫡子爲宗，則宗之以大宗之禮。庶子爲宗，則宗之以小宗之禮。皆公子昆弟中禮也。他族則無之。"《家禮輯覽》。

問："《家禮》四龕章小注《大傳》别子條末端云，有有大宗而無小宗者，皆適則不立小宗也。有有小宗而無大宗者，無適則不立大宗也。其義可得聞歟？"或人。尤庵曰："假如仁祖大王只誕龍城、麟坪兩大君，而無崇善、樂善，則是有大宗而無小宗也。只有崇善、樂善而已，則是有小宗而無大宗也。○麟坪非大宗也，是大宗之祖也，至福寧，然後麟坪諸子孫宗之，而始有大宗之名也。○凡大宗有二，一是諸别子之長子，各自爲大宗，此則只其别子之子孫，宗此繼别者而言。一是有諸兄弟相宗者，魯爲兄弟之長，故其同姓諸侯，皆謂之宗國是也。此則古制也。○朱子曰：『人君有三子，一適而二庶，則庶宗其適，是謂有大宗而無小宗。皆庶，則宗其庶長，是謂有小宗而無大宗。』○《儀禮經傳注疏》：公子不得宗其君，故君命一人爲宗，以領公子，而諸公子宗之。適子爲宗，則宗之以大宗之禮。庶子爲宗，則宗之以小宗之禮。○以本朝言之，則龍城麟坪之兄無年者。爲大宗，麟坪以下諸王子，皆宗之爲大宗。假如但有崇善以下，而無大君，則仁祖命崇善爲小宗矣。然則此二條，與上一條各爲一説也。上一條別子之子始爲宗，此二條別子自爲宗。○皆適則不立小宗。○以本朝言之，則假如仁祖大王只有龍城、麟坪，而無崇善以下，則是皆適也，各自爲大宗，而不立庶子之小宗也。此亦自爲一説也。○滕是周公孽弟也，然以古制言之，則雖是周公之母弟，而皆宗周公也。○魯季友乃桓公別子所自出，朱子曰『所自出三字，衍文』。○季友以年則雖居孟叔之下，而似是莊公之母弟，故爲一族之宗也。」

又問：「以《儀禮》注疏適子爲宗，則宗之以大宗之禮之説觀之，則只別子之居長者，當爲大宗。而以皆是適也，各自爲大宗之説觀之，則別子兄弟皆是同母，則無論長次，皆爲大宗。與上注疏之説不同，未知別子母弟皆當爲大宗耶？當爲小宗耶？」尤庵曰：「大宗小宗有兩説，以周公爲長，故滕謂魯爲宗國之説觀之，則雖同母之弟，皆當從其次長次長謂嗣君之次也。矣。以皆適不立小宗之説觀之，則嗣君之母弟，各自爲大宗。此二説者，不可合而爲一也。竊謂生時則嗣君之次長爲一族之長，而諸母弟以下，及諸庶皆宗之。已死之後，則其諸母弟之子孫，各尊之爲大宗之祖，各自百世不遷。然則二説，亦當通爲一義矣。○別子之適，繼別子孫爲大宗。○以本朝言之，則麟坪非大宗，只爲大宗之祖。至福寧然後始爲大宗，而麟坪之諸子孫宗之，百世不遷。福昌以下，則又爲小宗之祖，而其子繼之者，各自爲小宗。」

南溪曰：「別子有二法，一則君之次子，爲一宗之始祖是也。一則庶人起家爲公卿大夫，其子孫立之爲始祖，不復祖其庶人。蓋周家貴貴之義如此。」答李德明。

傳重

傳重後改題遞遷之節，有尤庵、南溪説，見喪變禮代喪條

同春問：「老而傳重，於情理似未安，何以則不失處變之禮？」沙溪曰：「《語類》以爲難行，然《大全》有告廟傳重之文，可考。」

《語類》問：「七十老而傳，則適子適孫主祭。如此則廟中神主都用改换作適子適孫名奉祀，然父母猶在，於心安乎？」朱子曰：「然。此等也難行，且得躬親耳。」○《大全》致仕告家廟文曰「行年七十，衰病侵凌，筋骸弛廢。已蒙聖恩，許令致事，所有家政，當傳子孫。而嗣子既亡，藐孤孫鑑，次當承緒，又以年幼，未堪跪奠。今已定議，屬之奉祀，而使二子埜、在，相與佐之」云云。

問：「宗子既老，傳重於其子，則與有故而不能與祭者有間。若以受重而遽稱孝子，則於心決有所不能安。」李尚賢。同春曰：「只當曰『孝子某衰耗不堪事使子某』云云可也，此外無變通之理。」

黜嫡

得罪倫常不得奉祀

尤庵曰：「《禮》有嫡子廢疾不得承重之文。今沈得祥之父，既以凶悖之人得罪倫常，則其重於廢疾也懸矣。況其祖父判官公及其祖母前後有治命，至使得祥不得奉祀，則其絶之也嚴矣。今祖父母俱没之後，乃敢違命奉祀，似無其理矣。」答或人。

又曰：「泰伯以至德逃，而既已逃之，則周家之宗歸於王季。況今逃者，其敗人倫，賊天理，不可容於覆載也。其可以宗統之嚴，而歸之於其人乎？且其逃者之次子，不知其父之死生，如或生也，則何敢越父而承祖之統乎？如或其死也，則未知其次子葬於墓，而作主祔於廟乎？不然而承統何敢生意乎？且聞其逃者，盜其妻弟，率其長子而逃，使其子稱其妻弟爲母，則其子不從，故殺之云，未知信否？今其次子不知其兄之死生，而敢爲承重乎？爲官者當以亂家子斥之，使不容於境内，可矣。適統承否，何敢論也。」答尹以健。

嫁母子爲後

尤庵曰：「《禮》有嫁母之子爲父後之文，何嘗以母嫁而奪宗於他人乎？子思之母嫁於庶氏，而未聞子思不得爲孔子及泗水侯後也。宗法至嚴，何人敢生變通之議也？」答朴世振。

支子祭先見祭變禮

次嫡奉祀上同

妾子奉祀上同

立後奉祀上同

攝主奉祀上同

立後諸節

總論

南溪曰:「《禮經》古義,大宗及貴爲大夫者外,不可立後,而今世雖支子遠族,皆必繼絶,使班祔一路遂廢,誠足慨然也。然程朱諸賢,既不能正,而反助之,至張子則曰據今之律,五服之内,方許爲後。以《禮》文言,又無此文,若五服之内無人,使後絶可乎?必須以疏屬爲之後也。其視程朱之論,不翅加增。當今之世人無不然,獨以古義行於左右宗家,不亦冤乎?○《家禮》固有班祔一節,甚皙,而又立爲人後之文,不分宗支,其意可知也。且於劉草堂屏山程公才等文字皆舉立後之意,班班可考,何可遽以無後叔祖一段爲斷乎?然則古禮雖重,誠難追廢程朱之制矣。所可恨者，程朱雖用今禮，宜有斟量限節，而終無所見，使繼絶之義太重，離宗之道太輕，以至終廢班祔一路。此區區所以欲質於百世之前，而不可得者也。至於爲後之節，當以《儀禮》《大典》同宗之文爲主。如《理窟》之説，間或有之，然非經制也。」仁祖朝李完豐以功臣故取其遠宗判書溟子爲後。○答李泰壽。

爲長子立後次子不當主喪奉祀見喪變禮無適嗣喪條

獨子爲大宗後

問：「世説長子無後，則次子雖有獨子，當繼長子，是於禮於法皆無逕庭否？」黄宗海。沙溪曰：「長子無後，則《儀禮》及《國典》皆以同宗支子爲後，故自前必以支子爲後。曾有一宰臣引《通典》説陳訴以其弟獨子爲後，因成規例焉。」宰臣即黄秋浦。

《通典》漢《石渠議》：「大宗無後，族無庶子，已有一嫡子，當絶父祀以後大宗否？戴聖云大宗不可絶，言嫡子不爲後者，不得先庶耳。族無庶子，則當絶父以後大宗。」魏田瓊曰：「長子後大宗，則成宗子。禮，諸父無後，祭於宗家，後以其庶子還承其父。」○程叔子曰「禮，長子雖不得爲人後，若無兄弟，又繼祖之宗絶，亦當繼祖爲後。禮雖不言，可以義起」云云。以上是長子爲後之證，然與《禮經》不同。

寒岡曰：「程子之意，蓋謂長子雖不得爲人後，而若無兄弟，又繼祖之宗絶，則不得不後於伯父，以繼先祖之宗，使之不絶者，實爲義起之大節。竊謂大賢之論，出於至公，私親後事，自當酌處，不可以私親之故，而絶先祖之祀也。程子之意，恐出於此。」答李潤雨。

尤庵曰：「獨子不可爲後之説，可以繼程子之訓，而宣廟朝黄秋浦亦以黄義州一皓爲後，義州乃秋浦弟暢之獨子也。」答或人。

南溪曰：「獨子爲大宗後，雖有戴聖、程子之論，而《禮經》本以同宗支子爲之。況《國制》奉祀條有長子無後則衆子奉祀之文，恐不可捨此而取彼也。蓋前日出後伯父之時，固用諸父之命矣。今既以未及告官不成爲後，則是將自我告官，一難也。假令宗姪可代門長，而不遵禮律正文，必從兩家變節，二難也。嘗試思之，其所以絶父者，爲大宗終不可無後故耳。今若一遵禮律，雖於戴、程之論有所不合，而既無大宗無後之患，亦無絶父後人之礙矣。」答李孝閔。

立後不用遺命

南溪曰：「大抵人家莫重於遺命，固當以此從事也。然繼曾之宗，一朝絶祀，其重比遺命尤甚。如有可爲之地，則惟當具由告祠堂立後，而不用遺命，方爲大正。然若無一家門長之可主此事者，亦難得成矣。」答李彦純。

立後不待爲後者之許

尤庵曰：「立後必待爲後者之許云者，此甚無理之説也。當爲後者，苟有人心，誰肯捨其父母，而許爲人後哉？以故必待其父母之許，君上之命，而後不得已而爲之矣。○孔子於矍相之射，謝去與爲人後者，若尊從不辭，而肯許之，則豈不爲聖人之所斥乎？以死固辭，不得已而爲之者，然後可以專意於所後矣。幸勿以此阻意，如何？」答南溪。

立後不可捨近取遠

尤庵曰：「所問某家事，高皇帝始爲吴王，亟頒教令，凡繼後不可捨近取遠，近者盡然後求於遠者，有服者盡然後求於無服者。大明令雖忽諸，何可違也？」

立後必聞官

沙溪曰「立後者必命於君，乃其法也。父母俱没者，或門長上言」云。答黄宗海。

尤庵曰："《朱子大全》程氏表所謂爲人無後者，而聞官立後，恐是聞官自是當時令格，故程氏如此矣，非謂其人財産之將納官，而爲此法外事也。妄意如此，未知是否。至如鄙書所謂告君之式，恐缺於古經云者，未蒙印可，是不免爲無稽之説，犯不韙之罪也，不勝惶悚。第鄙意則以爲古禮非但昏姻日月亦必告君，凡民生子自名以上，皆以籍告，則况此立後是人倫之一大事也，豈敢私爲而不告於君乎？制其輕而闕其重，恐非聖人稱物立法之道也。且念古者男女既皆籍告，則今此出後者，獨以出後之故，而見漏不告，恐無此理。豈立後而告者，亦同於生子而告之禮，故不别立文耶？此雖不必如本朝證保啓下立券之例，而其不敢私爲之大綱領，則恐無異也。妄意終始如此。○立後之議，每以爲此不翅重於民庶昏姻，而昏姻猶告於君，告其輕而遺其重者，似無其理，則妄竊以爲此混入於獻民之制，故前書妄有云云。今蒙不甚揮斥，又自幸瞽見之不甚悖也。若其《大全》一款，則竊以爲宋朝若無立後告官之制，則程公只當議於宗族，詢於鄉黨，而立之足矣，何必自創無法之法，以乖從周之義，而朱子亦何必著之於書乎？"答南溪。

上言立後呈勛府并論

沙溪曰"門長上言"云云。答黄宗海。○見上條。

尤庵曰：「承重孫夫妻俱没，而門長上言，則禮曹防啓云禮典立後，必兩家父母呈狀云云。此上言勿施何如？云則自上或别判付云，情理切迫，節㕣許之。如是則事或成矣。自上循例依啓，則事不成矣。」答金相玉。

又曰：「高門立後云云，既曰門長，則寧問其族屬行第耶？原州朴門之以奴僕代訴，雖非士夫家規例，然朝家猶聽其訴，則况以族兄弟，而豈不敢於陳訴耶？都正公上疏之云揆以事面，果似有偃然之嫌，大凡係于私事者，非大官則皆以上言陳乞矣。」答南溪。

又曰：「既爲大宗後，則所後父當爲其父矣。所後父及所後子俱亡，則其門長當上言立後矣。若無他門長，而其所生父生存，則雖以其名上言，而亦不敢曰爲其子立後，當云爲大宗立後矣。」答宋奎昌。

南溪曰：「示咸爺事，國法嫡妾俱無子，方許立後。咸爺初以久松爲嗣者，本自正當。然今久松之無子决矣，渠若自立其後，以奉咸爺之祀，則恐亦無害。第必未易得合立者，如其果然坐待久松身後而絶嗣，莫若及夫人在世時，爲咸爺依例立後之甚正。但以久松尚在，與國法所論少異耳。然念國家待功臣殊絶常例，若以咸爺不可終使無後之意，具訴勛府，必得上徹。倘蒙報可，則無背國法，無礙立後。」答金澄。

前後妻没後立後爲前妻子爲後妻子并論

尤庵曰：「前後妻皆没，後始爲之子者，當爲前妻之子。」答或人。

陶庵曰：「出繼者之於所後父，前後妻俱亡後爲後，則外家當從元配，事理似然。愚見亦如此，而但吾家歸樂堂仲父於所後外氏從同福之吴，此則繼配也。不敢知其時所考據者如何，而家中所行如此，故雖疑而未敢質言也。」答或人。

遂庵曰：「前後妻皆亡，而後立後，則所後子，以父之後妻之父爲外祖，父之前妻稱以前母。」答洪益采。

長婦立後次子還宗事見祭變禮立後奉祀條中兄亡弟及兄妻立後條

立後追服之節變除并論○見喪變禮追喪條

立後後告廟之節上同

立後後改題之節上同

立後追服者喪出再期後撤几筵當否上同

立後追服兩喪者成服先後上同

親喪中出繼改服之節上同

未聞官立後變禮

問：「人有無子而取兄弟子撫養如己出，將傳其宗事，未及聞官之前，其子死而其孫在，其後祖又死，既不得聞官，則似不可代執承重之服。而所後祖生時，一門齊會，列名成文，以定祖孫。及其祖死，俾之執喪，題主亦稱祖孫。當時孫年尚幼，不能自斷，惟長者言是從。及長，頗覺其未安，而非但養育之恩，與本生父母無異，諸父諸兄暨内外諸親，列名成書，一朝遽爾背却，實是人情之所不忍。何以則不失禮意，而伸其情耶？」沈世熙。尤庵曰：「父子天性也，惟人君代天理物，故命他子以繼無子之人。故《中庸》言繼絶世，亦以人君言也。本朝繼絶之法甚嚴，必兩家父母呈狀之後，以問備審其虛實，而又問備兩家門長無有異辭，然後該曹入啓，自上允下，然後承旨，次知復下於該曹，該曹始乃備舉前後事實，成給公文，然後乃爲父子。其嚴且謹如此，其可不命於君，而私爲之乎？古禮未之考，而《大全》有聞官之文，亦何可違也？然則今日某家事，其不可以諸父兄列名成書之故，而遽定其父子祖孫也明矣。○族人李三龜不爲啓下，而先服叔父三年矣。既而覺其非是，不服其叔母，正得其昨非今是之意。而時輩以爲敗倫，削之儒籍，未知欲從朱子及國法者，何爲而爲敗倫也？」

又曰：「有人出繼，而未及啓下，其所後父死，服喪題主矣，既而其所後母死。或曰未及啓下，則便非後於人者，前日服喪已誤矣，今不可因循，故其子只服本服期矣。竊聞其人轉以聞於座下，則以爲非是。故其人極其狼狽，罔知攸處云，未知信否。大抵父子天性也，不可以人力斷續，而惟人君代天理物，有存亡繼絶之仁。故必須命於君，然後乃謂父子。此雖不見於古禮，而《大全》則有告官之文，恐是古禮有闕文。蓋雖昏娶及生子，其時必告於君，則豈有如此大事，而乃反不告耶？設或古者真無告君之例，而朱子既如此，國法又甚明嚴，何敢違此而不遵耶？不幾於《禮記》所謂與人爲後，而不敢入於矍相之射者耶？今此人於其所後，服其不當服者，猶爲不可。況於此時，設令其所生父死，則當服期耶？抑斬衰耶？既斬於彼又斬於此，則是二本也。

若斬於彼而期於此，則是無君命而私自絶其父也，而可乎？蓋此處間不容髮，正如君臣之義，當日命絶，則爲路人；雖是一刻，其命未絶，則尚是君臣也。今父子之倫，尤重於君臣矣，有何敢無天命，而私自絶於天屬之理乎？昔年慎齋爲人難處事，略有依違之論，竟爲持論者所正，此是天理人倫之大者，不可不極論歸一。」與南溪。

南溪曰：「立後，人之大倫也，載在禮律，無復可疑。然其聞官一節，自古今禮典之備，以及程朱諸書，皆莫之有，惟《國典》爲然。蓋詳《禮經》，以至大朝之制，立後之法，本出於君，而成後之命，實受於父，其義似以當初大體著之令甲，布諸天下子孫，帝王世世守之，則凡爲臣民者，乃得據此以支子而後大宗，又是有家尊祖重宗之常禮，雖不申聞，非所謂私相爲之矣。苟或不幸無後，財産當納官，如朱子所記；程公才墓表。不得於所後，如《會典》所許，而後方始聞官。計此特爲一時遭變伸理者設耳，其非通行之制亦明矣。大抵禮意假審如是，居今之世自當守今之法，其必以告官爲重者，誠爲不易之理。第以某家所依禮制，服所後之喪斬衰三年，雖不如並全《國典》，終無滲漏，而其不服後喪，亦非細故，在於人情天理，尤所萬萬痛迫，則容或有依樣變通之道也。伏承鐫教，義理明白，辭旨嚴截，始知當時淺料，殊有所未究者。竊觀禮制之意，以君命而許父命，由上達下，法立而自行；《國典》之文，以父命而乞君命，由下達上，事至而必告。無論大小得失，所處各異。然則其爲我臣民者，恐難捨國家新典，而泛從禮制大體。總之，先生所論，先立其大，自然明順，世采所料，似乎委曲，畢竟窒礙。今雖商量稍有根據，益知初説罪不勝贖。」答尤庵。

尤庵曰：「閔丈在汶三子：汝耆，汝耋，汝老。汝耋早死，閔丈使耆子某甲後之。其後耋妻死，某甲服三年，題主稱子矣。然不爲聞官矣。去乙未夏耆妻死，泰之以爲雖有祖命，即不聞官，則不成爲耋子，某甲當服生母三年矣，遂制母服，與諸子同。尹吉甫聞之，亟以告于慎老曰『某甲於耋妻，既服三年，題主以子，則既爲耋子，而又服本生三年，則人之大倫亂矣』。慎老然之，有所云云，泰之論辨不已，頗成鬧端。其時余服母喪，以師門事不能默然，亟以書稟于慎老曰『古者出繼者告官之文，雖不見於經傳，然婚姻日月，尚且告君矣。出繼之事甚大，於婚姻不翅相懸，則萬無不告之理，而適其文不傳矣。雖古無其文，國法必使告官入啓，然後始成爲他人之子矣。先生今許某甲之爲耋後，假如日後先生爲訟官，而耋之女子與某甲争財相訟曰『彼不聞官，不成爲吾父之子，則先生當義起而廢法乎？』』慎老答曰『吾豈以泰之爲非也，吾意則以爲既承祖命爲叔父，後既服喪又題主，則今兹生母死後，亟以聞官，而服生母以期，則似好云矣。不意李基稷失吾意，而誤傳吾意，且庶弟杲也，作荒文以與諸尹，以致紛紛，殊可嘆也』。連山諸少又駁泰之於迂相，迂相曰『此則然矣。若使長者爲公牧而處此，則當廢法令乎否？』自是泰論稍伸，而此事遍入湖南金陽城一隊，則以不告官爲是，曰此慎老之説也。李起浡一隊則以不告官爲非，然隨强弱多少爲是非。故湖南一道不告而私爲父子者，已成規例，極可寒心。彼爲之父者，猶之可矣。爲其子者，私絶其父母，而爲人之子，豈非悖理之甚乎？今世名家如張應一、尹舜舉諸人，猶尚如此，其他何足説也？近者金汝亮私子其弟汝玉子，婚書榜目皆爲之父。去年亮妻死，玉子以杖喪之矣。昨者玉也又死，有一少輩之論，以爲不告官而後於人，此慎老之所許，遂使降服玉以期。亮也在昌原聞之，命勿降服而服斬，其家事不成倫理矣，何也？如欲爲玉而斬，則榜目既經睿覽，即公文也，又方以桐杖服亮妻，而又服玉以斬，則一人之身，嫂叔爲父爲母，不可騰諸口舌。如欲不爲玉服斬，則是私絶其父，有所不敢者矣。當初慎老亦豈料此弊之至此耶？出繼聞官，雖不見於古禮，《朱子大全》明有此文，歸宗亦然矣。湖南不從李論，必有罔測難處之事，而皆將以慎老爲口實矣，思之不覺寢食不安也。今幸令監按湖，幸望從頭明辨，以明慎老本意之不然，然後大明法令，使不聞官者，一切勿許爲父子，則名正言順，大亂斯止云云。○戊戌年得奉完南李相公，語及閔家事，相公曰：『私自爲父子，非惟於理不當，亦大亂之道也。假如汝鏊有女，而呈官曰某非吾父之子也，其子曰吾實爲之子也。訟官當徵所後文書，而其子不得現納，則訟官當許其子乎？當許其女乎？此不難知之是非也。』」答李泰淵。

又曰：「未聞官而服喪，既誤於前云者，乙者之説是矣。既已許之，則雖未聞官，而不可不服云者，甲者之説不可從。國有令甲，雖小事不可違，况父子天倫是何等大事，而私敢擅輒耶？

當待幸行時上言蒙允，然後追後服喪，似合於《通典》之説矣。《通典》有喪後出繼者，從出繼日服喪盡三年之例矣。」答或人。

陶庵曰：「近世人家以兄弟之子爲後者，往往有不告官者。又或欲出禮斜，而因循未果，畢竟生出許多難處之節矣。大抵立後者必命於君，乃可爲父子，此是大經大法。今某家所持疑，惟遷葬時服承重、昏書中出繼子兩款。亡父之意，固未嘗不許，然只是不命於君，而私爲之者，今於父之喪不斬而期，則是無君命而私自絶於天屬也。惡有是哉？亟宜服斬無疑。至如宗家絶祀，則亡人之伯嫂具事實上言，以俟朝家處分，爲得之。」答或人。

立後昭穆失序 姊妹爲婦姑及老少易置并論

尤庵曰：「皇明祖訓，繼後非昭穆，則使之改正。故近世清州池姓人，以兄弟爲父子者，上言變通云矣。但貴家事略與池姓有異，而與金韓山光烒家相同。雖不得爲父子，而以侍養傳繼，則或無妨耶？只金韓山家於禮則有乖，未知法律或許之耶？抑國俗因循而至此耶？是未可知也。」答具時經。

問：「有人叔姪爲友婿者，姪娶其姊，叔娶其妹，姪之年稍後於叔，而叔是大宗也。叔無子，他無繼後之人，不獲已將以其姪繼之。姪繼叔後，禮固當然，而妹爲姑，姊爲婦，以兄行婦道於弟，揆以人情天理，極涉駭𢡛。或姪之年反高於叔，則亦將何以處之？」金榦。尤庵曰：「姊爲其妹之子婦，誠有倒置人倫之嫌，不知將如何處之也。如不得已，則姪當改娶耶？然國法若不許有妻更娶，則亦無如之何矣。若姪之年多於叔，則決不可爲其後。揆諸天理，則豈有父少而子反老者乎？禮不許爲殤立後者，以其無爲父之道也，况老少之易置乎？」

立後後生己子

栗谷《立後議》曰：「父之於子，子之於父，其恩情一也。子既捨生父，而父其所後，則父獨不能捨親子，而以繼後子爲嫡乎？若父捨親子爲無理，則子捨生父無理尤甚矣。故《禮》無罷繼之文，而其論爲人後、女適人者，皆降一等，而女被出則有還服之文，子無還服之議，其不許罷繼，灼然明矣。癸丑年受教所謂論以衆子者，雖引大明令，而今所云云者，只論義同兄弟均分財物耳，非謂論以衆子也。此教雖立，而不久旋罷，禮官誤置于新立科條之故，至今猶存。兄爲衆子，弟爲嫡子，甚乖情理，此受教不可舉行也。自今以後立爲不罷之法，永成金石之典，則綱常倫紀庶得其正，而天下後世之爲父子者定矣。」

同春問：「無子者既立後，後生子則當如何處之？」沙溪曰：「古人所行亦各不同，當以禮律事勢參酌處之。然胡文定所爲，畢竟似是。」

《通典》「漢諸葛亮無子，取兄瑾子喬爲子。喬本字仲慎，及亮有子瞻，以喬爲嫡，故改字伯松。喬卒後，諸葛恪被誅，絶嗣。亮既自有後，遣喬子舉還嗣瑾祀。」○「晉夏循取從子紘爲子，後有晚生子，遣紘歸本。」○《名臣言行録・胡寅傳》曰：「文定之長子。」《朱子大全》曰：「胡公明仲侍郎出爲季父後。」按胡文定公養其兄子寅，後生二子寧、宏，而以寅爲後。○國朝嘉靖癸丑受教，立嗣後生親子，親子奉祀，繼後子論以衆子，毋得紛紜罷繼。嘉靖甲寅大臣議，爲人後者遇本生父母絶祀，則依法歸宗。許立後之家，改立其後。若其父母已死，不得改立，則從旁親例班祔。仁祖朝完城君崔鳴吉繼後，後已生子，請從胡文定公故事，以繼後子爲長子，允之。

罷繼歸宗

沙溪曰：「出後者本生親無後，則兩家父相議歸宗，古有其例。兩家父死，則子不可擅自罷繼，當以本生親爲班祔也。」答申湜。

同春問：「云云，兩家父一生一死，則可以罷繼否？」沙溪曰：「兩家父相議罷繼，不然則何可擅改。」

南溪曰：「彼此俱無父，則恐不當擅自罷繼而歸宗，其義然也。第必有門長告官議處之，舉其或可從否，不敢輕議。」答梁處濟。

身死後罷繼者還爲立後承祀

問：「庚寅年儒臣筵奏以族叔三嘉公錫長子道濟，立爲其兄鎬之後。戊戌年道濟夭死，姪行無可繼者。故鎬之妻欲援引寅平尉家例，更立次子，以待其子之生長，而復繼道濟之後，因遂庵言不果，三嘉公姑爲權攝。丙辰相臣奏以錫之次子夏濟更立鎬之後，而道濟則罷還本家矣。不幸夏濟又夭逝，而無嗣。一家方議定其後，而曰夏濟奉祀七年，降服私親，又爲所後祖母服喪三年，而道濟則雖主祀十年，無此二者之重云云。」鄭觀濟。陶庵曰：「《檀弓》孔子曰『立孫』一句，即禮之大經，亘萬世而不可易者。若夫帝王家，則當別論，有非匹庶所敢僭引。近世寅平都尉家謬例一出，而士大夫行之者衆，其害理也大矣。錫之第一子道濟爲宗子，鎬之後主祀既十年，而不幸無子而死。禮當爲道濟立後，而乃改立錫之第二子夏濟爲宗嗣，是則寅平家例也。以道濟而言，則是宗子而無罪見廢也。以夏濟而言，則是支子而殆近奪宗也。死者固寃甚，而生者其得自安於心乎？今夏濟又不幸死而無子，當此擇定宗嗣之日，似若爲夏濟立後，而此則實有大不可者。夫父子天屬也，倫紀一定，本無可絶之義。况道濟已死矣，死後何罪而見絶，已死之人，又安有罷絶之可言哉？所謂還歸本宗者，爲本宗無後，歸奉其祀也。已死之道濟，雖曰還本，亦豈有奉祀之實乎？道濟與夏濟死則同，而其無後亦等耳。欲立宗子，則不可不乘此機會，以正其失。今當爲道濟立後，俾主先祀，至於所以處夏濟者，則雖或以爲當如道濟罷繼還本之例，而一之已大謬，其可再乎？宜仍以夏濟爲鎬之次子，錫則更求宗族中可繼者爲後。如此則揆以禮法與情理，似可兩得而無憾矣。或曰夏濟既爲其本生親服期矣，又爲承重祖母服，則是宗子也。道濟則雖曰十年主祀，既無此二事，且其罷繼至於七年之久，今乃捨宗子而反爲已罷繼者立後，豈有是理？曰夏濟之代其兄，正所謂不當立而立者，頭腦既不是，中間二事何足論也。道濟則所謂不當廢而廢者，既知其失，則雖累十年之久，安得不爲之釐正乎？或曰以宗子而無罪見廢，今而得伸，則於道濟固幸矣，而夏濟亦是宗子，既服承重之喪，而不得爲繼統之人，亦不寃乎？曰自夏濟而言之，則始以朝命黽勉代其兄，而其心則固不安。生前雖不得讓位，而猶足爲死叔齊，斯豈非順天理而協人心者乎？或曰錫有二子，而渠則不免絶嗣，得一他人子，豈不寃憫乎？夏濟則其將讓統於兄，而亦爲無後之人耶？曰世之只有一子，而出後於大宗者，亦多以所重有在故也。今錫之二子，雖盡歸大宗，此於孝子慈孫之心，焉有寃憫之理？且寧己之絶嗣，而不忍父兄之無後者，人之至情也。錫與夏濟之心，亦奚間於生死？况錫之後，雖非己出，自可不絶。夏濟既爲鎬之次子，則亦可立後自爲别宗，如此則宗統既得正，而二人俱各有後。使死者有知，必甘心而無所恨也。或曰義理則固然矣，而此非自本家所可變通之事。始也道濟之罷繼歸宗，夏濟之代爲宗嗣，皆出於君命。今欲捨夏濟而立道濟之後，則必須更煩陳稟，而後方可爲也。而朝議未必其如此，爲夏濟立後則易，爲道濟立後則難，奈何？曰天下事只有是非兩端，是則從之，非則改之。小事猶然，况倫紀之大者乎？尋常士夫家猶然，况大賢之後事乎？圃隱先生，我東方道學之所從出，於宗統之重，尤當一以禮律，不敢少忽。何可從俗苟且而爲之也？往年陳白不過權宜之策，既知其苟且，則所當釐正之不暇。况往年則道濟子行未有生者，今則多有之，前後事勢亦有不同矣。此事體重，固不可不復經稟裁。苟能據實陳奏而得請，則所以改之者，是亦君命也。何疑之有？」

又曰：「示及筵話，大賢宗事從此得正，豈獨尊門之幸也？筵教即一立案，然始之爻周者，似當還出。還出後，宜具此事由，先生位則門長宗婦，几筵則其家近屬，當告之矣。罷歸本宗者之婦，自當改服本服。而還爲大宗者之婦，當奔喪而到家，四日方可成服，改制喪服而待之。此外恐無他節目矣。宗中同議定嫡嗣後，祠堂几筵，亦更有告辭耳。」答鄭鑄。

禮斜後有改正之議處義

問：「圃隱先祖奉祀孫大臣，以纘述之曾孫八玄，筵達已爲禮斜矣。族孫師濟謂以讐家，而當爲上言改正云云。」鄭纘述。陶庵曰：「彼之上言既請改正，則朝家未斥絶之前，便是倫紀未定，待其聽施與否，始即令八玄往拜宗婦方得，處義惟在諒處。」

出繼人之子還繼本生祖見祭變禮出繼子祭本生親條

禮疑類輯附録下

雜禮

居家雜儀

定省之禮

南溪曰：「定省時拜揖之節，此間諸生久欲講聞，而終不能得。蓋事親之禮，莫備於《内則》，而無其節故也。朱子嘗論朝夕哭無拜曰『常侍者無拜禮，子必俟父母起，然後拜』。此亦可見矣。大抵經傳皆無父子君臣師生朝夕進見之節。父子朔望出入之拜，始見《家禮》。君臣之禮，亦非謝恩陳賀出入之時，則雖經筵進見，無别儀耳。師生之禮，始見栗谷《院規》，似可據此而行也。」答金克成。

又曰：「安置者，蓋願平安也。唱喏者，道安置之時引氣聲也。乃中國恒用之語。」按唱喏詳見祭禮出入告條中沙溪條，華使許國金河西河燕泉三説。

朔望拜禮

問：「温公事父母，於朔望生時有拜禮，死則有參禮，此事生事死一也。今人不然，生時全廢拜禮，死後只得參禮，此事生不及於事死也。依古禮行之，何如？」成文憲。

南溪曰：「朔望拜禮，若以修身率禮，能見聽於父母，則行之甚好。」

尤庵曰：「冬至朔望共拜家長條，所謂長兄長姊分立門左右，受弟妹拜訖，各就列，共受卑幼拜云者，謂弟妹既拜兄姊訖，弟就兄之列，妹就姊之列，共受卑幼拜也，非謂就家長前原位也。前輩謂兄弟一等之親，後輩謂子姪一等之親。」答宋晦錫。

遂庵曰：「假如兄弟數多，則第二者拜於長兄後，立於長兄之下，第三者拜於兩兄後，又立其下，第四以下諸妹亦然。」答洪益采。

上壽侍食教之自名

上壽

問：「上壽只言家長，不及女尊長，與時祭餕條内外交相獻壽之義不同。」鄭尚樸。南溪曰：「上壽主家長餕主祭畢，子孫内外相慶，其義不同。」

侍食

問：「侍食於君，君祭先飯，於父於師亦然乎？少事長，賤事貴，亦如何？」金克成。南溪曰：「君祭先飯之禮，未知其必行於父師。蓋具饌而進於父母舅姑時，固當致誠。但未如國家爲君設官備物，各有所司者也。如何？禮之於父有嘗藥，而不言嘗食，其或有間而然耶？至若君祭而已不祭一款，雖於座中長者尚然，況父師之際乎？」

教之自名

問：「教之自名，《曲禮》：「子於父母則自名。」注：「自稱其名。」來示雖有經據，非學語乳兒之所可能也。先教之名，然後可知其自稱，恐不可以文字偶同，而牽強爲訓也。」申湜。沙溪曰：「既有經據，不可創爲他説，能言之兒，豈有不能自稱其名？况又教之唱喏安置，則亦可謂非學語兒所能爲也耶？」

夫婦相拜

寒岡問：「夫婦久别而相見，或有相拜者，何如？」退溪曰：「婚禮壻婦交拜，古無，而後賢循俗著之。祭妻，夫亦當拜云。以此觀之，拜似得之，但未有考據，不敢質言耳。雖拜，恐當如今人相見只單拜，爲得。」

尤庵曰：「吾出遊數日以上，未嘗不與妻相拜以别，而歸亦如之也。」《華陽語録》。

内外親黨稱號行次

尤庵曰：「程子於伯叔父亦稱姪，胡文定改以猶子，朱先生以爲稱姪無妨。今於姑母稱之，正所宜也。」答尹寀。

又曰：「從父從兄，據禮家説，則只用於同姓之親，惟母之姊妹謂之從母而已。」答或人。

又曰：「具文懿於台監，與沈青陽有問，然外曾祖外更無可稱之屬，難可義起矣。自稱則彌甥二字甚當，此蓋出於《左傳》，而我東先輩亦多稱之矣。鄭林塘於我先祖雙清堂爲外孫，而清陰又林塘之外孫，故於雙清堂，自稱爲彌甥矣。」答李端夏。

南溪問：「外族至於八寸兄弟之子，於其父之兄弟，宜不得以親屬爲名，而但其父則自稱兄弟，而其子便將路人視之，亦似不可。若以戚丈稱彼，而以戚末自居，無所背否？」尤庵曰：「古人以服之精麤爲親疏，東俗於無服外親拖引太長，恐非古義。然朱子於程允夫實外黨再從，則是無服之親，而猶稱以吾弟，於允夫之父，則稱叔父，此豈不可爲法耶？然君子小人之澤，皆五世而斬，此以同姓言也。同姓猶止於五世，則異姓尤當有隆殺之義也。」

南溪曰：「朱子稱程允夫之父爲叔父，與《禮》所謂同姓諸父稱伯叔之義，似有逕庭，恐不可爲法，此或從俗而然耶？」答尤庵。

寒岡問：「妻族稱兄弟叔姪，妻母有以母稱之，又有以妻齒爲坐者，何如？」退溪曰：「妻族稱呼、妻齒爲坐皆非是。妻母稱母，俗亦有之，終不可爲訓耳。」

問：「世俗於妻父泛言則曰丈人，至書於簡書則曰聘君或聘父，夫聘君，徵君也，錯認朱子謂婦翁爲聘君，雖識者亦多冒用，固可笑也。若聘父則尤無據。今依《禮經》以外舅字書于簡面，無乃可乎？或曰舅字下書主字亦可云，此説如何？既稱外舅，則婿之自稱，當用甥字耶？舅姑甥等字所用處非一，似爲混並。然各當其所用而用之，可無嫌乎？」黃宗海。沙溪曰：「聘君之稱，世俗承誤久矣，依來示稱號似無不可。」

問：「温公曰受女婿及外甥拜云，而未見母之兄弟稱外舅之文。」崔是翁。南溪曰：「曰妻之父母曰婿者，以婦翁及女婿言；曰舅曰甥者，以母之兄弟及甥姪言，皆《儀禮·喪服篇》文也。曰母之昆弟爲舅，曰男子謂姊妹之子，曰出者以正舅甥而言，曰妻之父爲外甥，妻之母爲外姑，注謂我舅者，吾謂之甥，然則亦宜呼婿爲甥，以妻親舅甥而言，乃《爾雅·親屬篇》文也。今入《儀禮通解》，亦可曰禮經，而非本《禮經》也。此外舅甥之稱甚多，有難盡行。平時俗例，多以聘父聘母稱妻父母，殊無經據。故《問解》以曰舅曰甥爲可，今欲以温公一時之言，分外甥而稱於母之兄弟，恐反殽亂，不如妻父母之稱姑從《問解》，而舅甥之稱直從《喪服》經文，猶爲有據。蓋自稱雖同，而舅與外甥之稱不同，無所嫌也。」

問：「妻之祖於書札，則前面書上書某宅執事，此一款聞命矣。若於他文字，則以何稱之？」李遇輝。尤庵曰：「妻祖稱之於他人，則依俗稱丈祖，恐無害也。」

又問：「外舅之弟，年歲相若，則以友交之，既聞命矣。妻之三寸姪，妻之弟，亦當相友耶？姑之夫呼叔，姊之夫呼兄，不知始自何代，而既曰叔與兄，則年歲雖等，相與爲友，恐有所妨。」尤庵曰：「姑夫稱某姓姑夫，而不敢呼字，見於《小學》，以爲鼂氏家法之美，此於東方俚語稱號，未知如何，而其尊之之意，則可見矣。今人年輩等，則輒呼字而友之，甚不可也。妻之弟姪有才德可友，則何可不以友相待耶？朱先生於勉齋，亦待以朋友之禮矣。」

牛溪問：「姊妹夫以姊妹之年紀爲之序，於義理何如？尹聃之父，年後於叔獻，而叔獻呼之爲兄，坐之在上云，極未安。鄙見以爲姊妹爲一位，以年而坐，婿與男子兄弟爲一位，以年而坐，恐得倫理之正也。」龜峰曰：「禮，左右前後，皆得合理，是爲得中。叔獻雖欲尊尹公之父，尹公之父安得挾妻年，居長我之叔獻上乎？來示正合。頃見叔獻講其不可答以姊，是長我者，而姊之所天，其夫也，勢不得坐其上云，吾以爲不然，似别行之爲便。而如難别行處，則叔獻之坐尹上爲是，而尹之坐叔獻上爲非。且《禮》云女坐以夫之齒，今何敢以夫而坐女之齒乎？又《禮》云男女異長。」

兼親稱號與喪禮五服條中兼親服條參看

遂庵曰：「女子叔姪爲一家之婦，叔爲冢婦，姪爲介婦，則當從夫族以兄弟相呼。若姪爲冢婦，叔爲介婦，則叔則稱姪爲兄，姪則以叔稱叔爲宜。」答成爾鴻。

嫡庶間稱號位次 良賤間稱號并論

退溪曰：「妾子之於嫡母，稱於人，則曰嫡母可也。但以方言稱於母前及家内，則别無可當之稱。恐只得如今人家婢御，稱主母之辭而已。蓋於父既不得稱曰父主，於母安得而宜稱曰母主耶？」答鄭惟一。

栗谷曰：「妾子於嫡母稱號，退溪之言似合義理。」答金巘。

問：「庶母於己妻，貴賤雖不同，猶是姑婦之行。其行坐位次飲食先後，當如何處之？」嫡女同。○鄭惟一。退溪曰：「此亦未有明據，然父在而母死，父不得已使一妾代幹内事。一家之人，豈可不稍以攝母之義事之乎？故古有攝女君之稱。《雜記》曰：『攝女君則不爲先女君之黨服。』注：『妾攝女君，則稍尊也。』又曰：『主妾之喪云云，殯祭不於正室。』注：『攝女君之妾，死則君主其喪，猶降於正嫡。故殯祭不得在正室也。』以此觀之，攝女君稍尊於衆妾可知。如是而子妻與諸女諸孫女，直以貴賤之分，每事輒先於彼，則非但於庶母，不知有攝母稍尊之義，其於事父之禮，亦有所未盡。故謂宜坐位則當避，食則當讓。讓食之節，在家内當然也。若盛衆燕會或他有壓尊處，或不得讓矣。惟同出於一路，乘馬者先於乘轎者，事體殊異，故不得不轎先而馬後矣。」若可相避則避之，未可避則如上云。

栗谷曰：「庶母之説，終無可據之禮。吾家之祭，則伯嫂立於主婦之前，庶母立於伯嫂之西，稍退。諸妾立於主婦之西，稍退。不敢序以昭穆矣。承重妾子之親母，立於主婦之西，稍前。似無害。雖曰妾，而乃是親母，豈不與庶母有間乎？婦居姑前，終是未安，不如不參祭也。」

答牛溪。

龜峰曰「凡禮，守名分、別嫌疑爲重，故自古禮家未計庶母位次者，良以此也。禮莫重於祭，而祭禮序立之次，未有庶母之位。其餘家衆大小之禮，俱未見庶母之序。雖於昏禮有及中門申命之文，此亦非序次也。但喪禮妾婢立婦女之後云云。此妾云者，乃死者之妾也，於喪主爲庶母。以此觀之，庶母之不得參於平日家衆之會者，別嫌疑也。不得已而參，則必在婦女之後者，守名分也。或云庶母不當在子婦之後，此妾云者，乃死者之子之妾也。甚不然。凡《家禮》曰妻曰妾云者，皆據死者而言也。何獨於此據死者之子而爲言乎？且死者之妻，率其子婦在次，則妾固不得與於其間，而在其後，於禮於情，不亦宜乎？且今設若有一家長奉母而行禮，會於堂中，則子婦輩亦當聚於堂中矣。庶母若不得已而出參，則豈可入此堂中耶？固當在於楹外耳。今者栗谷以未奉先妣之故，而推此楹外之人處之堂中尊位，此豈別嫌之禮也哉？經次五等之服，以節中人情，而庶母有子，然後只許緦服，則栗谷之庶母，乃無服人也。尊此無服之人，而壓之家衆之上，是豈節中人情也哉？且妾子之爲父後者，爲其母降服必至於緦，然後合禮者，以別嫌故也。何以知其然也？凡爲人後者，爲其母只降一等，而爲父後者，則降其母乃至於緦者。既後其父，而母其嫡母，恐有二母之嫌。故必降與父之他妾同服，然後方合別嫌之明法矣。以此推之，先王制禮之微意，亦可想矣。鄙意栗谷奉先妣之時，則庶母雖或入中堂，只是犯分矣。今日而許入中堂，則無乃失禮之大本乎？栗谷之欲尊庶母者，以爲奉御先君耳。以爲奉御先君而加之子婦之上，獨不念嫌逼於先妣耶？凡嫌疑之禮，雖甚絶遠，猶有干名犯分之弊。故繼母則雖無子，服三年，庶母則雖有子，服緦，相距五等之服，豈不絶遠乎？而後世猶有匹嫡之僭焉。栗谷乃欲以坐之差後爲嫡妾之別，無乃不可乎？自三代至于今日，千百載之間，行禮與說禮家不可量數，而未聞有令庶母雜坐於嫡婦女之間，而行禮者。區區之意，特以庶母未有位次之明文，故益信其不可厠於嫡婦女之間也。而栗谷則反以無明文，而加之嫡婦女之上，未知如何。朔望讀法之禮，廢之已久，栗谷獨舉而行之，非徒當今好禮之家或慕而行之，操筆者必書一儀一動之節，垂作來世之規範矣，其爲世教之益大矣。然而或失於嫡庶大本之禮，則一席之間，已作千里之謬，始以爲一世盛大之禮，而反爲無窮之害，可不念哉？栗谷示以尊兄有云庶母可參於餕與宴之説，鄙見則不然。既不參於序立，而何敢參於餕宴乎？祭與餕之不得參者，以無位次故也。既無位次，而可得參於宴禮乎？栗谷示以常時奉之爲上云云。此亦不然。栗谷家奉之爲上者，乃其伯嫂氏也。庶母則宜處別房而尊之而已，豈得爲一家之上哉？大凡妾與妾子，甚有分别。妾子則從父，故其於五服與嫡無殺。妾則不得從夫，故不匹於嫡，而不與於族。是以漢惠之庶兄肥，不嫌於兄坐，庶子如意，不嫌於弟寢，而未聞肥等之母，得厠於宫中之位次也。此其三代之禮，到漢猶然，而今世之人，視庶兄弟則欲退之奴僕之間，而推尊庶母則不避與嫡同席之嫌，區區之所嘗痛惜者也。栗谷示以唐世名卿，受揵於庶母云云。此則又出於一時情勢，而非關禮節矣。韓愈拜乳母云云。此亦未知合禮與否，但其拜也，第未知坐之一家之尊位而拜也否？鄙意以爲待庶母之禮，尊處别房，而上不干嫡婦女，下不與妾婢，凡一家之事，不須稟而不敢决，朔望禮畢，家衆以次就拜於其室」云云。

答牛溪。

栗谷曰：「庶母之禮，祭時婢妾立於婦女之後云者，亦難曉解。古人所謂婢妾者，多是女僕，豈必庶母乎？倘使庶母立於婦女之後，則非但嫡婦居前，雖所生之子婦，亦必居前矣。欲避匹嫡之嫌，而使姑居婦後，則無乃虞舜受瞽瞍朝之禮乎？此一難也。庶母亦多般，父若幸侍婢，而有子者，謂之庶母，則此固賤妾，不能處子婦之上矣。若使父於喪室之後，得良女主饋以攝内政，厥父生時，已居子婦之上矣，今以父歿之故，還抑之使坐子婦之下，則於人情何如哉？此二難也。父之婢妾則有子者有服，無子者無服矣。若主家之妾，則乃貴妾也，不論有子無子，而其家長尚有服，則况子爲父之貴妾，豈可以爲無子而無服乎？况同爨緦者，著之《禮》文，恐不可目之以無服也。今兄定論以爲無服，此三難也。古人慕親者，所愛亦愛之，犬馬尚然。庶母既經侍寢，則子不可不愛敬也。今以位次之嫌，故使之塊處一室，不敢出頭，家人相率宴樂，而庶母不得出參，飲泣終日，則是乃囚繫也，於人情何如哉？此四難也。大抵禮固主於別嫌，而位次相隔，則非所憂也。若使庶母主北壁，受諸子之拜，則固是干名犯分矣。今者坐西壁而與諸子婦相對而拜，則是果相逼於先妣乎？以坐之差後分嫡庶云者，亦不然。若先妣在，則其可坐於西壁，而差前乎？君臣之分，嚴於嫡妾，而君坐北壁，臣坐東西壁。先妣之位在北，庶母之位在西，寧有干名犯分之嫌乎？近世人心薄惡，多視庶母如婢妾，至於所生之子亦嗤厥母爲婢妾者或有之。吾兄不此之憂，而乃憂時俗之推尊庶母，無乃過乎？又以爲庶母居尊，則凡事必稟命者，亦不然。庶母只是位次居上耳，家政則當屬家長，母子之間尚有三從，况於庶母乎？」答龜峰。

龜峰曰「叔獻所答如是，禮雖或過，情則可取。但舜之於瞽瞍也，舜雖爲天子，而瞽瞍則其父也。妾子則不然。既奉先妣，則其生母不得居主婦之前者，以嫡母爲其母，而嫡母特位主婦前故也。叔獻斷之爲居前，一失也」云云。答牛溪。

栗谷問：「奉祀，妾子之母，固不當立于主婦之前矣，亦豈可立於主婦之後乎？不得立於前者，嫡妾之分也；不得立於後者，母子之倫也。頃者有承重妾子來問祭時厥母之位，余答以當立於主婦之西稍前云。兄必非之矣。雖然，三代以後，亂嫡妾之分者，多有之矣。若亂母子之倫，則人情尤駭，無乃母子重於嫡妾歟？高論以行列之多爲不可行，此則未然。若曰禮不當然則已矣，於禮無害，則雖千行百列，何傷哉？子孫若分産數代，則其行列亦多矣。豈可以行列之多，而合昭穆爲一行哉？大抵貴妾之異於婢僕，三代以來皆然，恐不可一切斥以婢妾也。同爨緦非謂父妾之無子者也，珥豈不知哉？禮，大夫爲貴妾，雖無子亦緦，妾無子尚可緦，况庶母之貴者雖無子，豈可無服云爾？假曰無服，亦當以同爨有服，此則指珥之庶母而言也，非泛指人之庶母也。」龜峰曰：「奉祀妾子既以嫡母爲母，則所生母何得位居主婦之前？來示既自誤，而又教人使誤，甚不可，此何等禮也？嫡母在則宜在母位，嫡母不在則宜虚其位，安有以父妾僭居母位之行乎？生母以居婦後之難，宜不出參而已。行列之多，亦非謂如昭穆堂堂正位也。妾既無位，而兄自辦别位，混於諸位種種，多不得成禮，是僕之未安者也。且同爨之緦，《禮》文所謂指等輩而言，兄欲引以父妾，亦似未穩。貴妾之稱，在諸侯大夫，而自其下則不可論也。禮有降殺，何得混稱貴妾？古禮未曾見士有貴妾也。凡人於父妾之主中饋者，應有别禮，而未得其據。制禮作樂，亦非人人之所敢爲也。莫如於庶母所在房中，尊爲極高之位，參拜於其中，正寢中之私禮私會，或出參於後行之高處，於祭於昏於朔望讀法等禮，避嫌不出，使情禮兩得之爲佳。」

牛溪曰：「舜受瞽瞍朝之喻，恐不然。家長生時，妾有生子娶婦者，子婦則在諸子諸婦之列，而妾則不得與於其間，則平日之禮，有時而子在正位矣。在私室，則自可盡尊敬之禮，而陪家長，則恐不然。然則婢妾立婦女之後者，不獨喪禮爲然也。人倫上有父母，下有子婦，若着妾位，則爲逼於嫡，而爲剩位矣。叔獻平日每疑喪禮立婦女後之語，欲着庶母於主婦之前，豈不誤哉？」答龜峰。

牛溪問「竊以禮家無庶母之位，非無位也。朔望參温公儀，婢妾在家衆之中，凡祭在執事之列，故不序庶母位也。若果異位，而不可不序其隆殺，則聖賢之制，名物度數至纖至悉，豈有遺此一節，使後人無所承用耶？鄙意禮無庶母位者，已在婢妾之列，已明言之也。且鄙見欲參於餕與宴者，祭與朔望參，乃禮之嚴敬處，不可以父之婢妾尊於其間，餕與宴乃一家會同和豫之禮，旁親賓客自外而至，亦可序坐，故庶母可出參禮，以展親愛之情耳」云云。龜峰曰：「庶母非無位之喻甚明白。同居家自當有庶，高祖母以下及旁親從曾祖父以下，亦各有妾，凡序位在婢妾之列，而只分高下之次而已。如是則祭與朔望餕宴，凡禮無所不可參矣。若如叔獻之説，則庶祖母在母之上而差後，庶母在嫂之上而差後，旁親之妾亦在其班而差後耶？所謂婢妾在家衆之中，婢妾在婦女之後等云云者，非獨指主人之妾，凡家中九族之妾，皆在其中，亦甚明白。」

問：「良妾子爲賤妾母稱號當云如何？良賤兩妾子相謂亦如何？」李尚賢。同春曰：「兩妾子相呼其母各稱庶母，良賤子異稱則未聞。」

諱法

退溪曰：「諱法，《雜記》下篇詳之，試詳考之，可見也。其言母之諱，宫中諱之，妻之諱，不舉諸其側，則外祖妻父有當諱處，有不必諱處可知。但卒哭而諱，則生前不諱，固也，然生前豈敢舉親名而稱之耶？此尋常所疑。」答寒岡。

問：「《曲禮》云卒哭乃諱，釋之者曰卒哭之前，猶用事生之禮，故卒哭乃諱其名。然則古人於父母生時，不諱其名耶？」沈柱國。陶庵曰：「《小戴禮記》注，敬鬼神之名也。諱，避也，生者不相諱名。衛侯名惡，大夫名惡，君臣同名，《春秋》不非，以此觀之，生時之不諱名可知。且子路曰『魯人孔丘也』，亦可爲生時不諱名之一證耶？然古今異宜，今則行此不得。」

問：「不諱王父母，不逮事王父母者，世多其人，是以不逮事而又名其祖耶？」李彦純。南溪曰：「禮有古今異宜處，如此者今人固難輕犯，但不可以古法爲疑也。」

又問：「大夫之所有公諱，注云諱其先君者，謂先王耶？然則公朝之會，不敢諱私親耶？」

南溪曰：「此則以公私爲輕重，恐亦不可疑。」

又問：「臨文不諱，於義理何如？」南溪曰：「與上不諱王父母條同。」

署押面簽

南溪曰：「署押之説，嘗所未曉。《綱目》曰陳蕃不肯平署，韓文曰平立，睨丞曰當署，《小學》曰重易押字，《朱子大全》范文正家書曰叔父押，《語録解》曰花押，此二者之辨也。今俗以其名字省變本畫，而用於書緘曰着名。別以他字更加省變，而用於牌尾者曰手例。《經國大典》啓本式注曰只見在官員書銜署名，又曰悉書見設員位名押不必僉署。其下啓目則只用署，平關則只用押，牒呈則并用署押，準此始知署者今俗着名之謂，押者今俗手例之謂也。然《小學》注曰重易押字，謂去舊署而改之。然則以署釋押，更無分別。又《大全》社倉事目大保長下亦用押狀，此乃我國牒呈之類，而只以押行之，尤似可疑，未知中朝元無署押之辨耶？抑押是着名，花押是手例，而署則通釋者耶？」答尹拯。

沙溪曰：「按面簽未詳，丘《儀》名紙，幼少於尊長用之，用白紙一半幅，楷書其上，曰侍生姓某再拜。名帖，敵以下用之，用箋紙一小片，書其上曰某拜。所謂面簽，或如此否？」《家禮輯覽》。

附

處倫常之變

得罪倫常不得奉祀見宗法黜嫡條

子婦放出之説

問：「子婦之未敬未孝者，可放可出云。婦則以義合者，固可出也。子乃天屬之親，何可放乎？」閔泰重。尤庵曰：「尹吉甫惑於蜂蠆之譖，而出其子。《雜儀》之言，似指此等事而言，然不可以吉甫之信譖爲是也。」

陶庵曰「孔門出婦見於《戴記》者多，此書元不足盡信，而設令有是事，此可謂齊家之道，而謂之家齊則未也。豈亦聖人所不能盡之一證耶？若下於聖人，而有此變故者，則直當以不能齊家責之。夫女子褊性雖失聽婉之美，君子識量當從隱直之義。況兄平生讀得幾卷書，而乃不能容一婦女耶？匹夫匹婦不獲其所，仁者之所深耻。如子而内有甚宜之心，婦而中抱伊何之寃，則其有傷於倫紀何如也？我國俗之不輕許離貳者，其意有在，雖是一時暫出，亦豈可容易爲之耶」云云。答鄭羲河。

以妾爲妻之變

問「一新人崔柱八曾祖遇貞喪室，得妾後追成婚書，及爲老職同知，受夫人帖給之。但於子女分衿文書中，有此母死不爲服喪云云。其後遇貞之亡，柱八父雲溥以長孫承重，則或者謂他日庶祖母之死，亦當服三年。雲溥遂遍問於知禮家，遂庵權先生及李諮議援經引禮，斥之甚嚴。及其死不爲服喪，故妾之子載漢至於擊鼓，以起大訟。御史監司據法決定退斥載漢矣，今又欲祔其母於宗家廟」云云。或人。陶庵曰：「父命子不敢不從者，經也。然有治命焉，有亂命焉。從亂命者，成父之過，不孝大矣。夫以妾爲妻，追作婚書，固爲悖理之甚者。而此母死勿爲服喪之説，猶出於迷復之良心，此則治命之當從者也。其妾子只當從其治命，不當以亂命爲可從。且受夫人帖，尤所以彰其欺罔國家之罪，爲其子者以此藉重，可謂無嚴矣。況此是先生長者之所論定，御史監司之所退斥，則是非既判矣，渠雖無識，何敢復出祔廟二字於其口耶？其宗孫若或撓奪於彼言，則便非其子孫矣。」

附

被罪家處義

被罪家喪禮諸節見喪變禮

被罪家子弟赴舉當否

陶庵曰：「被罪家子弟動以畸翁爲口實，然畸翁事終恐不是矣。圍籬即罪謫之極律，非如尋常流配，爲子弟之道，只當惶懍蹙伏而已，豈有餘念可及科名耶？」答韓師直。

堂室之制

正寢廳事

退溪曰：「正寢與廳事，非係祠堂之制。正寢，今之東西軒待賓客之處。然古人正寢皆在前，而不在東西，故曰『正寢，前堂也』。廳事如今大門内小廳，所謂斜廊者耳。」答寒岡。

尤庵曰：「《祠堂章》注曰正寢謂堂也。此《附注》所謂堂指此而言。廳謂廳事，如今之外舍廊。○庶人雖無廟，豈無居室耶？有居室，則必有寢矣。」答李遇輝。

問正寢。鄭尚樸。南溪曰：「《補注》古者堂室之制，東西爲房，中爲室，即正寢也。然則《行狀》所謂中堂，實古正寢之前堂，《家禮》豈以此遂名之爲正寢耶？」

廟制見祭禮

祠堂之制上同

冠服之制

緇冠幅巾帽子幞頭并見冠禮三加冠服條

深衣大帶絛帶革帶并論○上同

黑履鞋靴并論○上同

襴衫皂衫并上同

凉衫見祭禮參條中參禮服色條

四䙆衫勒帛并見冠禮將冠者服條

野服圖見《尤庵集·禮疑篇》

尤庵曰："「朱先生閒居野服，據《鶴林玉露》，則上衣下裳，用黄或白青，直領，兩帶結之，緣以皂，如道服，長與膝齊。裳必用黄，中及兩旁皆四幅，頭帶皆用其一色，取黄裳之義也。别以白絹爲大帶，兩旁皆以青或皂緣之。謂之野服，又謂之便服。○所謂直領，非如我東所謂直領，但如今喪服以全幅直下也。所謂兩帶，即小帶也。所謂頭帶，謂裳頭横帶，總十二幅者也。白絹爲大帶，據上衣而言。蓋當時朝服，如今之盤領，蓋始自隋煬帝，至宋末，改上衣下裳，還爲閒居之服矣。答金壽增。○晦庵先生休致後，客位咨目，有野服從事之語，而不言其制。先生嘗據《鶴林玉露》而製之，變兩帶爲上下團樞，裳爲前三後四之制，用緇冠幅巾黑履，一如深衣。但大帶不再繚，又不施條帶，而晚年燕居有時服之。楚山臨命，命權遂庵俾用於身後小斂上衣。矣。此圖出自遂庵家，附見於此云爾。《野服圖說》。○裁用白方絲紬或白紬，度用布帛尺。○衣全四幅，長與膝齊，用紬二幅，各三尺六寸，中屈下垂，前後共爲四幅，如深衣，但少殺。腋下九分有奇，而旁縫其下三寸，自肩至腋九寸，自前緣至腋廣六寸八分半，下齊廣七寸四分半也。○圓袂用紬二幅，各二尺，中屈之，屬於衣之左右，而縫合其下，以爲圓袂。袂口五寸五分，其長惟當以自衣袂相屬處至袂口一尺二寸餘爲準，不以一幅爲拘。○方領，兩肩上各裁入廣一寸七分，長七寸三分許，反摺即剪去之，別用紬廣四寸七分，長一尺九寸七分，自項後摺轉，向前綴左右摺剪處，則表裏各二寸，合爲四寸。○裳用紬廣五寸三分，長一尺八寸八分者，前三幅後四幅，每幅作三輒，別用紬廣二寸長六尺許，縱摺之，綴前後七幅，而夾縫之。○黑緣，用黑絹，緣領、袂口、衣邊、裳下邊，表裏各一寸二分。○大帶，用紬廣二寸三分，長六尺七寸，夾縫之。以黑絹表裏各二分許飾其紳一尺六寸五分。」上同。○右男子冠服。

假髻特髻并見昏禮親迎條中婦服飾條

大衣長裙上同

帔上同

背子見笄禮

神衣

尤庵曰「神制以下送新制者見之，則於古今俱無所當。蓋神之別於他服者，其重只在紅緣矣。欲從古制，則連上衣下裳，而緣之以紅。欲從今制，則衣身如紅長衫之樣，裁用青色，而以紅緣之，猶爲愈於純用俗制也。今此衣之裳不續兩旁際，而又有襞積，則與古制上衣下裳之裳有異。衣如深衣之衣，則與俗制紅長衫者不同矣。蓋欲詳究古今，爲一近正之制，用於一家」云云。答尹宣舉。

陶庵曰：「歷考禮書，褖衣宵衣褖衣，同是一衣，而其制之可據者，不過玄衣。不殊裳，以素紗爲裏，袂長二尺二寸，袂口尺二寸，而褖則但有纁緣爲異耳。尤庵有兩説，一則以爲褖制未能考，欲用古制，則連上衣下裳而緣之以紅。一則以爲褖亦是深衣，而但緣用紅色爲異。今亦未敢信其必然。注疏以爲袍制，而古人袿袍亦不可考，然想與男子之袍不甚遠矣。且褖衣是《周禮》王后六服之一，六服制度無異，特色章各殊爾。《周禮圖》只有服之之象，而衣制則未嘗著也。就考《三才圖會》，有所畫皇后褘衣，制度恰與男子袍相似，惟文章燦爛而已。褖衣，士妻得以服之，則當去其文章，倣此製成，庶幾寡過矣。今擬參酌而作一通用之服，於嫁時則以纁襈衣下四五寸，謂之褖衣。於見舅姑及祭祀、賓客。及襲時，皆去緣，而用之以代宵衣。褖衣用素爲之，以代古之布深衣，用於初喪易服時及忌祭。則制約而用博，庶爲近正之衣，而可革時俗婦人服雜澆之弊矣。蓋婦人質略，尚專一，德無所兼。故古者婦人服必連衣裳，不異色，至秦始皇方令短作衫。衣裙之分，自秦始也。今世之短衣長裳，即莫嗣所謂服妖者。《家禮》以大衣長裙爲盛服，朱子既因時制而從之，則賢於今服遠矣，而猶失尚專一之義，又起隋唐之世，則不可謂先王之法服矣。故此編於喪禮婦人襲衣，有所論説，舉似褖衣，而猶以深衣爲首者。以褖衣制度之分明可據不如深衣，故不得已爲從先進之論也。玆著新制於下，覽者詳之。○玄衣素裏，衣身用黑絹二幅，中屈下垂，通衣裳，長可曳地，綴内外襟，亦通衣裳，而衣身通廣，令可容當人之身。衣身兩邊接袖處，度二尺二寸爲袖，斜入裁破腋下一尺，留一尺二寸，爲袼，袼下兩邊，並前後幅及衿旁，皆反摺直下剪去之。又用三幅，長可自袼下至衣末，交解裁之，爲六幅，一頭尖一頭闊，尖頭向上，闊頭向下。二綴於左旁，袼下一尺之下。二綴於右旁，亦如之。二各綴一於內外兩衿旁，亦如之。並衣身下垂者，前後合四幅，内外衿下垂者二幅，則爲裳十二幅，聯之而平其下齊，領則如俗所謂唐領者以綴之，袖各用一幅，長四尺四寸許，中屈爲二尺二寸許，綴於衣身兩旁，縫合其下爲袂，而袂端不圓，袂口尺二寸，縫合袂口下一尺。大夫妻袂長三尺三寸，袂口尺八寸。」《四禮便覽》。○右婦人衣服。

四禮家式

〔朝鮮〕丁若鏞　撰
邢萬里　整理

《四禮家式》解題

[韓]全聖健 撰　林海順 譯

丁若鏞(一七六二—一八三六),字美庸、頌甫,號俟庵,堂號與猶,本貫押海。正祖七年(一七八三),因經義而成爲生員,專攻儷文,並於正祖十三年(一七八九)以甲科第二名合格。歷任藝文館檢閱、司憲府持平、司諫院正言、弘文館修撰、成均館直講、備邊司郎官、京畿暗行御史、承政院同副承旨、兵曹參議等。正祖二十一年(一七九七)出任谷山都護府使,之後,於正祖二十三年(一七九九)重回内職成爲刑曹參議,處理冤獄。他私淑李瀷(一六八一—一七六三),追隨李家焕(一七四二—一八〇一)、李承薰(一七五六—一八〇一)等閱讀李瀷的遺著,由此開始把心思放在經籍上。在進入成均館學習時,向李檗(一七五四—一七八六)學習西教。純祖一年(一八〇一),與李家焕、李承薰等一同因西教而被捕入獄後,被流放到長鬐縣。當年秋天,在黄嗣永(一七七五—一八〇一)被捕後,隨即被流放到康津縣。在謫所的十八年期間,丁若鏞撰寫了《詩經講義》《尚書古訓》《喪禮四箋》《樂書孤存》《周易四箋》《春秋考徵》《論語古今注》《孟子要義》《大學公義》《中庸講義補》等經部著作,並以此爲基礎著述了《經世遺表》《牧民心書》《欽欽新書》等文集。

丁若鏞的著作集首次完刊是在一九三八年。作爲紀念丁若鏞逝世一百週年活動的一環，從一九三四年開始着手刊行事業，由外玄孫金誠鎮（一八七四—一九四六）編輯，經過鄭寅普（一八九三—一九五〇）、安在鴻（一八九一—一九六五）的校閲，歷經五年時間，於一九三八年由新朝鮮社發行了一百五十四卷七十六册的鉛活字本《與猶堂全書》。期間，丁若鏞的著作集曾被命名爲《與猶堂集》《洌水全書》等，後來以新朝鮮社本《與猶堂全書》的刊行爲契機，通稱爲《與猶堂全書》。

作爲討論士大夫家施行的冠婚喪祭四禮的家禮書，《四禮家式》是由作爲《喪禮四箋》要約本的《喪儀節要》六卷、試圖從祭禮層面上訂正與古禮相比過於奢侈的時俗的《祭禮考定》二卷、追求冠禮和婚禮實用性的《嘉禮酌儀》一卷等構成的。寫有《四禮家式》書名的鈔本，現已失傳。僅流傳下來書名爲《喪儀節要》《祭禮考定　嘉禮酌儀》或《二禮鈔［全］》的鈔本。然而，丁若鏞在純祖二十二年（一八二二）撰寫的《自撰墓誌銘（集中本）》中曾談及「四禮家式九卷」，在奎章閣本A《祭禮考定　嘉禮酌儀》中標注了「四禮家式」的卷次，以此爲根據，使用了《四禮家式》的書名。

根據《俟庵先生年譜》，丁若鏞在純祖八年（一八〇八）秋季完成了《祭禮考定》，在純祖十年（一八一〇）春季完成了《嘉禮酌儀》，在純祖十七年（一八一七）秋季著述了《喪儀節要》。受到李瀷的《星湖禮式》的影響，《祭禮考定》是爲了適當簡化和規定祭禮的規模和方式而著述的。由於在純祖十七年（一八一七）秋季完成的《喪儀節要》中標注有「祭禮考正」，而在丁若鏞寄出的《書贈申穎老》中則是記録爲「祭禮考訂」，因此可以推測是在純祖十七年前後修正爲《祭禮考定》的。《冠禮酌儀》是丁若鏞於純祖十年（一八一〇）春季在謫所康津主持主人的兒子的冠禮時，以《儀禮》和朱熹的《家禮》爲中心並參酌時俗而記録的冠禮行禮節次；《婚禮酌儀》是以親迎的施行爲中心並參酌古禮和朱熹的《家禮》而記録的婚禮行禮節次。將上述的《冠禮酌儀》和《婚禮酌儀》綜合起來就形成了《嘉禮酌儀》。《喪儀節要》是在純祖十五年（一八一五）秋季，應侍候病人的長子丁學淵（一七八三—一八五九）的請求，爲了方便自家使用而簡要概括《喪禮四箋》的實用書。

《四禮家式》九卷三册，經歷了從《祭禮考定》《嘉禮酌儀》《喪儀節要》各自完成於一八〇八年、一八一〇年、一八一七年的原本階段，到一八二二年編成《四禮家式》的《自撰墓誌銘》階段，再到由《喪儀節要》六卷二册和《祭禮考定　嘉禮酌儀》三卷一册編成的《洌水全書總目録》階段等，最終被收入新朝鮮社鉛活字本《與猶堂全書》。現存的鈔本大體上遵循了三卷一册十行二十二字的規則。《喪儀節要》六卷二册僅剩下《俟庵經集》系列的奎章閣本（奎 4931）。由於作爲《與猶堂集》第三十六册的奎章閣本 A《祭禮考定　嘉禮酌儀》（奎 11894）和奎章閣本 B《二禮鈔[全]》（古 1325－13）等現存鈔寫本，將《祭禮考定》和《嘉禮酌儀》編輯爲三卷一册，由此可知是純祖十七年（一八一七）以後製作的鈔本。

《喪儀節要》的卷一，由始卒、襲含、小斂、大斂、成服、成殯、啓殯、祖奠、發引、貶、反哭、虞祭、卒哭、祔、小祥、大祥、禫祭、奔喪、居喪之制等構成。包含純祖十五年（一八一五）秋季，丁若鏞同其長子丁學淵從「始卒」到「成殯」的問答内容；純祖十六年（一八一六），丁若鏞與遭遇父喪的弟子李綱會（一七八九—？）從「啓殯」到「禫祭」進行答辯的《節要問答》；純祖三年（一八〇三），在康津閲讀禮書時所作《禮書劄記》（談論喪儀和喪具的條目總共有三十一條）。

卷二，收録了純祖十一年（一八一一）秋季製作的《五服圖表》和《祭禮考定》。《五服圖表》由《本宗五服圖》和《五服沿革表》所構成，對喪服和喪期的使用有幫助。

《祭禮考定》（一）由《祭法考》《祭期考》《祭儀考》構成，《祭禮考定》（二）由《祭饌考》《附見嘉禮之式》《吉祭説》等構成。《祭法考》批判了四代奉祀，主張舉行三代奉祀。《祭期考》説明了四時祭、薦新、朔參、忌祭、廟祭等的時期、範圍、回數等。《祭儀考》説明了在廟祭、時祭、忌祭、墓祭等準備和舉行祭祀的過程和方法。《祭饌考》闡明了根據身份的不同，祭饌和祭器的種類、規模也應有所不同。爲了有助於理解，末尾還添加了《小牢加豆加籩考妣合食之圖》《特牲加豆加籩考妣合食之圖》《小牢犆享圖》《特牲圖》《特豚圖》《指尺之半》等圖。《附見嘉禮之式》中提出，在冠禮的「醮子」中，醴賓的饌應該使用特豚一鼎，而在婚禮的「同牢」中應該使用特豚三鼎等。《吉祭説》説明了當時通用的吉祭和遞遷的節次及内容，還指出了如果吉祭與古禮不符，但仍想施行俗禮，那麽應該從「大祥」就開始施行。

在《冠禮酌儀》的冠禮中，記録了告廟、戒賓、宿賓、陳服、始加、再加、三加、醮子、冠者見父、字冠者、醴賓、拜賓、冠者見母、冠者見廟等儀節；在婚禮中，記録了納采、問名、納吉、請期、納徵、親迎、共牢、見舅姑、醴婦、盥饋、婦見廟、饗婦等儀節。闡明了與古禮、《家禮》、《星湖禮式》等的差异。除此之外，還登載了《盥饋圖》《共牢合卺圖》等圖片，以便行禮時參考。

作爲折衷古禮原則和朝鮮時俗的實用家禮書，《四禮家式》繼承了折衷古禮原則和宋代時俗的《家禮》，既吸收了清代禮學的博學之長，又結合了朝鮮禮學的實用性。朝鮮後期的家禮書所體現的儀節體制主要是將《家禮》的本文和本注作爲綱，將古禮和諸家禮説作爲目，在這點上，《四禮家式》具有代表性，這也與丁若鏞繼承了李瀷的學統具有關聯。

本次整理，以韓國國立中央圖書館藏本《與猶堂全書》第四十六册至第四十七册爲底本，圖書編號爲古3648－文69－2。

目録

喪儀節要

祭禮考定

冠禮酌儀

祭禮未易正，以國俗難變也。喪禮未易正，以父兄、宗族多議也。昏禮未易正，以兩家好尚不同也。唯冠禮，最宜釐正，是在主人，孰能禦之？但古之冠禮，繁縟備文，今人未易遵用。朱子《家禮》雖比古簡省，然冠服異制，人猶病之。我星湖先生有《删節冠儀》，又恐太簡。余在茶山，適主人之子加冠，謹取《儀禮》《家禮》，參酌雅俗，苟備三加之文如左，貧而好禮者，庶有取焉。嘉慶十五年庚午首春，茶山病夫書。

告廟

前期三日，主人告廟。○辭曰：「某之子某，將以某月干支，加冠於其首，敢告。」古禮筮日、筮賓、冠子、醮子，皆於其廟，故無告廟之節。後人行之於家堂，故朱子《家禮》有「告廟」之文。今且從簡，不用酒果，《家禮》有酒果。亦所以遵古也。古禮無酒果。

戒賓

是日，戒賓。○辭曰：「某有子某，將加冠於其首，願吾兄之教之也。」賓若尊德，稱「夫子」。○賓對曰：「某不敏，恐不能共事。吾兄有命，某敢不從？」

古禮始請而辭，再請而從，今且從簡。○又按《家禮》戒賓之辭，以書致之，於事爲便。賓若尊德，宜遣子弟。○古禮朋友相稱「吾子」，今云「吾兄」，亦從俗也。

宿賓

前一日，宿賓。○辭曰：「來日，某將加冠於子某之首，吾兄將莅之，敢宿。」○賓對曰：「某敢不夙興？」

賓若寢於其家，宜以書致之；若寢於主人家，宿賓之禮宜闕之。○「宿」者，「肅」也，「戒」也。鄭玄云：「宿，進也。」賈云：「宿之，使進也。」其義非也。

洗、服、櫛、冠

厥明，夙興，設洗于阼階東。即盥洗之具。○陳服于房中，皆西領南上。房若在堂東，東領南上。○櫛陳于席南。

古禮始加緇冠，則玄衣、玄裳。再加皮弁，則素衣、素裳。三加爵弁，則純衣、纁裳。○朱子《家禮》，始加冠，用深衣，不用緇布冠，疑用時冠。再加帽，用皂衫，三加襆頭，用公服。或襴衫。○今擬，貧士之子，始加緇布冠，制見下。用青敞衣，如俗制。再加席帽，黄草笠也。老蒼者，用漆布笠。用青道袍，竝施緇帶，古禮三服，皆緇帶。三加烏紗帽，有紋角。用紫朝袍，即團領。未可已也。○卿、大夫顯官之子，始加緇布冠、青道袍，用緇帶。再加烏紗帽，無紋角。緑團領，用角帶。三加玄爵弁、即今之祭冠。緇衣、纁裳，即今之祭服。仍具方心、曲領、後綬。佩玉不必用。

○案　古禮士之子之冠也，其再加、三加，明用皮弁、爵弁。朱子之爲《家禮》，明用襆頭、公服。其禮之必令攝盛如此，而吾東雖卿相、勛戚之大家，其爲三加，唯以草笠、青袍用爲上服，尚可曰「好禮之俗」乎？星翁《冠儀》，尤從菲薄，蓋慮貧士之不能辦盛服，因以廢禮也。余唯窮鄉僻村至貧之士，其子逆女，無不用紗帽、緋袍、犀帶、黑靴，獨奚冠禮慮其難得哉？冠之與婚，事必相連，此之所無，彼何得有？但使本人好禮，公服不難得也。窮鄉尚然，況於京輦乎？貧士尚然，況於朝官乎？三加之必用公服，無可疑也。

○又按　古禮三服皆用緇帶。緇帶者，大帶也。其制見《玉藻》。今公服不用緇帶，則犀帶、角帶，無所不可。金、銀帶，亦可。其用緇衣、纁裳者，可用緇帶，蓋我邦朝祭之服，例有絛帶也。今之金冠，在古無徵。三加宜用玄弁。今謂之祭冠。玄弁者，古爵弁之遺制也。其屨宜用黑靴。

○又按　古禮用韎韐、素韠、爵韠，今唯三加宜用纁韠。蔽膝也。○古禮三冠、三服，無一時竝著之理。再加則脱緇冠、玄服，三加則脱皮弁、素積，乃服爵弁服。故《士冠禮》既三加，有「徹皮弁、緇冠」之文。賈云：「冠，即緇布也。」今擬，再加脱初加之冠服，三加脱再加之冠服，唯屨不必改也。其以青敞衣爲初加之服者，仍於其上，加以青袍。

〔《士冠禮》注〕鄭云：「童子任職，居士位，年二十而冠。」賈疏云：「士身加冠。」

○鏞案　嘉禮攝盛，如墨車、命服之類。故《士昏禮》曰「下達用雁」，謂大夫之贄，士得用之也。鄭注以下達爲通媒之義，非也。爵弁、皮弁，雖爲朝士之服，士之子弟未必不攝盛，鄭必以爲任職者之冠禮，未必然也。或曰：「古者世禄，士之子爲士，鄭亦云。宜用公服。今雖士族，未必爲士，士者，朝官也。所以冠禮不用公服。」此又不通之論也。今之士族，即古之學士，謂庠、學之士，見《喪服傳》。其用士禮，本不爲僭。況士族、賤流，其婚禮皆用一品之公服，婚禮之所許用，奚獨於冠而禁之乎？甚無謂矣。

醮禮工具的陳設

陳醮具于堂北。○酒樽一，古用醴。觶一，又有勺。脯楪一，用四脡，其長五寸，無則用腒或鱐。醢楪一。用食醢。

古禮有乾肉、折俎，折俎，如今之熟肉^。又或殺牲有「特豚」「離肺」之文。離，割也。今立略之者，爲貧者慮也。若家力可辦，宜亦備文。有牲俎者，無折俎。殺牲者，具二豆、二籩。即脯、栗、菹、醢。

主人、賓、贊、將冠者的位置

主人盛服，立于阼階下，西面。據南向之堂以立文。衆兄弟序立于其後。○將冠者如常服，童子服。在房中，南面。○賓至門，大門外。主人出迎，西面，拜。古禮則再拜。賓答拜。○主人揖，賓入。賓答揖。贊者從。賓黨一人爲贊者。○至階，相揖。主人升自阼階，坐于堂東。衆兄弟亦升，立于其後。○賓升自西階，坐于堂西。贊者亦升，立于其後。○將冠者出，坐于堂中，南面。「盛服」者，朝官用公服，其餘用青袍。○古禮賓與主人升，立于序端，終不升堂，又不遽坐，以行禮在廟也。今行禮于家堂，故《家禮》亦云「升堂」。

賓、贊、將冠者的始加禮前儀節

贊者就將冠者，北面，坐，櫛，束髻，施網巾。徹梳篦。○將冠者興，就阼階上，在主人之南。西面，坐。○賓興，就阼階上，東面，坐。○贊者取緇冠以授賓。凡執冠之法，右執項，左執前。○贊者復位。位在西。

此適子禮也。適子冠於阼。若庶子，則將冠者就賓前，西面，坐。賓不動。贊者授冠，遂於西方行事也。

始加禮

行始加禮。○賓執冠，乃祝。句。辭曰：「令月吉日，始加元服，棄爾幼志，順爾成德，壽考維祺，介爾景福。」○乃冠，加于首。興，復位。位在西。○贊者取笄，簪之。○冠者興。賓揖之，冠者入房，服青敞衣，出，坐堂中，南面。

星湖《禮式》合三加而爲一，故三加之祝，合爲一辭。今從古禮。○案 緇布冠之制，經無明文，人自爲制，僅可容髻，非禮也。考古弁冕之制，皆冠長一尺六寸，其廣八寸，《士冠禮》之疏。武之崇四寸，見陳氏《禮書》。其圍視頭，未嘗無法也。喪冠三襞積縫向右，則吉冠之襞，或五或七。其縫向左也。宜用極細布，染緇爲冠如古法。

再加禮

行再加禮。○賓揖之，皆坐揖。冠者就阼階如初。賓亦就阼階如初。○贊者取冠，黃草笠。以授賓如初。退，復位。賓取冠，執如初，賓先取緇冠去之。乃祝。句。辭曰：「吉月令辰，乃申爾服，敬爾威儀，淑慎爾德，眉壽萬年，永受胡福。」○乃冠。興，復位如初。○冠者興。賓揖之，冠者入房，服青道袍，出房，坐堂中，南面。

古禮有三屨，故《家禮》始加入房，納屨而出。星湖曰：「今人堂上不用履，故廢之。」如有皂靴，宜用之。

三加禮

行三加禮。○賓揖之，亦坐揖。冠者就阼階如初。賓亦就阼階如初。○贊者取紗帽，以授賓如初。退，復位。○賓取紗帽，執如初，賓先取冠去之。乃祝。句。辭曰：「以歲之正，正，善也。以月之令，咸加爾服，兄弟具在，以成厥德，黄耇無疆，受天之慶。」○冠者興。賓揖之，冠者入房，服朝袍，用角帶、黑靴。出房，坐堂中，南面。

古禮初加、再加，賓皆盥手，敬其事也。《家禮》亦有「賓盥」文。今姑略之，蓋以賓盥之時，升降、揖讓之節，甚繁也。

醮禮

乃醮。○賓興，北面，坐。於本位北面。○贊者盥，洗在阼階下。升酌酒。古用醴。○賓揖之，冠者興，就賓前，南面，坐。○贊者授觶，西向坐以授。賓受觶，乃祝。句。辭曰：「旨酒既清，用醴，則曰『甘醴唯厚』。嘉薦令芳，拜受祭之，以定爾祥，承天之休，壽考不忘。」○乃授觶。冠者拜，受觶。既拜而受之。賓東面，答拜。○贊者薦脯醢。執二楪，奠于冠者之左。○食醢之上，建一匕。○冠者左執觶，右祭脯醢。取脯一脡，醢一匕，祭于楪。○執事者先以一楪措于地，以受祭。又祭酒，少許注于楪。乃啐酒。『啐』，『嘗』也，小入口。興，奠觶于盤，在堂北。取一脯，授冠者。○冠者受脯，懷之。納袖中，終以獻母。○贊者復位。

此適子之禮也。唯適子醮于客位。若庶子則直於堂中南面之位坐，受醮。《家禮補注》云：「凡酌而無酬酢曰醮。」○贊者盥，升如初。直授觶于冠者，不授賓。冠者受觶。以下皆與適子同也。○按《家禮》但祭酒，不祭脯醢。然祝曰：「嘉薦令芳，拜受祭之。」「嘉薦」者，脯醢之號也。若不祭脯醢，則與祝辭不合。今且從俗。

父、諸父等謁見

冠者見于父，特拜。○見諸父兄在座者，旅拜。「旅拜」者，以一拜禮衆人。若有尊者，亦特拜。兄弟皆答拜。

古禮此時無拜父兄之文，今且從俗，補之如此。

字冠

乃字。○冠者復位，堂中位。南面，坐。○賓字之。○辭曰：「禮儀既備，令月吉日，昭告爾字，爰字孔嘉，髦士攸宜，宜之于假，永受保之。」「假」，「大」也。○曰「某甫。」○冠者對曰：「某雖不敏，敢不夙夜祗奉？」

古禮賓主皆降，冠者亦降，然後字之，以行禮在廟也。今既不然，則不必降而后字之也。《家禮》則降而後字之。○古禮先見母，後受字，今亦不便，故先受字。

醴賓

乃醴賓。○執事者進饌。物之多少，隨其宜。○主人酌酒，獻賓。○賓拜，東向拜。主人答拜。西向拜。○賓坐，飲。○執事者進饌于主人。○既饗，徹盤。○執事者進幣。物之厚薄，隨其宜。○主人獻幣于賓。○賓拜，主人答拜。○贊者徹幣。○執事者告事畢。○賓出，主人送。至門，拜，賓答拜。

古禮醴賓，用一獻之禮。文不具。《家禮》云：「賓贊有差。」賓贊皆有饌與幣。今且從俗。凡與禮者，皆宜分饌。○古禮酬賓用束帛、儷皮，貧士病之。今擬，用白紙爲幣，無不可也。備家自當如禮。

母、姑姊等謁見

冠者見于母，獻其脯。母答。坐而答。○見姑姊，如見母禮。○主人以冠者見于廟。○冠者遍拜于父兄宗族及鄉先生。

古禮無見廟之文，以行禮在廟也。○古禮用醴則一醮，用酒則三醮。鄭以爲夏、殷之禮。「三醮」者，一加一醮，醮各有辭。見《儀禮》。始醮、再醮用脯醢，三醮用乾肉、折俎。若殺牲，則其禮尤盛，卿相之家宜採諸文，益備儀也。

婚禮酌儀

婚禮親迎，陽往陰來之意也。吾東之俗，婚禮成於女氏，《漢》、《魏》諸史，竝有譏貶，讀之可愧。近世先輩因俗爲禮，著之爲書。余謂兩家儀乖，未易歸一，則苟且因循，容或無怪，其必立言垂後，使爲成法，大不可也。今京城貴家，一日之内，婿既委禽，婦亦薦贄，謂之「當日新婦」，斯豈非親迎哉？特合巹在女家耳。若於是稍加釐正，嶄嶄乎古禮也。今取古禮及朱子《家禮》，檃括爲文如左。

納采

納采之禮，權以庚帖代之。

古禮納采用雁，賓主成禮，在於女氏之廟。其辭曰：「吾子有惠，貺室某也。某有先人之禮，使某也請納采。」鄭云：「納其采擇之禮。」○朱子曰：「今俗所謂『言定』。」對曰：「某之子惷愚，又弗能教，吾子命之，某不敢辭。」女氏對。致命曰：「敢納采。」○朱子《家禮》，婿家告廟，乃遣使者，女氏奉書，亦以告廟。○鏞案　古者納采之禮，行於廟中，朱子易之以告廟，古禮使者口傳致辭，朱子易之以書牘，皆所以順俗而合情也。今櫽括爲文曰：「伏承嘉命，許以婚姻之好，某有先人之禮，謹獻庚帖，庸替納采之儀。」庚帖，俗謂之四柱單子，即婿之生、年、月、日也。今俗竝録生時，無義。今擬，只書年、月、日。答書曰：「伏承嘉命，貺以庚帖，某不敢辭，謹茲祇受。伏唯鑑念。」○古禮有「貺室」、「惷愚」諸文，然納采之禮，必前期行之，兩家變故，不可預度，故稍變其文，用副俗情。○又按　古者賓主皆服玄端，故《家禮》亦云「賓主皆盛服。」今俗使者，率用賤人，亦無拜揖之節，盛服不必爲也。○其必告廟者，告辭宜遵《家禮》。告曰：「某之子某議娶某人之女，今月納采。敢告。」然若非宗子之長子，恐不必告廟。

問名與醴賓

是日，仍行問名之禮，亦權以庚帖代之。

古者問名，將以歸卜吉凶也。鄭注云。其辭曰：「某既受命，將加諸卜。敢請女爲誰氏。」使者問。對曰：「吾子有命，且以備數而擇之，某不敢辭。」女氏答。○《家禮》無問名之節。○鏞案　東俗行禮於女氏，故女氏選日。今既親迎，當自婿家選日。若然，女之庚帖，不可不相示，以此當問名之禮，誠合古意。但古者納采之行，仍以問名，今不可別作層節。然且使者既是賤人，無以致辭於主人。今擬，別作單子，用小牘。其文曰：「今既受命，敢問女年。」只八字。既納采，使者獻之。女氏亦以單子答之，用小牘。曰：「備數有命，某不敢辭。」只八字。紙末書女之生年、月、日，如婿例。以授使者，庶乎其近古也。○乃行醴賓之禮。○古者醴賓之物，醴一甒、一脯、一醢而已。《家禮》云：「乃以酒饌禮使者。」○古者醴賓，有升降、祭啐之節。其辭曰：「子爲事，故至於某之室，某有先人之禮，請醴。」從者對曰：「某既得將事矣，敢辭。」「先人之禮，敢固以請。」主人請。「某辭不得命，敢不從也？」○庚帖來者，必賜銅錢，非禮也。然物情不可咈，宜以布帛代之，或贈二三尺，或贈八九尺，無所不可。若使知禮之家，原用子弟、族人以爲使者，則無此弊也。

納吉

後數日，行納吉之禮。

古禮納吉用雁如納采禮。其辭曰：「吾子有貺命，某加諸卜，占曰『吉』。使某也敢告。」對曰：「某之子不教，唯恐不堪。子有吉，我與在，某不敢辭。」○《家禮》無納吉。○鏞案　古人重卜筮以紹天明，今不可泥。今擬，納吉之辭，亦致書。曰：「伏承嘉貺，詢謀宗族，用替龜筮，僉曰『吉哉』。敢告。」答書曰：「伏承申命，謂言有吉，某不敢辭。」○今俗婿家先以衣服尺度録送于女氏，謂之「衣樣」，宜於納吉之行，帶去也。

請期

後數日，行請期之禮。

古禮請期用雁。「請期」者，婿家請日于女氏。女氏辭之，婿氏乃告吉期。其禮在納徵之後。今且從俗，先請期而後納徵。○《家禮》無請期之節。楊信齋云：「婚禮有六，《家禮》略去問名、納吉，只用納采、納幣，以從簡便。但親迎以前，更有請期一節，有不可得而略者。」○古者請期之辭曰：「吾子有賜命，某既申受命矣。唯是三族之不虞，使某也請吉日。」鄭云：「三族，謂父昆弟、己昆弟、子昆弟。此三族者，己及子皆爲服期。」○《家禮》云：「身及主昏者，無期以上喪，乃可成昏。」對曰：「某既前受命矣，唯命是聽。」曰：「某命某聽命于吾子。」對曰：「某固唯命是聽。」使者曰：「某使某受命，吾子不許，某敢不告期？曰『某日』。」對曰：「某敢不敬須？」○今擬，直自婿家致書，曰：「吾兄有賜，既申受命。敢請吉日。如未蒙許，敢不告期？伏唯鑒念。」紙末書某年、月、日，或别用一紙如俗例，亦可。答曰：「某前既受命矣，唯命是聽。今又蒙示吉日，敢不敬須？」

納徵

前期一日，行納徵之禮。

古禮納徵，用玄纁束帛、儷皮。鄭云：「徵，成也。使者納幣以成婚禮。用玄纁者，象陰、陽備也。束帛，十端也。」《周禮》云：「凡嫁子娶妻，入幣純帛，無過五兩。」賈云：「《雜記》云『納幣一束，束五兩，兩五尋。』然則每端二丈。」○朱子曰：「幣用色繒，貧富隨宜，少不過兩，多不踰十。」○星湖曰：「《禮》云『皮帛必可製。』帛以四十尺爲匹，大約準今二十尺。宜用棉布二疋，一玄、一纁。」包以采袱，盛以小漆函，亦用采袱也之。○鏞案　束帛者，五匹也。古者謂匹爲兩，蓋一匹之帛，實有兩端。十端者，五兩也。五兩之中，玄三、纁二，《雜記》注。參天而兩地也。今之棉布，不讓繒帛，貧士之家，斷當用之。但二匹之布，貧士猶然病之。朱子曰「少不過兩，多不踰十」，則朱子許以一兩，析之爲玄、纁矣。況東布一匹，可當古帛之二匹哉？至貧之家，宜以一匹之布，析之爲兩，二十尺爲淡青，二十尺爲淡紅，猶可以行禮也。有無過禮，窶不備文，古之道也。近世會賢坊鄭氏，世傳鹿皮二領。雖富貴之家，只得用此爲幣，無敢用繒帛，亦美法也。

古禮納徵之辭，曰：「吾子有嘉命，貺室某也。某有先人之禮，儷皮、束帛，使某也請納徵。」致命曰：「某敢納徵。」對曰：「吾子順先典，貺某重禮，某不敢辭。敢不承命？」○今擬，致書曰：「伏承嘉命，許以令女，姊、妹、侄女，隨所稱。爲某之子某貺室。某有先人之禮，玄、纁二帛，使人納徵。伏惟鑒念。」答曰：「伏蒙嘉惠，克順先典，貺以重禮。弱息惷愚，又弗能教，吾兄命之，某不敢辭。敢不承命？」○星湖曰：「《家禮》言『幣』而不言『徵』。按古者納采用雁，納徵用幣。贄幣者，不過導其誠敬而已。是使也爲納徵，故以幣行也，非爲納幣也。『徵』，成也，納幣以成婚禮。若但云『納幣』，則幣之所將者，果何物？故改幣爲徵，從古也。」

奠雁禮

至期，女氏設筵于正堂，即内堂。以待奠雁，設次于門外，中門外。以待下馬。

古禮女氏設几筵于廟中，以爲神席。疏云：「將告神，故女父先於廟設神席，乃迎婿也。」《家禮》女氏先告祠堂，今皆略之。○《家禮》婿家醮其子而命之，女氏亦醮其女而命之。設女席，醮以酒如婿禮。然古有醴女，未有醮女，此或傳寫之誤也。

合巹禮

婿家陳設于正堂之側，以待共牢、合巹之禮。

共牢之饌，其物，用特豚三鼎，其實，豚一俎也，魚一俎也，腊一俎也；星湖曰：「以雞代之。」○夫婦各三俎。大羹二鐙，即肉汁。○夫婦各一鐙。黍稷四敦，夫婦各二簋。菹醢四豆，夫婦各二豆。醯醬二豆，夫婦各一豆，以醯和醬。又設清酒一罇，巹杯一牉，皆在正堂之側。古禮饌于房中，今且從便。唯玄酒一樽，即明水。設于堂北墉之下。巾冪之。○案　黍稷四敦，恐不諧俗。今擬，一飯、一餅，以充兩敦，庶乎酌古今而得宜也。星湖云：「今以米麵食代黍稷。」○又按　古者夫婦之饌，各爲一具，豚之右胖升於婿俎，其左胖升於婦俎。以此推之，魚、雞亦當劈而牉之，各用其半也。其法如是也，而吾東之俗，夫婦共桌，方稱同牢，大非禮也。○星湖曰：「今人必中設一桌，以應同牢之義。然夫婦齊體，夫用上牲，婦亦如之，是爲同其牲牢也。豈有男女一桌共食之理？據《士昏禮》及《家禮》，皆東西各設，不可違也。」○古禮先饌于房中，夫婦坐定，移饌室中。《家禮》直饌于室中。今先饌于堂側，所以從古也。房者，旁室也。

設二席于堂中。○温公曰：「古者同牢之禮，婿在西，東面，婦在東，西面。」賈疏云。蓋古人尚右，故婿在西，尊之也。今人既尚左，且從俗。○星湖曰：「古禮、《家禮》，兩皆有義。今人堂室，未必同制，隨便行之。」

醮子及親迎

日既晡，父醮子于正堂。既醮，婿盛服，乘馬，以行親迎之禮。

古禮醮子之辭曰：父命之。「往迎爾相，承我宗事，朱子曰：「非宗子，則改『宗事』爲『家事』」。勖帥以敬，「帥」，循也。先妣之嗣，若則有常。」『先妣』者，通指先世之妣。子曰：「諾。唯恐弗堪，不敢忘命。」○案 醮子儀節，不載經文。朱子《家禮》但以啐酒爲禮，然既有酒，不得無脯醢。今擬，醮子之禮，一依冠禮之醮，文見上。無可改也。○古禮用初昏，今用日晡者，恐行事窘束也。

婿既乘馬，二燭在前，從者皆玄服。○女盛服，立于房中，南面。姆立于其右，女御二人，立于其後。○古禮婿服，爵弁、纁裳緇袘；鄭云：「『袘』，緣也。」女服，髮次、首飾也。純衣纁袡。鄭云：「『袡』，緣也。」「緇袘」者，象天玄也。「纁袡」者，象地黃也。東俗婿服，紗帽、緋袍、犀帶，一品服。女服，花冠、方言「簇頭里」。霞帔、方言曰「圓衫」。大帶。著紅裙。今且從俗。然貧士之家，安得盡然？宜用夾袖長衣，方言曰「唐衣」。以代霞帔。

女既盛服，父有醴女之禮。○此《家禮》所謂「醮其女而命之」也。父於堂北，酌醴授之，母薦脯醢。見賈疏。女拜受之，祭之，啐之，一如冠禮。文見上。○案　吾東之人，誤以共牢稱之曰「醮禮」，甚謬也。

壻至門，女氏主人，吉服迎于中門之外。古以玄端迎于大門外。○壻下馬，主人西面拜。賓東面答拜。主人揖入門，贊者授賓雁。○賓執雁從，至于正堂之下。主人揖，賓升階。賓升自西階，至中堂，北面，奠雁，再拜，稽首，降，出。○婦從，降自西階。主人不降送。○壻至轎前，褰簾以代授綏之禮。古禮壻御婦車，授綏，《家禮》壻舉轎簾以俟，姆。○東人不用車，無以從古也。

壻出，女於堂西，東向，立。父坐堂上，命之。《穀梁傳》曰：「送女，父不下堂，母不出祭門。」母至西階，送女。○古禮父送女之命，曰：「戒之敬之，夙夜毋違命。」賈疏云：「無違舅命。」母於西階上，《士昏記》云：「母戒諸西階上，不降。」施衿結帨，曰：「勉之敬之，夙夜無違宮事。」賈疏云：「毋違姑命。」庶母至門內，施鞶，申之以父母之命，曰：「敬恭聽爾宗爾父母之言，夙夜無愆，視諸衿鞶。」《家禮》庶母之命，改之爲諸母、姑、姊之命。今當從之。○又按《家禮》壻至門，俟于次，於是主人告廟，醮女而命之，恐多窘滯。《孟子》、《穀梁傳》，皆有送女之文，詳味此文，可知命女之辭，在於乘轎之時，而或醮或醴，必在壻至之前矣。○壻乘馬，先回，俟于大門之外，婦至，壻先入。至中門，婦下轎，壻揖，入，導行，升自西階。

共牢

婿婦既升，乃行共牢之禮。

婿升自西階，鄭云：「道婦入。」就正堂之左，西面，立。從《家禮》。婦升自西階，遂於正堂之右，東面，立。若姑室在東者，從《家禮》。若姑室在西者，從古禮，婿在西而婦在東。贊者告「拜」，婦先再拜，婿答再拜，婦又再拜。此《家禮》所謂「交拜」也。温公曰：「男子以再拜爲禮，女子以四拜爲禮。古無婿婦交拜之儀，今從俗。」

贊者告「坐」，夫婦皆坐。贊者告「進饌」，如下圖。

女御二人，爲之佐食，女家來者，佐于婿，婿家之人，佐于女。各執一楪，措于卓下。夫取飯祭之，一匕祭于楪。婦亦如之。○案　古禮饌列，與此不同，今且從俗。其用九品者，古禮也。

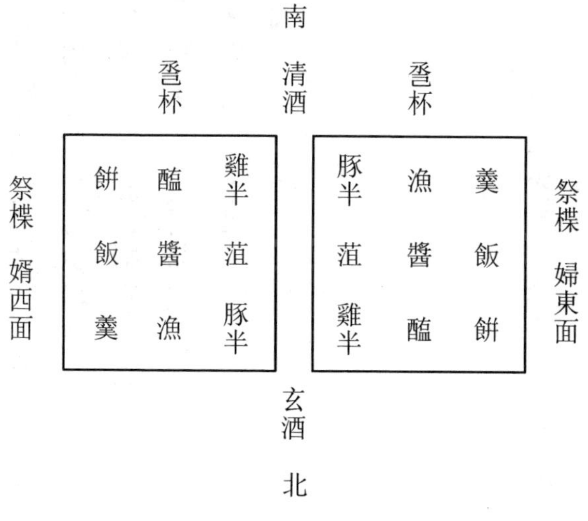

「共牢合巹圖」

贊者告「三飯」，新婦必不肯飯，備文而已。乃告「三酳」。三酳之禮，贊者取巹杯酌酒，以授女御，使授婿婦。先婿而後婦。又進二楪，措于卓前。婿祭酒，少許注于楪。婦亦如之。婿啐酒，古卒爵。婦亦如之。○案　古禮初酳、再酳皆用爵，三酳乃用巹。今三酳皆用巹者，從俗，又從簡也。

贊者告「興」，婿婦皆興。婿就婦前，揖之，入室。婿先入，婦隨入。於是婿脱服于室。女御受之。既出，婦脱服于室。亦女御受之。○案　古禮三酳之禮，行于室中，今且從俗，行于正堂。故三酳既畢，婿導婦而入室也。○徹俎豆。婦御餕婿餘，婿御餕婦餘。古禮也。

至夕，婿還入室，燭出。○古有「説纓」之禮。在「設衽」之後。

見舅姑

夙興，婦盛服，行見舅姑之禮。

古禮婦纚、笄、宵衣。「宵衣」者，綃衣也。其服降於純衣。今擬，用夾袖長衣，方言曰「唐衣」。以見舅姑。

贊者設二席于堂東，舅席當阼階之上，西向坐。姑席在其右，亦西向。各置一卓於前。將以受棗脯。○按　古禮姑則南面，《家禮》舅姑東西相嚮。今且從俗，竝坐以受之。

婦降自西階，至中庭，立。贊者授笲，棗栗器。婦執笲，升自西階。進至舅前，坐奠于卓，舅坐撫之。撫棗栗以表嘉悅。婦小退，肅拜，今四拜。舅坐答揖。古禮則答拜。婦又退，至西階上，立。東嚮立。贊者授笲，腶脩器。婦執笲，進至姑前，坐奠于卓，姑坐撫之。古禮姑舉以授人。婦小退，肅拜，今四拜。姑坐答揖。古禮姑亦拜。婦又退，遍拜，諸舅、諸姑皆特拜之，每人各一拜。諸叔、諸妹皆旅拜之。多人總一拜。婦退，入于室，即西房。女御徹二卓。〇按 古禮婦拜于堂上，《家禮》婦拜于階下。温公曰："古者拜于堂上，今拜于下，恭也，可從衆。"吾東之俗，却與古合，故今從俗。〇又按 "腶"者，鍛也。"脩"者，長也。鍛治而加薑桂曰"腶"，條割而爲乾腊曰"脩"也。今俗唯一棗、一腒，即乾雉。以獻舅姑，蓋從簡也。貧士之家，不得棗脯者，雖用一栗、一鱐，未爲失也。棗栗、腶脩，只是物名，賈疏取其諧聲，各言字義，拘曲甚矣。賈云："棗栗，取其早，自謹敬；腶脩，取其斷斷，自修。"

醴婦

乃行醴婦之禮。

舅姑坐如舊，設婦席于姑前。宜南向。婦出，坐于席，南向坐。乃進饌。〇醴婦之物，一醴、一脯、一醢而已。○贊者以一楪措于卓前。婦取醴祭之，酹三匕祭于楪。乃啐醴。小入口。興，四拜，古禮止一拜。退入于室。○按　古禮文繁，今皆删之，以從《家禮》。《家禮》云：「如父母醮女之儀。」

盥饋

乃行盥饋之禮。

贊者設二席于室中，即正室。舅姑坐定，乃進饌也。○盥饋之物，特豚一鼎。無魚腊。飯止一簋、有黍而無稷。一鉶、二豆，即菹醢。佐以一醬，即醢醬。六品而已。清酒一酳，無三獻也。其用特豚者，右胖載之舅俎，左胖載之姑俎，鄭注云。與共牢同也。

其饌列之法，不見經文，今且從俗，爲圖如上。○星湖曰：「古今異宜，不必用其物。只米食、麵食、即餅麪。棗、栗、魚、肉，以具六品。」○按　經例，有飯曰「饋」，無飯曰「饗」。既曰「盥饋」，不得無飯；既已有飯，不能無脯醢，余謂古禮不可改也。

婦盥手，進饌于舅姑。又酌酒，進爵于舅姑。小退，肅拜，止一

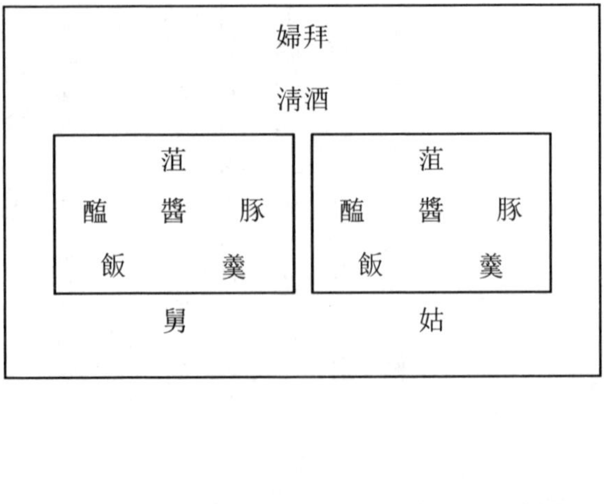

盥饋圖

拜。侍立于姑側。○徹饌。○婦坐于姑傍，餕姑之餘。

《家禮》云：「是日食時，婦家具盛饌、酒壺，婦從者設蔬果卓子于堂上。」○按　禮者，節文也。太牢、少牢、特豕、特豚、三鼎、一鼎，其節級森然，盥饋之物，亦當於是乎選而用之。今人只靠「盛饌」二字，窮極奢靡，以耀人目，淩轢貧寠，以驕婦志，此大亂之道也。卿、大夫之家，祭用少牢，則盥饋宜用特牲、三鼎；命士之家，祭用特牲，則盥饋宜用特豚、一鼎、一菹、一栗，豈可使任意增減乎？此等小禮，雖若微文，傷風敗俗，國亂民貧，皆由於潰防踰節。知禮者宜以《盥饋圖》一副，豫送婦家，俾勿壞也。

《士昏記》云：「庶婦則使人醮之，婦不饋。」○按　古今異宜。今擬，庶婦亦行盥饋。其舅姑亦不必使人醮之也。

饗婦

乃行饗婦之禮。

醴婦之禮，所以報棗脯也；饗婦之禮，所以報盥饋也。○饗婦之物，不見經文。然《經》云「歸俎于婦氏」，則有折俎矣。《記》云「饗婦姑薦」，鄭云：「薦脯醢。」則有脯醢矣。《經》云「饗婦以一獻之禮」，則有清酒矣。三品、一獻之外，不可加也。○饗畢，歸俎于婦氏，仍宜從古。
舅姑坐定，婦坐于姑側，女御進饌于婦前。○舅洗酌，姑酌酒，授婦。○婦受酒醑之。小入口。○按　古禮饗畢，舅姑降自西階，婦降自阼階，以明傳代。今並略之。
凡自婦家來者，其男子，皆舅饗之；其婦人，皆姑饗之，皆用一獻之禮。其歸也，皆酬以束錦，古之道也。今不能然，饗以酒果，酬以尺布，亦可以備文也。富貴之家，仍宜從厚。

見廟

若舅姑既沒，婦來三日，乃見于廟。
古禮婦入三月，乃奠菜，注疏謂「用菫荁。」今人皆三日而廟見，其用棗栗、腶脩，亦與本禮同，今且從俗。○主人祝曰：「某氏來婦，敢奠棗栗于皇舅某公。」婦拜於階下。今四拜。又祝曰：「某氏來婦，敢奠腶脩于皇姑某氏。」婦拜于階下。今四拜。○案　古禮祝者，不知何人。今擬，主人率新婦自祝之。

見祖廟

舅姑雖存，婦來三日，宜見祖廟。

《家禮》：「三日，主人以婦見于祠堂。」朱子曰：「三月而廟見，今以其太遠，改用三日。」○案　古禮之三月廟見，即舅姑之廟也。《家禮》之三日廟見，即先祖之廟也。後儒妄加譏斥。今擬，一遵《家禮》，未爲失也。

滌除鄙俚之俗

凡係鄙俚之俗，竝宜滌除，以重人道之始。

星湖曰：「今俗用玉刻童子，奉香設於卓上南北。形貌象人，奢而近妖，不可用。」○今俗有交拜長席，有文曰：「二姓之合，百福之源。」已成同風，無此不可。然本非見於禮者，且同席而拜，不合於義，故廢之。○今俗有刺燭四條。即以紙纏葦，塗以麻油，列照於奠雁時，因導而入。按《秋官·司烜》疏云：「以葦爲中心，以布纏之，飴蜜灌之，若今刺燭。」蓋古者用燭如此。禮所以不忘其本，則斯亦近之。然今既用蠟燭，廢亦無妨。如紅大燭，麗朝以禁中所用，禁之。○今俗有所謂「徵氏」者，必有青衣、黄笠。婿帶二人導前，婦家亦出二人往迎，此又未有考。意者，因納徵而成俗也，似不必用。然既以賓禮將之，使人往迎，其意亦至。故亦從俗，只用吉衣、冠。○今俗婿至門，婦家必命親僕遞執靮，或至鬧争，此又無義。宜呵止。○今俗合巹必有紅繩兩連盞盤。婦女之福祐者，理其繩，謂之「解紅絲」。此必由小説家月老事，而襲謬不改也，褻不可從。且婿婦再酳换盞，益不可。○今俗既就坐飲，少年必取卓上栗顆，勸婿啖，亦不知何故。直廢之無疑。○今俗行禮於中堂，婿既入室脱服，引婦至室，對坐移時，然後復出。意者，因室中行禮之規而爲之也，姑休别處無妨。

喪儀節要

余箋釋喪禮，既有年矣。博而不約，覽者病之，願有節要文字。顧謙讓不敢爲此者，誠以貴賤異位，富貧殊力，古今異宜，華東殊俗，性好各偏，識趣隨别，參酌會通，其事實難也。嘉慶乙亥冬，學稼來養疾，亟有請焉。余曰：「公諸一世，非余所敢，戒子訓孫，又何辭焉？」遂録如左，以備一家之用。其有同好者，與之修潤，議共行之，亦所不辭。喪儀諸義，竝在《四箋》中，有訟有斷，不能盡録。但標甲、乙、丙、丁，以資平時考檢。

始卒

有疾，男子居外寢，婦人居内寢。上甲一、上乙二。

卑幼各居于小寢，唯内外宜謹也。

疾革，内外皆掃。上甲四。

氣已絶也，侍者掃室堂，賤者掃庭宇，多塵則汛水。

徹褻衣，加新衣，屬纊。上甲五、上甲八。

無新衣，則用垢污不甚者。在衾而卒，則不必加衣。

收體。從今俗。

古禮「扶體」，今且從俗，侍者爲之。○用白紙條裂而擰之。或用敝布條，亦可。先收上體，次收下體。

男女改服。上甲七。

去華采而已。男子著素袍，無者，素敝衣。婦人著淺色襦裙。即玉色無采飾者。

立喪主，披髮，扱上衽，交手，哭。上乙三。○「披髮」，唐禮也。

親子女在室中，雖外喪許婦人出，外寢發哀。親者在閾外，期、大功之親。小功、緦在户外。但於室中粗分男女，未正東西位。既發哀，婦人還内，哭。内喪則男子不還于外。○親子啼，從俗叫「哀苦」。出後子、出嫁女不披髮。婦爲舅披左髮，爲姑披右髮。其餘妻、子女全披。凡披髮之法，解髻而中分之，垂之於左右，不蒙面也。○扱上衽者，攝上衣之前裾，插之於帶也。○不去帶，據《家禮》也。孔疏亦有據。見上乙三。不偏袒，據古禮也。既襲，乃左袒。○期、大功以下，既不披髮，尤宜不去冠，不去帶，以遵古禮。

設床第，遷尸于牖下，以衾覆之。上乙四、五、六。

「牖」者，南牕也。唯遷半席之地，使尸南首。尸首當南牕。○無床者，取閣板用之。俗謂之「懸板」。板狹，則用稻稈一握大，句。以白紙包裹之，爲長條以支尸體之左右，爲短條，左右各用數枚，亦可。板短，則用他物承其下。當尸足。○第用寢席，用狹者。有枕。宜低平。衾之厚薄，隨時令也。古用斂衾，今用病衾。

復。上乙八至上丙三。

哭止。○侍者爲之，内喪用女御。○用死者平日之上服曾經服著者。○不必升屋，但於北庭，北向招之。○男子曰「某曹某官某公，復。」如所云「禮曹佐郎李公，復。」婦人曰「某封某郡某氏，復。」如云「淑夫人安東金氏，復。」○左執領，右執腰，衣之中。招而左。麾之自左始。既三招，以其衣覆尸。在衾上。

不楔齒，不綴足。古禮見上丙四、五、六。

不楔齒，禮不必泥古也。不綴足，爲已收體也。○今俗設限斗。「限斗」者，取净黄土，滿木斗以限兩足，所以防辟戾也。

設奠。上丙八、九。

此所謂「餘閣」之奠也。其物一脯、一醢、或用一鱐、一菜。一觶而已。或用酒，或用甘酒。用髹盤，平日所食者。陳于尸右。當其肩。○侍者奠之，有哭無拜。主人伏哭如前。

值朝夕，則上食。上寅三、房八九。

日出有朝奠，辰正有上食，日入有夕奠。據朱子《家禮》。朝奠用餘閣之品，辰正及夕奠竝用上食之品。○上食之饌，一觶、酒若醴。一敦、飯。一鉶、羹。四豆。菜一豆，沈菜一豆，醬一豆。其一豆，或用醢，或用鱐，或用炙，或用虀。○醬一豆，或用清，或用滓。勿用小鍾，用楪子。卿相之家，宜用六豆。○亦用髹盤，奠于尸右，有哭無拜。○始卒，雖當朔望，是日無殷奠。○未小斂，主人伏哭而已，不與奠。

帷堂。上丙十。

設布帳于堂。帳小，則但設於近尸處。或用射帿，無則廢之。

正男女哭位。上丁四、五、六、七。

男子設哭位于户外，今宮室異制，坐向從便。設藁薦、藁枕。主人居前列，衆子居其後，期親居其後，大功、小功、緦又次之，袒、免又次之。○若母喪，父爲主，則父子同服。齊衰杖期又父爲主人。然仍使其子居前列，父居後列。若父喪，母爲主婦，則母居前列，子婦居後列。

婦人還内，於其户外，設哭位，如男子例。以親疏爲先後。内喪，則婦人哭位在室中，男子哭位在户外。内寢之户外。

親子女皆坐哭，其餘立哭。尊者雖疏，亦坐哭。○總之，哭位雖設於户外，未小斂，其啼哭恒在室中。

唯賓至，出哭位，接之。

立護喪、司書、司貨。見《家禮》。

護喪以子弟知禮能幹者爲之，《家禮》文。司書以嫺書者爲之，司貨以綜核者爲之。○備家令親賓護喪。

告訃。上丁一、二。

朝官先告于禮曹。單子見下編。親者大功以上親。以訃書授使者，拜送于西階之上。○乃告于親戚、僚友。依《家禮》。

有賓來吊，主人不起不拜，稽顙哭，不答言。

古禮拜賓，今不起不拜者，披髪故也。

治棺。見《家禮》。

松、檜、榆、槐、桐、梓、楓、檀，無所不可，唯五鬣松最善。○天板之厚三寸，或二寸七分。用指尺，見篇末。地板與四圍，無過二寸，參天而兩地。或一寸八分。○護喪執竿以度尸，務從狹小，取周身而已。○松脂、和蠟填其縫。○既治備家用漆，好禮者不用漆，但用松煤黑之。碎松脂鋪之，以匾刀熁之。法詳《喪具訂》。古人多以秫灰爲不潔，不用秫灰，則七星板亦無所用。其或用之者，如俗例。

設銘。上戊八。○義詳《喪具訂》。

用布若苧若紬，上緇一尺，下赬二尺，其廣五寸。古用三寸，今增之。書于其赬曰「某曹某官某公之柩」，内喪則曰「某封某郡某氏之柩」。雖未入棺，古禮書柩。竹杠長三尺有五寸，五寸入于重。上下有横框。無竹者用荆。○古法墨書之，今俗粉書之，宜從其便。○設重，用一矩堅重之木，上下四方，皆廣五寸。當中鑿孔徹底，乃以銘杠建于重孔，權置于户外。

襲含

掘坎于隱處，設二盆于户外。上戊九、上己一。

掘坎者，爲棄浴水也。盆宜用新，無則净洗而用之。既用，毁之。

陳襲事于室中。上己二。

幎目之制，用緇帛經裹，窶家宜用布。方尺二寸，四角有組系。○握手之制，用緇帛經裹，窶家宜用布。長尺二寸，廣五寸。當其腰左右，各削一寸，沿邊削一寸，其犯亦一寸，宜斜犯之。其所削之片，爲三角形。以當兩手之間虚處也。注疏作「兩枚」，設於兩手，今正之，通作一枚。義見《喪具訂》。○瑱用白纊，即充耳。其形如棗核。○單衫、單袴，用棉布。古之明衣裳也，今用紬帛，非也。○裏衣竝用袷，不著絮。冬、夏宜同也。不用短襦，但用長襦，俗名「小敞衣」。袴管宜窄。雖婦人之袴，務從窄小，僅容股也。單袴亦然。○中衣用禪，朝官用白衫，朝服之所著。儒生用敞衣。不後拆。窶者仍以中衣爲上服，亦無不可。○上服，朝官用祭服，緇衣而纁裳。或朝服，纁衣而纁裳。或黑團領，紅團領、藍團領，亦無不可。去胸褙之繡。其用朝服者，只留曲領、方心，去後綬、佩玉、牙笏。進士用襴衫，無則用道袍。儒生用道袍，深衣，生所不服，不必用。竝用緇帶、博二寸，紳三尺，不雙垂。白履。用繒紙糊爲之。古禮無冠而有掩。掩之制用白繒，廣二尺，長五尺，四角有組系，古禮析末而無組。所以掩面繞腦，還結于前也。幅巾不宜用。○襪一對有組，男子有腰帶。宜單薄。

婦人於明衣之上，用袷襦、布帛隨其力。袷袴。宜用棉布，窄小宜如男袴。其上服，命婦宜用圓衫，其餘宜用唐衣，竝用紬帛。窶者宜别製短襦，其長及腰，以爲上服。仍用裹肚。俗名曰「腰帶」。○總之，衣服皆用平日之所服，非全闕，勿取於市，又貴澹素。若青紅鮮楚之物，只益慘惻也。

陳含具於其次。上庚九、十，上辛一。

珠一枚、米三粒實于笄，置于衣側。無珠者，只用米。○沐巾一、浴巾二、櫛一、宜用疏齒者。刀一，陳于其次。○緑囊四，又次之。

巾皆用布，其方一尺。浴巾用二者，上體下體，其巾不同也。○櫛以批髮，刀以剪爪。緑囊四者，亂髮一也，落齒一也，取平日所落，先實之。手爪一也，足爪一也。○勒帛不必用。

侍者受二盆入，主人出户外。上辛十、上壬一。

沐水用米泔，或用稻若黍。浴水用香湯。今俗煎紫檀，無者仍用清水。其出户外者，據古禮也。○内喪則女御受盆入。

乃沐，乃櫛，乃鬠，乃振，乃浴，乃振，乃剪。上壬二至壬七。

「鬠」者，括也。括髮而已，不如髻之堅實。婦人去假髮而鬠之。他人之髮，不可同藏也，分爲二條，總括于頂上而已。鬠有組。用黑繒細條，總結之。男女同。「振」者，晞也。○凡沐浴之法，濡巾三拭而已。見《荀子》。唯面及手足，宜去黑垢。其櫛髮之法，濡櫛三批而已。見《荀子》。○不用笄。古禮唯男子有之。○剪爪之法，亦剪其長者，備文而已。○沐浴訖，以其水棄于坎，竝巾櫛而納之，以其壤掩之。

沐剪既訖，取亂髮及手爪、足爪，實于三囊，別置于户側。

乃設明衣，主人入，即位。上壬七、八、九。

今用單衫、單袴，以當明衣。○主人哭而入。既即位，不哭。

乃襲。上壬十。

就尸側之前，先設襲席。稍前半席之地。其上横緇帶，次設上服、中衣、裹衣。此三服一時穿袂，鋪于大帶之上。○婦人最上設裹肚。乃遷尸，安于衣上。先襲袷袴，乃穿襪結組，結腰帶。○乃襲裹衣。袷長襦袷袴。

主人出户外，袒。衆子皆袒。入即位，乃含。上癸一至八。

「袒」者，左袒也。古者肉袒，今但以上服之左袂繞胸。插之于右掖之下，以帶束之。○諸親皆袒。主人入，坐于尸左。○侍者授珠米，主人受之以左手。先取珠一枚，納于口中，次取米三粒，納于左右中。各一粒。其齒已堅不可含者，納于齒之外、脣之内。

主人襲，反位。上癸九。

「襲」者，穿袂也。衆子皆襲。諸親有服者，與主人同袒同襲。

親者坐于尸左，乃瑱，乃幎，乃掩，乃屨，乃帶，乃握，還安于床，以衾覆之。上癸十至上子七。

「親」者，期、大功之親。無則主人仍爲之。○「瑱」者，以纊核充耳也。○「幎」者，掩其目而結于後。○「掩」者，掩面包腦，還結于頂上及頤下。○屨有系，左屨之系、右屨之系，交過于踵，還結于跗上。兩足連結之。○帶有組，當心束之，垂其紳。○握有二組，左組、右組入于掌底。左組，出于右手二、三指之間。右組，出于左手二、三指之間。各繞中指一匝，還出于本指間，交結于掔腕間。「掔」者，腕也，即肘節之後。○既襲，略用收體之法，以防辟戾。○病衾不潔，則宜用斂衾覆之。

還安于床上，仍以尸床移安于浴處。遷一席之地。〇若值暑月，則宜於此時，設冰如法。然設冰者，卿、大夫之禮也，上辛九。無位者不宜用。

侍者取銘重，置于尸側。上丑三。

宜於尸首之側，北面而立之，令受奠食。〇既設銘重，不設魂帛。

主人以下哭，乃設奠。見《家禮》。

古禮無奠，其有奠者，據注疏也。宜用朝、午、夕三時，不别設奠。〇自此以後，奠饌二品，或參用果蓛。即乾果。親者設奠，主人仍宜伏哭。

宵爲燎于庭。上丑四。

堂上一燭，無燭者，油燎。堂下一燎。備家用二燎。

小斂

厥明，陳斂事于室中。上丑五。

竪絞一幅，長十尺。短者，用九尺。〇凡絞布，以布帛尺計之。横絞三幅，長四尺。或用三尺餘。每幅析其兩端，各爲三條。〇其竪者，兩端析入，各一尺六寸，其用九尺者，兩端析入，各一尺五寸。所以結也。〇其横者，兩端析入，亦各一尺六寸，其用三尺餘者，兩端析入，各一尺數寸。所以結也。○總之，視尸之長短、肥瘠，每其當背、當腋者，用全幅。其當前對結者，析之爲三。其長，不可定也。○或用麻布，成用棉布。沙溪許用棉布。若有單衾者，毁之爲絞布，甚爲合理，不必用新布。斂衾不疊，用單衾。

散衣宜用敝破者，其或垢污者，濯而用之。○其無散衣者，或用敝絮，或用紙物。唯以填虚，無所不可，備家宜用美物。○倒衣用於膝下，宜用短襦之有絮者。凡用倒衣之法，不嫌左衽，上卯七。又凡上服，不以爲倒衣。如朝服、團領、襴衫、道袍之等。

小斂之衾，或布，或帛，或緇，或緑，隨有用之，皆去其絮，只用袷衾。○衾裹或有垢污，宜濯而用之，備家宜用美物。

陳奠事于堂東。其物用特豚一鼎。上寅一至六。

禮用特豚，以爲俎實。今宜或用牛肉，東俗不用羊豕。或用鷄，或用魚，但用熟肉一器，以爲俎實，以其湆肉汁也。爲羹也。兼行上食，則又有飯。○其物一盞、酒若醴。一敦、一俎、一鉶、二豆、菹與醢。二籩。脯若鱅一籩，棗若栗一籩。○小斂之奠，古用素器素盤。上寅三。不備之家，仍用吉器。○既饌，以巾冪之。無者，以油紙覆之。

陳經帶于堂東。上寅七、八、九。

上自斬衰，下至緦麻，既小斂，皆著首經、腰經、絞帶、布帶。其括髮、免髽之具，亦宜同設。○首經交結，宜在項後。斬衰經，左本在下。古用純麻，故麻根偏向一邊。今以稻稈爲骨，當以中屈處爲本，以尾散處爲末。齊衰以下之經，右本在上。謂中屈處在麻尾之上。○要經小於首經，斬衰至大功，散帶垂，小功以下，無散垂。竝詳《喪服商》。○諸親所著，宜以序陳列于東方。

絞帶兩糾之。今俗四糾之，謂之「三重四股」，其義非也。古云「葛帶三重」者，受服之帶，三糾之也，亦非四股。○齊衰三年，下至緦麻，其布帶皆博二寸，東俗重服其帶廣，輕服其帶狹，大非禮也。唯其升數有麤細。○婦人要經，雖斬衰，亦用牡麻，結本而不散垂，竝詳《喪服商》。○諸親所著，宜以序陳列于二經之次。

括髮，唯親子爲之。其法用麻繩束髮，以爲鬠，不作髻也。古禮小斂始解髻，爲括髮，此凶服之始也。今俗先披髮，至小斂而括髮，有漸吉之象也。古今之禮大不同。○免者，絻也，今俗之頭巾也。古者齊衰以下，乃用免。今人於括髮之上，直著首經，深恐駭俗。今擬，斬衰以下至袒免之親，竝於小斂之後，頭著布巾，不必泥也。○「髽」者，「坐髻」也，亦「矬髻」也。其法有笄有總，婦人之服也。今宜減去假髮，減其半。不高大如平日而已，竝詳《喪服商》。○諸親所著，宜以序陳列于經帶之次。

中衣宜用生麻布。俗名「中單衣」。古禮不言其節，今俗皆於小斂著之。著中衣，則脱白袍。且當從俗，唯親子先製之。○陳列于諸服之末。

鋪席于尸側，鋪絞，鋪衾。上卯六、七。

就尸側之前，先設斂席，又前半席之地。當南牖之中。尸東、尸西，其地均。次鋪橫絞，布三幅。次鋪竪絞，長一幅。次鋪袷衾。

男女哭。句。踊無節。上卯八。

斂事，每用男子，雖内喪，亦然。婦人宜於内堂哭。户外之哭位。若内喪，則婦人却於户外哭。

遷尸于衾上，乃衾，乃絞。上卯九、十。

散衣、倒衣，隨宜用之。○斂衾之法，先掩足，次掩首，次掩右，次掩左。今俗先掩左，左衽之義也，謬。結絞之法，先結下絞，次結中，次結上。○凡結絞，不宜太緩，亦不宜太急，又凡結絞，不紐。上卯七。

卒斂，馮尸哭。上辰二。

主人自尸右而馮之，衆子同。主婦自尸左而馮之。諸女、諸婦同。○尊長於卑幼之喪，以撫爲馮。○既馮尸，婦人還内。

乃袒，乃括髮，免，髽，乃帶。上辰三、四、五。

「袒」者，左袒也。以左袂插於右掖之帶間。衆主人皆袒。○斂髮而不髻，以麻繩束之，乃著孝巾。婦人斂髮爲髽，法見上。皆絞帶。○諸有服之親，皆袒而巾帶。其袒免之親，袒而巾而已。不布帶。○袒免之親者，緦親之一轉者也。俗所云「八寸大父、九寸、十寸」。降而無服者，亦袒免也。

奉尸安于床，以衾覆之。上辰六。

古禮侇堂，今所不用。受風，則尸體變動。權以移床，當侇堂之節。○侍者奉尸，還安于床上，自襲以來只一床。還以尸床安于斂處。當室之中央。○古用夷衾，制見《喪具訂》。今擬，就故衾，裂取二幅而覆之。若用單衾，則全用之。既入棺，增飾之，以作柩衣，可也。備家宜作夷衾。

主人出，即位，乃襲，乃絰，以拜賓。上辰八、九、十。

即户外之位也。衆子、諸親，從而出。襲者，穿袂也。絰者，首絰、腰絰也。賓，外賓之來吊者。〇古者吊賓亦既小斂，用白葛一股之環絰，具首絰、要絰。其節在此時。

乃奠，主人哭，成踊。上己一至八。

大夫使家臣執奠，士朋友執奠，無則緦、小功之親執奠。義見《曾子問》。親者即位，立哭而已。〇執事者皆盥，先陳脯栗，即二籩。次陳菹醢，即二豆。次陳俎，即熟肉。次陳飯羹，兼行上食故。次陳酒，或用醴。哭而不拜。〇執事者進水，既而徹饌，唯脯栗留之。脯栗者，脯、鱐、菓、蓁之通稱。〇凡奠，皆于銘重之前。

乃代哭。上己十。

「代哭」者，更迭胥哭，令聲不絶也。主人與衆子、諸親同之。非謂倩人替哭。

宵爲燎于中庭。上午五。

亦堂上一燭，堂下一燎。已見上。

大斂

厥明，陳斂事于室中。上午十。

散衣、故絮，備家用新絮。陳于尸西。室中之深處。或用黄土者，陳于其次。細篩之如粉。○天衾、地褥，非禮也。古禮所無，星翁亦禁之。

絞布陳于尸東。室中之淺處也，不必東。○絞布三幅，各長四尺。布帛尺。古以爲絞，今用擧尸也。其布，宜就故單衾，裂取數幅用之。或用複衾之裏，亦無不可。麻布、棉布，皆可用。其或垢污，濯而用之。

綠囊四枚，實于笄，陳于散衣之次。

升棺于堂。上未三。

棺既成，用松煤黑之，用松脂熠之，法見上。乃自外入。○棺升安于中堂之上。即兩楹之間。棺衽安于上。俗名曰「隱丁」。○其欲漆棺者，或以白棺升，或以黑棺升。既入棺，乃漆。○其欲用七星板者，七星板、秫灰從而升安于棺側。

陳奠事于堂東。其物特豚三鼎。上午九、十，上未五。

「三鼎」者，熟肉一俎、古用豚，今用牛肉。熟鷄一俎、熟魚一俎也。○其酒一獻，其食二簋、飯一器、餅一器，用米二升以作餅。一鉶、三俎、肉汁、雜菜以爲羹。四豆、二籩，醢、虀、菹、菜爲四豆，鱐、菓爲二籩。兼行上食，故其物頗殷也。古禮只三俎、二甒、二豆、二籩而已。

執事者鋪絞于尸左，奉尸安于絞，哭踊無節。上申五、申七。

尸左，謂尸床之後也。既鋪絞，先以細繩六條，用葛繩。鋪于絞上，三絞各二條。乃奉尸安于絞上。入棺之後，以繩擧尸，乃出其絞。

奉尸納于棺。上申十。

執事者以空床出户，倚于堂隅。○棺入，安于床處，南首，不出堂，故猶南首。啓蓋倚之于棺北，當棺之足。衽在下。即隱丁。

親者六人，分立左右，各三人。各執絞端，奉尸納尸于棺中，乃以六繩，微舉尸體，以拔三絞。○三絞既出，乃拔六繩。○乃取散衣、故絮，或用紙物。填其空缺。其用黄土者，不用衣絮。○乃取緑囊四枚。髮，納于上隅，左上角。齒，納于頤旁，右之旁。手足爪，分納于下隅。手右而足左。

乃袒，男女俠棺哭，乃蓋，乃衽。上句見《家禮》，下句上申十。

「袒」者，左袒也。衆主人皆袒，下至袒免之親皆袒。

男子於東方，西面南上，主人當尸首，衆子以次列坐。婦人於西方，東面南上，主婦當尸首，衆婦女以次列坐。平爲一列。與哭位不同。哭訖，婦人還内，内喪則婦人出户。乃召匠，加蓋，設衽。即隱丁。○乃取二楮，支棺之上下。

乃襲，乃奠，主人哭，成踊。上酉七至上戌四。

「襲」者，穿袂也。○奠儀如小斂奠。

徹帷，造倚廬。

既殯，主人拜賓，當於倚廬。明日將殯，故豫爲之。

成服

厥明，陳衰、杖于户外。

大斂之明日，死之第四日也。生與來日，故《經》云「三日成服」。若四日而大斂者，大斂之日，遂成服。

喪冠用布，升數隨服不同。本廣一尺六寸，摺之爲三輒，其廣八寸，其長倍之。十六寸。跨頂如虹，不急折。今俗急折之，名曰「屈冠」，非也。○喪冠有武，其崇四寸，兩段相合，交於耳後。○外繂以壓之，所謂「厭冠」也，不崎嶇反屈向上。○竝詳《喪服商》，宜檢之。

喪衣如祭服之衣，唯針縫向外也。不對襟，有交衽，勿使如褂子。不燕尾，不後垂，亦不左右垂。不横襴，俗云「帶下尺」。當心綴衰，當背綴負。○辟領之制，姑從鄭玄之法，今俗之所用。而期、大功以下，只依朱子《家禮》，作領如常法，别綴布以爲曲領，如今朝祭之服。親喪宜從凶儉，而古法則必如《家禮》。○上自斬衰，下至緦麻，皆有衰、適、負。○袂之末，屬半幅而圓殺之，亦五服皆同。○裳如俗制。○竝詳《喪服商》，宜檢之。

竹杖，其大毋過一搤，大指與第二指相遇。苴其口。○桐杖亦圓削之，勿上圓下方。其大如竹杖。○斬、齊竝用疏屨。「疏」者，麤也。今俗用疏豁之屨，非也。○竝詳《喪服商》，宜檢之。

將朝哭，主人以下入，即位，哭，乃裳，乃衰，乃冠，加絰帶，絞垂，乃奠。

「即位」，即户外之位也。「絰帶」，小斂之所已服也。頭巾、中衣，亦已具。○「絞垂」者，絞散帶之麻也。○「奠」者，朝奠也。一脯、一醢，如他日不設奠。○主人以下哭，再拜。

奠畢，主人降就廬，乃杖，哭，拜賓。

侍者先以藁薦、藁枕徙于倚廬。主人降自西階，以就倚廬。廬宜在東階之下，西向。侍者授杖。○主人居前列，衆子居其後，上賓居前列，衆賓居其後。

期、大功以下，不就廬，於堂上受慰。

是日，結棺。○去柩衣，用白紙，連糊爲帷，以周棺。又用白紙，連糊爲蓋，以罩棺。乃用草席，爲帷，爲罩，先度棺周及上面，織藁爲席。乃用蒯索以結之。蒯索宜精綯之。○備家宜用油單麻索。

成殯

厥明，掘殯坎于西庭之北。

「殯坎」者，將殯之坎也。其深見衽而止。隱丁在地平之上。○地席一，其長廣如棺。用藁草厚織之，如莞席。牆席一，其崇如棺牆，其廣能周棺。包棺之四圍。罩席一，其長廣如棺蓋。○揞木二設于坎上。所以支棺之兩耑。

既朝哭，親者啓户，告由，主人以下哭。句。踊無節。

告曰：「將適殯所，敢告。」

御者八人入，奉柩適于肂，安于坎側，北首。

方出户，首先行，柩之首向前。既就肂柩，北首。

設揞，乃奉柩安于坎，乃席，乃塗，乃屋。

將設揞，先鋪地席。既安柩，乃帷，乃罩。○本壤未善，别用浄黄土，厚覆之。上面用黄泥塗之。○作屋取掩肂爲準，四柱一梁，如常法，以苫蓋之。四壁無牖，皆用黄泥塗之。○備家宜用壘墼之制。

親者設椅桌于室中，乃置銘重。

交椅一，其崇三尺。奠桌一，其崇三尺。香案一，其崇二尺。皆以指尺計。具一爐、一盒。○備家宜用素帳。

其設靈寢者，亦此時設之。○褥席衾枕，夕設朝斂，又湯沐之具，每朝設之。其地則於室中從便。○《家禮》云：「設靈床于柩東。」

主人以下哭，反位，乃饋。親者執事，主人哭于廬次。

「位」者，室户外之位也。○「饋」者，辰正之上食也。○凡奠，主人不執事。其孤子無親者自爲之。

既殯，哭晝夜無時。

哀至則哭。○晨起，一哭。今俗謂之「朝哭」。日出，一哭。即古之朝哭，兼行朝奠。辰時，一哭。以行朝上食。午時，一哭。有吊賓，則不又哭。日晡，一哭。有吊賓，則不又哭。日没，一哭。以行夕上食，即古「夕奠」。黄昏，一哭。今俗謂之「夕哭」。

朔日有殷奠，月半則否。氏六至房二。

朔奠用特豚三鼎，其物如大斂奠。既葬，用一鼎。○大夫以上有望奠，用特豚一鼎，其物如小斂奠。

若值仲月，有薦禮。房三至房九。

春分、秋分行薦禮，用特豚三鼎。其物如朔奠。夏至、冬至行薦禮，用特豚一鼎。其物如望奠。其籩、豆、簠、鉶之中，宜用新物一種。春用韭，夏用麥，秋用黍，冬用稻類。皆兼行朝上食。

生日無奠。其或行之，勿殷。

生辰之祭，非古也，權用特豚三鼎。

啓殯

既殯之越十日，就兆域營之，乃定日期，必用柔日。

宗子就祖塋，辨昭穆之位，以營新宅。庶子就新塋，自作太祖，以營新宅。○太祖之墓，南向。東向、西向，無不可。其子爲左昭，西向。其孫爲右穆，東向。庶子無後者，在左昭之後。男女殤者，皆從葬。庶孫無後者，在右穆之後。男女殤者，皆從葬。曾孫、玄孫，皆照此例。

大夫、士三月而葬。貴族無官而有後者，踰月而葬。既死三十日，乃稱「踰月」。庶人及貴族之無官無後者，或二九而葬，十八日。或三五而葬，十五日。或九日而葬。殤與賤者，七日、五日，無所不可。殤，或三日葬。竝不諏風水邪說，不拘陰陽俗忌。○凡三月而葬者，以既死之六十一日爲葬期。如二期之爲三年。凡踰月而葬者，以既死之三十一日爲葬期。若遇小月，當各減一日。假加喪在初五日者，便以來月之初五日爲葬期。○若其葬期，不值柔日，或退一日，或進一日，必以柔日葬。乙、丁、己、辛、癸日。

既及期，前期三日，穿壙，築墋。

葬在丁日者，甲日穿壙。○相事者，就新塋，削土，設金井欄。欄之長廣，於棺之四周，棺之牆。繞加一尺。用周尺。其壙之深，俗所云「穴深」。於棺之崇，更而四尺。土厚、水深者，五尺亦可。假如棺崇二尺，則壙深六尺。○乃於壙底，布炭末厚一寸，築堅之。乃於其上，築墋厚一尺。「墋」者，三和土也。石灰、細沙、黄土三物交合以成之。○乃設灰隔之欄，其長、廣及崇，一如本棺，但無天地板。乃築四周之墋，其厚一尺。四周皆一尺。窶家不能設欄，權且設板。○築訖，去欄墋之餘者，既窆而築之。○有雨則設草屋。俗稱「墓上閣」。

前一日朝，執事者取銘重，詣殯，告啓殯，哭，乃啓。

丙日之朝也，執事者告曰：「今將啓殯，敢告。」○執事者噫歆，毀殯出柩，拂柩拭柩。○銘重置于柩左。

主人及衆主人皆散帶垂。婦人髽，主人袒，踊無算。
方毀殯，大功以上皆散帶。
奉柩，朝于廟，乃襲，乃奠。
奉柩詣廟，首先行。升于堂，北首，正于兩楹間設搘。○銘重立于東階之上，西面。○啓殯奠，亦稱朝祖奠，其物用特豚三鼎，與大斂奠同。兼行朝上食。○將奠，主人襲。穿其所袒者。○庶子别居者，無朝廟之節。啓殯出柩，移安于外廳，外舍之廳上。内喪移安于内宇，堂之南。皆於大斂之處，稍益向外。

祖奠

日既晡，掌輿者納輿于宇下。主人入，就位，袒。
于時，執事者徹奠。○祝取銘重，置于階下。○「宇下」，檐下也。檐短者，且設油棚，以備雨。或草廬亦可。
執事者奉柩下堂，乃載，乃束，哭，踊無算。
下堂之時，柩仍北首。○「載」者，載柩于輀車也。「束」者，束柩于輿杠，令勿脱也。
乃祖，旋車。祝取銘，建于柩前，乃襲，乃奠。

「祖」者，始也，行之始也。旋車向外，示將行也。於是柩南首。首向外。○銘建于柩當首，重懸于車後。○祖奠之物，特豚一鼎。與小斂奠同。或加二籩，亦可。棗、栗、脯、糗等。兼行夕上食。○奠設于柩車之西。無祝告之詞。

宵爲燎于庭，乃代哭。

更迭以哭，使哭不絶聲。

發引

厥明，陳奠具于中庭之西。句。奠席東面。

「中庭」，即停輀之處也。○「奠」者，遣奠也。其物用少牢五鼎，奎二、三。肉一鼎，牛肉也。豕一鼎，魚一鼎，鷄一鼎，腸胃一鼎，牛之内藏。竝作濡肉，實於五俎、四豆、四籩，古禮也。兼行朝上食，有二簋、一鉶。飯羹也。二簋者，一飯、一餅也。餅之高無過二寸。一鉶者，肉汁芼以菜也。其爵一獻。○卿、相用太牢七鼎，官師以下仍用特牲三鼎，庶人一鼎。

主人入，即位，袒。掌輿者奉柩車，止于中庭，乃蓋，乃帷，乃飾，乃翣，哭，踊無算，乃襲，乃奠。

「乃飾」者，緒紐、披戴之屬。○奠既進爵，祝跪告曰：「靈輀既駕，往即幽宅，載陳遺禮，永訣終天。」「載」，或作「式」。

乃啓引，銘先行，次功布，次翣，柩車乃行。

卿、大夫之喪旜先行，曲柄旗。次丹旐，今俗謂之「銘旌」。次鞍馬，今謂之「魂馬」。次銘旌，長三尺。次功布，次黻翣，次雲翣，柩乃行。○堂下官只有雲翣，儒生、庶人竝無一翣。

不作明器，下帷，不苞牲，不罌，不筲，不茵，不挽詞，不幕次，不贈幣。

「下帳」，即床帳、茵席、椅卓之類。

主人以下哭步從柩。將行，主人袒，既出門，襲。

斬衰者在前，期年次之，大功次之，小功次之，緦次之，袒免次之，無服之親次之，賓客次之。其服同者序其列，叔先而侄後。其列同者序其齒。○墓在十里之内者，依古禮步從。墓遠者，從俗騎馬。京城亦宜騎馬。

窆、反哭

柩至壙，主人袒。止哭。

「止哭」，爲整理窆事。

乃窆，乃墋，乃築，乃炭，乃土，乃築，乃襲。

先以油紙作柩衣。既下棺，罨以油紙，乃下墋，三和土。厚二尺。既築，鋪炭末，厚一寸，乃實土築之。〇不贈幣，不用夷衾，今之柩衣，宜去之。不用銘旌，不用抗折。今之横帶，宜不用。

既盈坎，乃奠于墓左，因以立主，乃埋銘。

「盈坎」，即平土也。其奠用特豚一鼎，兼行題主奠，不殷奠。〇既立主，祝告曰：「形歸窀穸，神不寧處，是憑是依，適于皇祖。」不年、月、日，無尚饗。〇銘埋于墓左，重與翣與功布之等，竝燒于墓前。銘則摺疊，裹以白紙埋之。杠則燒之。

乃反哭。既入門，主人袒，升堂自西階，婦人下堂，哭，升自東階。遂適殯宫，哭盡哀，襲。

賓吊如禮。〇宗子之喪，反哭于廟，自廟而降，適于殯宫。

日中而虞。士三虞，卿、大夫亦三虞，庶人一虞。

葬於遠地者，仍於墓下行初虞。還家之後，但取柔日行再虞。不必隔日，雖隔十日，路中不宜行祭。〇貴族、庶人，一虞之明日，遂行祔祭。其賤者，一虞而止，無祔祭也。〇既窆，無朝夕奠上食。唯朔祭及四時之薦，皆與未葬同。朔祭用一鼎。大夫有月半之祭。〇朝夕之哭，猶自如也。

虞祭

執事者布席于室中，設几于席右，陳祭事于室外。

席用素席，几用書案。或用隱囊，尤合宜。○祭饌用特牲三鼎。大夫同。卿、相少牢五鼎，學士、官師特豚三鼎，庶人特豚一鼎。

主人以下入，就位，哭，再拜。

其位，以服之精麤爲序。

執事者薦籩、豆，薦簋，薦鉶。主人襲，灌酒于茅，乃釋祝哭。

祝曰：「維年、月、日，哀子某敢昭告于某位，哀子某夙興夜處，哀慕不寧，謹以清酌庶羞，哀薦祫事，尚饗。」○設茅，如今之茅沙。

乃薦俎以侑食，乃初獻，乃亞獻，乃三獻。

俎者，三鼎所升之熟肉三俎也。其用一鼎者，以一俎侑食。既薦俎，乃扱匙。○初獻如祭禮，獻炙一串。○次子亞獻。好禮之家，主婦行之，獻炙如初。○次子三獻。好禮之家，親賓爲之，獻炙如初。○不薦羞，不受胙，不旅酬，不闔門。

執事者進水，主人以下哭。

進水者，三抄飯，如俗禮。○主人及尊長伏而哭。

祝出户，西面，利告成，主人以下再拜。執事者徹饌，闔牖户，主人以下出。既闔户，遂出不俯，伏如食頃。

再虞之禮，皆如初。

惟祝詞改一字，曰「哀薦虞事」。「虞」者，安也。

卒哭、祔

剛日，三虞以卒哭，其禮皆如初。

三虞，即卒哭，無二祭也。下子八。再虞之後，隔二日，以取剛日。丁日葬者，己日再虞，壬日三虞。○禮如初，惟祝詞改一字，曰「哀薦成事」。○其物用特牲三鼎。下大夫用少牢五鼎，卿、相之家用太牢七鼎，官師、學士用特牲三鼎。

既進水，哭，興，祝告祔期，乃出户，告利成。

祝西面，告曰：「來日癸酉，將隮附于曾祖考某官。敢告。」○以下禮如初。○不受服。

日夕，陳祔事于堂，皆如卒哭。

設一席、一几、一椅、一桌，不設兩位。○牲品如卒哭，亦不兩饌。唯酒兩獻，唯飯用二簋。少牢四簋者，稻飯二簋，餅一簋，麵一簋。太牢六簋者，稻飯二簋，稷飯二簋，餅一簋，麵一簋。○特牲二簋者，稻飯二簋，餅一簋，麵一簋。其例與《考妣合食之圖》見《祭禮考定》。大略相似。

厥明，主人以下入殯宮，哭。

祝告曰：「將行祔事。敢告。」

出于堂，陳籩、豆。主人以下再拜，乃薦簋，薦鉶。

不奉新主，亦不設皇祖之位。但用空椅一具，合祭之，此之謂「祔」。○惟酒與飯，兩獻之。

主人灌酒于茅，乃釋祝哭。

祝曰：「維年、月、日，孝子某敢昭告于顯考某官。孝子某夙興夜處，哀慕不寧，謹用清酌庶羞，以適于顯、曾、祖、考某官，以隮祔其孫某官。尚饗。」○宗子、庶子皆同。無詣廟出主之法。庶子之祔，亦不以宗子來爲主人。

乃薦俎以侑食，乃初獻，乃亞獻，乃三獻。

其禮皆與虞祭同。唯三獻之爵，皆獻二盞，其炙則三獻，各只一串。與考妣合食者同。○既薦俎，乃扱匙。既三獻，乃進水。

既進水，主人以下哭。○行薦羞禮。

主婦盥洗，次婦二人從。獻加豆、加籩，即酏、魚、糝、肉、蓤、飴、栗、餅。次婦二人助奠。○薦訖，主婦再拜。

○不受胙，不旅酬，不分餕。

祝出户，告利成。

以下皆如虞祭之禮。

小祥

前期一日，陳鼎視濯，陳練服于户外。

其物用特牲三鼎。卿、大夫小牢五鼎。○練冠用八升練布，母喪用九升。其條屬右縫，外縪繩纓，齊衰用布纓。三辟積之等，皆與成服之冠不殊。○衰裳用七升布，母喪用八升。其衰、適、負之法，皆與成服之衰不殊，仍不緝邊。○葛要絰，差小於故絰。圍四寸六分，母喪三寸七分。婦人葛首絰，圍五寸七分，母喪三寸七分。參糾之。俗謂之「三甲」。○葛絞帶，亦參糾之，其圍四寸。母喪用練布九升。○練中衣，稍細於故衣。○繩屨，惟杖不易。○凡葛，皆用白筋，先輩或言用麤葛，非也。

厥明，主人改服，入就位哭。行事皆如虞祭。

祝曰：「維年、月、日，孝子云云，日月不居，奄及練期，夙興夜處，哀慕不寧，謹以清酌庶羞，薦此祥事。尚饗。」

行薦羞禮，如祔祭。○行致爵禮。

薦羞訖，主人獻酌於祝，子弟一人助獻之。祝受爵。卒飲，主人拜，祝答拜。一肅拜。不受胙，不旅酬，不分餕。

祝出户，告利成。

已下皆爲虞祭。

無朝夕哭，有朔祭。春分、秋分有祭。冬至、夏至有薦。

既練，哭無時。《喪服傳》。猶當每日晨起一哭，如朝哭之禮。○大夫以上，有月半之祭。○凡時祭，皆殺禮。牲品與既葬同。

大祥

前期一日，陳鼎視濯，陳祥服于户外。

其物用特牲三鼎。卿、大夫少牢五鼎。○縞冠之制，用素帛爲之。不外縪，不厭，謂武在冠外。左縫，其辟積向左。五辟積，其廣八寸，與喪冠同。有紕，以素帛飾其邊。有緌，纓餘之垂者。素纓素武，武之崇四寸。唯縮縫如喪冠。○其服用十五升細布，俗謂之「直領」。其帶用細布。○其中衣猶用麻衣。○其屨用白皮，屨無雕飾。○其網巾素飾，白布笠素纓。○婦人猶素服。子婦及出嫁女，或玉色，亦可。

厥明，主人改服，入就位，哭。行事皆如小祥。

祝詞亦同，惟「奄及練期」改之曰「奄及祥期」。

行薦羞禮。○行旅酬禮。

旅酬之禮，見《祭禮考定》時享之儀。唯其末不告嘏，不受胙，不分餕。

祝出户，告利成，主人以下再拜。

已下皆如小祥。○禮畢，斷杖，竝絰帶，燒之于净處。

祭畢，主人以下詣廟，以脯、醢告遷，奉祧主出，權安于户外。

告曰：「今以先考某官隮附祖廟，高祖考某官式遷以祧。敢告。」○户外豫設椅子，以安祧主。

乃遷，乃安，乃奉祧主，詣墓埋之，乃設奠于墓，哭而反。

改題舊主，如加贈之儀。乃以曾祖遷于右位，祖遷于次位。○若墓遠者，權以祧主，奉于外舍，以明日行。

主人以下詣殯宫，告遷，奉新主入廟，皆再拜，出。

告曰：「將遷于廟。敢告。」

禫祭

中月而禫。前期一日，陳禫事于堂中。

不諏日，惟自大祥之日，計至六十一日，可行禫事。祥在初五者，行於初五。祥在十五者，行於十五。若直小月，不能滿六十一日。或祥在上旬者，用上丁；祥在中旬者，用中丁；祥在下旬者，用下丁。○其物用特牲三鼎。卿、相少牢。○其冠宜用黑繒，其制如縞冠。窶家權用黑笠，亦可。○其服青袍，其帶黑繒，其屨吉屨。○其網巾飾以緇帛，黑笠、緇纓。

厥明，主人改服，入廟告事，奉新主出于堂。行事皆如大祥。

告曰：「將行禫事，出主于堂。敢告。」○祝詞亦同，唯「祥期」曰「禫期」，「祥事」曰「禫事」。

祭畢，奉主還于廟，闔户，降，主人以下出。

既禫，無所不佩。飲酒、食肉，可以從御，猶於是月，不聽樂，不從政。

是月值仲月，祭、薦用吉禮，猶不告嘏，不受胙，不分餕。

若分、至在禫祭之前，仍不得祭、薦，或以下丁行事，亦可。以待後序之仲月。俗以此祭名之曰「吉祭」，不知爲四時之正祭，非也。

奔喪

義詳《四箋》奔喪條。今撮要爲文。

使者至，發書，哭，改服，披髮。

聞喪者，去冠先哭，旁人爲之贊改服，爲之解髮。披之於左右。扱上衽，著素服。

問故，又哭，於是爲位。

親喪在外，則於内堂爲位。神位之下設哭位。聞喪者在外，則或堂或庭聽，主人不爲位。

將行，括髮，絻，遂行。日行百里，出入見星。見水三。

將行，用麻繩撮髻，著白布、頭巾，不必生布，又不爲四脚。上戴凉笠，蔽陽子。或方笠布帶，雖父喪，不宜繩帶。草屨以就道，鞍具竝用，編草綯麻以易之。○四脚巾，決不可用，又不可披髮以行路。○一日二日而可至者，雖達夜行邁，可也。若無護行，不可犯夜。

過邑市，不哭；道中，哀至則哭；入其郡境，哭；入其鄉里，哭不絶聲。

是皆且哭且行，非下馬爲次而哭也。

至於家，入門，升自西階，殯東，西面坐，哭盡哀，披髮，扱上衽，不拜。見水八。

旁人爲之去絻，爲之解髮。○雖已殯，始至披髮。○此第一哭也。凡夕哭，不在哭數。

乃括髮，袒，降于盧，哭，成踊。

若未及小斂，不宜括髮，以待小斂，與家人同。○凡括髮之上，皆著頭巾。○此第二哭、第一袒也。

乃襲，乃絰，乃絞帶，乃拜賓。

「襲」者，穿其所袒也。「絰」者，腰首之麻也。○至家之初，已與家人同哭，緦、小功及遠族親賓之吊，在此時。

厥明，又哭，括髮，袒，成踊。○夕哭，不袒。

凡括髮，一括遂至成服。此云「括髮」者，古人以去冠爲括髮。今人括髮之上，必著布巾，而姑從古文，謂之「括髮」。括髮，布巾之上，又加首絰。○此第三哭、第二袒也。

厥明，三哭，括髮，袒，成踊。

初日之袒，象飯含之袒。厥明之袒，象小斂之袒。是日之袒，象大斂之袒。○此云「三哭」，其實第四哭也。以其爲第三袒，故謂之三哭。見金一。

厥明，成服，哭而不袒，如常禮。

成服之哭，《經》謂之「五哭」。見金一。○奔母之喪者，皆與父同。唯又哭之朝，至家之明日。改括髮爲髻子，遂著布巾，是其異也。其始奔之時，仍用麻繩撮髻，以至家。

路遠力屈者，既聞喪，成服而后行。

甲日聞訃，丁日之朝，始僅發行者，便當成服而行。

始聞喪，披髮，哭。○問故而哭，乃爲位，括髮，袒，成踊。○乃襲，乃絰，絞帶，即位。

問故而哭，爲第二哭、第一袒。○凡爲位者，不奠。見火八。若有人游於異方，死於旅館，而喪側無復親屬，明知其不能饋奠，而妻子、婦女在家聞喪，則其子若妻爲之設奠於死者平日所居之室。若死者死於家，而妻子在他方者，萬不當遥設饋奠。見火八。○道中不可設奠。

厥明，又哭，括髮，袒，成踊。○厥明，三哭，括髮，袒，成踊。○厥明，成服，哭而不袒。

初日，再哭一袒。次日又次日，皆哭而袒。成服之日，哭而不袒。此所謂「五哭」、「三袒」也。見金一。

既成服而行，皆如奔禮。○至家，升堂，哭，如禮。○乃括髮，袒，降于廬，哭，成踊。○乃襲，乃髻，乃冠，乃絰，乃絞帶，以拜賓。

此人在彼時，既又哭，以象小斂。又三哭，以象大斂。今雖至殯，無緣再行此禮，故初日一袒括而已。

聞喪不得奔者，其禮亦如之。

與成服而後行者，其節相同，但不得發行。

既葬而奔者，先詣墓，披髮，哭。○乃括髮，乃絰，乃絞帶。

在墓括髮而不袒者，五哭、三袒，將於家而行之也。見金三。

乃冠，歸，至家，升堂，哭。○乃括髮，袒，哭，成踊。○厥明，又哭而袒。○厥明，三哭而袒。○厥明，成服。

若成服而奔者，無又哭、三哭之袒。

除喪而歸者，先詣墓，哭，成踊。○乃括髮，袒。○乃絰而哭，遂除之。至家不哭。

竄謫者遭喪，不許歸葬，則恒有除喪而始歸者，宜用此禮。

齊衰，望鄉而哭；大功，望門而哭；小功，至門而哭；緦麻，即位而哭。

世降俗渝，凡親喪之外，不必奔哭，斯皆先王之所罪者也。

入門，至户外，哭。○乃絻，乃絰，乃袒，與主人哭，成踊。○於又哭、三哭，皆絻、袒。○厥明，成服，乃五哭。

若喪在甲日，而奔者四五人，丙日同至，即小斂之後，成服之前。則小功以下，丁日成服，與主人偕成。大功以上，己日成服。自終其麻之日數。○雖大功以上，苟於乙日來至，得乙日内服麻，則亦當丁日成服。雖乙日聞喪，不必戊日成服。雖小功以下，若於丁日始至，在主人成服之後。始於丁日服麻，則亦當庚日成服。以不能偕成。世或以聞訃之，第四日爲成服之定期，非也。此是不奔喪者之權禮。○若是者，大功以上，必欲備五哭、三袒之節也。其義見木三。

齊衰以下，既葬而歸，先詣墓，哭，乃絻，乃絰，哭，成踊。○遂冠而歸，五哭、三袒，皆如禮。

○凡袒，必絻。

若既成服而來奔者，第一哭時，一絻、袒，又哭、三哭，不復袒、冠而哭。

齊衰以下，聞喪而不奔者，五哭、三袒，皆如禮。○凡袒，必絻。

若小功、緦麻，月數既過而後，始聞喪者，袒，絻，一哭。

齊衰以下，除喪而后歸者，先詣墓，哭。○乃絻，乃袒，乃絰，哭，遂除之。至家不哭。

以上諸條，其經文義理，竝見《四箋》奔喪條。

居喪之制

既小斂，鄰里勸糜。既殯，歠粥，不食菜、果。既葬，疏食。既練，食菜、果，有鹽、酪。既祥，食肉，飲酒。

有疾則食肉，疾止，復故。但飲肉汁如服藥，可也。

既殯，居倚廬，寢苫，枕塊，不脱絰、帶。既葬，廬有柱楣，寢用苄剪。既練，居堊室，寢有席。既祥，黝堊而復寢。

有疾者，寢于炕，猶寢苫不以席。

既殯，非喪事，不言終喪，不御於内。

已上諸節，竝詳《四箋》。○其氣力能守禮制者，勉而從之。若體質虚薄者，時有出入，但不可恣意踰越也。

祭禮考定

兹所去《祭禮考定》一卷，此吾平生之志也。大牢、少牢之名，世非不知，唯知爲牛一、羊一、豕一與羊一、豕一之名，其籩、豆、簠、鉶之秩然若天成地造，人所不知耳。古人燕饗祭祀，皆有品級，每於大牢、少牢、特牲、特豚一鼎，脯、醢，六者之中，揀而用之。其一菜、一果，不敢任意增損，先王法制之嚴且密如是也。大牢者，天子諸侯之物，今監司巡歷之饗，其鉶、俎、籩、豆之數，較之大牢，不啻五倍。古所謂「飲食若流，流連荒亡」，不幸近之，吾兹祭禮，不唯祭祀是爲。凡京外使客支應及婚姻壽考，一切燕饗之饌，竝宜畫一爲制，使之欽此欽遵，無敢踰越，則於世道不亦有裨？使我成此書於數年之前，豈不疏陳于先朝，沛然施行乎？書成於邑，悲不自勝也。

祭法考

考古聖人之制，人臣之祭其先，止於三代。

《王制》曰：「天子七廟，三昭、三穆與太祖之廟而七。諸侯五廟，二昭、二穆與太祖之廟而五。大夫三廟，一昭、一穆與太祖之廟而三；鄭玄曰：「太祖，别子。《大傳》曰『别子爲祖』，始爵者亦然。」士一廟；只考廟。庶人祭於寢。」○《祭法》曰：「王立七廟；考廟、王考廟、皇考廟、顯考廟、祖考廟，皆月祭之。遠廟二祧，享嘗乃止。諸侯立五廟；考廟、王考廟、皇考廟，皆月祭之。顯考廟、祖考廟，享嘗乃止。大夫立三廟，曰考廟，曰王考廟，曰皇考廟，享嘗乃止，無月祭。顯考、祖考無廟，有禱焉爲壇祭之；陳澔曰：「有祈禱之事，則行此祭，無祈禱則止。」適士二廟，曰考廟，曰王考廟，享嘗乃止；無月祭。皇考無廟，有禱焉爲壇祭之；適士，正士也。官師一廟，曰考廟，王考無廟祭之；官師者，諸侯之中士、下士，爲一官之長者。庶士、庶人無廟，死曰鬼。庶士，府史之屬。」○《禮器》曰：「禮有以多爲貴者，天子七廟，諸侯五，大夫三，士一。」○《大戴禮》曰：「有天下者事七世；有國者事五世；有五乘之地者事三世；有三乘之地者事二世；待年而食者，不得立宗廟。」本《荀子·禮論》，亦載《史記·禮書》。○《春秋穀梁傳》曰：「天子至于士，皆有廟。天子七，諸侯五，大夫三，士二。始封必爲祖。」若殷之契、周之稷。○《國語》觀射父曰：「卿、大夫祀其禮，士、庶人不過其祖。」見《楚語》。○《家語》曰：「天子七廟，諸侯五，大夫三，士二，庶人無廟。四時祭於寢，自虞至周，所不變也。」亦孔子之言。○《禮緯》曰：「天子之元士二廟，諸侯之上士亦二廟，中、下士一廟。一廟者，祖、禰共廟。」《稽命徵》。○見《魏書·禮志》。○鏞案 注疏以適士爲上士，而官師爲中、下之士，恐未必然。官師者，如笙師、磬師、卜師、弁師之屬，以一藝仕者也。如我國三醫、司譯官、觀象監官員之等。適士者，猶言正職之士，通三等而言之也。

太祖之廟不遷，其實祭親，止於二代。其祭四親者，天子之禮也。

《喪服小記》曰：「王者禘其祖之所自出，以其祖配之，而立四廟。」鄭玄曰：「高祖以下，與始祖而五。」〇鄭玄《王制》注曰：「天子七者，太祖及文王、武王之祧，與親廟四。大祖，后稷也。大夫，大祖別子也。《大傳》曰：「別子爲祖。」雖非別子，始爵者亦然。」〇王肅《祭法解》曰：「大夫無祖考廟。唯別子爲宗者，有祖考廟。然有祖考廟者，無皇考廟。」〇鏞案　天子雖立七廟，其大祖及文世室、武世室，以功德也。其以親親而不問功德者，唯四親而已。王肅以七世謂「祭及六代，而文王、武王不在七世之數。」其義非也。諸侯亦有文、武世室，《明堂位》曰：「魯公之廟，文世室也。武公之廟，武世室也。」則其祭四親者，天子之禮也。大夫宜祭二代，緣有繼別之宗，得立三廟。故其非繼別者，亦立皇考廟，以備三廟之數。此《王制》、《祭法》之所以不同也。

唐、宋之制，許立四廟者，以天子之公卿得比諸侯，而始封之初，既無太祖，故唯祭四親也。

《隋書・禮儀志》曰：「北齊建國，王及二品以上祀五世，五品以上祭三世，七品以上祭二世，八品以下祭於寢。」〇《唐書・禮志》曰：「一品、二品四廟，三品三廟，五品二廟，適士一廟。庶人祭於寢。四廟有始封爲五廟。」三品以上有神主，五品已上有几筵。〇《宋史・禮志》曰：慶曆制。「正一品平章事以上立四廟，樞密使、參知政事以上立三廟，餘官祭於寢。」大觀制，執政官視古諸侯，祭五世，文、武升朝官祭三世，餘祭二世。〇《明會典》曰：「國初品官廟制，權倣宋儒之制，奉高、曾、祖、禰四世之主。士、庶人奉其祖父母、父母之祀。」丘濬曰：「國初，用胡秉中議，許庶人祭及三代。」〇鏞案　唐、宋之臣，如鄭國公魏徵、衛國公李靖、魏國公韓琦、温國公司馬光，皆古諸侯之爵也，故用諸侯之禮。又皆是始封之君，自爲太祖，故祭止四世。及其玄孫之後，始封者不遷，則當祭五世也。今以諸侯之臣，而祭及四代，可乎？

故我國立制，雖大夫之祭，止於三代，以侯邦也。

《經國大典》曰：「文、武官六品以上祭三世，七品以下祭二代，庶人只祭考、妣。」宗子秩卑，支子秩高，則代數從支子。○董越《朝鮮賦》曰：「卿、大夫祭三世，士、庶只祭考、妣。」弘治戊申作。○鏞案　我邦禮制，多遵温公《書儀》、朱子《家禮》、丘氏《儀節》。然是三賢皆天子之臣也。或身爲上相，或追封國公，其位秩皆古諸侯也，故其著之禮而傳之家者，多用侯禮。我邦之人，忘其本分，動欲摸擬，則犯于僭者多矣，宜謹守《國典》。

故先正、名儒之論，皆以祭三代爲正。

晦齋曰：李文元公彦迪。「文公《家禮》『祭及高祖』，蓋本程氏之禮。然《禮》『大夫三廟，士二廟』，無『祭及高祖』之文，故朱子亦以祭高祖爲僭。或問：「四代已上，可不祭否？」朱子曰：「今祭四代，已爲僭。」且今國制『六品已上，祭三代』，不可違也。」高祖亦不可全廢其祭。春、秋俗節，率其子孫，詣墓祭之，亦不至忘本也。○退溪曰：李文純公滉。「祭四代，古禮非然。朱子因程子説，而立爲四代之禮。今人祭三代，時王之制也。」又曰：「時王之制，固當遵守。其祭四代，大賢義起之禮也。」又曰：「今祭三代，高祖已遷，欲合祭，則當設位祭之。」○栗谷曰：李文正公珥。「祭三代。」見《擊蒙要訣·祠堂圖·時祭圖》。○星湖曰：李徵士瀷。「國制，六品已上祀三世者，許用大夫之禮也。其七品已下宜用士禮，而今士、庶家咸及四世，違於古禮，悖於今制，而只遵宋法，無義。況以諸侯之士、庶，而僭用天子大夫之禮，可乎？余定家法，斷從三世之制。」案四親廟，即天子、諸侯之禮。此云「大夫禮」，可疑。○鏞案　東儒唯沙溪，金文元公長生。最爲知禮，而特從四世之制，此所以舉世遵用也。然沙溪之禮，蓋從《家禮》，《家禮》出於《書儀》。《書儀》者，温國公司馬光之作。彼固天子之上相，得用上公之禮者也。藩邦之士、庶人，其敢倚是乎？

今遵聖經、賢傳、國制、師説，凡仕宦之族，宜於家廟得奉三世之主，父、祖、曾。毋得踰越。

古禮唯大夫有三廟，國制唯六品已上祭三世。今不問其有官、無官，壹以三代爲制者，似乎僭越。然《喪服傳》曰：「大夫及學士，知尊祖矣。」疏云：「學士，謂庠、序及國學之士。」其知尊祖既同，則其祭先之情，諒無淺深。且國俗尚閥，凡係簪纓之族，雖不仕宦，猶具尊貴之體，代興代替，升沈不恒。六品之官即其倘來而必遵二廟、一廟之制，則造主毀主，遞升遞降，動有窒礙，勢必不行矣。古者一主一廟，今公廟猶一主一室，而私家廟制概從苟簡，雖三主、四主，皆同一室，則祭雖三世，廟唯一室。一廟者，士也。三世者，大夫也。代興代替，彼此無礙，以之爲節，可以通行也。國制追封，上及三代，武王追王，亦三代。戶籍貫系，亦及曾祖。科舉糊名，亦上及曾祖。逮事相及，往往承重，揆之情理，不可遽祧。然且宋制，士、庶通祭三世。《宋史》大觀二年，議禮局言：「侍從官以至士、庶，通祭三世，無差等多寡之別，豈禮意乎？」明初立典，亦許通行。胡秉中事見上。雖考古之論，每譏濫雜，而因時制宜，參古酌今，庶不大悖於名義之定分也。凡法游移變動，必至決壞，《國典》三世之制所以不行者，以有六品七品、三二之變也。「禮煩則亂」，正謂是也，故以三世斷。

其以雜職仕者及爲鄉亭職者，用官師一廟之禮，許其立廟，以祭考、妣。庶人立廟者，竝宜不許。

「雜職」者，三醫、司譯院、觀象監及算、律、書、畫之等也。「鄉亭之職」，今之鄉官、土官之等也。府、史仕者，即書吏、鄉吏。亦在庶人中論。此庶、士也，《孟子》所謂「庶人在官者」。

既過三世，即祧而瘞之。瘞主於墓前。唯墓祭是舉。

程子曰：「高祖有服，不可不祭。」又云：「至於祭寢，亦及高祖。」○朱子曰：「《祭法》雖無『祭及高祖』之文，然有月祭、享嘗之別，則古者祭祀，以遠近爲疏數，亦可見矣。」禮家又言：「大夫有事，省於其君，干祫及其高祖。」此可爲立三廟，而祭及高祖之驗。○晦齋曰：「高祖亦不可全廢其祭。春、秋俗節，詣墓祭之。」宋頤庵寅曰：「時祭止於曾祖，墓祭竝及高祖，可也。」○鏞案　上遵程、朱之訓，下從晦齋之義，唯墓祭宜舉也。然服術、祭道，本自不同。故期、功之服，賤者獨伸天子、諸侯絶旁期。《中庸》曰：「期之喪達乎大夫。」高、曾之祭，貴者獨行，不可援彼而證此也。「祭寢」之文，本出《王制》。而今按《王制》，無「高祖祭寢」之文。至於月祭、享嘗，本是諸侯之禮，中國諸賢議之無僭，非陪臣之所得行。干祫之禮，本在壇墠，其禮未詳，今雖欲按而行之，不可得也。

其有不遷之祖爲之太祖者，別立禰廟，以遵二廟之制，而祖廟之中，毋踰三主。太祖及皇考、王考。

《大典》曰：「始爲功臣者，代雖盡，不遷，別立一室。」○《國朝寶鑑》云：「世祖二年丁丑三月，命功臣子孫，三廟外別爲一室，以奉其祀，從禮曹之請也。」○星湖曰：「今制，別子之外，別子，即王子、大君。有功勛者，又許立宗而不祧其主，則有始祖矣。恐不可祭始祖而又添曾祖一位也。」又曰：「左昭右穆，豈容一長一短乎？」○鏞案　國制不祧者，若王子、勛臣之外，又有國舅、駙馬，在所不祧。又如文廟、宗廟之配食者，血食於公而去其私祭，亦恐未安。或曰：「相臣亦宜不遷。」若是者，奈何？若遵《王制》之文，祧其曾祖，則是尋常仕宦之家，祭及曾祖，而王子、勛臣之家只祭王考，不成義例也。若遵《大典》之文，別立祖廟，即不遷之廟。則是太祖遷于別廟，而曾祖直據祖位，「不遷」之謂何？太祖遷。違先王之制，不可用也。古者適士二廟，曰「祖廟」，曰「禰廟」也。見「既夕」。今於祖廟之内，皇考、王考，一昭、一穆，而別立禰廟，以奉考、妣之主，則祖廟之中，不違三世之制，而廟貌則適士之二廟也。參古酌今，庶云合理。○或曰：「勛臣之子若孫，又爲勛臣，或爲國舅、駙馬之等，則及其久遠之後，當竝不祧乎，抑當祧去乎？」曰：「此事，沙溪已有定論，無可疑也。」姜博士碩期問：「李光岳三代策勛，至於光岳曾孫，將不得祭其祖。」甲者曰：「唯始封勛不遷，其餘當遷，未知如何？」沙溪曰：「《大典》只言始爲功臣，則第二以下祧遷，從可知也。」或者因《大典》「別立一室」之文，而欲別立一廟，廟與室果同乎？彼無知妄作，不足言也。

至若最長房遷奉之法，是朱子初年未定之論。

朱子曰：「親盡之祖，其別子也，謂大宗之祖。則告畢而遷于墓所不埋。其支子也，謂親盡之祖。而族人有親未盡者，謂祧祖之諸孫。則告畢，遷于最長之房，謂第二子之派。使主其祭。」見《家禮·大祥》「告遷于祠堂」節。○朱子答包揚曰：「祭自高祖以下，謂承宗者之高祖。親盡，則請出高祖，謂先考之高祖。就伯叔位，服未盡者祭之。」見《語類》。○《大典》曰：「曾祖代盡，當出，則就伯叔位，服未盡者祭之。」○鏞案　范仲淹《義莊規矩》，其云「各房、全房」，猶東人之云「各派、全派」也。最長房者，祧祖第二子之家也。若第二家親盡，則第三家爲最長房。東人以屬尊者當之，謬矣。○又按《國典》所云「曾祖」者，先考之曾祖也。「伯叔」者，嗣子之諸父也。《國典》限以曾祖，而今溯至高祖，《國典》限以諸父，而今延至遠族，皆踰制也。

其晚年定論，竝以祧去爲正。

李堯卿問：「舍姪承祭祀，祧高祖，欲於時祭畢，移饌一分，祭高祖於某家，某主之。」朱子答曰：「此事只合謹守禮文，未可遽以義起也。」安順庵鼎福曰：「朱子答李前書，有『區區南官，得陳安卿』之語，則要是『己酉守漳州』以後書也。」〇胡伯量問：「先兄既立後，則某之高祖，亦當祧去否？」朱子答曰：「雖覺人情不安，别未有以處也。」順庵曰：「朱子答胡書，有『將來小孫奉祀』之語，則要是『辛亥喪長子塾』以後書也。」〇沈僩問：「嫡孫主祭，若叔祖尚在，則乃是祧其高曾祖，於心安乎？」朱子曰：「也只得如此。聖人立法，一定而不可易，兼當時人習慣，亦不以爲異也。」星湖曰：「考之《語類》目録，則此爲戊午以後所聞。朱子易簀於庚申，則此爲最後之定論也。」〇鏞案 己酉至戊午十年之間，朱子之論，一無參錯，則長房遷奉，非朱子晚年之意也。

其初年之論如彼者，蓋由宋法貴貴而不貴嫡也。

宋仁宗至和制云：「凡始得立廟者不祧，因衆子立，而嫡長子在，則祭以嫡子主之。嫡長子死，即不傳其子，而傳立廟者之長。」〇星湖曰：「明道之世，猶不立廟，至伊川始立。大中没，伊川主其喪，遂傳於其子，而不傳明道之孫。今不計立廟與否，而轉輾遷奉於支末之房，守《家禮》之文，而失朱子之意也。」〇鏞案 禮之大經、大法，曰「支子不祭。」今以支子而奉其最尊之祖之祭，則宗在是矣。我邦既許立宗，人知貴嫡，而猶遵宋法，可乎哉？

今從晚年之論，禮盡，過三代。即祧而瘞之。其有親子、親孫者，每於忌日，有事於其家。

星湖曰：「宜以朱子後定之論爲主。宗子親盡之後，長房設位，行事於其家，而長房以祖、禰爲斷。」○鏞案　祭者，吉禮也。支子不祭，唯於忌日，伸其私慟，恐不害義。然《曾子問》：「宗子居於他國，庶子攝主，不厭祭，不旅，不假，不綏祭，不配。」以此推之，雖忌祭，其儀文宜略也。

祭期考

考古四時之祭，唯天子全舉之，諸侯三祭，大夫二祭，士一祭，庶人薦而不祭。

《王制》曰：「天子、諸侯宗廟之祭，春曰『礿』，夏曰『禘』，秋曰『嘗』，冬曰『烝』。《祭統》、《明堂位》竝同。諸侯，礿則不禘，禘則不嘗，嘗則不烝，烝則不礿。祭畢則來朝。大夫、士宗廟之祭，有田則祭，無田則薦。不用牲曰「薦」。庶人，春薦韭，夏薦麥，秋薦黍，冬薦稻。」韭以卵，麥以魚，黍以豚，稻以鴈。○《祭法》曰：「大夫立三廟，亨嘗乃止，春、秋二祭也。適士二廟，亨嘗乃止。」○《國語》觀射父曰：「先王日祭、月享、時類、歲祀。疏於祧。諸侯舍日。有月享。卿、大夫舍月。有時祭。士、庶人舍時。」歲一祭。○《公羊傳》注曰：「天子四祭四薦，諸侯三祭三薦，大夫、士再祭再薦。」桓八年。○鏞案　時祭之名，參錯不同。《周禮》：「春祠，夏禴。」鄭玄云：「礿、禴，通字。」《祭義》：「春禘，秋嘗。」《郊特牲》亦云。《公羊傳》：「春祠，夏礿。」《王制》：「春曰礿。」本是公祭之名，而私家或通稱也。詳見《春秋說》。○又按《祭法》所云「享」者，春祭也。鄭注則不明。

邱敬子以嘗、禘、烝、享爲四時之祭，韋昭云：「春祭曰享。」享非春祭乎？《中庸》曰：「春、秋，薦其時食。」《孝經》曰：「春、秋二祭，以時思之。」斯皆大夫、士之禮也。一祭者，用秋。

其祭薦之期，必用仲月。

《晏子春秋》曰：「自天子達於士，皆祭以首時。」○鄭玄《王制》注曰：「祭以首時，薦以仲月。」○服虔《左傳》注曰：「祭天以孟月，祭廟以仲月。」桓五年。又曰：「人君用孟月，人臣用仲月。」昭元年。○鏞案周正之孟月，即夏正之仲月也。《祭義》曰：「春，雨露既濡，君子履之，有怵惕之心。秋，霜露既降，君子履之，有悽愴之心。」孟月，時物未變，則其用仲月，爲益近情也。故《周禮》致禽之畋，皆在仲月。意王者之祭，亦在仲月，而其在孟月者，郊社也。今國制，太廟時享，用孟月，而私家之祭，皆以仲月，據《家禮》也。

今遵《禮經》，春分、秋分，行時享之禮。其非大夫者，春薦而秋祭。其不禄仕者，皆用薦禮。

司馬温公曰：「孟詵《家祭儀》『用二至、二分』，不暇卜日，則依孟儀，用分、至，於事亦便。」見《家禮補注》。○朱子曰：「卜日無定，慮有不虔，司馬公云『只用分、至』，亦可。」見《語類》。○鏞案《書儀》、《家禮》全舉四時之祭者，天子之卿得用諸侯之禮也。諸侯之大夫、士，其敢爲是乎？○又按二至、二分者，長至、短至、日中、宵中之大節也。故孟獻子曰：「七月日至，可以有事於祖。」《雜記》文。雖儒議不一，而祭用分、至，於古有徵，其視卜日，尤爲合理也。

夏至、冬至，有薦新之禮。大夫、士皆同。

鄭玄曰：「薦以仲月。」○高堂隆曰：「仲月，薦新之月。」○後魏詔曰：「無田之士，薦以仲月。」○鏞案「有牲曰祭，無牲曰薦。」何休云。故《王制》，雖庶人，亦有四時之薦也。其助薦之物，助麥以魚，助稻以雁，今以雞代之。副之以時果時蔬，斯足備物也。又其薦獻之儀，略於正祭。故《檀弓》曰：「有薦新如朔奠。」《士喪禮》朔月之奠，可考而知也。○又按《月令》：「仲春薦冰，季春薦鮪，孟夏薦麥，仲夏薦含桃，仲秋薦麻，季秋薦稻，季冬薦魚。」此皆天子、諸侯之禮，得有月祭，故因其祭而薦之，非謂特薦此一物也。今人謬據此文，薦麥、薦稻、薦瓜、薦魚，皆單薦一物，又其所薦不經炊淪，大非禮也。腥米、腥魚，生所不食，死豈享之？祭禮雖有薦腥之節，正祭必薦熟。二分、二至之外，雖有新物，不宜續續薦獻，以瀆神理也。

若夫朔參之禮，唯孟月之朔，大夫舉之。其非大夫者，唯月正元日，得有參禮。

朱子《家禮》曰：「正至、朔、望，則參。」○鏞案　月祭，非人臣之禮。《家禮》有「朔參」者，天子之臣得用侯禮也。朱子亦追封國公。古唯天子、諸侯得有月祭，故《國語》祭公謀父有「日祭、月祀、時享、歲貢」之語，見《周語》。而觀射父曰「諸侯舍日，大夫舍月，士、庶人舍時」，則人臣之不敢有月祭，審矣。故唯天子、諸侯得有告朔。《周禮・春官》：「太史頒告朔于邦國。」○《左傳》注：「諸侯月朔，以特羊祭廟而後，頒朔而聽之。」○又見《論語》注。今以侯邦之臣，而月月有事，終恐僭越。故但於四孟朔行之，以遵「舍月」之文，士、庶但用正朝，以遵「舍時」之文也。○又按　祭、薦之禮，雖不敢踰分，然廟貌既具，禮无曠闕，每遇朔、望，依《家禮》「望日之參」，無酒果之獻。洒掃室堂，參而不薦，不可已也。今俗備家或於望日，亦行薦禮，非禮也。

其遇忌日，有奠獻之禮。

《祭義》曰：「君子有終身之喪，忌日之謂也。鄭玄曰：「忌日，親亡之日。」文王之祭也，事死者如事生，思死者如不欲生，忌日必哀。」○《檀弓》曰：「忌日，不樂。」○《喪大記》曰：「父母之喪，既練而歸。朔日、忌日，則歸哭于宗室。」○《孔叢子》曰：「季節見於子順，賜之酒。辭。問其故。對曰：『今日家之忌日也，不敢飲。』」○《續漢書》：「申屠蟠父母卒，忌日哀戚，輒三日不食。」○鏞案　古者小祥、大祥，皆筮日而行之，則忌日無祭，可知也。然哀慕之極，設其時食，伸其哭泣，亦孝子之所恔也。○又按《開元禮》百官私忌日，給暇一日。意者，唐初已有忌祭也。横渠曰：「古人於忌日，不爲薦奠之禮，特致哀，示變而已。」

墓祭，古也。大夫二祭，用清明、寒露，士、庶人一祭，寒食而已。

《周本紀》曰：「武王祭畢而觀兵。」畢文王墓地。○曾子曰：「椎牛而祭墓，不如雞、豚逮親存也。」出《韓詩外傳》。○《孔子世家》曰：「高帝過魯城，以太牢祠孔子之冢。」《張良傳》：「每上冢，竝祠黃石。」○《朱買臣傳》：「其故妻夫婦上冢。」○鏞案　墓祭之禮，明著《周禮》：「冢人」文見下。只緣先儒誤解，漢、唐諸賢，竝有評議。蔡邕曰：「古不墓祭。」○皇甫謐曰：「禮不墓祭。」○韓文公曰：「墓藏廟祭，不可亂也。」程、朱以來，尚置疑案，程子曰：「嘉禮不野合，生不野合，死不墓祭。」○朱子曰：「若祭於墓，是以僞事其先也。」禮無定制，人自義起，遂令原野之俗，紛紛然莫適所從也。説者謂「墓祭之著爲典禮，自漢明帝朝原陵始。」光武亦每幸長安，有事于十一陵。蓋漢用秦制，不立宗廟，唯於山陵，各起寢廟。逮立宗廟，而陵寢不廢，故先儒以此爲墓祭之所由起，殆不然也。○又按　墓祭之期，代各不同，或用伏、臘，《張良傳》：「伏、臘祠黃石。」○《漢官儀》：「諸陵用三伏、社、臘。」或用節氣。《漢官儀》：「諸陵用二十四氣。」○唐制，諸陵用冬夏至、清明、伏、臘、社日。私家唯用寒食一祭。開元二十年制曰：「寒食上墓，近代成俗，編入五禮，永爲恒式。」至宋韓魏公，又增十月一日，張子、程子用韓式。朱子

《家禮》只用三月上旬。朱子家祭用韓式。皇明上陵用清明，霜降，又中元、冬至。而士、大夫用清明、重陽。姚旅云：「清明、重陽，海内成俗。」國俗用寒食、秋夕，嶺南用韓式。或增正朝、端午。栗谷令寒食、秋夕行殷祭，正、午則一獻而已。蓋緣《禮經》無文，人自爲制，紛紛如此。今參考諸文，唯清明、霜降，最爲近情，然兩祭相距之間，猶未均正，清明至，霜降遠，而霜降至，清明近。莫如用清明、寒露之爲允也。三月、九月節。

墓祭止於高祖。然遠祖始仕爲子孫冠冕者，宜有一祭。

朱子曰：「墓祭無明文，雖親盡而祭，恐亦無害。」〇鏞案　人情無限，禮制有防。苟不防之，將千歲矣。然杜甫寒食祭遠祖當陽君，即杜預。則已自唐時，祭其顯祖也。歲一祭者，依韓式用十月一日，可也。

至於后土之祭，本因鄭注有誤，未可議也。

《周禮・春官・冢人》：「凡祭墓爲尸。」鄭云：「始竁，祭后土。」〇《檀弓》曰：「既反哭，有司以几筵舍奠於墓左。」鄭云：「禮其神。」〇《家禮》曰：「又除地於墓左，以祭后土。」《墓祭》章。〇鏞案　古者山林、川澤之祭，皆用貍沈。山埋而川沈。唯人死之祭，得有皇尸，則鄭義非也。山川之祭，唯諸侯舉之，必非尋常百姓所敢爲也。又况后土者，共工之子句龍也。見《祭法》。始窆而祭句龍，恐亦無義。若云「大地之示」，則是又天子之所能祭，尤所不敢也。程子於此，本有定論，程子曰：「舊説謂『祭后土則爲尸』，非也。蓋古人祭社之外，更無祭后土之儀。」學者未之察耳。張南軒亦以冢人爲祭墓中之王。此乃墓祭之正文，非祭山神也。詳見余《禮箴》。《孟子》東郭墦間之祭，亦始窆之祭也。

餘有俗節，竝毋得循俗任情，以瀆神理。

三元之節，出於釋氏。上元有點燈法，云「是如來之生天誕日」。中元有盂蘭盆，下元有水陸會，皆無祭先之義。四重之説，不見經傳。五五作艾虎禳鬼，七七拜織女乞巧，皆出宮掖閒巫禱之風，不宜祭先。唯重三、重九，世稱佳節，然時與清明、寒露相近，既祭墓矣，不要瀆祀。或值郡、縣之養者，略具薦儀，可也。〇今人務奉累世。宜禰宜祖者，皆祭四世，而時享則廢之。是猶廣區而不穡也。今人以數薦爲孝，三元、四重薦獻煩瀆，而時享則廢之。是猶緦、功之察而廢三年也。使今之人能達禮意，必不以俗節易時享也。

祭儀考

考古祭祀之禮，張皇繁縟，節文大備，未易遵也。

古者大夫、士之祭禮，今皆具存。然古祭用尸，今不用尸；古祭用牲，今用庶羞；古祭請賓，今以兄弟；古祭主婦屢薦，今廟制異昔。禮多不便，古禮雖美，無以悉遵也。既不用尸，則若挼祭、振祭、舉肺、舉幹、擩鹽、揳醢、啐酒、嚌肝之禮，皆無所依附。既不用賓，則筮賓、宿賓、獻賓、酬賓之禮，皆無所倣行也。餘皆倣此。

今宜參古酌今，遵其可行，闕其所變，不失其大義也。

古禮太繁，今禮太簡，未易中也。然且天子、諸侯之禮，多相參錯，習而不辨，犯分多矣。玆取《少牢》、

《特牲》之禮及《朱文公家禮》，參伍出入，採録如左。

若夫時享之禮，前期三日之朝，有齊宿之禮。宿，肅也。

丁日行事，則乙日戒也。〇主人盛服，朝官具朝服。率諸執事詣廟前。不升堂。主人東階南面，諸執事階下北面。序立如常儀。主人拜告曰：「來日丁亥，將薦歲事。敢宿。」諸執事皆卑幼，則主人不拜。諸執事答拜。〇執事者，祝一人，兄弟習禮者。亞獻者一人，親兄弟。三獻者一人，遠兄弟。佐食一人，掌陳設。贊者一人，執笏記相禮。執尊一人，立於尊，所以酌酒。薦俎一人，掌牲薦。諸執事若干人。薦籩、豆庶品及授爵、奠爵。〇「宿」者，致齊也。不聽樂，不出入，思念所祭者。前七日，散齊。不吊喪，不問疾，不茹葷，飲酒不至亂，不預凶穢事。不戒于廟。〇案　古者主婦亞獻，賓三獻，今且從俗。

厥明之夕，有視濯之禮。

主人以下盛服，詣廟，升堂，灑掃，設筵席，今無几。設燎，三位各一燭。設楸禁於東階，具尊一、勺一，有冪。設盥洗於西階，有洗巾。乃就家堂，視滌器，視牲鼎。

厥明，夙興，有視飪之禮。

主人以下盛服，詣家堂，視羹飪。簋、鉶、籩、豆之屬，竝視其圭潔。主婦視饎爨。飯曰「饎」。〇案　古禮夙興而已，今用雞鳴，未必然也。

乃詣廟陳饌。

入廟，啓户，燃燭，啓祏。主人以下再拜。○先設籩，次設豆，次設鉶，次設簋。○佐食啓會，去飯簋之蓋。主人升薌。○案　「升香」，非古也。《少牢》、《特牲》無此禮。今且從衆。至於縮酒灌地，此本天子、諸侯之禮，未易議也。若云豆間之祭，祭始造食者。又不當名之曰「降神」也。既不灌酒，故不設茅沙。○朱子曰：「酹酒有兩説。一用鬱鬯，灌地以降神，則惟天子、諸侯有之。一是祭酒，蓋古者飲食必祭，今以鬼神，自不能祭，故代之祭也。」

乃釋祝。

主人再拜，稽首，詣曾祖位，跪。諸兄弟執事皆跪。祝在左祝曰：「維歲甲子八月丁亥，孝曾孫某敢用嘉薦普淖、清酌、庶羞，用薦歲事于曾祖考某官，以曾祖妣某封某氏配。尚饗。」○次詣王考位。祝曰：「孝孫某用薦歲事于祖考某官，以祖妣某封某氏配。尚饗。」王考以下，不述歲、月、日，不舉粢號。○次詣考位。祝如初。○卒，祝興。主人再拜。○案　今禮讀祝，在初獻之後，今依古禮，先祝而後獻。

乃侑食。

薦俎者先薦四俎，薦左右四俎。肝燔之俎待于東階之上，三獻之所用。折骰之俎待于西階之上。旅酬之所用。○乃扱匙正梜。○案　古者侑食之禮，尸每一飯，祝乃侑食曰：「皇尸未實。」「侑」者，勸食也。佐食即舉牲肉，加于肵俎。尸俎也。此之謂侑食也。今既無尸，唯以薦俎當此禮也。《家禮》扱匙，在侑食之時，亦合此義。然古禮侑食在三獻之前，《家禮》侑食在三獻之後，又以添酌爲侑食，與古殊也。古禮無添酌。

行初獻禮。

主人盥洗，詣曾祖位，跪。執尊者舉冪酌酒，執事奉酌授主人。獻爵奠爵。執俎者進肝俎，肝炙也。獻肝奠肝。佐食者奠于四俎之中。主人再拜。○次詣王考位，獻如初。○次詣考位，獻如初。

行亞獻禮。

獻者盥洗，獻爵，獻燔，肉炙也。如上儀。獻者再拜。燔俎不升，直以肉炙加于肝俎之上。

行三獻禮。

如上儀。獻者再拜。○三獻訖，進水如今禮。

行薦羞禮。

主婦盥洗，次婦二人從。詣曾祖位，獻加豆、加籩。次婦二人助奠之。主婦再拜。王考位、考位皆同。○案古禮主婦亞獻，主婦薦簋薦鉶。主婦薦豆薦籩，今皆略之，唯存此禮，以明夫婦共祭之義。○若未有加豆、加籩者，亦無薦羞之禮。

行受胙禮。

主人詣前，北面，跪。祝取爵授主人，告嘏曰：「祝承致多福于汝孝孫。來汝孝孫，受禄于天，宜稼于田，眉壽萬年，勿替引之。」○主人啐酒，興，再拜。○案《家禮》有「抄飯實袂」之節，蓋古禮也。今姑略之。

行旅酬禮。

主人及亞獻者、三獻者，西面，北上。祝及佐食者、贊者，東面，北上。衆兄弟、諸執事，皆北面，西上。皆坐。主人起，獻爵於祝。子弟一人助獻之。祝受爵，卒飲。主人拜，祝答拜。一肅拜。主人獻爵於佐食，如上儀。佐食雖卑，主人拜。獻爵於贊者，如上儀。○祝起酢主人。執事一人助爲之。主人受爵，卒飲。祝拜，主人答拜。祝酢亞獻者，酢三獻者，竝如上儀。○執事者取折俎，取於西階上。詣東列，以次嚌之，少嘗之。詣西列，以次嚌之。○執事者取爵，就南列，獻衆兄弟。衆兄弟各受爵，卒飲，執事者亦自取一爵，北面，飲。取折俎，以次嚌之。○主人告嘏曰：「祖考嘉饗，與汝同慶。」衆兄弟北面，拜。主人答拜。西面拜。

告利成，閉祏。

祝東面，告利成，徹匙楪。乃蓋會。主人以下再拜。○乃閉祏。○案　注疏以「告利成」爲諷尸使起之禮，故後儒或謂「無尸之祭，不告利成。」，然《特牲》尸謖之後，再告利成，遂以徹降，《少牢》亦然，《有司徹》：「再告利成。」殊非諷尸之意也。

行分餕禮，徹籩、豆。鉶、俎、簋、爵以次徹。

祝徹一簋、一俎、一豆、一籩，授執事者，以授主人。主人分餕實于篚。四器之實，每用少許，實于篚。執事者奉篚，詣西列，進餕，人各取一分。次詣東列，次詣南列。奉空篚，詣主人。主人又分餕實于篚，如上法。執事者奉篚，詣主婦前。主婦受篚，分餕于衆婦，如男儀。據《家禮》也。古禮婦人無餕。○案　祭統分餕之法，下及於煇、庖、翟、閽。皆賤者。《家禮》亦戒其遍及微賤，亦至意也。然少牢餕者四人，特牲餕者二人。有上餕、下餕。蓋以大夫惠不過異姓，賈氏云。士禮惠不過族親也。鄭氏云。今且從古，宜於禮畢之後，乃均其惠也。及僕、妾。○又按　餕法本與旅酬相似，亦有獻有酢。亦有嘏辭，今皆略之。

祝闔户，降。贊者告事畢。主人以下出。

「少牢」、「特牲」之禮，闔牖户，皆在禮畢降出之時。「闔」也者，爲其將出也。今禮闔門，爲祭禮之大節，蓋本《士虞禮》無尸之文也。然《虞禮》闔户，本是殤祭之禮。詳見《喪禮箋》。凡祭闔門一節，廢之無疑也。今公家之祭，皆無闔門之法。○案　朱子《家禮》闔門之節曰：「主人立於門東，主婦立於門西。」其啓門之節曰：「乃啓門。主人以下皆入就位。」以此觀之，則闔門者，闔廟之中門也，豈廟室之牖户乎？牖户之内，本無主人以下之位，不得云「皆入就位」。吾東之人以闔户謂之闔門，失之遠矣。楊信齋引《士虞禮》「闔牖户」之文，以注「闔門」，本誤。門與户，同哉？

至於冬、夏之薦，其禮宜簡。士之春薦同。朔參亦然。

前一日齊戒，不戒于廟。○視濯、視飪，如祭禮。○陳饌俎，同升。○不釋祝，不侑食，一獻而已。○無薦羞、受胙、旅酬之禮。○不告利成。○不分餕。○案　今俗朔參之禮，既設饌獻爵，俯伏如食頃。雖於古無徹，《家禮》亦無文。然纔設即徹，亦不成文，且當從俗。

忌日之祭，皆如時享。所異者，數節而已。

前三日齊宿，不戒于廟。○男女皆淺黲服，無者用白衣。設籩、豆于正寢，乃詣廟出主。如朱子《家禮》。○既再拜，設鉶、簋。○升薌，不灌酒。無茅沙。○乃釋祝，祝辭如《家禮》。侑食以薦俎。無折俎。○既三獻，遂進水。○既薦羞，乃哭。朱子《家禮》唯考、妣之祭有哭。○不闔門如食頃。○不俯伏如食頃。若不哭，則既薦羞，宜暫俯伏。○哭止，告利成，乃徹。○不受胙，不旅酬，不分餕。○詣廟納主。

墓祭如薦禮。喪祭别有著。

今禮墓祭，亦三獻，釋祝。然既無古禮，從簡，可也。其用三鼎者，釋祝不妨。祝辭如《家禮》。仍宜一獻。

祭饌考

考古祭祀之饌，原有五等，曰大牢，曰少牢，曰特牲，曰特豚，亦三鼎。曰一鼎。亦特豚。其末有鼎者，脯、醢而已。

祭饌之有五等，猶喪服之有五等。曰斬衰，曰齊衰，曰大功，曰小功，曰三月。其不能月者，袒免而已。服於是五者乎無當者，非禮之服也。饌於是五者乎無當者，非禮之饌也。今人第知有二牢、特牲之名，而其籩、豆、簠、鉶之數，尚多昧昧，至於三鼎、一鼎之品，竝其名而泯焉。於是人自爲制，紛淪潰裂，踰分越法，務尚華靡，而先王節約之制，與孝子哀敬之文，掃地盡矣。古者祭祀之禮，原倣燕饗之儀。生則燕饗以致歡，死則祭祀以致敬，其義一也，而其隆殺之等，一以其牲鼎多少立制立名。故孟子之祭，前以三鼎，即特牲。後以五鼎，即少牢。鼎以殊名，如是也。若所謂「三鼎、一鼎」者，特豕、特豚之分爲三等者也。三鼎有二等，一是特豕，一是特豚。昏禮同牢及喪禮之殯奠、朔奠，皆用特豚。三鼎者。冠醴醮子、昏禮盥饋及喪禮之小斂奠、朝祖奠，皆用一鼎。已上見《儀禮》。鼎爲之統，而籩、豆、簠、鉶之屬，隨之爲豐約，皆著之《經禮》，秩然有别。此先王之大典，聖人之至訓，千世之所宜遵。凡有祭奠，宜於是五者之中揀而用之，不宜率情徇物有所增損也。

牲鼎，所統薦獻之器，約有六種。一曰爵，二曰簠，三曰鉶，四曰俎，五曰豆，六曰籩。其所實不同，而名以之立。

爵，其實酒、醴。尊甒在外，非所以薦獻。簠，其實黍、稷。虞曰敦，周曰簠，五穀皆簠實。鉶，其實羹，湇。鉶，羹、芼和合之器。俎，其實牲、肉。自鼎而出之，即以載俎。豆，其實菹、醢。凡水土之産，濕物皆豆實也。籩，其實脯、栗。凡水土之産，乾物皆籩實也。器於是六者乎無當者，非禮之器也。物於是六者乎無當者，非禮之物也。○按　此六種之器，數各不同。爵用奇數，有一獻、三獻、五獻、七獻。簠用偶數，天子八簠，諸侯六簠，大夫四，士二。鉶、俎用奇數，籩、豆用偶數。《郊特牲》之文。此陰陽之義也。今不顧名器，不問奇偶，唯珍羞褻味，雜然交陳，用相高鶩，其於禮遠矣。古禮雖殘缺，考之三禮，其庶品之數，至今磊落，秩然有别，兹採録如左。

大牢有二等。上焉者九鼎，其爵九獻，或七獻、五獻。其食八簠、七鉶、九俎、八豆、八籩。

大牢者，天子、諸侯之禮也。《聘禮》享賓，即上賓。亦用大牢，皆上等也。上等之中，亦小有差級。○九鼎者，據《聘禮》也。牛、羊、豕、魚、即乾魚。腊、野獸之乾者。腸胃、取於牛。倫膚、牛肉細理者。鮮魚、魚之新鮮者。鮮腊，野獸新殺者。即其實也。○九獻者，《周禮》：「天子九獻，上公同。侯、伯七獻，子、男五獻，大夫、士三獻。」《大行人》。又《禮器》曰：「一獻質，群小祀。三獻文，社稷及五祀。五獻察，四望及山川。七獻神。」即宗廟之祭。以此推之，太牢之爵，或九，或七，或五，或三，《聘禮》享賓，只三獻。皆有差級，不相踰也。○八簋者，據《聘禮》稻粱實于簋。及《公食禮》也。上大夫八簋。○七鉶者，《聘禮》及《公食禮》皆云「六鉶」。牛、羊、豕、魚、腊、腸胃。然大羹一鐙，見《公食大夫》。亦爲羹器，合之爲七鉶也。○九俎者，祭牲之法，始煮以鑊，《少牢禮》有云「羊鑊、豕鑊」。既熟，移于鼎，見《禮》注。既奠，載于俎。以匕出牲體，載之。故鼎九則俎九，鼎三則俎三也。《公食禮》云：「上大夫九俎。」○八豆者，據《聘禮》韭、菹、醢、醓等。及《公食禮》也。上大夫八豆。《周禮》醢人之職，朝事之豆，即韭菹、醓醢、昌本、麋臡、菁菹、鹿臡、茆菹、麋臡。饋食之豆，即葵菹、蠃醢、脾析、蠯醢、蜃、蚳醢、豚拍、魚醢。加豆之實，即芹菹、兔醢、深蒲、醓醢、箈菹、雁醢、筍菹、魚醢。其物不同，其數皆八。羞豆則酏食、糝食二豆而已。又可驗也。○八籩者，據《周禮》籩人之職，其朝事之籩，麷蕡、熬稻、熬黍、形鹽、膴、鮑魚、乾鱐。饋食之籩，即乾棗、濕棗、乾梅、濕梅、乾桃、濕桃、榛栗。加籩之實，菱芡、栗、脯疊用之。其物不同，其數皆八。羞籩則糗餌、粉餈二籩而已。太牢之有八籩，可知也。然薦籩之制，天子用八，諸侯六，大夫四，士二。見《禮》注。故八籩之文不見他經。○案《聘禮》又有「羞鼎三，腥鼎七」。無鮮魚、鮮腊。羞鼎，即陪鼎。此三臛之所煮也。三臛者，膷、臐、膮也。腥鼎者，不以烹飪，故別立其名，其實九鼎而已。即所云正鼎。《公食禮》「上大夫又有庶羞二十。」雉、兔、鶉、鴽等。庶羞者，三臛、牛曰膷，羊曰臐，豕曰膮。三胾、即牛胾、羊胾、豕胾。三炙、即牛炙、羊炙、豕炙。二膾牛鮨、魚膾有芥醬。之謂也。故《禮器》曰：「天子之豆二十有六，諸公十有六，諸侯十有二，上大夫八，下大夫六。」正豆、羞豆，合而計之也。《公羊傳》注云：「卿、上大夫八豆，下大夫六豆，士二豆。」○又按　簠簋之實，黍、稷、稻、粱而已。雖陳饋八簋，《小雅》文。四物兩用，非用他穀也。○又按　《左傳》楚子之享于鄭，僖二十二年。饗以九獻，加籩、豆六品。又重耳之享于楚，饗以九獻。見《國語》。此上公之禮也。○又按《禮器》曰：「宗廟之祭，五獻之尊，門外缶，門内壺。」疏云：「子、男禮。」此子、男之禮也。《特牲禮》云：「長兄弟洗觚爲加爵。」賈疏記九獻、七獻、五獻、三獻之數。

下焉者七鼎。其爵三獻，其食六簋、五鉶、七俎、六豆、六籩。

聘享之禮，公食下大夫用此禮也。《雜記》曰：「上大夫祔、卒哭，亦太牢。」大夫遣奠，亦宜用。○七鼎者，九鼎之中，去鮮魚、鮮腊也。○三獻者，聘禮不過三獻，故季孫宿之享于晉也，曰「得貺不過三獻」，昭五年。則凡人臣之祭，三獻而已。○六簋者，據《公食》也。《玉藻》疏云：「天子朔食，亦大牢六簋。」黍、稷兩用，稻、粱各一也。○五鉶者，四鉶一鐙，合之爲五也。鉶必有芼，乃爲羹也。牛用藿，羊用苦，豕用薇，皆以堇、荁滑之。○七俎者，七鼎之所升也。○六豆者，據《公食》也。其物如朝事之豆，而去茆菹、麋臡。○六籩者，少牢亦有六籩，大牢可知也。

少牢五鼎，其爵三獻，其食四簋、三鉶、五俎、六豆、六籩。

少牢者，大夫之禮也。詳見《少牢饋食禮》。《聘禮》衆介致飧，用少牢五鼎。《國語》曰：「大夫大祀以少牢。」見《楚語》。然《玉藻》：「諸侯朔月之食，用少牢。」《士喪禮》：「遣奠，亦用少牢。」○五鼎者，據《本禮》也。《少牢饋食禮》。其實羊、豕、皆只用右胖。魚、腊、魚用鮒而腊用麋。倫膚也。用羊肉。○三獻者，據《本禮》也。《周禮》大夫、士皆三獻也。○四簋者，《本禮》謂之四敦。瓦曰敦。《玉藻》曰：「少牢四簋。」《禮》疏云：「天子八簋，諸侯六，大夫四，士二。」《聘禮》衆介亦四簋而已。即黍、稷、稻、粱。○三鉶者，《本禮》及《聘禮》，皆止兩鉶，羊鉶及豕鉶。然泰羹之湆，合之爲三也。○五俎者，五鼎之所升也。《玉藻》云：「少牢五俎。」據《本禮》，五俎之外，又有肵俎、肝俎、燔俎之名。然肵俎者，尸俎也。肵，音祈，心舌之俎。今不用尸，無所用也。肝燔者，三獻之所從，非正俎也。○六豆者，《本禮》、《聘禮》，皆止四豆。即韭菹、醓醢、葵菹、蠃醢。然《本禮》四豆之外，又有羞胾兩豆，即羊臐、豕膮。合之爲六豆也。○六籩者，據《本禮》也。其實麷、蕡、麷者，熬麥也。蕡者，麻子也。棗、栗、棗烝而栗擇。糗、腶，糗者，熬米豆而爲之。腶者，脯施薑、桂也。皆主婦之所獻也。○案《既夕》遣奠之物，亦不過四豆、四籩。此蓋少牢之正例也。加之用六者，縟其文也。○朱子《時祭儀》，果用六品，是六籩也。蔬菜、脯、醢，各用三品，是六豆也。案，脯乃籩實，宜入果品。

特牲三鼎，其爵三獻，其食二簋、三鉶、三俎、四豆、四籩。

特牲者，士禮也。《雜記》：「下大夫之虞，亦特牲。」○三鼎者，據《本禮》也。《特牲饋食禮》。其實豕、解之爲九體。魚、十有五。腊。鄭云：「士用兔。」《士虞記》實牲，謂之上鼎；解之爲七體。實魚，謂之中鼎；魚止九。實腊，謂之下鼎。腊用右胖。○三獻者，據《本禮》也。○二簋者，據《本禮》。主婦設兩敦也。《易》曰：「二簋可用享。」「損」之象。○三鉶者，鼎實既載，湆者爲泰羹，《經》云：「佐食設泰羹，其湆取於牲鼎。」芼者爲二羹，《經》云：「主婦設兩鉶。」共三鉶也。《士虞禮》有祭鉶、嘗鉶，又有泰羹。鉶芼用苦若薇。又夏用葵，冬用荁以滑之。○三俎者，三鼎之所升也。《玉藻》云：「特牲三俎。」三俎之外，又有折俎折節者。及肝俎、燔俎，非正俎也。○四豆者，據《本禮》。主婦之薦，止有兩豆，即蔡菹、蝸醢。佐食之羞，却至四豆，鄭以四豆爲膮、炙、胾、醢。今以四豆爲正也。《士虞禮》「饌兩豆」者再，正是四豆之明驗。《士虞禮》又有「胾四豆，設于左」，此是加豆。○

四籩者，據《本禮》。主婦設兩籩。棗與栗。然《士虞禮》明用四籩，此特牲之正例也。苟用四籩，棗、栗、脯、糗，其實也。

特豚有二等。其三鼎者，其爵一獻，其食二簋、一鉶、三俎、二豆、二籩。

特豚三鼎者，士之殷奠也。於奠爲最盛。特牲用豕，特豚用豚，豚，豕子。大小不同也。《士喪禮》，大斂奠、啓殯奠、朔奠，皆用特豚三鼎。○三鼎之實，豚止七體，合升之。魚用九，鱄、鮒也。腊用右胖。見《士禮》。○一獻者，喪奠，皆一獻也；喪奠，必用兩甒，具陳酒醴。然科用其一，不兩用也。吉祭、嘉禮，亦有一獻。故《禮器》曰：「一獻質。」群小祀。昏禮之饋，亦特豚三鼎，而其爵一獻也。○二簋者，據《士禮》。朔奠有黍、稷也。各一敦。昏禮四敦者，夫婦共之也。○一鉶者，據《昏禮》也。昏禮雖用大羹，若於祭禮，宜用芼羹也。○三俎者，三鼎之所升也。豚、魚、腊。○二豆、二籩者，據「殯奠」之文也。《士喪禮》。其實菹、醢、栗、脯。朔奠則無籩。昏禮菹、醢四豆者，夫婦共之也。

特豚一鼎者，其爵一獻，其物一俎、二豆、二籩。

一鼎者，殺禮之奠也。《士喪禮》，小斂奠、朝禰奠，皆用一鼎。《士冠禮》亦特豚一鼎。○一獻者，略也。冠禮醴賓，亦一獻。○一俎者，升鼎而載俎也。○二豆、二籩者，《士喪禮》小斂奠，只有脯、醢，故鄭亦云「一豆、一籩」。然記文曰「豆二以竝，籩亦如之」，其用二豆、二籩，可知也。或曰：「此朝夕奠之竝饌。」冠禮醮子，别有殺牲之禮，亦特豚一鼎、兩豆、葵菹而嬴醢。兩籩，栗與脯。又一明驗也。○按　昏禮盥饋，亦特豚一鼎，而二簋、一鉶、一俎、一豆，此别是一例，不可準也。

脯、醢之薦，未有牲鼎。其爵一獻、一豆、一籩，其行大禮者，必有折俎。

脯、醢者，無牲之奠也。《士喪禮》，始死奠、朝夕奠，皆用此品。有子曰：「喪奠，脯、醢而已。」然冠禮醮子，昏禮醴婦，皆用脯、醢之品，皆一豆、一籩。大夫之聘，亦以脯、醢，《禮器》云。不可少也。〇一獻者，非醴則酒也。〇一豆、一籩者，脯一籩，醢一豆也。〇古者特殺之牲，謂之體薦，解其全體而薦之。折節而饗，謂之折俎。折其骨節而升之。周定王之享士會宣十六年。曰：「享有體薦，王享公。宴有折俎。」王享卿。其禮級不同。《國語》以此爲周襄王事。故趙文子之享于宋，襄二十七年。亦有折俎之薦，非必特殺以爲禮也。故燕禮者，君臣燕飲之禮，而其物則脯、醢而折俎也。大射者，諸侯選士之禮，數中者與祭。而其物則脯、醢而折俎也。以至鄉飲、鄉射之禮，皆以脯、醢折俎，著之爲法，簡而不薄，和而不煩，此聖人之微文也。後世匹庶之家，一有燕飲羞裁，雜陳奢汰，唯意爲國者不可以不慮也。

唯是五等之饌，等威截嚴，憲章昭列，以防民志，不可踰也。

《大戴禮》曰：「諸侯之祭，牲牛，曰太牢。大夫之祭，牲羊，曰小牢。士之祭，牲特豕，曰饋食。無禄者稷饋，稷饋者無尸，無尸者厭也。」《曾子天圓》篇。〇《國語》屈建曰：其父屈到嗜芰者。「祭典有之曰：『國君有牛享，大夫有羊饋，少牢也。士有豚、犬之奠，庶人有魚炙之薦。』」見《楚語》。〇又觀射父曰：「祀加於舉。人君朔望之盛饌。天子舉以太牢，祀以會。有加於大牢。諸侯舉以特牛，祀以大牢。卿舉以少牢，祀以特牛。大夫舉以特牲，祀以少牢。士食魚炙，祀以特牲。庶人食菜，祀以魚。」〇《公羊傳》注曰：「天子、諸侯、卿、大夫，三牲曰大牢。牛、羊、豕。天子元士、諸侯之卿、大夫，二牲曰少牢。羊與豕。諸侯之士特豕。」桓八年。○又曰：「禮祭天子九鼎，諸侯七，卿、大夫五，元士三也。」桓二年。○鏞案　名以制義，禮以辨名。禮也者，所以別上下而殊貴賤，以納民於軌度者也。故「天子袞冕，上公衮冕，侯伯鷩冕，孤卿希冕，大夫玄冕」，《司服》文。有敢踰者乎？「天子玉路，孤卿夏篆，列卿夏縵，大夫墨車，士乘棧車」，《巾車》文。有敢踰者乎？旗斿有數，樊纓有差，舞佾有等，屋霤有度，百體森整，萬民以正。顧獨於祭祀、燕饗之節，漫然無級哉？太牢、少牢者，君、大夫之所用也。特牲、豚、魚者，士、庶人之所安也。一有踰越，遂陷大戾。故古者大夫聘於鄰國，其籩、豆、酒、醴之數，一或差濫，則恐懼逡巡，不敢寧受。趙武子之享于鄭，厥有五獻之籩、豆，趙孟固辭，竟受一獻。昭元年。季孫宿之享于晉，厥有加籩之饗，季孫固辭，至曰：「下臣不堪。」昭五年。周公閱之饗于晉，力辭昌歜之薦，僖三十年。管夷吾之饗于周，必受下卿之禮。僖十二年。夫水土所產，菁、茆、葵、韭之菜，蜯、蠃、蝸、蛤之醬，或加一籩，或加一豆，若無以大害義者，而當時知禮之臣，其跼蹐戰慄，死且不敢，乃至於是，豈不以名不可瀆，而義不可隳也歟？豈唯是也？昔晉悼公之謀鄭也，祈以幣更，不用牲。賓以特牲。襄九年。鄭公孫黑肱之將死也，召室老而告之：「使祭以特羊，殷以少牢。」襄二十二年。興國之君，保家之臣，其欲薄祭如是也。故《易》曰：「東鄰殺牛，不如西鄰之禴祭，實受其福。」《易》曰：「孚乃利用禴。」萃與升。禴者，瀹菜也，不殺牲而祭。其鮮薄如是也。《易》曰：「中孚豚魚吉。」《易》曰：「二簋可用享。」損之象。其欲厚於誠而薄於物，如是也。《詩》云「于以采藻，于彼行潦。于以奠之，宗室牖下」，道物薄而誠明也。《詩》云「幡幡瓠葉，采之亨之。有兔斯首，炮之燔之」，道物薄而意厚也。今也匹庶之祭，殺牛成俗，大夫之家崇於王室。名之既亂，義於何有？婚姻、燕飲，奢汰亡度，以至監司行部，其受郡、縣之亨，什倍大牢，浚削民膏，以悦一口，冒犯王章，以果一腹，猶復宴然自安，矜其多福，非細故也。今雖禮制紊壞，大夫袞繡九章，未有不六師以征之也，庶人乘車夏篆，未有不三尺以繩之也。至於祭祀之物、宴饗之饌，泯泯棼棼，無所節制。國瘠民貧，無所錯義。此爲國家者所宜熟慮，而深計之者也。

今宜考古酌今，凡有祭薦，每於五等之中，揀而用之，無踰定制，而其制器之式、實器之物，合有詳定。

古者燕器仍是此器，燕饌仍是此饌，故事死如生，其禮無二也。今燕器、燕饌，皆與古殊，而欲于祭器、祭饌一遵古制，亦不通之論也。君子行禮，不求變俗，但求古人制裁名分之本，而謹守其意，罔敢踰越焉，則小德雖出入，可也。○古者大夫、士之牲，皆用羊、豕，我邦無羊。古云「朝鮮無羊」，非無羊也，其生育不蕃。官庖宰牛，許民共食，生則以養，死不以祭，無是理也。星湖云。故今私家之祭，牲不特殺，竝用庖牛之肉，非敢僞僭，國俗然也。且國俗不事畋獵，不食野獸，即麋腊、兔腊，亦且難得矣。然其牲鼎之數，不可無制。無制則亂矣。今論牲鼎之實與六器諸品，皆考古酌今，條例如左。

鼎，所以實牲也。古以鼎薦，今鼎不升，直以鉶、俎升。

鼎之制從宜。○少牢，肉一鼎，不云牛者，嫌僭也。豕一鼎，公祭既用豕，少牢宜亦備物。魚一鼎，不必是鱄、鮒。雞一鼎，《曲禮》云：「翰音。」腸胃一鼎，牛之脾、肺、心、肝皆可用。五鼎也。○特牲，肉一鼎，好用者，仍宜禮豕。魚一鼎，雞一鼎，三鼎也。○特豚之鼎，同上。宜亦少殺之。○特豚一鼎，或用豚，無則用牛肉。或用雞。無雞則用魚。

爵之制，口圜徑五寸，宜用指尺，見下圖。深二寸，足崇三寸弱。通崇五寸，有兩耳，無承槃。與古制差異。

爵之實，古有五齊，即盎齊、醴齊之類。今止用清酒。喪奠，或用醴酒。栗谷於夏月，許用燒酒，燒酒芳烈，正合祭用。○今禮亞獻，徹初獻之爵。然既非酳酬，三獻之酒，宜列爲三爵，禮畢乃徹。今公祭皆然。

簋，竹器也。瓦曰敦。今用磁或銅。敦之制，口圜徑八寸，深四寸，足崇一寸弱。通崇五寸。

簋之實，黍、稷爲正。今用稻、粱者，遵時宜也。五穀皆簋實。古者四簋、六簋，皆是飯饎，而糗餌、粉餈，皆充籩實。見《儀禮》。今俗飯止一簋，不可踰也。公家用古制。温公《祭儀》，有米食、麵食。《家禮》亦因之。米食者，餈餌之類；麵食者，饅頭之類，皆與飯簋同列，或四或六，宜用此備文。○少牢，稻飯一簋，或用黍、稷糁上面。粱餈一簋，宜以稻米爲餅，衣之以粱，或黍、稷。菽餈一簋，稻米爲餅，衣之以菽粉，或用菉荳、赤豆。麥麵一簋，宜用條麵也。饅頭則有魚肉在中，不中簋實。四簋也。○特牲、特豚，稻飯一簋，西北人宜用黍、稷。粱餈一簋，或用菽若豆。二簋也。○今俗餅餌、餈糕，載之梡俎之上，高至四五尺，磊磈可怪，星湖云。大非禮也。又用蜂蜜，一鍾助之，非禮也。今除之，但用少許塗上面。今擬，餅器與飯器同制，其實之高，出敦口二寸。

鉶之制，口圜徑六寸，深三寸，足崇二寸弱。通崇五寸。

鉶之實，菜也，非肉也。牲肉既升，是爲俎實。於是取牲鼎所出之肉汁，即湆也。用熟菜調爲羹。即芼也。方是古法。今俗純用魚肉，不雜蔬菜。此臛也，非羹也。凡純肉曰「臛」，雜菜曰「羹」。○少牢，菁芼一鉶，調以牛肉湆。芹芼一鉶，調之以魚湆。薇芼一鉶，謂之以雞湆。三鉶也。凡蔬瓜之屬，總可通用，或取湆不便者，只用蔬瓜爲羹，上面略用肉屑糝之。○特牲之鉶，同上。如少牢。特豚，揀用一鉶。○今俗，既具五鉶、三鉶於前列，而别具一鉶，與飯簋對峙，謂之飯羹。此尤大誤。鼎俎用奇數，而五、三之外又置一鉶，則偶數矣，宜除之。

俎之制中矩。今用圜，亦用磁或銅。圜徑九寸，深一寸，足崇四寸弱。通崇五寸。今人生時熟肉、燔肉，皆用碟子。祭器宜亦然。

俎之實，即鼎之實也。古祭重牲，牲必載俎。故有鼎俎曰「祭」，無鼎俎曰「薦」。見《禮》疏。今俗移俎爲鉶，鉶用純肉，而俎則廢之，大非禮也。○少牢，熟肉一俎，宜用脊、脅等有骨之體。熟魚一俎，大者用一而截之爲九寸，小者或用三，或五，或七九。熟雞一俎，宜以全體升。熟腸胃一俎，牛之内體也。燔肉一俎，豕肉也。初獻肝，亞獻、三獻皆用燔，合成一俎。四俎錯于東西，燔俎錯之當中，五俎也。燔肉自是一物，不在五、三之内，而參酌古今，宜亦充俎。○特牲，熟魚一俎，熟雞一俎，燔肉一俎。牛肉也。三獻各用一串。○特豚之俎，同上。燔肉或用豚。○一鼎用本牲，一味熟之爲一俎。○俗用一俎，今增爲五、三，已豐矣。載高無過一寸。雞用全。燔肉，各長九寸，闊三寸，不可踰也。

豆之制，圜徑七寸，深一寸，足崇四寸弱。通崇五寸。

豆之實，菹、醢爲正，加豆者，靡文也。○少牢，食醢一豆，醃米爲醢，用魚肉助味。鹽醢一豆，即魚、蝦之屬。酢菜一豆，即生菜。鹹菜一豆，即鹽菹。熟菜一豆，火熬者。淹菜一豆，即沈菜也，少用汁。六豆也。俗用豉醬一小鍾，列于豆間，非禮也。今除之。○特牲，食醢一豆，鹽醢一豆，酢菜一豆，淹菜一豆，或熟菜。四豆也。○特豚，一醓一菹，以具二豆。○其或加豆者，大夫及有郡、縣之俸者。《禮》有「酏食、糝食亦豆實也。」皆以膏肉、米粉，或和或糝，而熇煎之。法見《内則》疏。今俗之魚煎、肉煎，是也，俗名曰「肝南」。宜用魚煎、肉煎，以備二豆。即所云「羞豆」。《禮》又有脾析、豚拍。《醢人》文。脾析者，牛百葉也。豚拍者，豚肩也。《晏子》所云「豚肩不掩豆」。然非有廩俸者，毋敢加豆。其非大夫者，加豆不過二豆。○凡豆實，載高一寸。今俗沈菜，别用小器，不必然也，宜通用豆制。

籩，竹器也。今用磁，圜徑七寸，深五分，足崇四寸五分弱。通崇五寸。

籩之實，古用棗、栗、脯、糗，今糗餌、粉餈，移作簠實。唯粔籹、蜜餌也。俗名曰「油蜜果」。餦餭，亦名「饊子」，今借名。繭餅俗名曰「羌飣」。之屬，宜作籩糗。○少牢，脯鱐一籩，或脯或鱐，用其一亦可。蜜糗一籩，皆載高一寸。時果二籩，即瓜、李之屬。乾橑二籩，即棗、栗之屬。六籩也。○特牲，脯鱐一籩，蜜糗一籩，果二籩，一時而一乾。四籩也。○特豚，一脯，或用腒若鱐。一果，以具二籩。三鼎、一鼎同。○其或加籩者，《周禮》菱、芡、栗、脯，謂之加籩。《籩人》文。今俗用蓮根、蜜煎，謂之煎果，東坡詩謂之「蜜藕」。中國所謂「果泥」也。或用山楂、木瓜等，皆名果泥。用栗粉作餌，謂之印餅，或用胡麻、松花等，皆名搽食。宜用果泥、印餅，以備二籩。非有廩俸者，無得加籩。○案《周禮》「夏行腒、鱐」，《内則》注：「腒，乾雉；鱐，乾魚。」即用乾雞，或用乾魚，以當脯脩，無妨。僻鄉寒士安得輒用牛脯？○凡籩實，載高一寸。瓜用一，梨、柿用五。用五者，下四上一。

右所列六器，竝用白磁，無違尺寸。富者用銅鑄。其所實之物，載高幾寸，竝宜遵此，以致虔潔。

床桌不宜太高，但用三尺之崇，可也。中國人，生皆坐椅，所以高桌祭之，亦然。我邦，生則席地，死乃坐椅，既非古禮，又非象生，甚無義也。

於是春分、秋分，行時享之禮，大夫用少牢，士用特牲。

大夫者，通政以上，卿相亦大夫也。士者，通訓以下，仕於朝者也。其不入仕者，薦而不祭。不三獻。學士、謂庠、學之士。官師，醫、譯、算、律等。宜用特豚三鼎，只一鉶。庶人宜用一鼎。○士之春薦，宜亦特豚三鼎。士有嘗無享。

夏至、冬至，行薦新之禮，大夫特豚三鼎，士一鼎。

學士、官師宜用脯、醢之薦也。

正月朔日及孟月之朔，有朔參之禮，大夫特豚一鼎，士脯、醢而已。其有郡、縣之俸者，宜用折俎。

學士、官師宜與士同，得有正朝之薦也。

忌日之祭，大夫少牢，士以特牲，學士、官師特豚三鼎。

忌日之祭，伸其私痛，本非古禮，不宜豐縟。然習俗宜順，不可薄也。庶士、庶人宜於一鼎有籩鉶也。

清明、寒露，行展墓之禮，大夫特豚三鼎，士一鼎。

學士、官師脯、醢，可也。○朱子曰：「墓祭但緣習俗，然不害義理。但簡於時祭，可也。」

有事告由，大夫、士皆用脯、醢。其告吉慶者，宜有折俎。

「吉慶」者，如祖父追封及子孫登科之類，是也。

至於喪祭之式，始卒有奠，用脯、醢而已。

此所謂「餘閣」之奠也。見《檀弓》。庋閣未必有脯、醢。但用時果一籩、熟菜一豆，須有魚肉糁。亦合禮意。有脯者用二脡，長七寸，闊二寸。凡脯皆宜然。○酒用醴，清酒亦可用。器用吉器。見《士禮》。

是日，襲。襲訖，有奠，亦用脯、醢。

《禮經》無此奠，據《禮》注及《書儀》而行之。詳見《喪禮箋》。若值朝夕之奠，不別有奠。

已自始死之日，厥有朝夕之奠，亦有下室之饋。見《士禮》。朝奠但用脯、醢，或以果代脯。食時上食，辰正也。夕而夕奠，皆用上食之品。

今俗，成服之後，始有上食，大非禮也。《士喪禮》，小斂以來，明有朝夕之奠，與始死之奠，其禮相接。見《禮箋》。後世之朝夕上食，既是朝夕奠之遺義，則始死之日，不可無朝夕之饋也。○星湖曰：「既屬纊，便設餘閣之奠，未殯而饋食如常時，皆有所據而然也。」○古無上食，一日無四饋也。今依朱子《家禮》，爲一日三奠，見《禮箋》。然《家禮》有朝上食，而無夕上食。今擬，有夕上食，而名之曰夕奠，不別有夕奠。庶乎參古酌今，不失朱子之本意也。○上食之饌，於古無據。今且循俗而爲之制，曰一爵、酒有醴，器用小杯。一簋、稻米飯。一鉶、用芼羹。四豆，醢與醬各一豆，沈菜、熟菜各一豆。或用二豆。卿、相之家宜六豆。○朝奠不徹，至上食，只換一豆。

厥明，小斂。斂訖，有奠，特豚一鼎。

據《士禮》也。○凡喪奠皆用素器，自小斂以後。《檀弓》云：「奠以素器，以生者有哀素之心也。」○凡喪奠不徹，其有俎肉者，以巾冪之。

厥明，大斂。既殯有奠，特豚三鼎。

據《士禮》也。○凡小斂、大斂之奠，隨其早晚，因朝夕之饋而殷之，不別舉也。

成服無奠。

「成服」者，生人服飾之事也。生人之服，而死者之饋，禮不中也。今俗，於小斂、大斂，未有殷奠，獨於成服，張大其禮，無攸據也。

朔日有奠，特豚三鼎。

據《士禮》也。因朝饋而殷之。饋者，上食也。○案《士喪禮》無鉶無籩，亦止二豆。然既與朝上食兼行矣，宜有一鉶，亦宜四豆也。若其二籩，宜以朝奠不徹者當之。

月半無奠，其或行之者，特豚一鼎。

據《士禮》也。注疏云：「大夫以上，有月半奠。」月半，謂望日。

二至、二分，有薦新之禮。春、秋特豚三鼎，冬、夏一鼎。

《禮》曰：「有薦新，如朔奠。」《士禮》及《檀弓》。薦新者，即《王制》四時之薦也。祥、禫之前，皆用薦禮。

○案　大夫祭薦之禮，豐於士禮。其喪中之薦，亦宜有級。然喪奠本皆殺禮，春、秋用特牲，冬、夏用特豚，抑亦可也。

啓殯而朝于祖有奠，一名「啓殯奠」。特豚三鼎。

古禮柩既朝祖，宿于廟中，用其明日，乃有此奠，見《士禮》。故名之曰「遷祖奠」。設奠于廟中。今俗朝祖，柩不升階，故啓殯而奠，名之曰「啓殯奠」。設奠于殯宮。支子别居者，雖不朝廟，亦有此奠。○古禮無簋無鉶，然兼行朝上食，有簋、鉶也。

厥明，既飾柩，還車鄉外，有祖奠，日昃而行事。特豚一鼎。

祖奠之饌，《禮經》無文。賈氏、孔氏謂：「與遷祖奠同。」謂特豚三鼎。然古禮二奠，同在一日。見《士禮》。一日再殷，無是理也，當用一鼎。

厥明，啓引，有遣奠，少牢五鼎。上大夫太牢七鼎。謂卿、相。

賈氏曰：「始死至殯，自啓至葬，其禮同，故無黍、稷。古禮無簋、鉶。其用少牢，攝大夫也。」○鏞案　古禮雖無簋、鉶，今兼行朝饋二簋、一鉶，不可少也。古禮四豆、四籩，與少牢不合。喪事宜略，善揣人情也，宜從之。○又案《雜記》虞、祔之饌，上大夫與士不同，遣奠宜亦有級也。

既窆，有墓左之奠，特豚一鼎。

墓左之奠，一見於《檀弓》，再見於《家人》，三見於《小宗伯》，《經》云：「成葬而祭墓爲位。」此明是墓祭之始，而鄭玄謂之地神之祭，大謬也。今俗謂之「平土祭」。其饌無文，姑用一鼎。

既作主，有告由之奠，脯、醢而已。

古禮作主，在卒哭之日，亦無奠名。今俗作主，於方窆之時，遂行殷奠，大非禮也。方行虞祭，安得先致無名之殷？必不可也。

既反哭，有初虞之祭，用特牲。上大夫用少牢。見《雜記》。

學士、官師宜於虞、祔皆用特豚三鼎。

隔日，有再虞之祭，如初禮。

古者葬用柔日，故再虞仍是柔日。今或葬用剛日者，再虞當退一日。甲日葬者，丁日當再虞。

越三日，有三虞之祭，即士之卒哭。士用特牲，下大夫少牢，上大夫太牢七鼎。

《雜記》曰：「上大夫之虞也少牢，卒哭、成事附皆大牢。附祔通。下大夫之虞也犆牲，犆特通。卒哭、成事附皆少牢。」○鏞案 古者天子九虞，諸侯七虞，大夫五虞，士三虞。《雜記》文。今卿、大夫之家，皆止三虞。禮有損益，不必同也。○古者再虞、三虞，不必接日，見《禮箋》。今俗必皆接日，煩瀆甚矣。今擬，丁日行再虞，則越三日庚日，行三虞以卒哭。

是日之夕，將告祔事，有告由之禮，宜用脯、醢。

告于新死者之主也，見《士虞記》。

無卒哭。

九虞、七虞、五虞、三虞，皆以末虞爲卒哭，謂之成事，見《禮箋》。無別祭也。今三虞之後，又行卒哭，鄭玄之謬義也。其祭無名，雖違衆，不可行也。

厥明，祔于祖，士以特牲，下大夫少牢，上大夫大牢七鼎。

古者祔祭之法，只用一饌，合祭祖孫。見《士虞禮》注。自賀循以來，分而二之，此所謂「衛人之祔離之」也。見《禮箋》。雖違衆，不可不遵古也。

既窆，無朝夕奠。

遵古禮也。朱子居喪，在寒泉精舍，每朔望歸家，則既葬而無朝夕奠，可知也。

既葬，有朔日之奠，特豚一鼎。

《喪大記》曰：「大夫、士父母之喪，既練而歸。朔日、忌日，則歸哭于宗室。」〇案　此文，既練有朔日之哭，則既葬有朔日之饋，可知也。月半之奠，在經無文。

生日無奠。其或行之者，特豚三鼎。

生日之祭，在古無徵。然揆之人情，不能無饋也。

期而練，有小祥之祭；又期而縞，有大祥之祭；中月而纖，有禫祭，皆以特牲，大夫少牢。

練、祥、禫之祭，大夫之饌，經無正文。然大夫盛祭，皆用少牢，見《本禮》。無可疑也。學士、官師竝宜特豚。

無吉祭。

《士虞記》曰：「中月而禫。是月也，吉祭，猶未配。」鄭云：「是月，禫月也。當四時之祭月則祭，猶未以某妃配。」〇案　吉祭者，禴、祠、嘗、烝，四時之正祭也。謂既禫之後，若值祭月，祭之於廟也。古者殺禮之祭，不旅不配。《曾子問》。禫在仲月者，雖行廟祭，猶不備禮，不旅而不配。故曰「猶未配」也。今人不達此義，三年喪畢，别行吉祭，似非禮也。《春秋傳》晉之禾禘，亦指春祭而言。杜預謂之「審昭穆之大祭」，此今俗之所宗也。然時祭既行，昭穆自顯，又何必别立一祭乎？見《禮箋》。今人平日本無時祭，唯於喪畢，一舉此祭，亦無義也。〇若於平日能行時祭，而喪三年不祭者，喪畢而祭，如常禮而已。

附見嘉禮之式

冠禮醮子，特豚一鼎。其醴賓之饌，宜亦一鼎。

《士冠禮》醴賓之節，有「一獻歸俎」之文。歸賓俎。鄭云：「一獻之禮，有薦有俎。」賈云：「一獻亦有薦脯、醢。」其牲未聞，然既是一獻，亦止一俎，則特豚一鼎，可知也。

婚禮同牢，特豚三鼎。其醴婦，脯、醢而已。其盥饋，特豚一鼎。

同牢之饌，黍稷四敦、夫婦各二簋。大羹一鉶、三俎、四豆，夫婦各二豆。又有醯醬。各一豆。此古禮也。○盥饋之饌，雖用一鼎，然二簋，無稷簋。一俎，無魚腊。其他如同牢，見《士禮》。別一例也。○案　醴婦之不過脯、醢者，尊不養卑，故不備物也。盥饋之不過一鼎者，婦享舅姑曰「盥饋」。以順爲孝，不敢以多物示驕也。今俗醴婦之饌，倍於大牢，盥饋之物，俗名曰「長盤」。豐於饁牢，舅失其尊，婦驕其富。風教之頹喪，皆此類使然也。操世教者，宜有以矯正之。

飯、麵各設，是各二簋也。餅，一粱、一菽是合設，又二簋也。列者雖六，其實四簋。

陳設之法，世稱「生東熟西」。然《少儀》云「冬右腴，夏右鰭」，《曲禮》云「左殽右胾」，即凡美者在西也。

少牢加豆加籩

○初獻	○亞獻	○三獻	○初獻	○亞獻	○三獻
○餅	○麵	○飯	○飯	○麵	○餅
○羹		○羹			○羹
○雞	○腸	○燔		○肉	○魚
○食醢	○菹	○菹	○菹	○菹	○鹽醢
○栗糕	燭	○糝肉	○酏魚	燭	○菱飴
○糗	○果	○果	○果	○果	○脯

考妣合食之圖

特牲加豆加籩

○初獻	○亞獻	○三獻	○初獻	○亞獻	○三獻
○餅		○飯	○飯		○餅
○羹	燭		○羹	燭	○羹
○雞俎			○燔俎		○魚俎
○醢	○熟菹	○糝肉	○酏魚	○沈菹	○醢
○糗	○栗糕	○果	○果	○菱飴	○脯

考妣合食之圖

飯，餅皆各設，所列雖四，其實二簋也。特牲以下，不用麪。

三獻之爵，雖皆不徹，若於時祭之時，祭器不給，初獻、亞獻之爵，宜徹去，唯留三獻之爵，亦可也。

有加豆、加籩者，宜於籩、豆之間，更增一格，而加豆於東西，加籩於中央。凡匙楪在中，銂之西敦，會在中銂之東。

少牢犆享圖

○餅	○麪	○初獻	○亞獻	○三獻	○飯	○餅
○羹			○羹			○羹
○雞	○肉		○燔[1]	○腸		○魚
○醢	○菜	○菜		○菜	○菜	○醢
○糗	○果	○果		○果	○果	○脯

特牲圖

○飯		○初獻	○亞獻	○三獻		○餅
○羹			○羹			○羹
○雞熟			○肝燔			○魚熟
○醢	○菹			○菹		○醢
○糗	○乾果			○時果		○脯

有加豆、加籩者，更增一格如少牢。

凡陳設之法，務要齊整，但使鉶、俎、籩、豆，不失奇偶之形，無定例也。

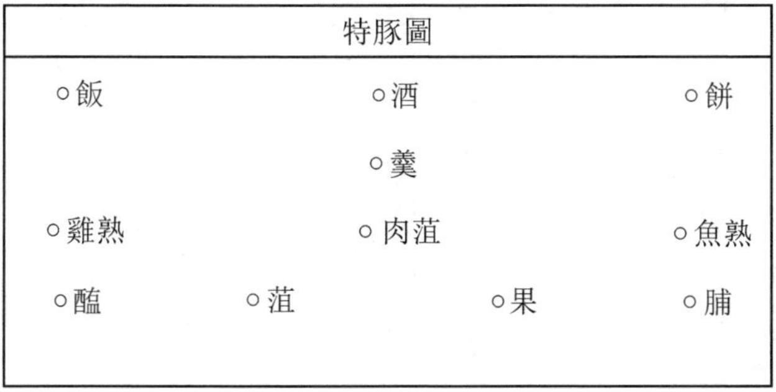

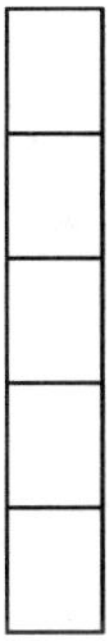

指尺之半

附見吉祭說

吉祭

吉祭之禮，不與古合。如欲從俗，須自大祥，勉作俗禮。

吉祭、遞遷之儀，別爲一事，録于第六篇之末。

時用吉祭儀

既禫踰月，乃行吉祭。前期一日，陳祫事于堂中。

朱子《家禮》遷廟在大祥之日，遂於其日奉祧主出，遷于墓所，蓋遵《大戴禮》之文，故原編依之。其後楊信齋諸人謂「當於吉祭祫享之後，乃行遞遷之禮」，今俗依之。○若從今禮，則大祥無遞遷之節。

《家禮補注》：「朱子荅李繼善曰：横渠云『三年後祫祭於大廟，因其吉祭畢還主之時，即奉祧主，歸於夾室，高祖之主也。遷主、曾祖以下主。神主考、妣主。皆歸于其廟。』節。但既祥而徹几筵，其下且當祔于祖、父之廟，俟祫畢，然後遷耳。」○楊信齋西，復。云：「《家禮》祔與遷，皆在祥日。前期一日，以酒果告訖，改題遞遷而虚東一龕，以俟新主。厥明，祥祭畢，奉新主，入于祠堂。又按先生與學者書，則祔與遷是兩項事。既祥而徹几筵，其主且當祔于祖、父之廟，俟三年喪畢，祫祭而後遷。蓋世次迭遷，昭穆繼序，其事至重，豈可無祭告禮，但以酒果告，遽行迭遷乎？横渠説，用意婉轉，此爲得禮，而先生從之。」○又曰：「新主且祔祖、父之廟，當俟吉祭前一夕，以薦告。遷畢，乃題新主。厥明，祫祭畢，奉祧主，埋於墓所，奉薦主、新主，歸于廟。」已上詳見《家禮》大祥條之末。今節録之。

按丘氏《儀節》，因此爲禮，而節文益備，猶頗煩惑，今檃栝爲儀如左。

吉祭不諏日，宜用朔日行之，如今俗。○其物用特牲三鼎。卿、相小牢。○主人玄冠盛服，吉帶吉屨，如時祭儀。○設三世椅卓今人祭四世，故設四世椅卓。于北壁，如廟儀，設新主椅卓于東方。如侍坐，然宜西向。

陳祧事于廟中。

「祧事」者，遞遷之事也。改題舊主，配合新櫝，即其事也。○筆墨、粉膠、木賊、刷子之屬，實于簞，錯于東方。

迺告祧事，迺書神主。

將改題主，有遷禮。其物二豆、二籩。菜二器，果二器。○其告辭云：「維年、月、日，如他式。孝玄孫某敢昭告于顯高祖考某官府君、如他式。顯曾祖考府君、如他式。顯祖考府君。如他式。兹以先考某官府君，喪期已盡，禮當祔廟，本文云「禮當遷主入廟」，今改之。顯高祖考某官府君，如他式。禮當祧遷。禰升于祖，世次迭遷，祗奉神主。今將改書，謹以酒果，用伸虔告。」○按　本文「當祧」之下，又列高祖以下三代官號，似屬煩複，今改之如上。今人祭四代，故上列高祖。

告辭訖，徹爵，徹籩、豆。改書曾祖以下神主，如常例。見沙溪《備要》。○改書訖，還安于本位。主人以下，再拜而退。

神主在廟，大祥日已祔。一體同遷，無告辭。此父喪之禮也，母尚未亡。○若母先亡，今將合櫝，則有告辭。○告于考位曰：「今以喪期已盡，祫事將舉先妣某封某氏，禮當配享，祗奉神主，將以躋合，謹以酒果，用伸虔告。」○告于妣位曰：「今以先考某官府君，喪期已盡，祫事將舉顯妣，禮當配享，祗奉神主，今將改書，本書「亡室」，今書曰「顯妣」。遂以躋合，謹以酒果，用伸虔告。」○告辭訖，徹遷，改題主，遂以合櫝，還安于東方。○支子別居者，無祖廟。但告神主，則告辭之首宜舉「維年、月、日」。

若父先亡，今將以妣主合櫝，亦有告辭。○告于考位曰：「今以先妣某封某氏，喪期已盡，祫事將舉，禮當配享于顯考，祗奉神主，將以躋合，謹以酒果，用伸虔告。」○告于妣位曰：「今以喪期已盡，祫事將舉，禮當配享于先考某官府君，職名用單銜。祗奉神主，將以躋合，謹以酒果，用伸虔告。」○告辭訖，遂奉神主合櫝，還安于東方，乃遷乃徹，如上禮。此無改題之節，故先合櫝而後薦豆。

厥明，主人盛服，入廟，奉群主出，于堂行事，如時祭。

出主告辭云：「孝玄孫某，今以祧遷之禮，有事于祖、禰，敢請顯高祖考妣、顯曾祖考妣、顯祖考妣。」如他式。神主出就正寢，恭伸薦獻。○又告于神主曰：「今以祫事將舉，禮當祔食，敢請顯考。」神主出就正寢，同伸薦獻。○若母先亡者，竝舉考、妣，或父先亡者，亦竝舉考、妣。

合祭祝辭云：「維年、月、日，孝玄孫某敢昭告于顯高祖考妣、顯曾祖考妣、顯祖考妣。如他式。伏以先考某官府君，喪期已盡，禮當隮祔，遠廟將祧，昭穆以遷，謹以清酌、庶羞，祗薦祫事，以先考祔食。尚饗。」○按　本文三代各異版，面面祝之。今擬，一版合告之。○又按　本文「罪逆不滅，歲及免喪。先王制禮，不敢不至。」諸句，皆作體面話句，非肅穆敬恭之義。今修改如上。

若母先亡者，末句云：「以先考、先妣祔食。」○若父先亡者，其祝辭云：「維年、月、日云云，伏以先妣某封某氏，喪期已盡，禮當隮祔，合于先考，昭穆既序，配食載同，謹以清酌、庶羞，祗薦祫事。尚饗。」○若母亡而父存者，是妻喪也，無吉祭也。

新主吉祭祝辭云：「維年、月、日，孝子某敢昭告于顯考某官府君。喪期已盡，禮當隮祔，昭穆既序，配食載同，謹以清酌、庶羞，祗薦祫事。尚饗。」

禮畢，奉曾祖、祖、禰之主，返于祠堂。將祧之主，留于正寢。

既入廟，曾祖之主躋于第一座，祖考之主躋于第二座，神主躋于禰。

厥明，奉祧主，詣墓而埋之。

將行，有告辭。○「既祧既遷，禮當瘞安，請就墓道。」

既至墓，有薦，有告。○辭曰：「維年、月、日，玄孫某敢昭告于顯高祖考某官府君、顯高祖妣某封某氏。既祧既遷，禮當瘞安，追遠無及，不勝感愴，謹以酒果，恭伸虔告。謹告。」《儀節》云「謹以清酌、庶羞，百拜告辭」，其文甚不雅馴。

若先已遷，奉於最長房，今將埋安，則臨行須有殷薦。○其祝辭云：「維年、月、日，玄孫某敢昭告于某考、某妣云云。既祧既遷，靡適靡寧，禮當瘞安，追遠無及，不勝感愴，謹以清酌、庶羞，恭伸虔告。尚饗。」○至墓，有告。其辭去「年」、「月」、「考」、「妣」字，但云「既祧既遷」云云，無「尚饗」。

將行，預備木盒一枚，安考、妣二主。○至墓，去櫝，去韜藉，去跗方，乃用浄白紙裹二主，納于盒以埋之。其跗方二片，别以油紙裹之，埋于傍。